중학교

역사 ①
평가문제집

박근칠 교과서편

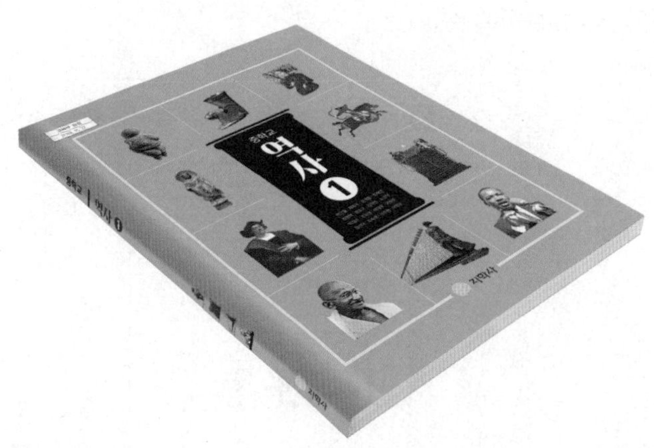

구성과 특징

중단원 내용 이해하기

핵심 개념을 일목요연하게 정리하여 교과서의 내용을 한눈에 파악할 수 있도록 하였습니다.

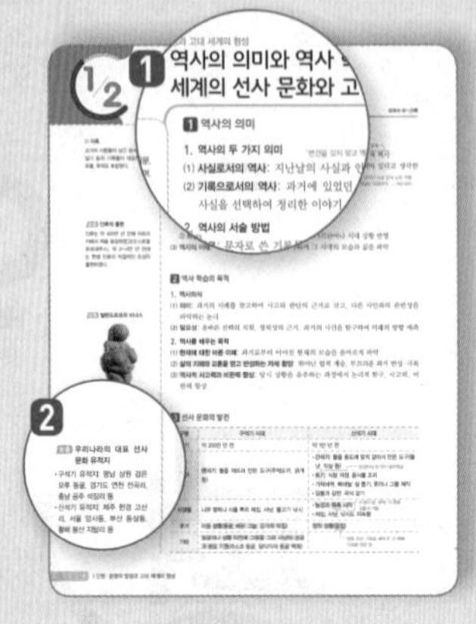

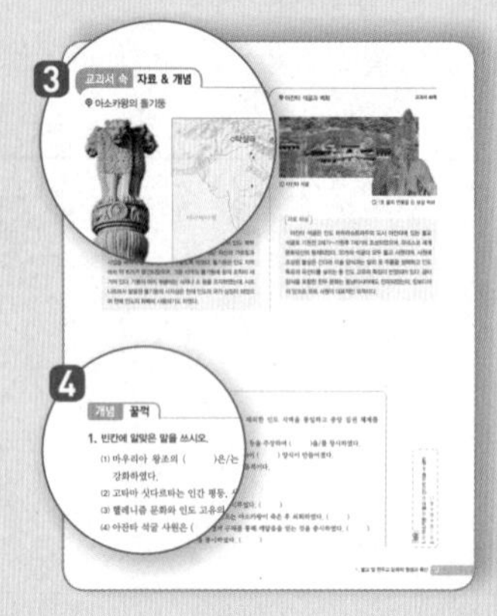

1 내용 정리
교과서의 기본 개념과 핵심 내용을 쉽게 이해할 수 있도록 정리하였습니다.

2 / 보충
내용을 이해하는 데 도움이 되도록 용어 풀이와 보충 자료를 제시하였습니다.

3 교과서 속 자료&개념
교과서에 제시된 자료를 꼼꼼하게 분석하여 관련 개념을 정리하였습니다.

4 개념 꿀꺽
다양한 개념 문제를 제시하여 배운 내용을 확인할 수 있게 하였습니다.

문제로 실력다지기

기본 문제와 실전 문제를 통해 실력을 다지고, 교과 내용에 대한 이해도를 점검할 수 있도록 하였습니다.

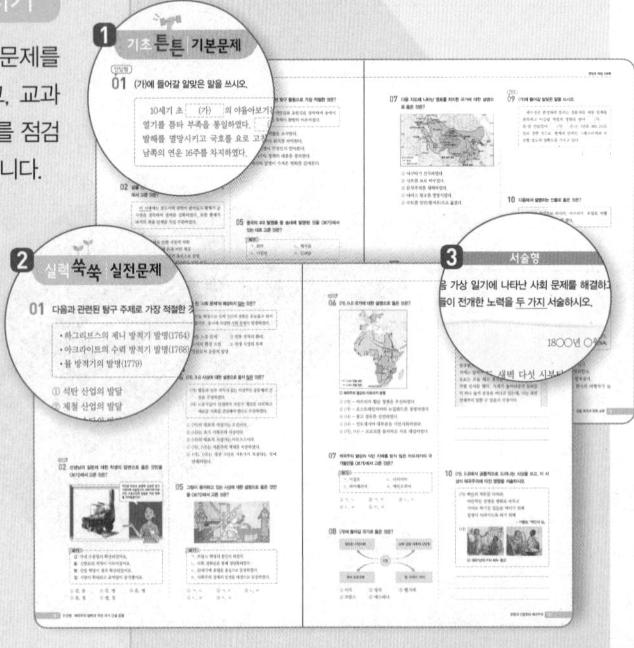

1 기초 튼튼 기본 문제
단원의 핵심 내용을 중심으로 기본 문제를 구성하였습니다 시험에 자주 출제되는 문제에는 중요 표시를 하여 집중 학습이 가능합니다.

2 실력 쑥쑥 실전 문제
고득점을 위해 반드시 풀어봐야 할 문제들을 풍부하게 수록하였습니다 심화 학습이 가능한 고난도 문제를 제시하여 실력을 높일 수 있습니다.

3 서술형 문제
서술형 문제를 별도의 코너로 제시하여 서술형 문제에 대한 적응력을 높일 수 있습니다.

대단원 마무리하기

단원 전체의 핵심 내용을 표와 문제를 통해 종합적으로 확인할 수 있도록 하였습니다.

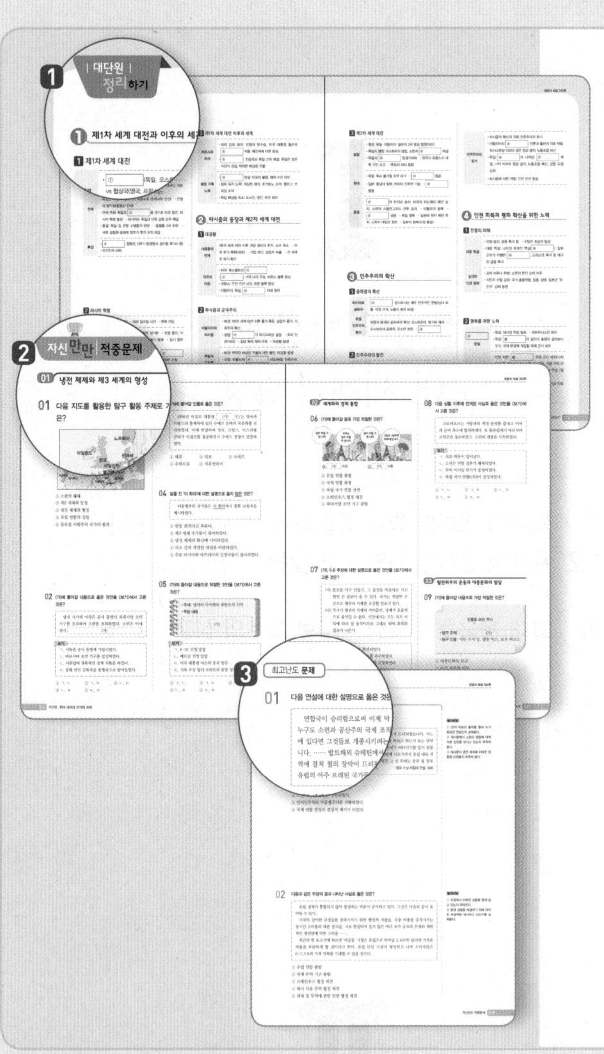

1 대단원 정리하기

대단원에서 배운 내용을 표로 정리하고, 단답형 문제를 풀어 봄으로써 학습 내용을 다시 한 번 정리할 수 있습니다.

2 자신만만 적중 문제

대단원을 종합적으로 점검해 볼 수 있도록 중단원별로 핵심 문제를 수록하였습니다.

3 최고난도 문제

대단원별로 난이도가 높은 문제들을 풀이 비법과 함께 제공하여 실력을 한층 더 높일 수 있습니다.

정답과 해설

정답과 자세한 해설을 제시하여 학습 이해도를 확인할 수 있도록 하였습니다.

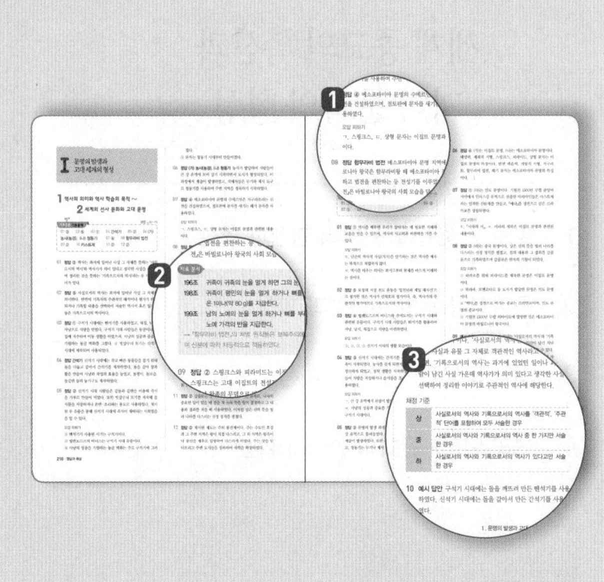

1 오답 피하기

틀린 선택지를 바로잡아 틀린 부분을 쉽게 이해할 수 있습니다.

2 자료 분석

자료 이해도를 높일 수 있도록 문제에 사용된 자료를 분석하여 제시하였습니다.

3 채점 기준

서술형 문제에 대한 채점 기준을 제시하여 스스로 학습이 가능합니다.

이 책의 차례

Ⅰ 문명의 발생과 고대 세계의 형성

Ⅱ 세계 종교의 확산과 지역 문화의 형성

Ⅲ

지역 세계의 교류와 변화

Ⅳ

제국주의 침략과 국민 국가 건설 운동

Ⅴ

세계 대전과 사회 변동

Ⅵ

현대 세계의 전개와 과제

I

문명의 발생과 고대 세계의 형성

이 단원의 **목차**

▼ 페르세폴리스(이란 파르스)

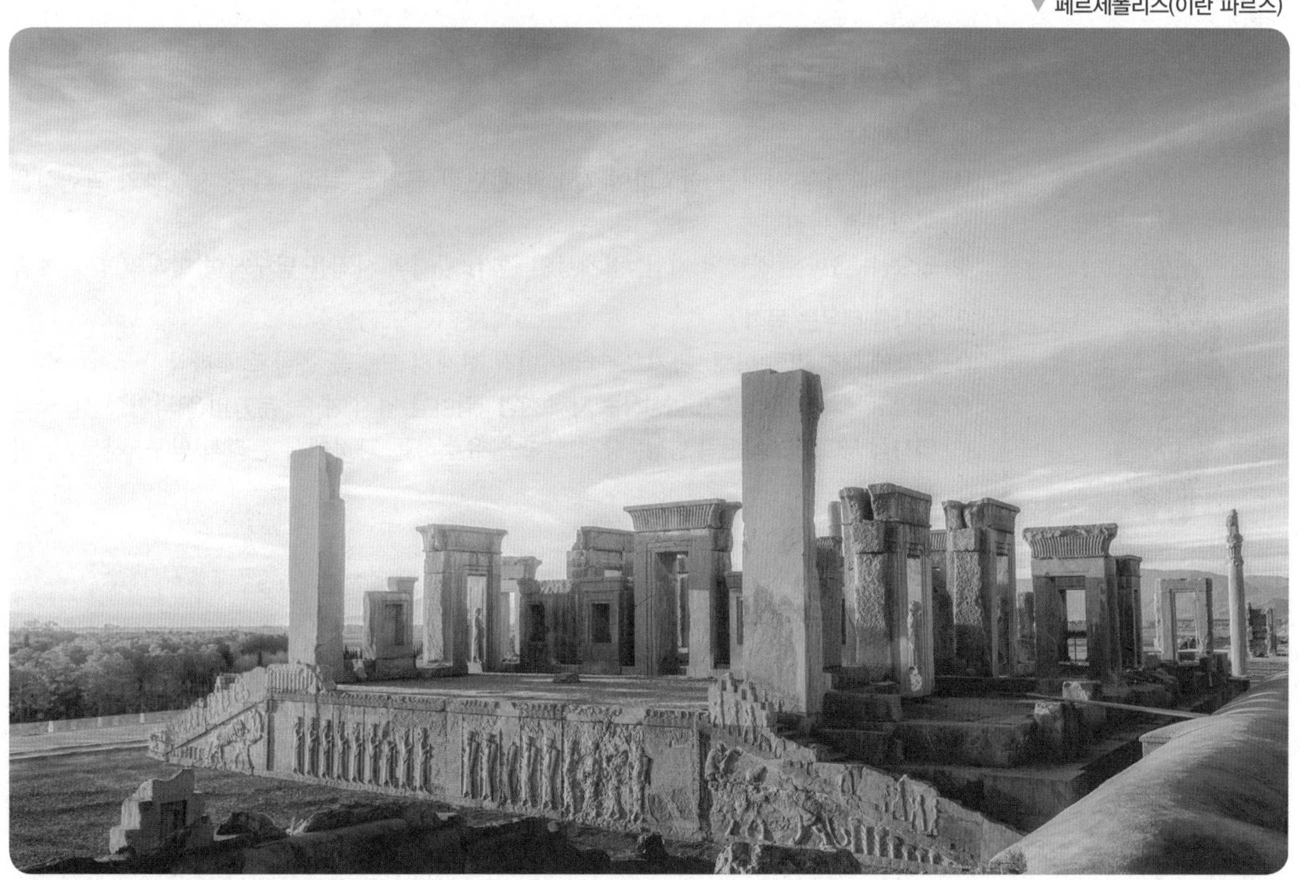

| 사진으로 맛보기 |

사진은 이란 파르스 지방에 있는 페르세폴리스(Persepolis)입니다. 페르세폴리스는 아케메네스 왕조 페르시아의 다리우스 1세가 수도로 삼아 건설한 곳으로, 서아시아 지역을 통일한 아케메네스 왕조 페르시아와 이를 계승한 국가들의 역사가 남겨져 있습니다.

| 단원 열기 |

이 단원에서는 역사의 의미와 역사 학습의 목적을 이해하고, 세계의 선사 문화와 고대 문명, 고대 제국들의 특성과 주변 세계의 성장에 대해 배웁니다.

역사의 의미와 역사 학습의 목적 ~ 세계의 선사 문화와 고대 문명

교과서 10~21쪽

1 역사의 의미

1. 역사의 두 가지 의미

(1) **사실로서의 역사**: 지난날의 사실과 인간이 남긴 유물 그 자체 → 객관적 역사

"편견을 갖지 말고 역사적 사실을 있는 그대로 서술하라." – 레오폴트 폰 랑케

(2) **기록으로서의 역사**: 과거에 있었던 일이나 사실 가운데 역사가가 의미 있다고 생각한 사실을 선택하여 정리한 이야기 → 주관적 역사

"역사란 역사가와 과거에 일어난 사실 간의 상호 작용이며, 현재와 과거의 끊임없는 대화이다." – 에드워드 핼릿 카

2. 역사의 서술 방법

(1) **사료**: 문자로 쓴 기록물 및 유형·무형의 다양한 유적과 유물

(2) **역사의 기록**

① 과정: 사료 선택 → 재구성 → 기록

② 특성: 사료 선택과 재구성 과정에서 역사가의 가치관이나 시대 상황 반영

(3) **역사의 이해**: 다양한 자료를 해석하고 평가하여 그 시대의 모습과 삶을 파악

사료
과거의 사람들이 남긴 문서, 비문, 일기 등의 기록물이 대표적이며, 유물, 유적도 포함된다.

보충 인류의 출현
인류는 약 400만 년 전에 아프리카에서 처음 등장하였고(오스트랄로피테쿠스), 약 3~4만 년 전에는 현생 인류의 직접적인 조상이 출현하였다.

2 역사 학습의 목적

1. 역사의식

(1) **의미**: 과거의 사례를 참고하여 사고와 판단의 근거로 삼고, 다른 사안과의 관련성을 파악하는 논리

(2) **필요성**: 올바른 선택의 지침, 정체성의 근거, 과거의 사건을 탐구하여 미래의 방향 예측

2. 역사를 배우는 목적

(1) **현재에 대한 바른 이해**: 과거로부터 이어진 현재의 모습을 올바르게 파악

(2) **삶의 지혜와 교훈을 얻고 반성하는 자세 함양**: 뛰어난 업적 계승, 부끄러운 과거 반성·극복

(3) **역사적 사고력과 비판력 향상**: 당시 상황을 유추하는 과정에서 논리적 탐구, 사고력, 비판력 향상

보충 빌렌도르프의 비너스

구석기 시대의 대표적인 유물이다. 여인의 가슴과 배를 풍만하게 표현하였는데, 이는 다산을 기원하는 의미가 있다.

3 선사 문화의 발전

구분	구석기 시대	신석기 시대
시기	약 200만 년 전	약 1만 년 전
도구	뗀석기: 돌을 깨뜨려 만든 도구(주먹도끼, 긁개 등)	• 간석기: 돌을 용도에 맞게 갈아서 만든 도구(돌낫, 작살 등) • 토기: 식량 저장, 음식물 조리 (빗살무늬 토기가 대표적임) • 가락바퀴, 뼈바늘: 실 뽑기, 옷이나 그물 제작 • 갈돌과 갈판: 곡식 갈기
식생활	나무 열매나 식물 뿌리 채집, 사냥, 물고기 낚시	• 농경과 목축 시작 (야생의 양, 돼지, 개 등을 길들여 키움) • 채집, 사냥, 낚시도 지속됨
주거	이동 생활(동굴, 바위 그늘, 강가의 막집)	정착 생활(움집) (땅을 파서 기둥을 세우고 그 위에 지붕을 얹은 집)
기타	동굴이나 생활 터전에 그림을 그려 사냥의 성공과 풍요 기원(라스코 동굴, 알타미라 동굴 벽화)	

보충 우리나라의 대표 선사 문화 유적지
• 구석기 유적지: 평남 상원 검은모루 동굴, 경기도 연천 전곡리, 충남 공주 석장리 등
• 신석기 유적지: 제주 한경 고산리, 서울 암사동, 부산 동삼동, 황해 봉산 지탑리 등

교과서 속 자료 & 개념

로제타석과 상형 문자

교과서 11쪽

로제타석

상형 문자

자료 해설

로제타석은 1799년에 나일강 하구의 로제타 마을에서 발굴된 비석 조각이다. 약 1 m 높이의 비석에는 같은 내용의 문장이 고대 이집트의 상형 문자, 상형 문자의 흘림체(고대 이집트 민중의 문자), 고대 그리스 문자 등 세 가지 문자로 새겨져 있었다.

1822년 프랑스의 언어학자인 샹폴리옹이 다른 지역의 문자와 로제타석을 연구한 끝에 마침내 고대 이집트의 상형 문자를 해독하였다. 이로써 이집트 문명의 신비가 조금씩 밝혀졌다.

동아시아의 역사책 – 『자치통감』과 『동국통감』

교과서 12쪽

『자치통감』

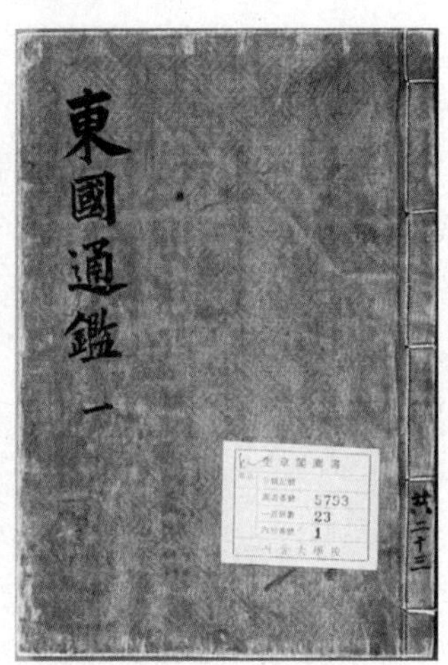

『동국통감』

자료 해설

『자치통감』은 중국 송대 사마광이 송 이전 약 1300년 간의 중국사를 정리하여 편찬한 역사서이다. '자치통감'이라는 이름은 역사를 거울로 삼아 다스리는 방법의 자료로 사용한다는 의미이다. 사마광은 그의 관점을 담아 기사를 선택하였고, 교훈이 될 만한 사건이나 인물을 기록하였다.

『동국통감』은 조선 성종 시기 왕의 명령을 받아 서거정 등이 고조선~고려 말까지의 역사를 정리하여 편찬한 역사서이다. '동국통감'이라는 이름은 역사를 거울로 삼는 동쪽 국가(조선)의 역사서라는 의미로, 『자치통감』처럼 역사를 거울(본보기)로 삼고 교훈을 얻고자 하는 역사 인식이 투영되어 있다.

신석기 시대 인류의 생활 모습

교과서 15쪽

자료 해설

약 1만 년 전쯤에 기후가 따뜻해지면서 작고 빠른 동물들이 증가하였고, 사람들은 이 동물들을 잡고자 돌을 갈아 만든 간석기를 사용하였다. 기원전 8000년경 신석기 시대 사람들은 농사를 짓기 시작하였고, 양, 돼지, 개 등을 키우는 목축도 하였다.

농경과 목축을 시작하면서 사람들은 움집을 만들어 한곳에 정착하여 생활하였고, 토기를 만들어 식량을 저장하거나 음식물을 조리하는 등의 용도로 사용하였다. 또한, 신석기 시대에도 여전히 채집, 수렵, 낚시로 식량을 획득하였다.

4 세계 고대 문명의 발생

1. 문명의 발생 과정

(1) **도시의 발달**: 관개가 쉬운 큰 강 유역에 사람이 모여 거주 → 촌락이 도시로 발전
- 관개: 인공적인 시설을 만들어 농사에 필요한 물을 농지에 공급하는 것

(2) **문명의 발생 조건**

① **계급 사회 성립**: 도시에서 신관과 전사들이 등장하여 지배층 형성 → 농민과 노예를 동원하여 성곽, 궁전, 신전 건축

② **문자의 사용**: 도시 생활 통제, 통치와 상업 활동에 관한 것을 기록

③ **청동기 사용**: 지배층의 필요에 따라 무기나 제사 도구로 제작

(3) **문명의 형성**: 도시가 국가의 모습을 갖춤 → 세계 여러 지역에서 문명 발생

2. 메소포타미아 문명

(1) **지역**: 유프라테스강·티그리스강 사이 지역, 개방적 지형
- 개방적 지형: 여러 민족이 활발하게 교류하며 일찍부터 도시가 발전함

(2) **수메르 문명**

① 형성: 기원전 3500년경 수메르인이 우르, 라가시 등 도시 국가 건설

② 정치와 사회: 신정 정치, 지구라트(신전) 건설, 쐐기 문자 사용
- 신정 정치: 지배자가 신 또는 신의 대리인으로 간주되어 절대적인 권력을 가지고 평민과 노예를 지배하는 정치 체제

(3) **바빌로니아 왕국**

① 형성: 기원전 1800년 무렵 현재 이라크 지역에 아무르인들이 건설

② 발전: 함무라비왕 때 메소포타미아 전 지역 통일, 『함무라비 법전』 편찬

③ 멸망: 기원전 1500년경 철제 무기를 앞세운 히타이트에 멸망

3. 이집트 문명

(1) **지역**: 나일강 유역, 폐쇄적 지형
- 폐쇄적 지형: 오랫동안 통일 왕국을 유지함

(2) **형성**: 나일강의 정기적 범람과 관개 시설을 이용한 농업 발달, 도시 국가 성립 → 기원전 3000년경 통일 왕국 성립

(3) **정치**: 파라오(국왕) 중심의 신정 정치, 스핑크스와 피라미드 건설
- 스핑크스: 고대 이집트의 전설적인 동물로 지혜와 힘을 상징하며 사자의 몸에 사람의 머리를 한 수호신

(4) **사회**: 상형 문자 사용(파피루스에 기록), 영혼 불멸 사상(「사자의 서」, 미라 제작)
- 「사자의 서」: 죽은 사람이 오시리스 신 앞에서 심판을 받는 모습을 그린 것으로, 사후 세계에서 편하게 살기를 바라는 글을 적어서 미라와 함께 묻는 글

4. 인도 문명

(1) **인더스 문명**

① 형성: 기원전 2500년 무렵 인더스강 유역에 하라파, 모헨조다로 등 도시 건설

② 특징: 도로망 발달, 청동기와 그림 문자 사용, 상업 발달
- 상업 발달: 인더스강과 아라비아해를 통해 메소포타미아 지역과도 교역함

③ 쇠퇴: 기원전 1500년경 아리아인의 침입으로 쇠퇴

(2) **아리아인의 이동**

① 성장: 갠지스강 유역까지 이동, 철제 농기구를 이용해 도시 국가 건설

② **카스트제**: 엄격한 신분제, 브라만-크샤트리아-바이샤-수드라로 구분, 신분 세습

③ **브라만교**: 『베다』를 경전으로 삼는 종교
- 『베다』: 아리아인들의 생활과 의식, 역사와 규율 등을 기록한 경전

5. 중국 문명

(1) **형성**: 황허강, 창장강 유역의 신석기 문화 발전 → 황허강 유역에서 농경과 청동기 문화 발달로 도시 국가 출현

(2) **상**: 기원전 1600년경 황허강 유역에서 성장

① 신정 정치 실시, 갑골문 사용
- 신정 정치: 신의 뜻을 빌려 나라를 다스리는 정치 형태

② 청동으로 만든 무기와 제사 도구 사용, 달력 제작

(3) **주**: 기원전 11세기 중반 세력을 확장하여 상 멸망 → 혈연 중심의 봉건제 실시
- 봉건제: 왕은 수도와 그 주변 지역만 직접 다스리고 나머지 지역은 왕족이나 공신을 제후로 임명하여 다스리도록 함

보충 세계 고대 문명의 발생

고대 문명이 발생한 지역은 기후가 온난하고 토지가 비옥하여 농경에 유리하였다.

보충 지구라트

하늘에 있는 신들과 지상을 연결시키고자 거대한 탑 형태로 지어졌다.

보충 인도의 카스트제

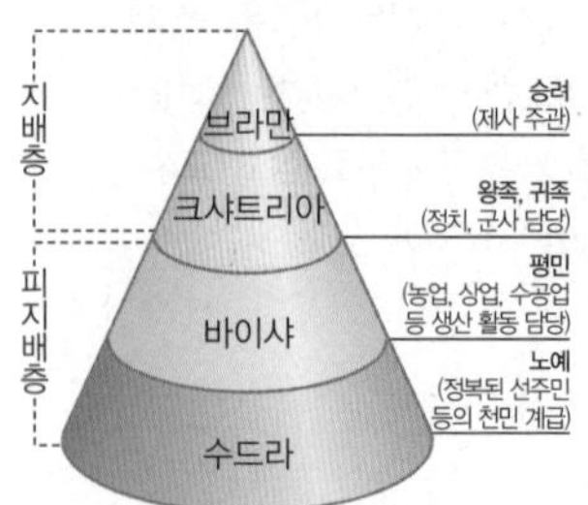

아리아인은 엄격한 신분제인 카스트제를 만들어 정복지의 원주민인 드라비다인을 지배하였다.

보충 갑골문

거북의 배 껍질과 짐승의 뼈에 새겨진 문자로 제사, 날씨, 농경, 군사 등의 내용을 기록하였다. 상은 나라의 중요한 일이 있을 때 점을 쳐 결정하였고, 그 내용과 결과를 갑골문으로 기록하였다.

교과서 속 자료 & 개념

『함무라비 법전』

교과서 17쪽

1조 남을 살인죄로 고발하고도 그 증거를 제시하지 못한 자는 죽인다.

8조 신전이나 궁전의 것을 훔치면 30배, 평민의 것을 훔치면 10배로 갚게 한다.

195조 아들이 아버지를 때리면 그의 손을 자른다.

196조 귀족이 귀족의 눈을 멀게 하면 그의 눈도 멀게 한다.

198조 귀족이 평민의 눈을 멀게 하거나 뼈를 부러뜨리면, 은 1미나(약 80 g)를 지급한다.

199조 남의 노예의 눈을 멀게 하거나 뼈를 부러뜨리면 그 노예 가격의 반을 지급한다.

함무라비 법전 돌기둥

(자료 해설)

『함무라비 법전』은 바빌로니아 왕국의 함무라비왕 시기에 편찬된 법전이다. 프랑스 탐험대가 페르시아의 옛 수도 수사에서 발견하였으며, 현재 프랑스의 루브르 박물관에 소장되어 있다.

돌기둥의 높이는 2.25 m이며 앞뒷면에 쐐기 문자로 형법, 민법, 상법에 관한 282개조의 법 조항이 새겨져 있어 고대 바빌로니아 사회의 모습을 엿볼 수 있다.

주의 봉건제

교과서 20쪽

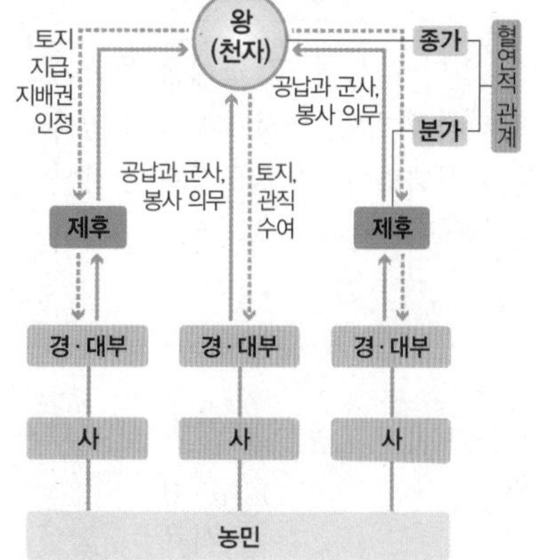

봉건제의 구조

(자료 해설)

'봉건'이란 말은 왕이 제후에게 토지를 나누어 주어[封: 봉할 봉] 제후국을 세운다[建: 세울 건]는 뜻이다. 주는 넓어진 영토를 효율적으로 통치하고자 수도인 호경과 그 주변 지역은 왕이 직접 다스리고, 나머지 지역은 왕족이나 공신을 제후로 임명하여 다스리게 하는 봉건제를 실시하였다.

주의 봉건제는 주로 왕의 형제와 친척 및 공신들을 제후로 임명하여 혈연 중심의 성격이 강하였으나, 후대로 갈수록 왕실과 제후의 혈연관계가 멀어지면서 주 왕실의 통제력이 약화되었다.

개념 꿀꺽

1. 빈칸에 알맞은 말을 쓰시오.

(1) 문자로 쓴 기록물 및 유형·무형의 다양한 유적과 유물을 (　　　)(이)라고 한다.

(2) 신석기 시대 사람들은 (　　　)을/를 만들어 식량을 저장하거나 음식물을 조리하였다.

(3) 메소포타미아 지역에서는 (　　　) 문자를 사용하였다.

(4) 중국 문명의 상에서는 점의 내용과 그 결과를 (　　　)(으)로 기록하였다.

2. 다음 내용이 옳으면 ○표, 틀리면 ×표 하시오.

(1) 구석기 시대에는 돌을 깨뜨려 만든 뗀석기를 사용하였다. (　　　)

(2) 신석기 시대에는 농경이 시작되어 이동 생활을 하였다. (　　　)

(3) 인더스 문명의 아리아인은 엄격한 신분제인 카스트제를 만들었다. (　　　)

(4) 중국 문명의 상은 봉건제를 실시하였다. (　　　)

정답
1. (1) 사료 (2) 토기 (3) 쐐기 (4) 갑골문
2. (1) ○ (2) × (3) ○ (4) ×

기초 튼튼 | 기본문제

01 (가), (나)에 들어갈 말을 옳게 짝지은 것은?

> 역사는 과거에 일어난 사실 그 자체를 뜻하는 (가) (으)로서의 역사와, 역사가가 의미 있다고 생각한 사실을 선택하여 정리한 것을 뜻하는 (나) (으)로서의 역사라는 두 가지 의미가 있다.

	(가)	(나)
①	기록	사실
②	기록	사료
③	사실	기록
④	사실	사료
⑤	사료	기록

02 사실로서의 역사에 해당하는 것은?

① 조선 시대에 저술된 역사서
② 고려 건국에 대한 역사가의 해석
③ 오늘 있었던 일을 쓴 나의 일기장
④ 신라의 삼국 통일에 대한 주관적인 평가
⑤ 경주에서 발굴된 신라 시대 유물과 유적

03 다음 인터넷 검색에 대한 검색 결과로 옳지 않은 것은?

지식IN | 구석기 시대의 생활

① 빗살무늬 토기를 제작하여 사용하였어요.
② 돌을 깨뜨려 만든 뗀석기를 사용하였어요.
③ 열매 채집과 사냥으로 식량을 획득하였어요.
④ 사냥의 성공을 기원하고자 동굴 벽화를 그렸어요.
⑤ 동굴이나 막집에 거주하며 이동 생활을 하였어요.

단답형

04 (가)에 들어갈 알맞은 말을 쓰시오.

> 약 1만 년 전 쯤에 기후가 따뜻해지면서 작고 빠른 동물들이 증가하였다. 사람들은 작은 짐승과 물고기를 잡고자 돌을 용도에 맞게 갈아서 만든 (가) 을/를 사용하였다. 이 시기를 신석기 시대라고 한다.

( )

중요

05 다음 도구가 만들어진 시대에 대한 설명으로 옳은 것은?

갈돌과 갈판

빗살무늬 토기

① 뗀석기를 사용하였다.
② 농경과 목축이 시작되었다.
③ 빌렌도르프의 비너스가 만들어졌다.
④ 사냥의 성공을 기원하는 벽화를 그렸다.
⑤ 문자를 만들어 통치와 상업 활동을 기록하였다.

단답형

06 (가), (나)에 들어갈 알맞은 말을 각각 쓰시오.

> (가) 이/가 발달하고 (나) 을/를 사용하면서 인류의 삶에 커다란 변화가 생겨났다. (가) 을/를 위해 관개가 가능한 큰 강 유역에 사람들이 모여 살기 시작하였다. 또한 계급이 발생하여 지배자들이 무기와 제사 도구로 (나) 을/를 사용하면서 정복 활동이 활발해졌다.

(가) ( ), (나) ( )

07 메소포타미아 문명과 관련 있는 내용으로 옳은 것만을 〈보기〉에서 고른 것은?

보기
ㄱ. 스핑크스 ㄴ. 지구라트
ㄷ. 상형 문자 ㄹ. 쐐기 문자

① ㄱ, ㄴ ② ㄱ, ㄷ ③ ㄴ, ㄷ
④ ㄴ, ㄹ ⑤ ㄷ, ㄹ

단답형
08 다음에서 설명하고 있는 법전을 쓰시오.

196조 귀족이 귀족의 눈을 멀게 하면 그의 눈도 멀게 한다.
198조 귀족이 평민의 눈을 멀게 하거나 뼈를 부러뜨리면, 은 1미나(약 80 g)를 지급한다.
199조 남의 노예의 눈을 멀게 하거나 뼈를 부러뜨리면, 그 노예 가격의 반을 지급한다.

( )

09 다음과 같은 유적을 만든 문명으로 옳은 것은?

① 중국 문명 ② 이집트 문명
③ 인더스 문명 ④ 갠지스 문명
⑤ 메소포타미아 문명

단답형
10 (가)에 들어갈 알맞은 말을 쓰시오.

(가) 은/는 아리아인이 만든 인도의 신분제로, 포르투갈어로 혈통 또는 가문을 뜻하는 '카스타'에 어원을 두었다. 고대 인도에서는 이에 따라 사회적 지위가 결정되었다.

( )

중요
11 다음 문자를 사용한 문명에 대한 설명으로 옳은 것은?

① 브라만교가 성립되었다.
② 신의 뜻을 빌려 나라를 다스렸다.
③ 파라오가 태양의 아들로 숭배되었다.
④ 사회 모습을 담은 법전이 편찬되었다.
⑤ 철기를 기반으로 갠지스강까지 진출하였다.

12 다음 제도를 실시한 문명에 대한 설명으로 옳은 것은?

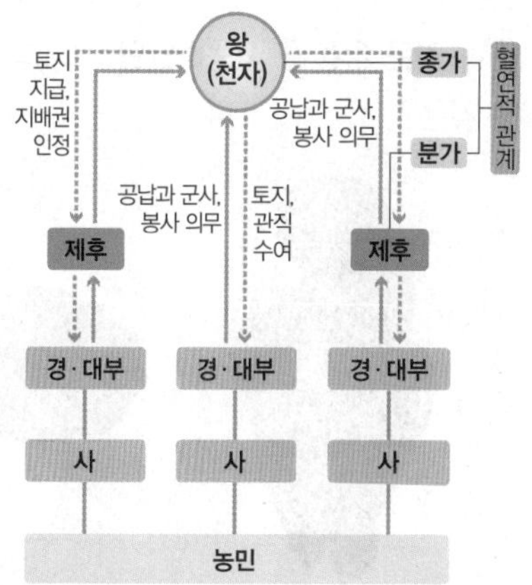

① 갑골문을 사용하였다.
② 기원전 11세기 중엽에 상을 무너뜨렸다.
③ 신정 정치를 하고 지구라트를 건설하였다.
④ 하라파, 모헨조다로 등지에 도시를 세웠다.
⑤ 사후 세계를 중시하여 '사자의 서'를 만들었다.

실력 쑥쑥 | 실전문제

01 역사를 배우는 목적으로 옳은 것만을 〈보기〉에서 고른 것은?

보기
ㄱ. 삶의 지혜와 교훈을 얻을 수 있다.
ㄴ. 역사적 사고력과 비판력을 기를 수 있다.
ㄷ. 역사적 사실을 암기하여 자랑할 수 있다.
ㄹ. 현재보다 과거의 사실만을 중요하게 여긴다.

① ㄱ, ㄴ ② ㄱ, ㄷ ③ ㄴ, ㄷ
④ ㄴ, ㄹ ⑤ ㄷ, ㄹ

02 다음에 해당하는 사례로 옳지 않은 것은?

과거에 일어난 사실로서의 역사

① 주몽이 고구려를 건국하였다.
② 세종은 훈민정음을 창제하였다.
③ 이순신은 한산도 대첩에서 승리하였다.
④ 1170년 고려에서 무신 정변이 발생하였다.
⑤ 묘청의 서경 천도 운동은 조선 역사상 일천년래 제일 대사건이다.

중요
03 다음과 같은 유물을 사용하였던 시대의 생활 모습으로 옳은 것은?

① 농경이 시작되었다.
② 한곳에 정착하여 생활하였다.
③ 뼈바늘을 이용하여 옷을 만들었다.
④ 사냥, 낚시, 채집으로 식량을 마련하였다.
⑤ 돼지, 양 등을 기르는 목축을 시작하였다.

고난도
04 선생님의 다음 질문에 대한 학생의 답변으로 옳은 것만을 〈보기〉에서 고른 것은?

신석기 시대의 특징으로는 어떤 것들이 있나요?

보기
ㄱ. 큰 강 유역에서 문명이 발생하였어요.
ㄴ. 토기를 제작하여 곡식을 보관하였어요.
ㄷ. 돌을 갈아서 만드는 간석기가 사용되었어요.
ㄹ. 농경 생활이 시작되어 식량을 생산할 수 있게 되었어요.
ㅁ. 사냥의 성공과 풍요를 기원하는 동굴 벽화가 남아 있어요.

① ㄱ, ㄴ, ㄷ ② ㄱ, ㄷ, ㄹ
③ ㄴ, ㄷ, ㄹ ④ ㄴ, ㄹ, ㅁ
⑤ ㄷ, ㄹ, ㅁ

05 다음 글의 ㉠~㉤ 중 옳지 않은 것은?

정착 생활을 시작한 사람들이 더 많은 식량을 생산하고자 ㉠큰 강 유역에 모여 살게 되면서 점차 ㉡도시가 발전하였다. 도시에는 신관이나 전사들이 등장하여 지배층을 이루며 ㉢평등 사회가 시작되었다. 또한 ㉣문자를 사용해 통치와 상업 활동을 기록하였다. 이 무렵 ㉤청동기는 지배층의 필요에 따라 주로 무기나 제사 도구로 만들어졌다.

① ㉠ ② ㉡ ③ ㉢
④ ㉣ ⑤ ㉤

[06 ~ 08] 다음 세계 4대 문명의 발생지를 나타낸 지도를 보고 물음에 답하시오.

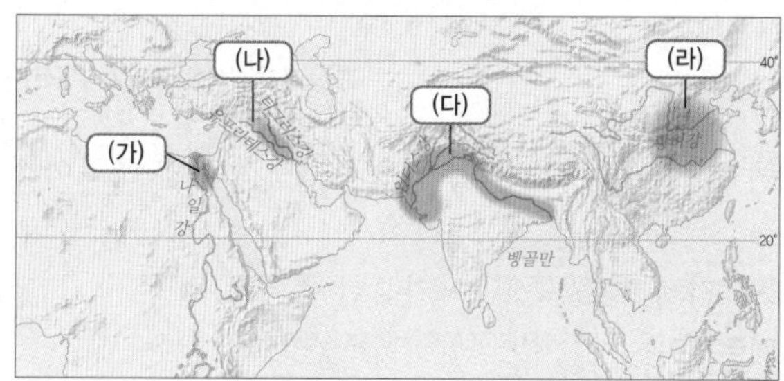

고난도

06 (가), (나) 문명의 특징을 비교한 것 중 옳은 것은?

	(가)	(나)
①	태음력	태양력
②	개방적 지형	폐쇄적 지형
③	지구라트	스핑크스
④	상형 문자	쐐기 문자
⑤	함무라비 법전	피라미드

중요

07 (다) 문명과 관련된 것만을 〈보기〉에서 고른 것은?

보기

ㄱ. 카스트제 ㄴ. 브라만교
ㄷ. 사자의 서 ㄹ. 미라의 제작

① ㄱ, ㄴ ② ㄱ, ㄷ ③ ㄴ, ㄷ
④ ㄴ, ㄹ ⑤ ㄷ, ㄹ

08 (라) 지역에서 나타난 국가와 그 특징을 옳게 짝지은 것은?

① 상 – 파라오를 위해 피라미드를 제작하였다.
② 상 – 한자의 기원이 된 갑골문을 사용하였다.
③ 상 – 하라파, 모헨조다로 등 도시가 발달하였다.
④ 주 – 『베다』를 경전으로 하는 종교를 믿었다.
⑤ 주 – 기원전 1500년 무렵 히타이트에 멸망하였다.

서술형

09 역사의 두 가지 의미를 〈조건〉에 맞게 서술하시오.

조건

'객관적', '주관적'이라는 단어를 반드시 포함하여 서술할 것

10 구석기 시대와 신석기 시대에 사용했던 석기의 명칭을 각각 쓰고, 만드는 방법을 비교하여 서술하시오.

11 다음 지도를 통해 세계 4대 문명이 발생한 지역의 공통적인 지리적 특징을 서술하시오.

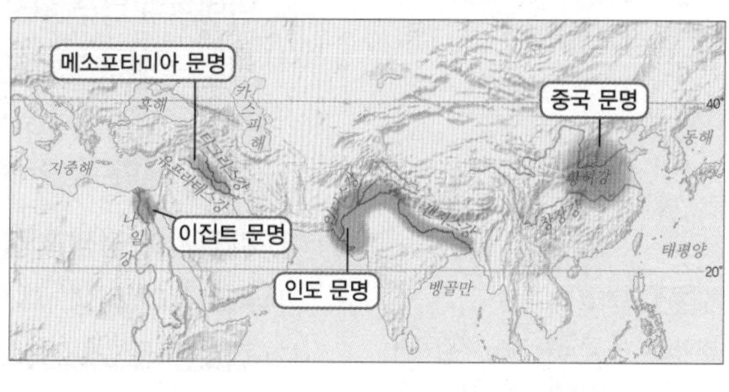

3 고대 제국들의 특성과 주변 세계의 성장

교과서 22~39쪽

1 고대 페르시아 제국의 발전

1. 페르시아 제국의 출현

(1) **이란고원**: 기원전 3000년 무렵부터 부족 국가 형성, 기원전 6세기 무렵 조로아스터교 확산
(조로아스터교: 조로아스터가 창시한 종교로 유일신 아후라 마즈다를 섬김)

(2) **아시리아**: 기원전 7세기 서아시아 지역 최초 통일 → 가혹한 통치로 멸망

(3) **페르시아 제국(아케메네스 왕조 페르시아)** (아시리아 이후 서아시아 지역을 다시 통일함)
① 키루스 2세: 이란고원 서남부~지중해 연안까지 영토 확대
② 다리우스 1세: 인도~흑해 일대까지 진출

2. 제국의 통치 체제 완성

(1) **키루스 2세**: 다양한 인종, 종교, 문화를 인정하는 관용 정책 실시

(2) **다리우스 1세**
① 중앙의 통치력 강화: 페르시아인 지방관·감시관 파견 ('왕의 눈'과 '왕의 귀'라 불리는 관리를 보내 지방관을 감시함)
② 정보와 물자의 유통 촉진: 도로('왕의 길')와 역 건설 ('왕의 길': 수도인 수사에서 국경 지대의 사르디스까지 연결된 도로로 통치의 효율성을 높이고 교류와 상업 발달에 큰 도움을 줌)
③ 관용 정책 시행: 피정복민의 고유한 문화와 전통, 종교 등 유지

3. 페르시아 제국의 계승과 문화

(1) **파르티아**: 알렉산드로스에 의해 아케메네스 왕조 페르시아 멸망 후 페르시아 지역 통합 → 로마와 한 사이 중계 무역으로 번영, 사산 왕조 페르시아에 멸망

(2) **사산 왕조 페르시아**: 페르시아 제국의 부흥 추구, 동서 중계 무역으로 번영, 로마 제국과의 전쟁 승리 → 비잔티움 제국과의 전쟁으로 쇠약, 7세기 중엽 이슬람 세력에 정복

(3) **페르시아의 문화**: 국제적 문화 발전, 동아시아 지역으로 전파
(국제적 문화 발전: 정복지의 문화를 강하게 억압하지 않았기 때문에 제국 내외에서 다양한 문화가 교류할 수 있었음)
(동아시아 지역으로 전파: 건축·조각·유리 공예·금속 세공술 등이 발달하여 전파됨)

2 고대 그리스 세계의 발전

1. 폴리스의 형성

(1) **에게 문명**: 기원전 2000년경 이집트 문명, 메소포타미아 문명과 교류하며 발전

(2) **폴리스**: 도시 국가 공동체 → 시민이 정치권력 소유, 왕과 귀족의 권력 독점 반대, 종교 및 언어 공유

2. 아테네의 민주 정치

(1) **특징**: 시민 누구든지 민회 참석, 대부분의 공직자를 추첨으로 선출, 공직자와 배심원에게 수당 지급 → 데모크라티아
(민회 참석: 민회에서 시민의 토론과 표결로 정책 결정)
(데모크라티아: 다수가 지배한다는 뜻으로 민주정을 뜻함)

(2) **한계**: 제한된 민주정(여성, 외국인, 노예의 참정권 없음)

3. 페르시아 전쟁과 펠로폰네소스 전쟁

(1) **페르시아 전쟁**: 페르시아의 그리스 공격 → 그리스의 승리로 폴리스의 독자성 유지

(2) **펠로폰네소스 전쟁**: 아테네와 스파르타 간의 경쟁 심화 → 두 폴리스를 중심으로 전쟁 발발, 대다수 폴리스가 전쟁에 참여 → 그리스 쇠퇴 → 마케도니아의 그리스 정복

4. 그리스의 고전 문화

(1) **역사, 철학, 수학, 의학**: 합리적 정신의 모범 제시 → 서양 학문의 토대

(2) **조각, 건축**: 균형과 비례 중시 → 고전적 아름다움의 기준 제시

보충 페르시아 제국의 영역

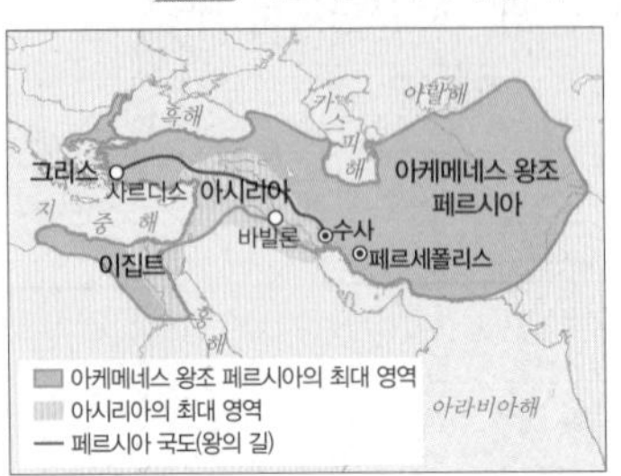

'왕의 길'은 정보와 물자의 유통을 촉진하였다.

보충 파르티아와 사산 왕조 페르시아의 영역

폴리스
기원전 1200년경 에게 문명이 파괴된 후 기원전 8세기경 그리스인이 세운 도시 공동체이다. 폴리스는 중심 도시와 주변 촌락으로 구성되었으며, 대부분 소규모 공동체였다.

보충 스파르타 교육
스파르타는 공교육 제도를 마련하고 엄격한 교육을 실시하였다. 스파르타 시민들은 매일 '공동 식사'에서 한 끼를 함께 먹었고, '채찍과 몽둥이'로 대표되는 체계적이고 혹독한 교육을 받았다.

교과서 속 자료 & 개념

페르세폴리스

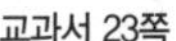
교과서 23쪽

(자료 해설)

'페르시아인들의 도시'라는 뜻의 그리스어인 페르세폴리스는 아케메네스 왕조 페르시아의 종교 및 외교 중심지로 매년 조로아스터교의 다양한 축제와 행사가 열렸다. 페르세폴리스는 알렉산드로스의 침입으로 파괴되었지만 웅장한 터가 여전히 남아 있어 그 규모를 짐작할 수 있다. 왕궁터의 계단식 건물 배치는 바빌로니아, 기둥과 연꽃 장식은 이집트, 황소 조각상은 아시리아의 영향을 받은 것으로, 페르시아 문화의 국제성을 나타낸다.

아테네의 민주 정치

교과서 26쪽

페리클레스(기원전 495~기원전 429)

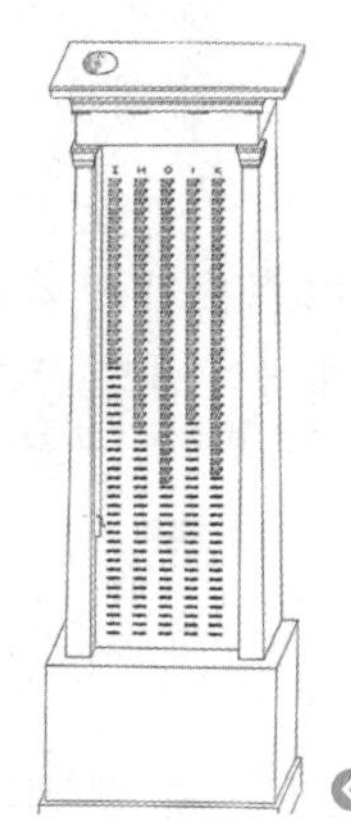

아테네의 공직자 추첨 장치

(자료 해설)

페리클레스는 아테네 민주 정치의 전성기를 이끈 인물이다. 그는 공직 수당제 등을 실시하여 가난한 민중도 정치에 참여할 수 있는 기반을 마련함으로써 진정한 직접 민주주의가 가능하도록 하였다.

아테네의 모든 성년 남자 시민은 누구나 폴리스 최고 기구인 민회에 참여할 수 있었고, 특수직을 제외한 모든 관직은 추첨으로 선임되었으며, 재판을 맡은 배심원도 추첨으로 뽑았다.

페르시아 전쟁

교과서 27쪽

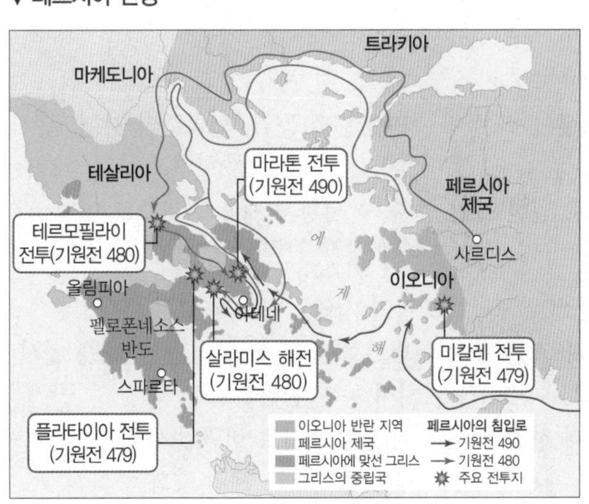

(자료 해설)

페르시아 전쟁은 기원전 492년부터 기원전 479년까지 지속된 페르시아 제국과 그리스 간의 전쟁이다. 아케메네스 왕조 페르시아는 세력을 팽창하는 과정에서 두 차례에 걸쳐 그리스를 공격하였다.

1차 원정에서는 마라톤 전투에서 그리스가 승리를 거두었고, 2차 원정에서도 페르시아의 함대가 살라미스 해전과 미칼레 전투에서 격파되면서 페르시아 전쟁은 그리스의 승리로 끝났다. 전쟁에서 승리한 그리스의 폴리스들은 독자성을 유지하였으나 페르시아는 돈과 군대를 이용하여 영향력을 행사하였다. 이 전쟁으로 아케메네스 왕조 페르시아는 쇠퇴하기 시작하였고, 아테네는 전성기를 맞이하였다.

3 고대 로마 제국

1. 로마 공화정의 발전

(1) **로마 공화정**: 기원전 6세기 말에 왕을 몰아내고 수립 → 귀족과 소수의 부유한 평민이 원로원과 고위 공직 차지 → 평민에게 점진적으로 권력 양보

(2) **영토 확장**: 지중해 지역 전체 지배 → 유력자들의 대농장 경영, 소규모 자영농의 몰락 → 빈민 급증, 사회 불안 → 그라쿠스 형제의 개혁 시도 실패 → 공화정의 위기 심화

원로원: 고대 로마의 최고 기관으로, 입법 및 자문 기관의 역할을 수행함

2. 제정의 성립과 제국의 발전

(1) **제정 성립**: 장기간 내전 → 카이사르의 권력 장악과 개혁 추진 → 카이사르가 살해된 후 내전 발발 → 옥타비아누스의 권력 장악

(2) **제국의 발전**: 로마식 도시와 도로 건설, 실용적인 법률 및 행정 발달

① **팍스 로마나(로마의 평화)**: 1~2세기 지중해 전역에 안정, 통합, 번영

② **카라칼라 황제**: 제국의 모든 자유민에게 로마 시민권 부여(212) → 로마인 의식 강화

3. 서로마의 멸망

(1) **제국의 위기**: 군대에 의한 빈번한 황제 교체, 넓은 제국의 비효율적인 통치 → 디오클레티아누스가 제국을 동서로 나누어 통치 → 세금 증가, 도시 몰락 → 게르만족의 이동

(2) **서로마의 붕괴**: 게르만족 용병 대장이 서로마 황제 폐위(476)

4. 크리스트교의 성립과 성장

(1) **성립**: 예수의 등장과 처형 → 제자들이 예수가 부활했고 인류의 구원자임을 주장

(2) **성장**: 초기에 박해 → 콘스탄티누스 대제의 박해 중단 → 4세기 말 로마의 국교로 선포

예수: 1세기 초에 등장하여 유대교의 율법을 새롭게 해석하고 사람들을 가르침

4 진·한 통일 제국의 성립

1. 춘추 전국 시대의 변화

(1) **춘추 시대**: 주의 낙읍 천도(기원전 770) → 주 왕실의 권위 하락, 지방 제후국 성장

(2) **전국 시대**: 제후국 간의 전쟁 증가 → 전쟁에 필요한 체제 개혁(변법)

(3) **춘추 전국 시대의 변화**

① **경제**: 농업 생산력 발달, 수공업과 상업 발전, 시장과 도시 성장, 다양한 화폐 유통

② **사상**: 제자백가가 등장하여 새로운 사회 질서를 수립하기 위한 대안 제시 → 유가, 도가, 법가, 묵가 등

농업 생산력 발달: 철제 농기구가 보급되고 소가 농사에 활용되었으며, 관개 시설이 정비됨

2. 중국 최초의 통일 제국, 진

(1) **시황제**: 황제 칭호 사용, 군현제 실시, 도량형·화폐·문자 통일, 법치주의 시행, 분서갱유, 만리장성 축조

(2) **멸망**: 대규모 공사와 강압적 통치로 인한 불만 증가 → 시황제 사후 반란으로 멸망

도량형: 길이·부피·무게, 또는 이를 재고 다는 기구나 그 단위법

3. 황제 지배 체제의 완성, 한

(1) **건국**: 유방(고조)의 재통일(기원전 202) → 수도 장안(시안), 군국제 실시

(2) **한 무제**: 군현제 확대, 연호 사용, 유교를 통치 이념으로 채택, 소금과 철 전매제 실시

(3) **멸망**: 왕망의 신(8~25) → 후한(25~220)을 거치며 농민 반란으로 멸망

(4) **한과 주변 이민족의 접촉**: 한 무제 때 장건의 서역 파견을 계기로 비단길 개척

① **흉노**: 한 초기 흉노 우위의 화친 체결 → 한 무제의 공격으로 세력 약화

② **주변 지역**: 고조선 등 주변 지역을 정복한 후 군현 설치 → 지역에 따라 다른 영향력

유교를 통치 이념으로 채택: 장안에 태학을 설립하고 오경박사를 두어 유가 경전을 연구하게 함

전매제: 오랑캐의 침입이 잦은 지역의 방비 강화를 위한 비용을 마련하고자 함

보충 그라쿠스 형제의 개혁

> "이탈리아에는 짐승들도 몸을 피할 동굴이나 은신처가 있습니다. 그러나 이탈리아를 위해 싸우고 죽는 사람들은 공기와 빛 외에는 누리는 것이 없습니다. 그들은 집도 없이 아내와 자식들을 데리고 유랑합니다.", "인민에게 속한 것을 인민이 공유하는 것이 정당하지 않습니까?"
>
> – 플루타르코스, 『영웅전』 외

형 티베리우스 그라쿠스는 토지 점유를 한정하고, 그 이상을 점유하는 자의 토지를 국가에서 몰수하여 빈민에게 분배하는 법안을 제출하였다. 동생 가이우스 그라쿠스는 토지 법안과 곡물 배급 법안 등을 제안하였다.

보충 옥타비아누스

옥타비아누스는 원로원으로부터 '존엄자'라는 뜻의 '아우구스투스' 칭호를 받았다. 그는 공화정의 전통을 회복했다고 주장하며 자신을 '제1 시민'이라 불렀지만, 군대와 재정을 장악하였기에 사실상 황제로 군림하였다.

보충 크리스트교의 성장

성립 초기에 크리스트교는 다신교 문화인 로마 사회와 갈등을 빚었고, 황제 숭배와 병역 문제로 박해를 받았으나 신도가 계속 늘어났다. 4세기 말에 원로원은 크리스트교를 로마의 유일한 공식 종교로 선포하였다.

군현제와 군국제

군현제는 전국을 군, 현으로 나누고 중앙에서 관리를 파견하여 지방을 통치하는 제도이고, 군국제는 군현제(중앙)와 봉건제(지방)를 절충한 제도이다.

보충 비단길

한 무제는 흉노와의 전쟁에 필요한 동맹 세력을 찾고자 장건을 서역으로 파견하였으나 성과를 거두지 못하였다. 그러나 이를 계기로 서역에 대한 정보가 한에 전해졌고, 이때 이용된 무역로가 비단길로 불리게 되었다.

교과서 속 자료 & 개념

로마 제국의 전성기

교과서 31쪽

로마 제국의 영토

(자료 해설)

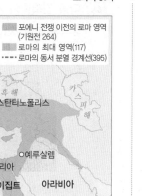

포에니 전쟁은 로마와 페니키아의 식민 도시 카르타고가 지중해 패권을 놓고 벌인 전쟁이다. 이 전쟁에서 승리한 로마는 카르타고를 멸망시키고 지중해 세계를 장악하였다.

이후 로마는 도로망을 구축하여 물자의 유통과 공급을 원활하게 하였고, 효율적이고 실용적인 법률과 행정으로 넓은 영토를 다스렸다. 1~2세기 5명의 현명한 황제들이 등장한 '팍스 로마나' 시기에 최대 영토를 확보하며 전성기를 누렸다.

제자백가

교과서 33쪽

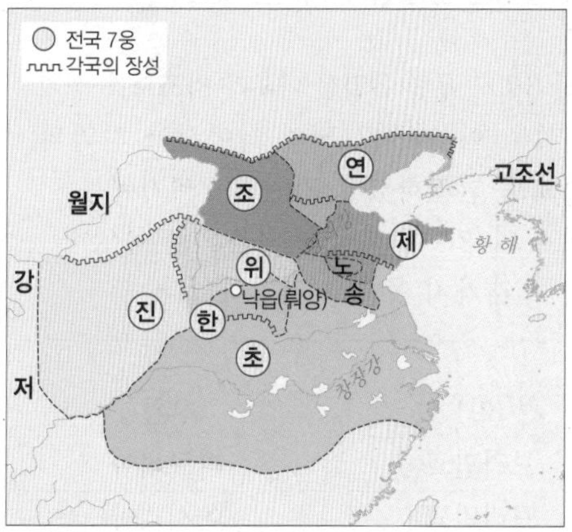

전국 시대

(자료 해설)

전국 시대에는 제후국 간의 전쟁이 늘어나 각 나라에서 부국강병을 추구하였다. 이때 제자백가라 불리는 사상가들이 새로운 사회 질서를 수립하고자 다양한 대안을 제시하였다. '제자(諸子)'는 공자, 맹자, 한비자 등과 같은 여러 스승(사상가)을 말하며, '백가(百家)'는 유가, 법가, 도가, 묵가 등 여러 학파를 뜻한다.

유가는 '인'과 '예'를 강조하는 사상이다. 도가는 자연적인 '도'라는 법칙을 강조하였으며, 법가는 강력한 법치주의를 강조한 사상이다. 이외에도 차별 없는 사랑을 주장한 묵가, 전쟁의 방법을 주장한 병가 등이 있다. 제자백가의 사상은 동아시아 각국의 학문과 사상의 골격이 되었다.

개념 꿀꺽

1. 관련 있는 내용을 옳게 연결해 보자.

(1) 한 무제 •   • ㉠ 전매제 실시
(2) 페리클레스 •   • ㉡ '왕의 길' 건설
(3) 다리우스 1세 •   • ㉢ 제국의 분할 통치
(4) 디오클레티아누스 •   • ㉣ 민주 정치의 전성기

2. 다음 내용이 옳으면 ○표, 틀리면 ×표 하시오.

(1) 페르시아 제국은 다양한 문화, 언어, 종교를 인정하는 관용 정책을 펼쳤다. (　　)
(2) 아테네의 여성, 외국인, 노예는 참정권이 없었다. (　　)
(3) 로마의 콘스탄티누스 대제는 제국의 모든 자유민에게 로마 시민권을 주었다. (　　)
(4) 시황제는 유교를 통치의 기반으로 삼았다. (　　)
(5) 한 무제는 흉노를 견제하기 위해 문자와 화폐를 통일하였다. (　　)

정답
1. (1) ㉠ (2) ㉣ (3) ㉡ (4) ㉢
2. (1) ○ (2) ○ (3) × (4) × (5) ×

기초 튼튼 | 기본문제

01 (가), (나)에 들어갈 말을 옳게 짝지은 것은?

> 기원전 6세기 무렵 유일신 아후라 마즈다를 섬기는 (가) 이/가 확산되어 서아시아 지역의 핵심 종교로 발전하였다. 기원전 7세기에는 (나) 이/가 이 지역을 처음으로 통일하였지만, 오래가지 못하고 멸망하였다.

	(가)	(나)
①	브라만교	파르티아
②	브라만교	아시리아
③	조로아스터교	파르티아
④	조로아스터교	아시리아
⑤	조로아스터교	스파르타

02 아케메네스 왕조 페르시아와 관련된 설명으로 옳지 않은 것은?

① 알렉산드로스에 정복당하였다.
② 주요 도로로 '왕의 길'을 건설하였다.
③ '왕의 눈, 귀'라 불리는 감시관을 파견하였다.
④ 정복지를 가혹하게 통치하여 짧은 시간 내 멸망하였다.
⑤ 다양한 종교와 문화를 인정하는 관용 정책을 펼쳤다.

단답형

03 (가)에 들어갈 알맞은 말을 쓰시오.

> 기원전 8세기경 그리스인은 서아시아에서 시작된 도시 국가를 수용하여 (가) (이)라는 공동체를 만들었다. 각 (가) 은/는 하나로 통합되지 않았지만 공통의 종교와 유사한 언어와 생활 방식을 가졌다.

( )

중요

04 다음 건축물이 지어진 폴리스에서 이루어진 정치의 특징으로 옳은 것만을 〈보기〉에서 고른 것은?

> 파르테논 신전은 페리클레스 시기에 만들어진 것으로, 아테나 여신을 모시고 있다. 아크로폴리스 언덕의 중심에 있다.

보기

ㄱ. 귀족이 권력을 독점하였다.
ㄴ. 대부분의 공직자를 추첨으로 선출하였다.
ㄷ. 여성, 외국인도 정치에 참여할 수 있었다.
ㄹ. 배심원이나 공직자에게 수당을 지급하였다.

① ㄱ, ㄴ ② ㄱ, ㄷ ③ ㄴ, ㄷ
④ ㄴ, ㄹ ⑤ ㄷ, ㄹ

중요

05 로마에서 다음 자료에 나타난 개혁이 일어난 배경으로 가장 적절한 것은?

> "이탈리아에는 짐승들도 몸을 피할 동굴이나 은신처가 있습니다. 그러나 이탈리아를 위해 싸우고 죽는 사람들은 공기와 빛 외에는 누리는 것이 없습니다. 그들은 집도 없이 아내와 자식들을 데리고 유랑합니다.", "인민에게 속한 것을 인민이 공유하는 것이 정당하지 않습니까?"
>
> – 플루타르코스, 『영웅전』 외

① 카이사르가 암살당하였다.
② 유력한 장군들 사이에 내전이 이어졌다.
③ 대농장이 형성되어 자영농이 몰락하였다.
④ 제국의 모든 자유민이 로마 시민권을 받았다.
⑤ 옥타비아누스가 '제1 시민'이라는 칭호를 사용하였다.

단답형

06 (가)에 들어갈 알맞은 인물을 쓰시오.

> 강력한 군단을 보유한 카이사르가 반대 세력에게 살해되자, 로마에서는 내전이 다시 벌어졌다. 카이사르의 뒤를 이은 (가) 이/가 내전의 최종 승리자가 되어 권력을 장악하고 평화를 회복하였다. 원로원은 그에게 '존엄자'라는 뜻의 '아우구스투스' 칭호를 바쳤다.

( )

07 다음 지도의 영역을 차지한 국가에 대한 설명으로 옳지 않은 것은?

① 펠로폰네소스 전쟁 이후 쇠약해졌다.
② 팍스 로마나 시기 지중해 전역을 장악하였다.
③ 디오클레티아누스가 제국을 나누어 통치하였다.
④ 3세기부터 군대에 의해 황제가 자주 교체되었다.
⑤ 게르만족 용병에 의해 황제가 폐위되면서 멸망하였다.

08 다음에서 설명하고 있는 종교로 옳은 것은?

> 신의 사랑과 은총을 강조하고, 신과 이웃을 사랑하며 살라고 가르치면서 로마 제국 전체에 퍼져 나갔다. 초기에는 황제 숭배 문제로 로마 사회와 갈등을 빚었고 국가와 정면으로 충돌하였지만 콘스탄티누스 대제 때 공인되었다.

① 불교 ② 유대교
③ 브라만교 ④ 크리스트교
⑤ 조로아스터교

단답형

09 (가)에 들어갈 알맞은 말을 쓰시오.

> 춘추 전국 시대 제후국들이 부국강병을 추진하는 과정에서 (가) (이)라고 불리는 사상가들이 등장하여 새로운 사회 질서를 수립하고자 다양한 대안을 제시하였다. 이때 유가, 법가, 도가 등 다양한 학파의 사상이 등장하였다.

( )

중요

10 다음과 같은 평가를 받은 인물이 추진한 정책으로 옳지 않은 것은?

> 이 사람은 최초로 중국을 통일한 인물이다. 중국의 봉건 군주 중에서 그를 능가할 사람은 없다.

① 분서갱유 ② 군국제 실시
③ 만리장성 건축 ④ 법치주의 시행
⑤ 문자, 화폐, 도량형 통일

11 한 무제의 업적으로 옳은 것만을 〈보기〉에서 고른 것은?

보기
ㄱ. 연호 사용 ㄴ. 봉건제 실시
ㄷ. 소금, 철 전매제 ㄹ. 불교 통치 이념 채택

① ㄱ, ㄴ ② ㄱ, ㄷ ③ ㄴ, ㄷ
④ ㄴ, ㄹ ⑤ ㄷ, ㄹ

실력 쑥쑥 | 실전문제

고난도

01 다음 지도에 나타난 영토를 차지한 국가에 대한 내용으로 옳은 것은?

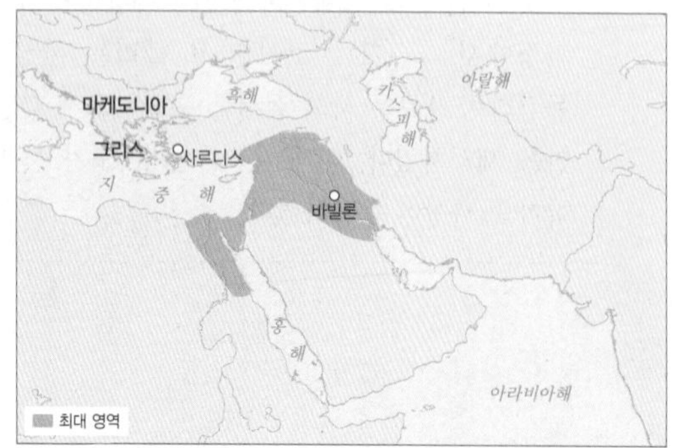

① 서아시아 지역을 최초로 통일하였다.
② 왕의 길이라는 주요 도로를 건설하였다.
③ 그리스를 두 차례 침략하였으나 패배하였다.
④ 그리스와 한 사이의 중계 무역으로 번영을 누렸다.
⑤ 정복지의 문화와 전통을 존중하는 관용 정책을 펼쳤다.

02 다음 중 발표 내용이 적절하지 않은 모둠은?

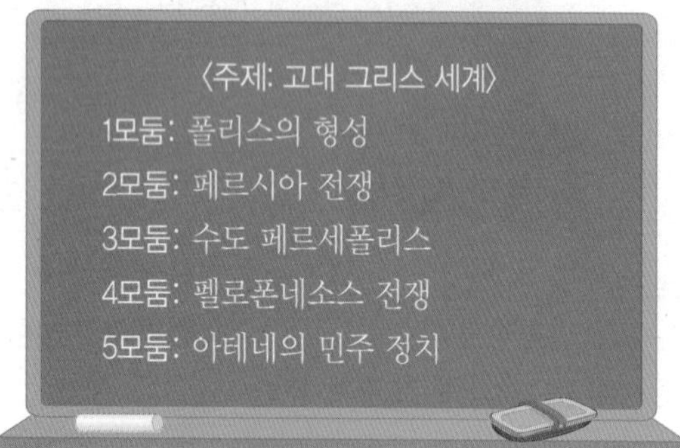

〈주제: 고대 그리스 세계〉
1모둠: 폴리스의 형성
2모둠: 페르시아 전쟁
3모둠: 수도 페르세폴리스
4모둠: 펠로폰네소스 전쟁
5모둠: 아테네의 민주 정치

① 1모둠 ② 2모둠 ③ 3모둠
④ 4모둠 ⑤ 5모둠

03 (가)에 들어갈 내용으로 가장 적절한 것은?

〈OO대학교 제O회 정기 학술 대회 안내〉

• 주제: 아테네의 민주 정치
• 발표 내용: (가)

① 공직 수당제 ② 공화정의 전통 회복
③ 펠로폰네소스 전쟁 ④ 알렉산드로스의 원정
⑤ 여성, 외국인, 노예의 참정권 부여

중요

04 다음 글의 ㉠~㉤ 중 옳지 않은 것은?

로마 공화정기 많은 전쟁으로 영토가 넓어졌다. 이 과정에서 ㉠로마의 귀족들은 넓은 토지를 획득하고 노예를 부려 땅을 경작해 큰 이익을 거두었다. ㉡소규모 자영농 또한 수가 늘어났으며 넓은 토지를 획득하였다. 이후 로마 군대가 사병화되어 유력한 장군들이 경쟁하게 되었다. 그 중 강력한 군단을 보유한 ㉢카이사르가 권력을 장악하였다. 카이사르의 뒤를 이어 ㉣옥타비아누스가 권력을 잡고 원로원으로부터 '존엄자'라는 뜻의 '아우구스투스'라는 칭호를 받았다. 로마는 1~2세기 지중해 전역을 차지하였으며, 높은 안정과 통합, 번영을 누렸다. 이 시기를 ㉤'팍스 로마나'라고 한다.

① ㉠ ② ㉡ ③ ㉢
④ ㉣ ⑤ ㉤

05 선생님의 다음 질문에 대한 학생의 답변으로 옳은 것은?

크리스트교의 교리와 수용 과정에 대해 발표해 볼까요?

① 베다를 경전으로 삼았어요.
② 유일신 아후라 마즈다를 섬겼어요.
③ 디오클레티아누스가 박해를 중단하였어요.
④ 초기부터 국가가 주도적으로 전파하였어요.
⑤ 4세기에 로마의 유일한 공식 종교가 되었어요.

고난도

06 (가)~(다)에 들어갈 제자백가 사상을 옳게 짝지은 것은?

> • (가) : 혼란한 세상을 바로잡는 방법은 오로지 인과 예밖에 없습니다.
> • (나) : 사람들은 스스로 예절을 지키지 않기 때문에 엄격한 법으로 다스려야 합니다.
> • (다) : 인과 예는 인위적인 것입니다. 백성을 자연의 법칙에 순응하면서 살아가게 해야 합니다.

	(가)	(나)	(다)
①	법가	도가	유가
②	법가	유가	도가
③	유가	도가	법가
④	유가	법가	도가
⑤	도가	법가	유가

07 진의 멸망 원인으로 옳은 것만을 〈보기〉에서 고른 것은?

> **보기**
> ㄱ. 대규모 공사　　ㄴ. 강압적 통치
> ㄷ. 게르만족의 침입　　ㄹ. 알렉산드로스의 원정

① ㄱ, ㄴ　② ㄱ, ㄷ　③ ㄴ, ㄷ
④ ㄴ, ㄹ　⑤ ㄷ, ㄹ

중요

08 한 무제에 대한 설명으로 옳지 않은 것은?

① 장건을 서역으로 파견하였다.
② 군현제를 전국으로 확대하였다.
③ 소금과 철 전매제를 실시하였다.
④ 수도 장안에 태학을 설립하였다.
⑤ 도가 사상을 통치의 근본 원리로 채택하였다.

서술형

09 다음과 같은 유적을 건설한 황제가 추진한 정책을 서술하시오.

10 다음 인물이 전성기를 이끈 폴리스의 정치에 대하여 서술하시오.

11 지도와 같이 한 무제가 장건을 서역으로 파견한 목적과 결과를 서술하시오.

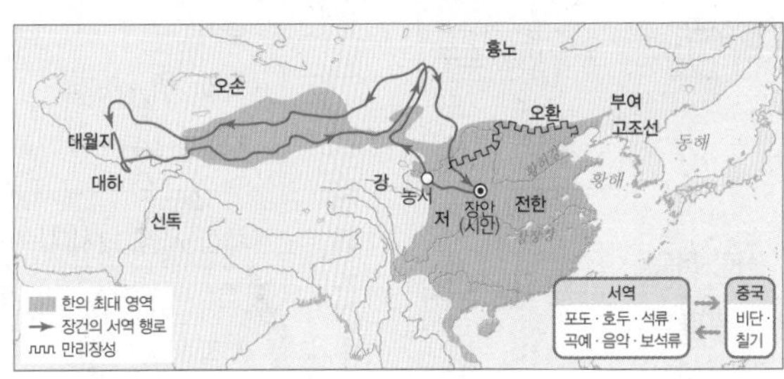

| 대단원 |
정리하기

1 역사의 의미와 역사 학습의 목적

1 역사의 의미

① 로서의 역사	• 과거의 사실과 남긴 유물 그 자체 • 객관적인 역사
② 으로서의 역사	• 과거에 있었던 사실 중 역사가가 선택하여 정리한 이야기 • 주관적인 역사
③	문자로 쓴 기록물 및 유형·무형의 다양한 유적과 유물

2 역사 학습의 목적

역사의식	과거의 사건을 탐구하여 미래의 방향을 찾을 수 있음
역사를 배우는 목적	• 현재에 대한 바른 이해 • 삶의 지혜와 교훈을 얻고 반성하는 자세 함양 • 역사적 사고력과 비판력 향상

2 세계의 선사 문화와 고대 문명

1 선사 문화의 발전

구분	구석기 시대	신석기 시대
도구	④ : 돌을 깨뜨려 만든 도구	• ⑤ : 돌을 갈아서 만든 도구 • 토기 • 가락바퀴, 뼈바늘 • 갈돌과 갈판
식량 획득 방법	채집, 사냥, 낚시	• 채집, 사냥, 낚시 지속 • ⑥ 과 목축 시작
주거	이동 생활(동굴, 막집)	정착 생활(움집)
기타	• 동굴 벽화 • 빌렌도르프의 비너스	

2 세계 고대 문명의 발생

문명의 발생

큰 강 유역의 도시 발달	계급 사회 시작	문자 사용	청동기 사용

↓

메소포타미아 문명

- 유프라테스강~티그리스강 유역, 개방적 지형
- 기원전 3500년경 수메르인이 도시 국가 건설
- 신정 정치, ⑦ (신전) 건설
- 쐐기 문자 사용
- 바빌로니아 왕국: 함무라비왕 때 전성기 → 『함무라비 법전』 편찬

이집트 문명

- 나일강 유역, 폐쇄적 지형
- 기원전 3000년경 통일 왕국 성립
- 파라오(국왕) 중심 ⑧ (정치와 종교 결합)
- 스핑크스, 피라미드 건설
- 상형 문자 사용
- 사자의 서, 미라 제작 → 영혼 불멸 사상

인도 문명

- 인더스강 유역
- 하라파, 모헨조다로 등 도시 건설
- 도로망 연결, 활발한 상업 활동
- 아리아인의 침입 → ⑨ (신분제), 브라만교 성립

중국 문명

- 황허강, 창장강 유역
- 상: 신정 정치 실시, 갑골문 사용
- 주: 기원전 11세기 중반 상을 무너뜨리고 세력 확장, 혈연관계를 기반으로 한 ⑩ 실시

쐐기 문자

상형 문자

인장 문자

갑골문

3 고대 제국들의 특성과 주변 세계의 성장

1 고대 페르시아 제국의 발전

아시리아	기원전 7세기에 서아시아 지역을 최초로 통일 → 가혹한 통치로 짧은 시간 내에 멸망
↓	
아케메네스 왕조 페르시아	• 키루스 2세: 관용 정책 실시 • ⑪ ______: 인도~흑해 일대까지 진출, 페르시아인 지방관 파견, '왕의 눈·귀' 파견, '왕의 길' 건설 • 알렉산드로스에 의해 멸망
↓	
⑫ ______	• 페르시아계 유목민이 건국 • 로마-한 사이 중계 무역으로 번영
↓	
사산 왕조 페르시아	• 페르시아 제국의 부흥 추구 • 동서 중계 무역으로 번영 • 로마 제국과의 전쟁 승리, 비잔티움 제국과 충돌 • 7세기 중엽 이슬람 세력에 정복

페르시아 문화	• 다양한 문화의 교류로 국제적 문화 발전 • 유리 공예, 건축, 조각, 금속 세공술 등 발달

2 고대 그리스 세계의 발전

⑬ ______	• 도시 국가 공동체 • 같은 종교, 비슷한 언어와 생활 방식
아테네의 민주 정치	• 기원전 6세기 말 정치 참여 확대 • 시민이 참여한 민회의 역할 확대 • 공직 추첨제, 수당제 • ⑭ ______ 참정권 없음
페르시아 전쟁과 펠로폰네소스 전쟁	• 페르시아 전쟁: ⑮ ______ 승리 • 펠로폰네소스 전쟁: 폴리스 간의 전쟁 → 세력 약화
그리스 문화	• 서양 학문의 토대 마련 • 균형과 비례를 중시한 조각, 건축

3 고대 로마 제국

건국	기원전 8세기경 이탈리아반도 중부
↓	
공화정	• 기원전 6세기 말에 왕을 몰아내고 수립 • 귀족, 소수의 부유한 평민이 원로원과 고위 관직 차지 → 점차 평민에게 권력 양보 • 전쟁을 통한 영토 확대 → 지중해 지역 전체 지배 • 귀족들의 대농장 형성 → 자영농 몰락 • ⑯ ______의 개혁 시도 → 실패
제정의 시작	• 장기간 내전 → 카이사르 집권 → 살해 • ⑰ ______: '아우구스투스', '제1 시민' 칭호 → 사실상 황제의 역할 수행
제국의 발전	• 통치 체제: 도시 및 도로 건설, 실용적인 법률 • ⑱ ______: 로마의 평화 시기 • 카라칼라 황제: 모든 자유민에게 로마 시민권 부여
서로마의 멸망	• ⑲ ______: 제국의 동서 분할 통치 • 게르만족 용병에 의해 멸망

크리스트교	• 성립 초기: 황제 숭배와 병역 문제로 박해 • 성장: ⑳ ______가 박해 중단 → 4세기 말에 로마의 국교로 선포

4 진·한 통일 제국의 성립

춘추 전국 시대	• 정치: 주 왕실의 권위 약화, 제후국 간의 전쟁 증가 • 경제: 농업 생산력 향상, 수공업과 상업 발달, 화폐 유통 • 문화: ㉑ ______ 등장
진	• 중국 최초의 통일 제국 • ㉒ ______: 황제 칭호 사용, 군현제 실시, 도량형·화폐·문자 통일, 법치주의 시행, 분서갱유
한	• 건국: 유방(고조) → 수도 장안, 군국제 실시 • 한 무제: 군현제 확대, 연호 사용, 유교 통치 이념 채택, 소금과 철 전매제 • 장건의 서역 파견 → ㉓ ______ 개척

자신만만 | 적중문제

01 역사의 의미와 역사 학습의 목적

01 다음 예시에 해당하는 개념으로 옳은 것은?

- 고구려의 광개토 대왕릉비
- 백제의 정림사지 5층 석탑
- 고려 시대 농민이 쓴 일기
- 조선 시대 양반이 쓴 역사서

① 사료　② 도구
③ 주거　④ 역사의식
⑤ 역사적 사고력

02 다음 글의 관점과 가장 유사한 역사 서술로 옳은 것만을 〈보기〉에서 고른 것은?

역사는 과거에 있었던 일이나 과거 사람이 남긴 사실 가운데 역사가가 의미 있다고 생각한 사실을 선택하여 정리한 이야기이므로 주관적일 수밖에 없다.

보기
ㄱ. 1950년 6월 25일 6·25 전쟁이 일어났다.
ㄴ. 조선 전기 의정부는 최고 정책 결정 기구였다.
ㄷ. 신라의 삼국 통일로 새로운 민족 문화가 형성되었다.
ㄹ. 시황제는 무리한 건축으로 재정을 낭비하고 유학자를 죽인 폭군이다.

① ㄱ, ㄴ　② ㄱ, ㄷ　③ ㄴ, ㄷ
④ ㄴ, ㄹ　⑤ ㄷ, ㄹ

02 세계의 선사 문화와 고대 문명

03 (가), (나) 시기에 대한 특징을 옳게 짝지은 것은?

(가) 돌괭이, 가락바퀴, 갈돌과 갈판 등의 도구를 사용하였으며 주로 강가나 바닷가에서 움집을 짓고 마을을 이루며 살았다.
(나) 주먹도끼, 찍개, 찌르개 등의 도구를 사용하였으며 짐승의 공격과 추위를 피하기 위하여 동굴이나 막집을 지어 살기도 하였다.

	구분	(가)	(나)
①	도구	뗀석기	간석기
②	식량	농경	사냥
③	주거	이동 생활	정착 생활
④	사회	계급 사회	평등 사회
⑤	기타	동굴 벽화	토기 사용

04 다음과 같은 유적을 남긴 문명에 대한 설명으로 옳은 것은?

① 혈연 중심의 봉건제를 실시하였다.
② 아리아인이 새로운 문화를 발전시켰다.
③ 하라파와 모헨조다로를 중심으로 일어났다.
④ 폐쇄적 지형으로 오랫동안 통일을 유지하였다.
⑤ 쐐기 문자를 사용하여 점토판에 기록을 남겼다.

03 고대 제국들의 특성과 주변 세계의 성장

05 (가) 국가에 대한 설명으로 옳은 것은?

> 파르티아 이후 페르시아 제국의 부흥을 추구한 (가) 은/는 메소포타미아에서 인더스강에 이르는 페르시아 세계를 통합하였다. 하지만 비잔티움 제국과의 계속된 전쟁으로 쇠약해지면서 결국 7세기 중엽 이슬람 세력에 정복되었다.

① 그리스와의 전쟁에서 패배하였다.
② 동서를 잇는 중계 무역으로 번영하였다.
③ 정복지를 가혹하게 통치하여 멸망하였다.
④ 카스트제라는 엄격한 신분제를 만들었다.
⑤ 철기를 앞세워 바빌로니아 왕국을 멸망시켰다.

06 다음 가상 역사 신문에서 설명하고 있는 시기의 아테네의 모습으로 옳은 것은?

> **역사 신문**
>
> 아테네의 민주정, 드디어 꽃을 피우다!
>
> 민주정의 전성기에 아테네를 이끈 인물인 페리클레스는 「추도 연설」에서 아테네가 모든 그리스인의 모범이라고 주장하였다.

① 소수 가문이 권력을 독점하였다.
② 매일 공동 식사에서 한 끼를 함께 먹었다.
③ 공직자 대부분을 추첨으로 뽑고 수당을 지급하였다.
④ 여성, 외국인, 노예도 정치에 참여할 권리를 부여받았다.
⑤ 왕의 눈, 왕의 귀라 불리는 관리가 지방관을 감시하였다.

07 로마의 발전 과정 중 (가) 시기에 들어갈 내용으로 옳은 것은?

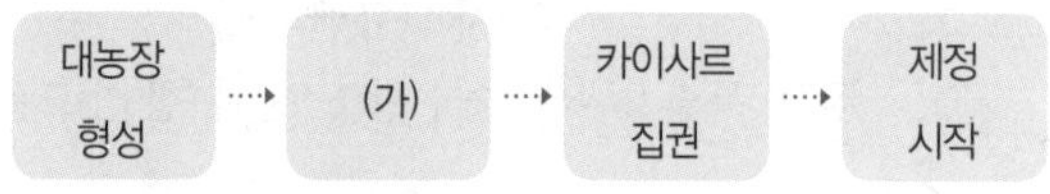

① 왕정이 실시되었다.
② 디오클레티아누스가 제국을 분할 통치하였다.
③ 옥타비아누스가 아우구스투스의 칭호를 받았다.
④ 그라쿠스 형제가 개혁을 시도하였으나 실패하였다.
⑤ 카라칼라 황제가 모든 자유민에게 로마 시민권을 주었다.

08 다음 인터넷 검색에 대한 검색 결과로 옳지 않은 것은?

지식IN | 로마 제국의 전성기

① 군대에 의해 황제가 교체되었다.
② 이 시기를 팍스 로마나라고 불렀다.
③ 로마인들은 지중해를 '우리의 바다'라고 칭하였다.
④ 유럽, 아프리카, 아시아에 걸친 제국을 건설하였다.
⑤ 실용적인 법률과 행정으로 넓은 제국을 통치하였다.

09 춘추 전국 시대에 대한 설명으로 옳지 않은 것은?

① 분서갱유가 일어났다.
② 철제 농기구가 보급되었다.
③ 시장과 도시가 성장하였다.
④ 지역별로 다양한 화폐가 유통되었다.
⑤ 유가, 법가 등 다양한 사상이 등장하였다.

10 (가), (나)에 들어갈 내용을 옳게 짝지은 것은?

〈역사 다큐멘터리〉
주제: 특별 2부작, 중국 왕조 '진'과 '한'의 모든 것!

• 1부: 진의 모든 것
  – 주요 내용: (가)
• 2부: 한의 모든 것
  – 주요 내용: (나)

① (가) – 무제의 연호 사용
② (가) – 유가 사상과 태학 설립
③ (나) – 군국제와 군현제의 차이
④ (나) – 도량형, 화폐, 문자의 통일
⑤ (나) – 흉노를 견제하기 위한 만리장성 축조

11 다음 가상 대화문의 밑줄 친 '원정'의 결과로 적절한 것은?

• 무제: 진의 시황제가 비록 흉노를 북쪽으로 밀어냈지만, 흉노는 계속해서 우리 한을 괴롭히는구나. 흉노를 쫓아낼 방법이 있겠는가?
• 장건: 흉노와의 전쟁에 필요한 동맹 세력을 찾는 것이 좋을 것이라 생각합니다, 폐하. 제가 직접 서쪽으로 <u>원정</u>을 떠나 동맹 세력을 찾아오겠습니다.

① 철제 농기구와 소가 농사에 활용되었다.
② 왕망의 신이 멸망하고, 후한이 세워졌다.
③ 비단길이 개척되어 무역로로 활용되었다.
④ 고조선을 멸망시킨 뒤 군현제를 적용하였다.
⑤ 유가, 법가, 도가 등 다양한 사상이 제시되었다.

서술형

12 (가), (나) 문명의 지형적 특징을 비교하여 서술하시오.

(가)

(나)

13 다음과 같은 상황이 나타난 원인을 <u>두 가지</u> 이상 서술하시오.

476년, 게르만족 용병 대장이 마지막 서로마 황제를 폐위하였고 이로써 서로마는 붕괴되었다.

14 밑줄 친 '이 정책'을 실시한 목적을 서술하시오.

백성을 잘 다스리려면 상업을 억제해야 합니다. 그런데 오히려 국가에서 소금과 철에 대하여 <u>이 정책</u>을 시행하여 백성들을 상대로 장사를 하면서 순박한 풍습을 해치고 있습니다.

최고난도 문제

01 로마의 정치 발전 과정을 나타낸 도표이다. (가)~(다) 시기에 있었던 사건으로 옳지 않은 것은?

(가) 왕정 ⋯→ (나) 공화정 ⋯→ (다) 제정

① (가) – 이탈리아반도 중부에 로마가 건설되었다.
② (나) – 그라쿠스 형제가 개혁 정치를 시도하였으나 실패하였다.
③ (나) – 귀족과 소수의 부유한 평민이 고위 공직을 차지하였고, 평민에게 점진적으로 권력을 양보하였다.
④ (다) – 카라칼라 황제가 제국의 모든 자유민에게 로마 시민권을 주었다.
⑤ (다) – 노예를 이용한 대농장이 형성되고, 자영농이 몰락하면서 사회가 불안해졌다.

풀이비법
① (가) 왕정 → (나) 공화정 → (다) 제정으로 변화하는 로마의 정치 변화 과정을 이해한다.
② (가), (나), (다) 시기의 주요 사건을 파악하고, 시기에 맞지 않은 설명을 고른다.

02 중국 역사상 나타난 (가)~(마)의 사실들을 일어난 순서대로 옳게 나열한 것은?

(가) 나라에 중요한 일이 있을 때는 신의 뜻을 묻는 점을 치고, 점의 내용과 결과를 갑골문으로 기록하였다.
(나) 제후국들이 전쟁에 필요한 대규모 병력과 물자를 효율적으로 동원할 수 있도록 하는 변법을 실시하였다.
(다) 왕은 수도와 그 주변 지역만 직접 다스리고, 나머지 지역은 왕족이나 공신을 제후로 임명하여 다스리도록 하였다.
(라) 군현제를 전국으로 확대하여 제후들에 대한 통치를 강화하고 강력한 황제권을 확립하였으며, 처음으로 연호를 사용하였다.
(마) 군주가 사망한 뒤에 그 업적을 평가하여 정리하는 시호를 없애고, 군주를 가리키는 새로운 칭호로서 '황제'라는 용어를 사용하였다.

① (가) – (나) – (다) – (라) – (마)
② (가) – (다) – (나) – (마) – (라)
③ (가) – (라) – (마) – (나) – (다)
④ (나) – (가) – (다) – (마) – (라)
⑤ (나) – (다) – (마) – (라) – (가)

풀이비법
① 중국 문명(상, 주) → 춘추 전국 시대 → 진 → 한으로 이어지는 중국 고대 역대 왕조를 파악한다.
② ①의 시간 순서에 맞게 (가)~(마)의 사실을 배열한다.

세계 종교의 확산과 지역 문화의 형성

이 단원의 **목차**

▼ 성 베드로 대성당(바티칸)

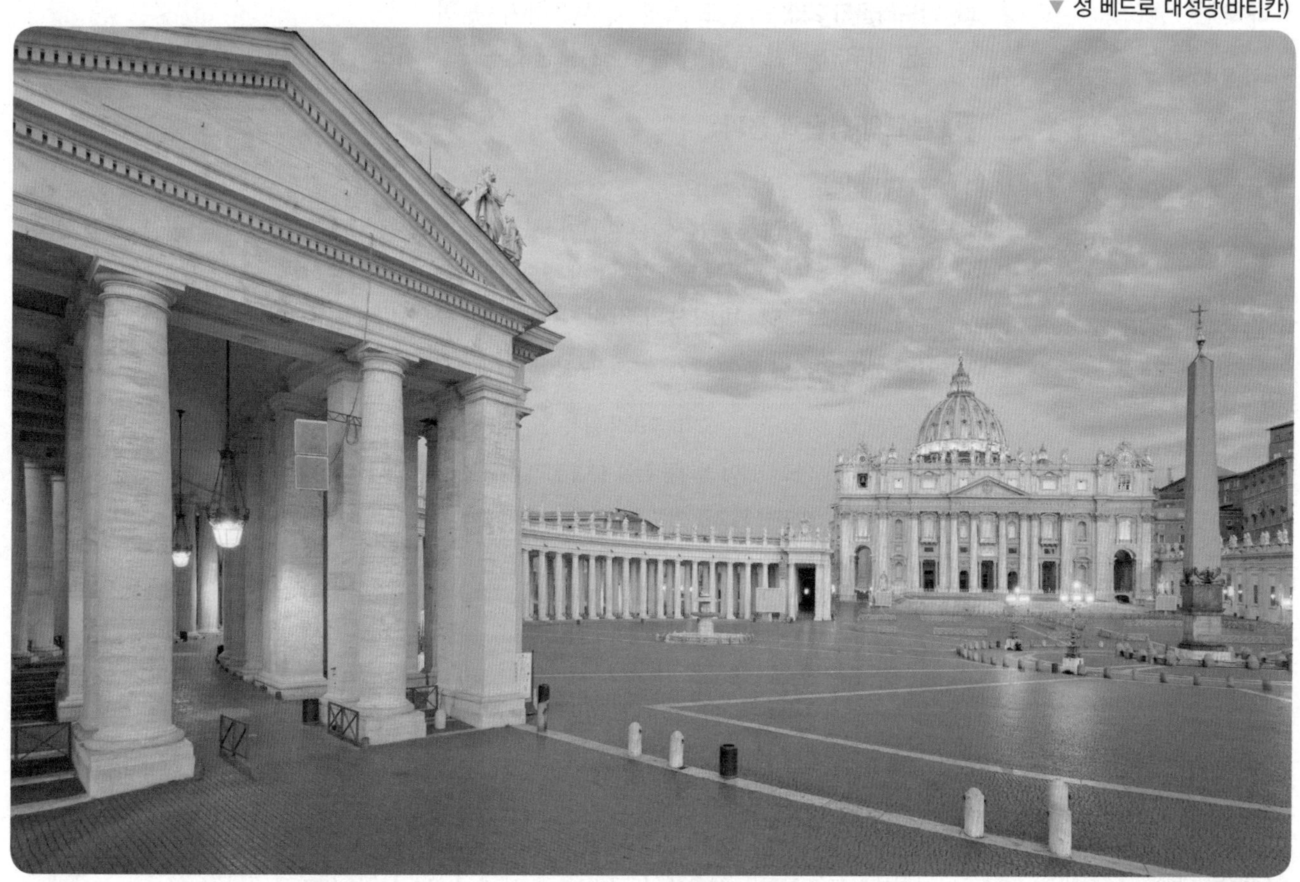

| 사진으로 맛보기 |

1593년에 지어진 바티칸의 성 베드로 대성당입니다. 유명한 예술가들이 건축에 참여한 성 베드로 대성당은 웅장한 돔 지붕과 아름다운 기둥, 화려한 조각이 압도적인 느낌을 줍니다. 바티칸은 세계에서 가장 작은 나라로, 크리스트교와 관련된 건축물과 예술 작품이 많이 남아 있습니다.

| 단원 열기 |

이 단원에서는 불교, 힌두교, 이슬람교, 크리스트교 등 세계의 종교가 성립하고 확산하는 과정을 배웁니다. 또한 이 시기에 형성된 종교와 지역 세계의 문화가 오늘날까지 영향을 미치고 있다는 점을 배웁니다.

1

Ⅱ. 세계 종교의 확산과 지역 문화의 형성

불교 및 힌두교 문화의 형성과 확산

교과서 44~49쪽

1 인도 고대 왕조의 변천

1. 마우리아 왕조 — 아소카왕이 죽은 후 쇠퇴하여 기원전 2세기 전반에 멸망함(185)

(1) **건국**: 찬드라굽타 마우리아가 기원전 4세기 후반에 북인도 지역 통일

(2) **아소카왕**: 인도 대부분 통일, 중앙 집권 체제 강화(감찰관 파견, 도로망 정비)

2. 쿠샨 왕조 — 사산 왕조 페르시아의 공격으로 쇠퇴함

(1) **건국**: 페르시아계 쿠샨족이 1세기 중엽 북인도 지역 대부분 차지

(2) **발전**: 한~페르시아~로마 제국을 연결하는 중계 무역으로 경제적 번영

(3) **카니슈카왕**: 2세기 중엽 인도 중부 지역까지 영토 확장 → 전성기

3. 굽타 왕조 — 5세기 말부터 내분으로 쇠퇴하여 중앙아시아의 유목 민족인 에프탈에 멸망함(550)

(1) **건국**: 4세기 초 북인도 지역 재통일

(2) **발전**: 농업과 수공업 발달, 주변 국가와 활발한 교역, 학문·종교·예술 등 발전

(3) **찬드라굽타 2세**: 북인도 지역 대부분 차지 → 전성기

(4) **멸망 이후**: 8세기 무렵 이슬람 세력 진출 → 13세기 초 최초의 이슬람 왕조 등장

이후 300년 동안 5개의 이슬람 왕조가 지속됨

2 불교의 성립과 전파

1. 불교의 성립

(1) **창시**: 고타마 싯다르타(석가모니)가 창시 → 브라만교의 권위주의와 신분 차별 반대, 인간 평등, 수행을 통한 깨달음, 생명에 대한 자비 주장

(2) **발전**: 크샤트리아·바이샤의 지지, 마우리아·쿠샨 왕조 시기의 불교 장려 정책

카스트제의 신분 차별을 겪으며 브라만교에 대한 불만이 높아짐

2. 인도 고대 왕조와 불교

구분	마우리아 왕조	쿠샨 왕조
장려 정책	아소카왕이 돌기둥 건설, 불경 정리, 불탑 건설	카니슈카왕이 불경 정리, 사원 건립 등 지원
전파	상좌부 불교가 실론(스리랑카) 등으로 전파	대승 불교와 간다라 미술이 동아시아에 전파

상좌부 불교: 수행을 통한 개인의 해탈을 중시함

대승 불교: 개인의 수행보다 중생 구제를 통한 깨달음을 중시함

3 힌두교의 확산과 인도 고전 문화

1. 힌두교의 확산 — 인도에서 힌두교가 발달하면서 불교는 점차 쇠퇴함

(1) **성립**: 굽타 왕조 시기에 브라만교, 민간 신앙, 불교 등이 융합되어 힌두교 성립

(2) **특징**

① 다양한 신을 숭배의 대상으로 삼음(예 브라흐마, 비슈누, 시바 등)

우주를 창조한 브라흐마, 우주를 유지하는 비슈누, 우주의 수명이 다했을 때 세계의 파괴를 맡는 시바

② 제사 의식의 부재, 누구나 신에게 제물을 바치는 것 허용

③ 토착적 성격을 띠고 있어 백성에게 쉽게 수용, 굽타 왕조의 후원

왕을 신이 모습을 바꾸어 나타난 것으로 보았기 때문에 왕들이 왕권을 강화하고자 힌두교를 후원함

④ 카르마(업)와 카스트에 따른 의무 수행 중시 → 카스트제 정착, 『마누 법전』 편찬

2. 인도 고전 문화의 발달 — 산스크리트어가 공용어가 되면서 구전되던 신화와 전설들이 기록됨

문학	산스크리트어 작품(『마하바라타』, 『라마야나』)	자연 과학	'0'의 개념과 10진법 사용, 지구 자전설 → 이슬람 세계에 전파
미술	굽타 양식 등장(아잔타 석굴 사원)		

굽타 양식: 인도 고유의 특징을 반영하였으며 동아시아의 불교 미술에 영향을 줌

『라마야나』: 세계에서 가장 긴 대서사시 중 하나로, 코살라국의 왕자인 라마가 아내를 구하기 위해 겪는 무용담을 담음

보충 마우리아 왕조와 쿠샨 왕조의 영역

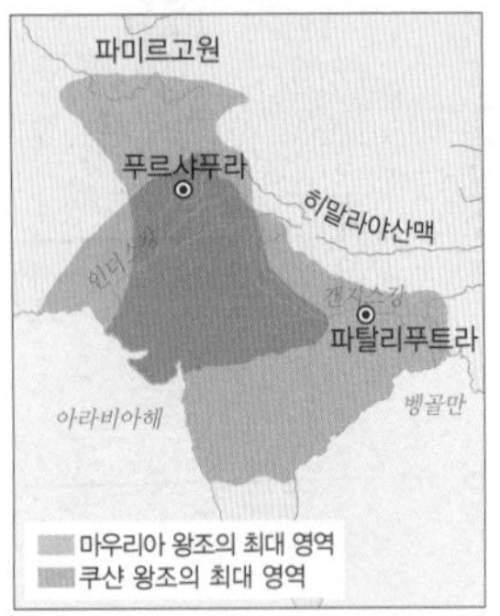

보충 간다라 미술

간다라 불상

헬레니즘 문화와 인도의 불교문화가 융합된 양식으로 쿠샨 왕조 시기에 발달하였다. 신을 사람의 모습으로 표현하는 헬레니즘 문화의 영향을 받아 불상이 본격적으로 제작되었으며, 곱슬머리, 오뚝한 코, 입체적인 옷 주름 등이 특징이다.

보충 산치 대탑

아소카왕이 석가모니의 사리를 모시고자 만든 스투파(탑)이다.

보충 『마누 법전』

> 창조주는 …… 그 업을 정하였도다. 브라만에게는 '베다'를 가르치고 배우며 제사 지내는 일을, 크샤트리아에게는 백성을 보호하고 다스릴 것을, 바이샤에게는 농사를 짓고 짐승을 기를 것을 명령하였다. 마지막으로, 수드라에게는 다음 세 신분에 속한 사람들에게 봉사하는 임무를 명령하였다.

카스트에 따라 지켜야 할 규범을 담고 있으며, 오늘날까지 인도 사회에 영향을 끼치고 있다.

교과서 속 자료 & 개념

아소카왕의 돌기둥

교과서 44쪽

아소카왕이 세운 돌기둥의 사자상

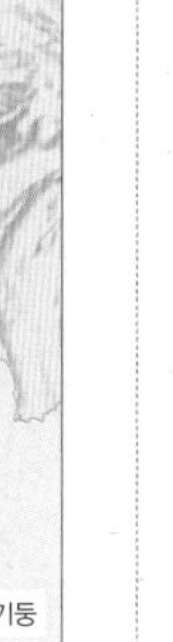

돌기둥이 세워진 곳

(자료 해설)

왼쪽 사진은 마우리아 왕조의 제3대 왕인 아소카왕이 인도 북부 지방의 불교 성지에 세운 돌기둥이다. 아소카왕은 자신의 가르침과 사업을 바위나 돌기둥 등에 새겨 놓도록 하였다. 돌기둥은 인도 지역에서 약 15개가 발견되었으며, 그중 10개의 돌기둥에 왕의 조칙이 새겨져 있다. 기둥의 머리 부분에는 사자나 소 등을 조각하였는데, 사르나트에서 발굴된 돌기둥의 사자상은 현재 인도의 국가 상징이 되었으며 한때 인도의 화폐에 사용되기도 하였다.

아잔타 석굴과 벽화

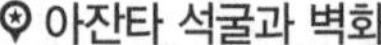

교과서 49쪽

아잔타 석굴

1호 굴의 연꽃을 든 보살 벽화

(자료 해설)

아잔타 석굴은 인도 마하라슈트라주의 도시 아잔타에 있는 불교 석굴로 기원전 2세기~기원후 7세기에 조성되었으며, 유네스코 세계 문화유산에 등재되었다. 30개의 석굴이 모두 불교 사원이며, 사원에 조성된 불상은 간다라 미술 양식과는 달리 옷 주름을 생략하고 인도 특유의 곡선미를 살리는 등 인도 고유의 특징이 반영되어 있다. 굽타 양식을 포함한 힌두 문화는 동남아시아에도 전파되었는데, 캄보디아의 앙코르 와트 사원이 대표적인 유적이다.

개념 꿀꺽

1. 빈칸에 알맞은 말을 쓰시오.

(1) 마우리아 왕조의 (　　　)은/는 남부 일부를 제외한 인도 지역을 통일하고 중앙 집권 체제를 강화하였다.

(2) 고타마 싯다르타는 인간 평등, 생명에 대한 자비 등을 주장하며 (　　　)을/를 창시하였다.

(3) 헬레니즘 문화와 인도 고유의 불교문화가 융합되어 (　　　) 양식이 만들어졌다.

(4) 아잔타 석굴 사원은 (　　　) 양식을 대표하는 유적이다.

2. 다음 내용이 옳으면 ○표, 틀리면 ×표 하시오.

(1) 카니슈카왕 시기에 쿠샨 왕조는 전성기를 이루었다. (　　　)

(2) 4세기 초에 인도를 다시 통일한 굽타 왕조는 아소카왕이 죽은 후 쇠퇴하였다. (　　　)

(3) 상좌부 불교는 개인의 수행보다 중생의 구제를 통해 깨달음을 얻는 것을 중시하였다. (　　　)

(4) 힌두교는 카스트에 따른 의무를 중시하였다. (　　　)

정답
1. (1) 아소카왕 (2) 불교 (3) 간다라 미술 (4) 굽타
2. (1) ○ (2) × (3) × (4) ○

기초 튼튼 | 기본문제

01 다음과 같은 돌기둥이 만들어진 인도 고대 왕조에 대한 설명으로 옳은 것은?

① 간다라 미술이 발달하였다.
② 농업과 수공업이 크게 발달하였다.
③ 아소카왕 시기에 전성기를 맞이하였다.
④ 중계 무역으로 경제적 번영을 이루었다.
⑤ 6세기 중엽 에프탈의 침입으로 멸망하였다.

02 아소카왕의 정책과 관련된 것만을 〈보기〉에서 고른 것은?

보기
ㄱ. 불교 창시　　ㄴ. 도로망 정비
ㄷ. 대승 불교 전파　　ㄹ. 지방 감찰관 파견

① ㄱ, ㄴ　② ㄱ, ㄷ　③ ㄴ, ㄷ
④ ㄴ, ㄹ　⑤ ㄷ, ㄹ

단답형
03 (가)에 들어갈 알맞은 말을 쓰시오.

마우리아 왕조 멸망 후 인도에는 이민족이 자주 침입하였다. 이후 분열 시대가 찾아왔지만, 1세기 중엽 페르시아계의 쿠샨족이 북인도 지역 대부분을 차지하여 (가) 을/를 열었다.

(　　　　)

04 다음 유적과 관련된 왕조에 대한 설명으로 옳은 것만을 〈보기〉에서 고른 것은?

보기
ㄱ. 쿠샨 왕조 멸망 후 인도를 재통일하였다.
ㄴ. 찬드라굽타 2세 때 북인도 지역을 차지하며 전성기를 누렸다.
ㄷ. 한－페르시아－로마 제국 사이에서 중계 무역으로 성장하였다.
ㄹ. 간다라 지방을 중심으로 간다라 미술이 발달하여 불상이 만들어졌다.

① ㄱ, ㄴ　② ㄱ, ㄷ　③ ㄴ, ㄷ
④ ㄴ, ㄹ　⑤ ㄷ, ㄹ

단답형
05 (가)에 들어갈 알맞은 말을 쓰시오.

기원전 6세기경 갠지스강 유역에서는 여러 나라의 대립으로 정치와 군사를 담당한 크샤트리아와 그를 후원한 바이샤의 영향력이 커졌다. 그러나 카스트제 내에서 이들의 지위는 브라만보다 낮아 이들 사이에서 브라만교에 대한 비판이 일어났다. 이러한 상황에서 오랜 수행 끝에 깨달음을 얻은 고타마 싯다르타(석가모니)가 (가) 을/를 창시하였다.

(　　　　)

중요

06 다음 지도에서 (가)에 들어갈 종교의 특징으로 옳은 것은?

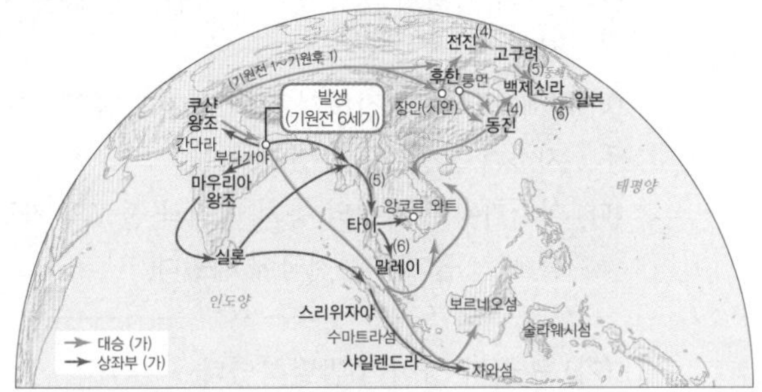

① 마우리아 왕조 시기에 탄압을 받았다.
② 크샤트리아와 바이샤의 강한 반발을 받았다.
③ 제사를 지내는 브라만의 역할을 강화하였다.
④ 엄격한 권위주의와 신분 차별을 주장하였다.
⑤ 인간 평등과 생명에 대한 자비를 강조하였다.

중요

07 (가)에 들어갈 종교에 대한 설명으로 옳은 것은?

> 굽타 왕조 시대에 브라만교를 중심으로 민간 신앙과 불교 등이 융합되어 인도 고유의 종교인 (가) 이/가 성립하였다.

① 굽타 왕조의 박해를 받았다.
② 찬드라굽타 2세가 창시하였다.
③ 다양한 신을 숭배의 대상으로 삼았다.
④ 브라만에 의해 복잡한 제사가 치러졌다.
⑤ 카스트제를 부정하고 평등사상을 주장하였다.

단답형

08 다음에서 설명하고 있는 법전의 명칭을 쓰시오.

> 창조주는 ...... 그 업을 정하였도다. 브라만에게는 '베다'를 가르치고 배우며 제사 지내는 일을, 크샤트리아에게는 백성을 보호하고 다스릴 것을, 바이샤에게는 농사를 짓고 짐승을 기를 것을 명령하였다. 마지막으로, 수드라에게는 다음 세 신분에 속한 사람들에게 봉사하는 임무를 명령하였다.
>
> 인류의 시조가 신의 계시를 받아 만들었다고 전해진다. 법률, 일상생활, 종교에 대한 내용으로 구성되어 있다.

(　　　　　　)

09 인도 고전 문화에 대한 설명으로 옳지 않은 것은?

① 산스크리트어가 공용어가 되었다.
② 0의 개념과 10진법을 사용하였다.
③ 동아시아의 불교 미술에 영향을 주었다.
④ 발달된 자연 과학이 이슬람 세계에 전해졌다.
⑤ 인도 고유의 특징이 반영된 간다라 양식이 나타났다.

10 다음 유적으로 대표되는 양식에 대한 설명으로 옳은 것은?

① 쿠샨 왕조 시기에 발달하였다.
② 헬레니즘 문화의 영향을 받았다.
③ 인도 고유의 특징을 반영하였다.
④ 대승 불교가 확산하면서 널리 전파되었다.
⑤ 부처를 발자국, 보리수 등으로 표현하였다.

실력 쑥쑥 | 실전문제

중요

01 다음 지도에 나타난 영토를 차지한 (가), (나) 왕조에 대한 설명으로 옳은 것은?

① (가) – 알렉산드로스에 의해 멸망하였다.
② (가) – 간다라 지방을 중심으로 영토를 넓혔다.
③ (나) – 찬드라굽타 마우리아가 건국하였다.
④ (나) – 아소카왕이 상좌부 불교를 전파하였다.
⑤ (나) – 한과 로마 사이 중계 무역으로 발전하였다.

02 (가)에 들어갈 검색어로 옳은 것은?

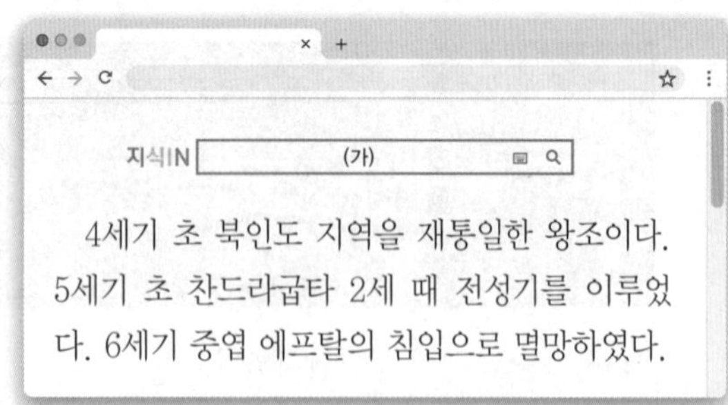

4세기 초 북인도 지역을 재통일한 왕조이다. 5세기 초 찬드라굽타 2세 때 전성기를 이루었다. 6세기 중엽 에프탈의 침입으로 멸망하였다.

① 굽타 왕조
② 쿠샨 왕조
③ 이집트 왕조
④ 갠지스 왕조
⑤ 마우리아 왕조

고난도

03 (가)~(다) 왕조 시기에 대한 설명으로 옳은 것은?

> (가) 카니슈카왕이 불경 정리와 사원 건립 등을 지원하였다.
> (나) 4세기 초에 등장하여 북인도 지역 대부분을 차지하며 전성기를 누렸다.
> (다) 아소카왕이 자신의 통치 방침과 불교의 가르침을 새긴 돌기둥을 전국에 세웠다.

① (가) – 굽타 양식이 발달하였다.
② (가) – 상좌부 불교가 스리랑카로 전파되었다.
③ (나) – 대승 불교가 동아시아로 확산되었다.
④ (나) – 인도 고유의 종교인 힌두교가 성립하였다.
⑤ (다) – 인도 최초의 이슬람 왕조였다.

04 다음 사진과 같이 부처를 표현한 미술 양식에 대한 설명으로 옳지 않은 것은?

① 동아시아에 주로 전파되었다.
② 쿠샨 왕조 시기에 등장하였다.
③ 헬레니즘 문화의 영향을 받았다.
④ 아잔타 석굴 사원의 불상이 대표적이다.
⑤ 오뚝한 코, 입체적인 옷 주름 등이 특징이다.

고난도

05 (가)에 들어갈 해설의 내용으로 옳지 않은 것은?

역사 용어 해설

힌두교
(가)

① 아소카왕이 창시하였다.
② 브라만교와 달리 복잡한 제사 의식이 없었다.
③ 카르마와 카스트에 따른 의무 수행을 중시하였다.
④ 토착적 성격을 띠어 백성들에게 쉽게 수용되었다.
⑤ 굽타 왕조는 왕권 강화를 위해 힌두교를 후원하였다.

중요

06 다음 작품이 만들어진 시기 문화의 특징으로 옳지 않은 것은?

세계에서 가장 긴 대서사시 중 하나로, 코살라국의 왕자인 라마와 주변 인물들의 이야기를 묘사하였다.

① 산스크리트어가 공용어가 되었다.
② 0의 개념과 10진법을 사용하였다.
③ 지구가 둥글고 자전한다는 사실을 알아냈다.
④ 균형과 비례를 강조하여 고전미의 기준이 되었다.
⑤ 인도 고유의 특징을 반영한 굽타 양식이 나타났다.

서술형

07 불교가 창시된 배경을 〈조건〉에 맞게 서술하시오.

조건
'카스트제'라는 단어를 반드시 포함하여 서술할 것

08 간다라 미술의 특징을 두 가지 서술하시오.

09 밑줄 친 '종교'의 특징을 브라만교와 비교하여 서술하시오.

굽타 왕조 시대에 브라만교를 중심으로 민간 신앙과 불교 등이 융합되어 인도 고유의 종교가 성립하였다. 다양한 신을 숭배의 대상으로 삼았으며, 주요한 신으로는 우주를 창조한 브라흐마, 우주를 유지하는 비슈누, 우주의 수명이 다했을 때 세계의 파괴를 맡는 시바 등이 있다.

2 동아시아 문화의 형성과 확산

교과서 50~61쪽

1 위진 남북조 시대의 전개

1. 북방 민족의 남하와 위진 남북조 시대

(1) **위진 시대**: 후한 멸망 → 위, 촉, 오 분열 → 진(晉)의 통일 → 5호의 남하

(5호: 북방 유목 지역에 살며 주로 유목 생활을 하던 민족으로, 흉노·선비·저·갈·강 5개 민족이 있음)

(2) **남북조 시대**

① 북조: 5호가 화북 지역에 여러 나라 건국(5호 16국 시대) → 북위의 통일

② 남조: 진(晉)이 창장강 하류에 동진 건설 → 한족이 세운 여러 왕조의 성립

(5호 16국 시대: 5호가 화북 지역에 16개의 국가를 세워 흥망을 거듭한 시기)

2. 북방 민족과 한족의 문화 융합

(1) **배경**: 북방 민족이 토착민인 한족과의 갈등을 줄이고자 융합 정책 실시

(2) **북위 효문제의 한화 정책**: 선비족의 언어와 복장 금지, 선비족에게 한족 성씨 부여, 한족과의 혼인 장려

(효문제: 남쪽 뤄양으로 천도함)

(3) **북방 민족의 문화 전파**: 중무장한 기병 도입, 의자 도입으로 입식 생활 확산

(4) **강남 지역 개발**: 화북 지역의 토착민이 강남 이주 → 농기구와 농경 기술 전파

3. 새로운 종교와 사상의 유행

(1) **불교**: 5호 16국 시대 이후 북조 황제의 지원 → 거대한 석굴 사원, 불상 제작

(북조 황제의 지원: 통치의 정당성을 확보하고자 지원함)

(2) **노장사상**: 세속을 떠나 은둔하며 형식적인 예절 비판(예 죽림칠현)

(3) **도교**: 도가+신선 사상+무속 신앙 → 현세의 행복과 불로장생 추구

(불로장생: 늙지 않고 오래 사는 것)

2 수의 남북조 통일과 당 제국의 건설

1. 수의 남북조 통일

(1) **수 문제**: 중국 통일(589) → 중앙 집권적 통치 체제 강화(토지 제도·군사 제도 정비, 과거제 실시)

(2) **수 양제**

① 대운하 완성: 화북 지방과 강남 지방 연결 → 강남 개발 촉진, 물자 유통 활발, 중앙 집권 강화

(대운하: 중국 베이징~항저우에 이르는 인공 수로로, 강남과 화북의 경제를 통합하여 중앙 집권을 강화함)

② 고구려 원정: 영토 확장을 위해 대규모 병력을 동원하였으나 실패

(3) **멸망**: 무리한 토목 공사, 잦은 침략 전쟁 → 농민의 반발로 건국 38년 만에 멸망

2. 당의 건국과 발전

(1) **건국**: 이연(고조)이 당 건국 → 수 말기의 혼란 수습

(2) **발전**

① 당 태종: 통치 제도 정비, 동돌궐 정복 → '천가한' 칭호 사용

(천가한: 유목 군장의 칭호인 '가한'의 위에 있는 군주라는 의미)

② 당 고종: 서돌궐 정복 → 농경 지역과 유목 지역을 아우르는 제국 건설

(3) **통치 제도**: 수의 통치 제도를 계승하며 정비

① 정치 제도: 3성 6부(중앙 행정 제도), 주현제(지방 행정 제도)

② 관리 선발 제도: 과거제

③ 그 외 제도: 토지(균전제), 조세(조용조), 군사(부병제)

(4) **멸망**: 안사의 난 이후 국력 약화 → 환관의 정치 개입, 절도사의 난립 → 황소의 난으로 쇠퇴 → 절도사 세력에 의해 멸망(907)

(절도사: 국경 지역의 방비를 위해 설치한 군 사령관)

(안사의 난: 755년에 절도사 안녹산과 그의 부하 사사명이 일으킨 반란으로 통치 제도가 바뀌는 계기가 됨)

위진 남북조

한이 삼국으로 분열된 이후 수에 의해 통일될 때까지 남북으로 나뉘어 대립하던 시기이다. 이 시기에는 북방 민족과 한족의 문화가 융합되면서 중국의 문화가 다양해졌다.

보충 북위의 한화 정책

- "조정에서 대화할 때 선비어를 사용하지 말라. 만약 어기는 자가 있으면 관직에서 내칠 것이다."
- 황제께서 관료들에게 "어제 그대들의 부녀자가 입은 의복을 보니 여전히 옷깃과 소매가 모두 좁았다. 왜 선비복을 입지 말라는 조칙을 지키지 않는가?"라고 꾸짖었다.

– 『위서』

북방의 유목 민족 중 하나였던 선비족은 화북 지역을 통일하고 북위를 세웠다. 북위의 효문제는 선비족과 한족을 모두 관료로 채용하고, 상호 간의 결혼도 장려하였다. 이 과정에서 북위는 전성기를 맞았다.

보충 당의 여러 제도

균전제	토지를 백성에게 나누어 주어 백성의 생활을 보장하기 위한 제도
조용조	곡식, 노동력, 토산품을 바치도록 한 제도
부병제	농한기 때 농민을 징병하여 훈련시키는 제도

교과서 속 자료 & 개념

위진 남북조 시대의 사상

교과서 51쪽

윈강 석굴 불상

완적

(자료 해설)

위진 남북조 시대에는 불교, 노장사상, 도교가 발달하였다. 불교는 5호 16국 시대에 본격적으로 전파되었다. 북조의 황제들은 불교를 자신의 통치를 정당화하는 데 이용하여 거대한 석굴 사원을 세우기도 하였다. 남조에서도 불교가 널리 성행하여 지배층이 불교를 믿었다. 한편 한대에 통치 이념으로 자리 잡은 유교에 대한 반발로 지배층 사이에 노장사상이 널리 퍼졌는데, 대표적 인물로 죽림칠현 중 완적이 있다. 한편, 도가, 신선 사상, 다양한 무속 신앙이 결합한 도교가 성립되어 민간에 널리 퍼졌다.

수·당의 영역

교과서 53쪽

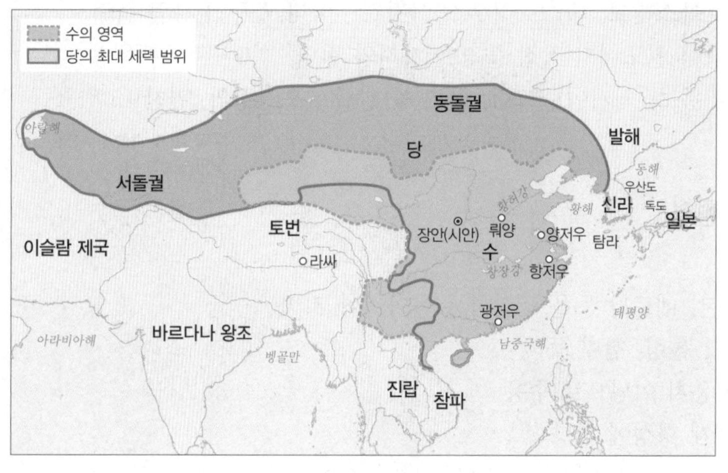

(자료 해설)

수 양제는 분열된 돌궐을 약화시키고 참파와 타이완 등을 침략하였다. 한편, 당 태종은 동돌궐과 토번을 정복하였고, 고종은 서돌궐을 멸망시키고 제국을 건설하였다. 한편 고종 시기에 당은 신라와 연합하여 백제와 고구려를 무너뜨렸다. 당은 점령한 변경 지역에 도호부를 설치하여 어느 정도의 자치를 허용하면서 이들을 간접적으로 통치하였다.

당의 3성 6부

교과서 54쪽

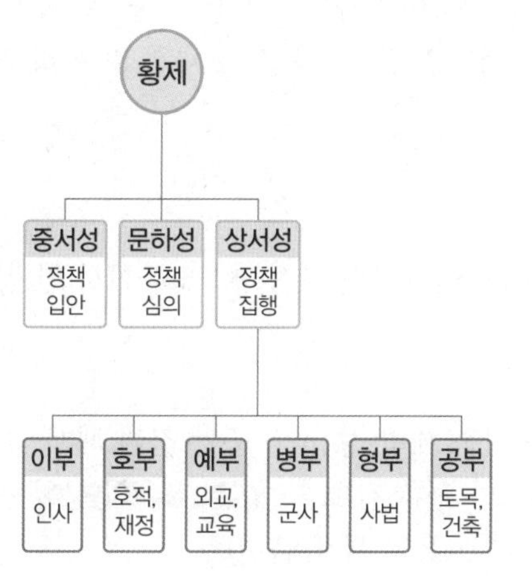

(자료 해설)

당은 수의 통치 제도를 계승하여 중앙 통치를 위해 3성 6부를 설치하였다. 3성은 중서성(정책 입안), 문하성(정책 심의), 상서성(정책 집행)으로 구성된 기구였다. 상서성 아래에는 정책의 분야에 따라 실제로 업무를 처리하는 6부가 설치되었는데, 이부(인사), 호부(호적·재정), 예부(외교·교육), 병부(군사), 형부(사법), 공부(토목·건축)로 구성되었다. 당의 3성 6부제는 당시 발해와 일본의 통치 조직에도 영향을 주었다.

3 당의 외교와 국제적 문화

1. 당의 외교

(1) **대외 정복**: 서쪽(중앙아시아 지역)~동쪽(한반도 지역)까지 영향력 확대

(2) **외교 정책**

주변 국가의 세력이 강할 때 황족의 딸을 시집보냄

① 외국의 왕들을 신하로 임명(책봉)하는 자국 중심의 외교 정책 시행

② 주변 국가와의 혼인 정책으로 우호 관계 형성

(3) **당과 주변국의 교류**: 독자적인 경제 교류, 당의 제도 및 문물 수용

① 신라, 발해, 일본: 당에 사신·유학생 파견, 당의 제도와 문물을 통치에 활용

② 돌궐, 토번, 위구르: 비단 등 필요한 물품을 얻지 못하면 군사 공격 감행

(4) **당에 인접한 국가 간의 외교 관계**: 신라, 발해 ↔ 일본의 사신 및 문물 교류

책봉

중국의 황제가 주변 나라의 제후나 국왕을 형식적으로 인정하는 제도이다.

보충 「예빈도」

예빈도는 당 관리가 신라인(혹은 고구려인), 서역인으로 추정되는 외국 사신을 맞이하는 모습을 나타낸 그림이다. 당이 주변 국가와 활발하게 교류하였음을 보여 준다.

2. 당의 문화

(1) **국제적 문화**

페르시아 지역의 물품 거래

① 동서 교통로 확보: 비단길, 바닷길 등을 통해 외국 상인, 유학생, 승려 등 왕래

② 국제 교역 발달: 소그드인, 이슬람 상인 중심

크리스트교 종파 가운데 하나

③ 외국인 집단 거주지 형성: 소그드인, 이슬람인, 신라인 등이 집단 거주

④ 외래 종교 도입: 조로아스터교, 네스토리우스교(경교), 마니교 등의 사원 설립

⑤ 당의 외국 왕래: 현장이 인도에서 직접 불경을 가져와 번역

페르시아에서 마니가 창시한 종교

(2) **귀족적 문화**: 시(이백, 두보, 백거이), 그림, 글씨 등 발달, 『오경정의』 편찬

유교 경전인 5경에 주석을 달아 설명한 책

4 동아시아 문화권의 형성

1. 동아시아 문화권

(1) **지역**: 신라, 발해, 일본, 베트남 등을 포함하는 동아시아 지역

(2) **공통 요소**: 유교, 불교, 율령, 한자 등

① 유교, 불교: 국가의 통치 이념으로 수용

② 율령: 고대 국가 체제 형성에 영향

③ 한자: 교류 과정에서 지식과 정보를 주고받는 문자로 이용

(3) **특징**: 당의 문화를 기반으로 자국의 문화를 독자적으로 발전시킴

2. 일본의 고대 국가 성장

(1) **야마토 정권**: 4세기 일본 최초의 통일 국가, 중국·한반도로부터 문화 수용

① 쇼토쿠 태자의 불교 장려: 6세기 후반 아스카를 중심으로 불교문화 발달

② 다이카 개신: 7세기 중엽 당의 제도 모방, 중앙 집권 체제 및 율령 체제 확립

③ '일본' 국호, '천황' 칭호 사용

(2) **나라 시대(710~794)**

① 성립: 8세기 초 헤이조쿄(나라) 천도

② 특징: 당·신라와의 활발한 교류, 불교문화 융성(예: 도다이사 건립)

(3) **헤이안 시대(794~1185)**

① 성립: 헤이안쿄(교토) 천도

② 특징: 황실과 귀족의 대립 → 귀족 세력 성장 → 중앙 집권 체제 약화

③ 국풍 문화 발달: 중국·한반도와의 교류 감소 → 일본 고유의 문화 발달(가나 문자 사용, 주택이나 관복 등에서 일본 고유의 특색 출현)

다이카 개신

왕족과 당 유학생들이 중심이 되어 단행한 개혁이다. 정변이 성공한 후에 연호를 다이카(大化)로 정하였다.

보충 가나 문자

히라가나					가타카나				
あ	い	う	え	お	ア	イ	ウ	エ	オ
安	以	宇	衣	於	阿	伊	宇	江	於
安	以	宇	衣	於	阝	イ	宇	工	於
あ	い	う	え	お	ア		ウ		オ
あ	い	う	え	お	ア		ウ		

한자를 간략히 하거나 생략한 형태이다.

교과서 속 자료 & 개념

당대 장안의 국제적 문화

교과서 56쪽

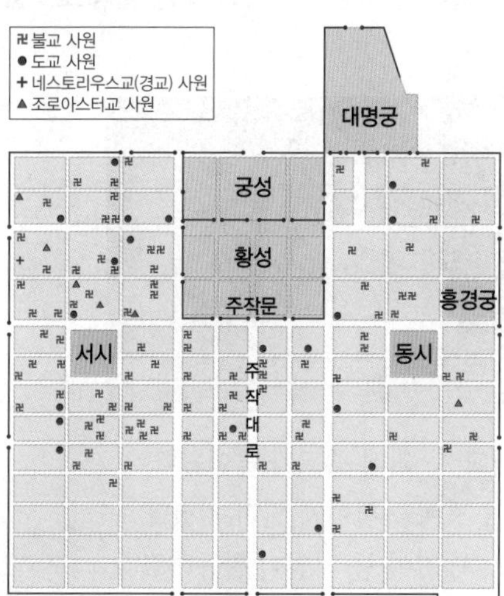

8세기 장안성의 구조와 종교 시설

대진 경교 유행 중국비

자료 해설

당의 수도인 장안은 현재 중국 산시성의 시안 지역이다. 장안은 당시 세계에서 가장 큰 도시로 많은 외국인이 방문하였는데, 오늘날 시안에서 발굴되는 다양한 유물을 통해 국제적인 모습을 확인할 수 있다.

또한, 장안에는 도교, 네스토리우스교(경교), 조로아스터교 등 다양한 종교 시설이 있었으며, 페르시아 지역의 물병과 비잔티움 제국의 화폐 등이 사용되었다.

도다이사 본존불

교과서 58쪽

자료 해설

일본에서는 8세기 초에 헤이조쿄(나라)로 수도를 옮기면서 나라 시대가 시작되었다. 이 시기에는 당, 신라와 활발하게 교류하였고, 도다이사와 같은 큰 사찰이 건립되는 등 불교문화가 융성하였다.

도다이사는 일본 나라시에 있으며 불교의 힘을 빌려 권력을 강화하고자 하는 쇼무 천황에 의해 건립되었다. 대불전 안에 모셔져 있는 본존불은 앉은키가 16 m, 얼굴 길이가 5 m나 되어 '대불'이라 불리기도 한다.

개념 꿀꺽

1. 관련 있는 내용을 옳게 연결해 보자.

(1) 당 •   • ㉠ 안사의 난
(2) 북위 •   • ㉡ 국풍 문화
(3) 나라 시대 •   • ㉢ 한화 정책
(4) 헤이안 시대 •   • ㉣ 헤이조쿄 천도

2. 다음 내용이 옳으면 ○표, 틀리면 ×표 하시오.

(1) 선비족이 세운 진이 5호 16국 시대를 통일하였다. (　　　)
(2) 당 태종은 대운하를 완성하여 강남 개발을 촉진시켰다. (　　　)
(3) 당의 수도였던 장안에는 다양한 외래 종교가 유입되었다. (　　　)
(4) 나라 시대에는 불교문화가 융성하여 도다이사가 건립되었다. (　　　)

정답
1. (1) ㉠ (2) ㉢ (3) ㉣ (4) ㉡
2. (1) × (2) × (3) ○ (4) ○

기초 튼튼 | 기본문제

단답형

01 (가)에 들어갈 알맞은 말을 쓰시오.

> 한이 위·촉·오 삼국으로 분열된 이후, 진의 짧은 통일 시기를 거쳐 수에 의해 통일될 때까지 남북으로 나뉘어 대립하던 시기를 (가) 시대라고 한다.

(　　　　　)

02 다음 자료에 나타난 정책을 추진한 왕으로 옳은 것은?

> • "조정에서 대화할 때 선비어를 사용하지 말라. 만약 어기는 자가 있으면 관직에서 내칠 것이다."
> • 황제께서 관료들에게 "어제 그대들의 부녀자가 입은 의복을 보니 여전히 옷깃과 소매가 모두 좁았다. 왜 선비복을 입지 말라는 조칙을 지키지 않는가?"라고 꾸짖었다. -『위서』

① 효문제　② 수 문제　③ 수 양제
④ 당 태종　⑤ 당 현종

03 수 양제가 추진한 정책으로 옳은 것만을 〈보기〉에서 고른 것은?

보기
ㄱ. 대운하 완성　ㄴ. 봉건제 실시
ㄷ. 고구려 침략　ㄹ. 서돌궐 정복

① ㄱ, ㄴ　② ㄱ, ㄷ　③ ㄴ, ㄷ
④ ㄴ, ㄹ　⑤ ㄷ, ㄹ

04 다음 불상이 만들어진 시대의 문화에 대한 설명으로 옳은 것은?

① 경교, 마니교 등 외래 종교가 들어왔다.
② 노장사상이 지배층 사이에 널리 퍼졌다.
③ 이백, 두보, 백거이 등 시인이 활동하였다.
④ 현장이 인도에서 불경을 가져와 번역하였다.
⑤ 5경에 주석을 달아 설명한 오경정의가 편찬되었다.

중요

05 다음과 같은 중앙 행정 제도를 운영한 나라의 통치 제도에 대한 설명으로 옳은 것만을 〈보기〉에서 고른 것은?

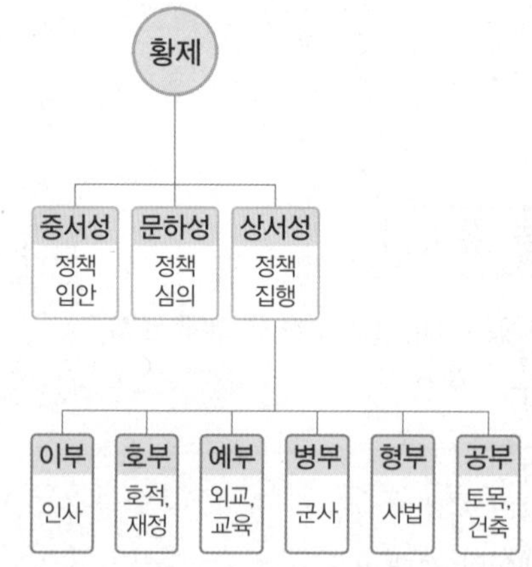

보기
ㄱ. 봉건제를 실시하였다.
ㄴ. 곡식, 노동력, 토산품을 바치도록 하였다.
ㄷ. 일정량의 토지를 백성에게 나누어 주었다.
ㄹ. 시험을 통해 관리를 뽑는 과거제가 폐지되었다.

① ㄱ, ㄴ　② ㄱ, ㄷ　③ ㄴ, ㄷ
④ ㄴ, ㄹ　⑤ ㄷ, ㄹ

단답형

06 (가)에 들어갈 알맞은 말을 쓰시오.

> 8세기 중반 이후 당의 통치 제도는 제대로 운영되지 않았다. 게다가 (가) (으)로 수도 장안이 반란 세력에게 함락되면서 당의 국력은 기울기 시작하였다. 결국 황소의 난으로 더욱 쇠퇴한 당은 절도사 세력에 의해 멸망하였다(907).

( )

07 다음 지도에 나타난 (가) 국가의 외교 관계에 대한 설명으로 옳지 <u>않은</u> 것은?

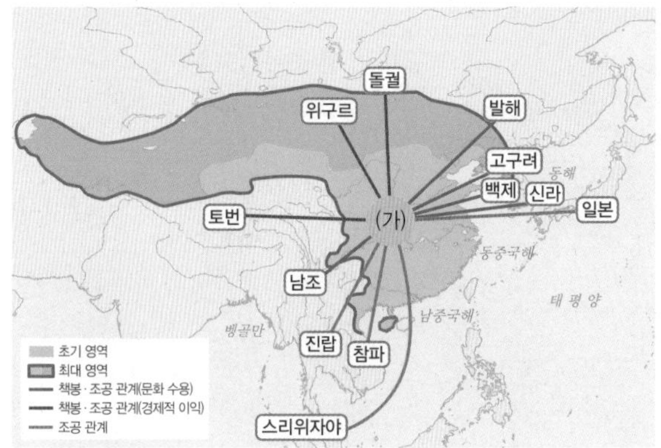

① 일본과는 서로 교류하지 않았다.
② 신라와 발해는 사신과 유학생을 파견하였다.
③ 혼인 정책을 통해 우호 관계를 맺기도 하였다.
④ 신라, 발해, 일본에 문물과 제도를 전파하였다.
⑤ 외국의 왕들을 신하로 임명하는 외교 정책을 펼쳤다.

08 동아시아 문화권의 공통 요소로 옳지 <u>않은</u> 것은?

① 한자 ② 법가 ③ 유교
④ 율령 ⑤ 불교

중요

09 다음 유물과 관련된 나라의 문화 특징으로 옳은 것은?

① 연극, 소설 등 서민 문화가 발달하였다.
② 황제의 지원으로 거대한 석굴 사원이 세워졌다.
③ 현장이 인도에 가서 불경을 가져와 번역하였다.
④ 한자를 간략하게 만든 가나 문자가 사용되었다.
⑤ 도가, 신선 사상, 무속 신앙이 결합한 도교가 성립되었다.

10 다음과 같은 유물이 만들어진 일본 고대 국가 시기에 대한 설명으로 옳은 것은?

① 아스카 문화가 발달하였다.
② 수도를 헤이조쿄(나라)로 옮겼다.
③ 일본 국호와 천황이라는 칭호가 만들어졌다.
④ 일본 고유의 문화인 국풍 문화가 발달하였다.
⑤ 당의 제도를 모방한 다이카 개신이 일어났다.

실력 쑥쑥 | 실전문제

01 (가)~(다)에 들어갈 나라를 옳게 짝지은 것은?

> 후한 멸망 이후 (가) , 촉, 오 삼국이 경쟁하였다. 3세기 후반에는 (나) 이/가 삼국을 통일하였다. 그러나 혼란을 틈타 5호가 남하하여 세력을 확대하였고, 그 결과 (나) 은/는 창장강 하류 유역에 (다) 을/를 세웠다.

	(가)	(나)	(다)
①	위	한	북위
②	위	진	동진
③	진	한	북위
④	진	위	동진
⑤	한	진	북위

중요

02 다음 운하를 건설한 국가에 대한 설명으로 옳은 것만을 <보기>에서 고른 것은?

보기

ㄱ. 과거제를 실시하였다.
ㄴ. 고구려 원정에서 승리하였다.
ㄷ. 남북조로 분열되어 있던 중국을 통일하였다.
ㄹ. 안사의 난을 계기로 국력이 기울기 시작하였다.

① ㄱ, ㄴ ② ㄱ, ㄷ ③ ㄴ, ㄷ
④ ㄴ, ㄹ ⑤ ㄷ, ㄹ

03 (가)에 들어갈 사건으로 옳은 것은?

당은 환관의 정치 개입 등으로 쇠퇴하다가, (가) 이후 절도사 세력에 의해 멸망했어.

① 분서갱유 ② 황소의 난
③ 고구려 원정 ④ 대운하 완성
⑤ 장건의 서역 파견

고난도+

04 다음 글의 ㉠~㉤ 중 옳지 않은 것은?

> 당은 영토를 넓히는 과정에서 여러 나라와 외교 관계를 맺었다. 당은 ㉠외국의 왕들을 신하로 임명하는 자국 중심의 외교 정책을 펼쳤다. ㉡이들 국가의 세력이 강할 때는 황제 또는 황족의 딸을 시집보내어 우호 관계를 맺기도 하였다. ㉢신라, 발해, 일본 등은 당에 사신이나 유학생을 파견하여 당의 제도와 문물을 배워 갔다.
> 당이 영역을 확대하면서 ㉣비단길과 바닷길 등 교통로를 통해 다양한 국적과 신분의 사람들이 당에 왕래하였다. 하지만 당에서는 ㉤외래 종교에 대해 거부감을 가져 외래 종교가 도입되지는 못하였다.

① ㉠ ② ㉡ ③ ㉢
④ ㉣ ⑤ ㉤

05 (가)에 들어갈 해설의 내용으로 옳지 않은 것은?

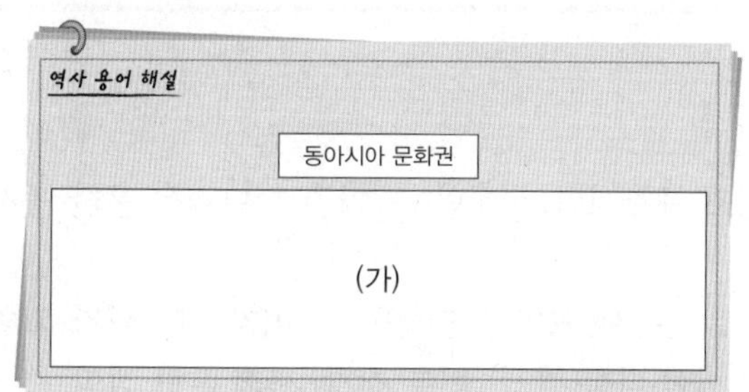

① 왕권 강화를 목적으로 도교를 전파하였다.
② 유교와 불교를 국가 통치 이념으로 삼았다.
③ 당, 신라, 발해, 일본, 베트남 등이 포함된다.
④ 율령 제도를 도입하여 국가 체제를 만들었다.
⑤ 지식과 정보를 주고받는 문자로 한자를 사용하였다.

고난도

06 (가)에 들어갈 내용으로 옳은 것만을 〈보기〉에서 고른 것은?

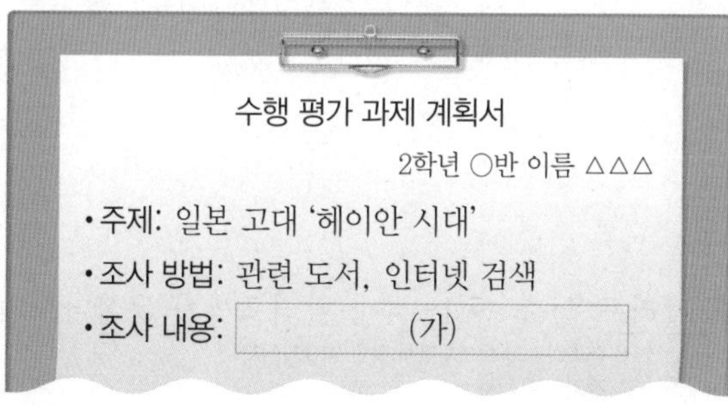

수행 평가 과제 계획서
2학년 ○반 이름 △△△
• 주제: 일본 고대 '헤이안 시대'
• 조사 방법: 관련 도서, 인터넷 검색
• 조사 내용: (가)

보기
ㄱ. 다이카 개신　　ㄴ. 일본 국호 사용
ㄷ. 헤이안쿄 천도　　ㄹ. 국풍 문화 발달

① ㄱ, ㄴ　② ㄱ, ㄷ　③ ㄴ, ㄷ
④ ㄴ, ㄹ　⑤ ㄷ, ㄹ

서술형

07 다음 자료와 관련된 정책의 내용을 두 가지 서술하시오.

> • "조정에서 대화할 때 선비어를 사용하지 말라. 만약 어기는 자가 있으면 관직에서 내칠 것이다."
> • 황제께서 관료들에게 "어제 그대들의 부녀자가 입은 의복을 보니 여전히 옷깃과 소매가 모두 좁았다. 왜 조칙을 지키지 않는가?"라고 꾸짖었다.
>
> – 『위서』

08 다음 자료를 통해 알 수 있는 당의 수도 장안의 특징을 서술하시오.

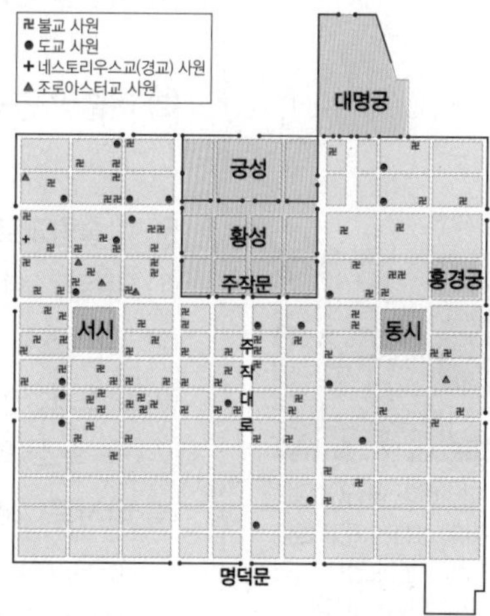

09 헤이안 시대에 발달한 일본 고대 문화의 명칭을 쓰고, 그 특징을 서술하시오.

3 이슬람 문화의 형성과 확산

교과서 62~71쪽

이슬람과 무슬림

이슬람이란 '절대 순종한다.'라는 뜻이며, 이슬람교 신자를 가리키는 무슬림은 '절대 순종하는 이'라는 의미이다.

헤지라

'성스러운 이주'라는 뜻이다. 이슬람 역사에서는 이슬람 공동체가 만들어진 계기로 보고, 이슬람력의 원년으로 삼고 있다.

보충 카바 성전

현재 사우디아라비아 메카에 있는 성전이다. 카바 성전은 무슬림에게 천국의 기쁨과 힘이 닿는 가장 성스러운 곳으로 여겨지고 있다.

인두세

이슬람 세력이 다른 종교를 믿는 피정복민에게 거둔 세금으로, 지즈야라고 불리었다. 피정복민은 이전의 페르시아나 비잔티움 제국 때보다 세금 부담이 적어지자 이슬람 세력의 통치를 환영하기도 하였다.

1 이슬람교의 성립

1. 교역로의 변화

(1) **배경**: 비잔티움 제국과 사산 왕조 페르시아의 대립 → 기존 비단길을 통한 동서 교역의 어려움

(2) **전개**: 아라비아 사막을 가로지르는 육상 교역로 활성화 → 메카·메디나가 교역의 중심 도시로 성장 → 부족 간의 빈번한 다툼 발생, 빈부 격차·사회 혼란 심화

2. 이슬람교의 성립

(1) **성립**: 메카의 상인인 무함마드가 신의 계시를 받았다고 주장하며 성립(610)

(2) **주요 내용**: 우상 숭배 비판, 유일신 알라 숭배, 신 앞의 평등, 부족 간 경계를 뛰어넘는 보편적 종교 사상 전파

우상: 물질적인 것이 초자연적 힘을 가지고 있다고 생각해 믿는 것

3. 이슬람교의 탄압과 헤지라

(1) **탄압**: 이슬람교의 세력 확대 → 메카의 귀족들이 이슬람교 탄압

(2) **헤지라(622)**: 무함마드가 박해를 피해 메디나로 이주

메카의 귀족들이 이슬람교 탄압: 기존의 다신교 신앙과 계급 구조를 비판하여 권력을 위협한다고 여김

4. 이슬람 공동체의 아라비아 통일

(1) **이슬람 공동체의 형성**: 메디나에서 이슬람교를 중심으로 새로운 공동체 형성 → 무함마드가 부족 간 갈등 중재, 정치적 지도자로 부상 → 이슬람 공동체 탄생

(2) **이슬람 공동체의 확산**: 메카 점령(630) → 메카에 대한 정치적 보복 자제, 이슬람교 포교 → 아라비아반도 대부분 통합

5. 이슬람교로 인한 일상의 변화

(1) **『쿠란』**: 이슬람교의 경전, 신앙과 사회 문제를 다루어 무슬림의 일상 규정

(2) **『하디스』**: 무함마드의 언행 기록, 『쿠란』에 버금가는 권위를 가짐

(3) **모스크**: 이슬람교의 사원, 이슬람 공동체의 중심지, 예배 공간·교육 기관·묘지·여행자 숙소 역할

(4) **바자르**: 모스크 주위에 형성된 상설 시장 → 하람(먹을 수 없는 식품) 미판매, 할랄(허용된 것) 판매

하람: 돼지고기, 동물의 피로 만든 식품, 율법대로 도축되지 않은 고기 등이 있음

(5) **히잡**: 무슬림 여성이 머리를 가리고 얼굴을 내놓는 복장

2 이슬람 세계의 확대

1. 정통 칼리프 시대

(1) **성립**: 무함마드 사망(632) 이후 칼리프 선출 → 1~4대 칼리프까지 무함마드의 동료 중에서 선출

칼리프: 무함마드의 후계자로서 종교 지도자이자 정치적 통치자

(2) **정복 활동**: 이집트~페르시아에 이르는 대제국 건설

① 비잔티움 제국 군대를 물리치고 시리아·이집트 차지

② 사산 왕조 페르시아를 멸망시킴(651)

(3) **통치 방식**: 정복지의 기득권 세력 인정, 공납을 받는 간접 통치 시행

(4) **종교 전파**: 이슬람교 개종을 강요하지 않음, 타 종교를 믿는 사람에게 인두세 징수, 평등을 강조하는 교리로 자발적인 개종자 증가

교과서 속 자료 & 개념

6세기 교역로의 변화

교과서 62쪽

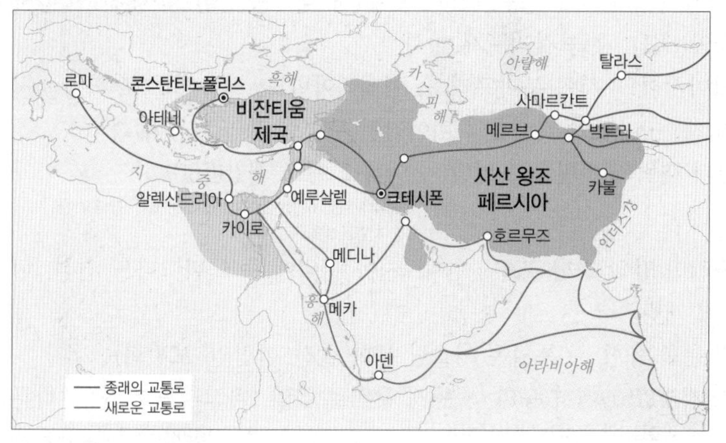

(자료 해설)

6세기경 아라비아반도 동쪽의 사산 왕조 페르시아와 비잔티움 제국 간에 잦은 전쟁이 일어나 종래에 이용하던 육로가 막히면서 새로운 교통로가 개척되었다. 새로운 교역로는 팔레스타인, 이집트 방면에서 홍해를 거쳐 아라비아반도를 돌아 인도양에 이르렀다. 새로운 교역로가 개척되면서 메카, 메디나 등이 무역의 중심지가 되었다. 수많은 상인이 아라비아반도를 지나는 교역로를 이용하였고, 무함마드도 그들 중 한 명이었다.

이슬람교 최고의 경전, 『쿠란』

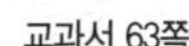

교과서 63쪽

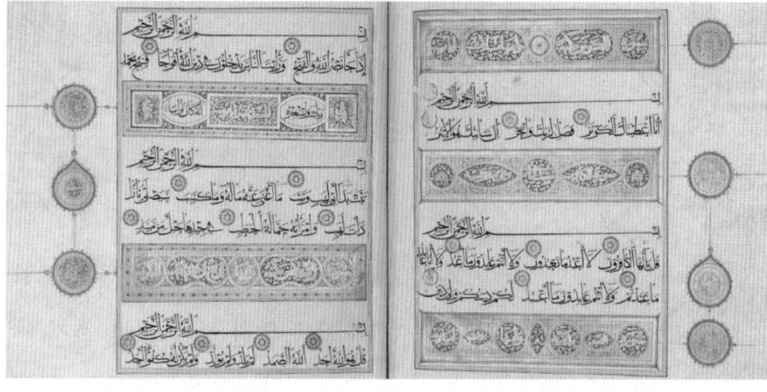

(자료 해설)

『쿠란』은 무함마드가 알라(하느님, 신)에게 받은 계시의 내용을 담은 이슬람교의 경전인 동시에 상속, 매매, 혼인, 형벌 등 무슬림의 일상생활 전반을 지배하는 원리이다.

이슬람교에서는 아랍어로 쓰인 『쿠란』을 다른 언어로 번역하는 것을 금지하였기 때문에 이슬람 세계에서는 아랍어가 공용어가 되었고, 이민족에게 『쿠란』의 내용을 전달하고자 아랍어를 교육하는 과정에서 언어학이 발달하였다.

무슬림의 의무, 5행

교과서 64쪽

(자료 해설)

무슬림은 다섯 가지의 의무인 5행을 두고 언제나 이를 지키기 위해 노력한다.

① 신앙 고백: 무슬림이 가진 이슬람교의 기본 교리에 대한 확신을 보여 준다.
② 예배: 하루 다섯 차례, 메카를 향해 기도를 올린다.
③ 단식: 이슬람력 9월(라마단)에는 해가 떠 있는 동안 아무것도 먹지 않는다.
④ 희사: 자신의 순수입 중 1/40을 가난한 사람들을 위해 기부한다.
⑤ 성지 순례: 평생 한 번 이상 이슬람 제일의 성지인 메카를 방문한다.

보충 시아파와 수니파

제4대 칼리프가 암살된 이후 이슬람 지도자를 선출하는 방법을 둘러싸고 갈등이 일어났다. 이슬람교도의 주류 세력인 수니파는 우마이야 왕조의 정통성을 인정하였다. 반면 무함마드의 혈통을 중시한 일부 세력이 기존 공동체에서 떨어져 나가 시아파가 되었고 이들은 우마이야 왕조의 정통성을 부정하였다.

보충 우마이야 왕조의 화폐

왕의 얼굴 등을 새겨 넣은 이전 왕조의 화폐와 달리 『쿠란』의 한 구절이 아랍어로 새겨져 있다.

보충 『천일야화』

본래 인도의 설화에서 시작되었으나, 페르시아를 거치며 많은 이야기가 변형된 채 아랍으로 전달되었다. 아랍인들은 여기에 아랍적인 요소를 더해 문학 작품으로 출간하였다.

보충 아라베스크 문양

이슬람교는 우상 숭배를 철저히 금지하였기 때문에 사람이나 동물의 형상을 표현하는 회화나 조각이 발달하기 어려웠다.

연금술

비금속에서 귀금속(금)을 제조하려는 기술이다. 알코올, 알칼리 등 오늘날 화학 용어의 유래가 아랍어에 기원을 두고 있다.

2. 우마이야 왕조

(1) **성립**: 이슬람 세력의 정복지 확대로 갈등 심화 → 제4대 칼리프 암살 및 내전 → 우마이야 가문의 권력 장악(661), 세습 칼리프제 실시

(2) **영토 확장**: 동쪽(중앙아시아)~서쪽(북아프리카, 이베리아반도, 지중해)으로 확장

(3) **정책**: 아랍인 중심 정책 → 아랍인 지배층과 비아랍인 무슬림 간의 갈등 심화

(4) **멸망**: 8세기 중엽 반대 세력의 반란으로 멸망 → 아바스 왕조 개창(750)

└ 수적으로 아랍인보다 많았지만 정치·경제적으로 차별을 받음

3. 아바스 왕조

(1) **정책**: 아랍인과 비아랍인 간의 융합 추구 → 페르시아 지역에 수도 바그다드 건설, 비아랍인에게 주요 관직 개방

(2) **문화**: 다양한 지역의 문화 융합 → 폭넓은 이슬람 문화 발전('아랍인' 보편화)

(3) **성장**: 당과의 탈라스 전투(751)에서 승리 → 동서 무역로 장악, 바그다드가 상업·학문의 중심지로 성장

└ 이슬람교가 중앙아시아의 지배적인 종교로 자리 잡는 계기가 됨

└ 아랍어를 쓰고 이슬람교를 믿으며 스스로 아랍인이라 생각하는 문화적 개념

(4) **이슬람 세력의 분열**

① 배경: 9세기 중엽 이후 정치적 내분, 지방의 독립적 지배자 등장, 이민족의 침입으로 아바스 왕조의 세력 약화

② 셀주크 튀르크: 11세기에 바그다드에 입성하여 이슬람 세계 주도 → 아바스 왕조의 칼리프는 종교적 권위만 유지

(5) **멸망**: 몽골의 침략으로 멸망(1258)

3 이슬람 문화권의 형성

1. 활발한 동서 교류

(1) **배경**: 이슬람 제국 내 교류 활성화, 도시 성장, 이슬람 상인을 통한 동서 교류 촉진

(2) **내용**

① 아바스 왕조 때 탈라스 전투를 계기로 중국의 제지술 전파

② 비단길을 통해 나침반·활판 인쇄술·화약 등 도입 → 유럽으로 전파

③ 홍해와 페르시아만을 통한 바닷길로의 교류 활발

2. 이슬람 문화

(1) **특징**: 이슬람교의 교리를 담은 문화+정복 지역의 토착 문화 → 종교를 중심으로 하나의 문화권 형성, 각 지역의 특색 반영

(2) **예술**

└ 아랍어로 쓰인 설화집으로 인도의 이야기를 중심으로 페르시아, 이란, 이집트 등지의 이야기까지 포함되어 있음

① 문학: 아랍어 연구 활발, 시와 산문 발달(『천일야화』)

└ 식물·자연 현상을 아랍어 서체와 결합하여 표현함

② 건축: 둥근 돔+미너렛(높고 뾰족한 탑) 등으로 구성된 모스크, 아라베스크 문양

③ 미술: 세밀화 발달 → 그림을 통한 이슬람교 교육 목적

└ 인물이나 동물을 가능한 작게 생동감을 낮춰 표현하여 우상 숭배의 위험성을 피함

└ 이슬람 세력의 영토가 넓어지며 아랍어를 이해하지 못하는 무슬림이 늘어났기 때문임

(3) **학문**

철학	고대 그리스 철학·과학 서적을 아랍어로 번역 및 연구 → 중세 유럽 학문 발전에 기여 및 아랍어 전파
지리학, 천문학, 항해술	활발한 동서 교류 뒷받침
수학	0(영)을 포함한 아라비아 숫자 완성
화학	연금술 연구 과정에서 과학적 방법론과 화합물 생성
의학	예방 의학, 외과 수술 성행

교과서 속 자료 & 개념

이슬람 세력의 영토 확장

교과서 67쪽

자료 해설

이슬람 세력은 무함마드 시대에 아라비아반도를 통일한 데 이어 정통 칼리프 시대에는 사산 왕조 페르시아와 이집트를 정복하였고, 우마이야 왕조 시대에는 동쪽으로는 북인도와 중앙아시아, 서쪽으로는 이베리아반도까지 영토를 확장하였다. 이처럼 이슬람 세력이 빠르게 세력을 확장할 수 있었던 요인으로는 이슬람교의 평등사상, 종교적 관용 등이 있다.

모스크

교과서 69쪽

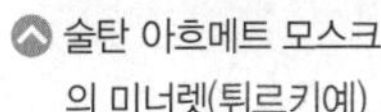

술탄 아흐메트 모스크의 미너렛(튀르키예)

사마라 모스크의 미너렛(이라크)

핫산 2세 모스크의 미너렛(모로코)

자료 해설

모스크는 둥근 돔과 높고 뾰족한 탑(미너렛)을 특징으로 하는데, 돔은 평화를 상징하며 미너렛은 멀리 떨어져 있는 사람들에게 예배 시간을 알리는 역할을 하였다.

미너렛의 형태는 지역에 따라 서로 다르다. 이란과 튀르키예 지역에는 가장 보편적으로 확인할 수 있는 원통형의 탑이 대부분이고, 이라크 지역에서는 나선형의 탑을 볼 수 있다. 북아프리카나 스페인 남부에서는 사각형의 탑이 주를 이룬다. 사원 내부에는 메카의 방향을 알려 주는 벽면인 미흐라브가 있다.

개념 꿀꺽

1. 빈칸에 알맞은 말을 쓰시오.

(1) 메카의 상인 출신인 (　　　)은/는 신의 계시를 받았다고 주장하며 이슬람교를 성립하였다.

(2) 무함마드가 박해를 피해 메디나로 이동한 사건을 (　　　)(이)라고 한다.

(3) 아바스 왕조는 (　　　)에서 당 군대를 물리치고 동서 교역로를 장악하였다.

(4) 이슬람 세계에서 활발히 진행된 고대 (　　　) 철학의 성과는 유럽에 전해졌다.

2. 다음 내용이 옳으면 ○표, 틀리면 ×표 하시오.

(1) 이슬람교에서는 유일신인 알라에게 복종할 것을 강조하였다. (　　　)

(2) 『쿠란』은 이슬람교의 신앙적인 교리만을 다루었다. (　　　)

(3) 우마이야 왕조는 비아랍인에게도 개방적인 태도를 보였다. (　　　)

(4) 이슬람의 모스크는 뾰족한 탑과 둥근 지붕을 특징으로 한다. (　　　)

정답
1. (1) 무함마드 (2) 헤지라 (3) 탈라스 전투 (4) 그리스
2. (1) ○ (2) × (3) × (4) ○

기초 튼튼 | 기본문제

01 (가), (나)에 들어갈 말을 옳게 짝지은 것은?

> 6세기에는 비단길을 통한 교역이 어려워졌다. 이로 인해 아라비아 사막을 가로지르는 육상 교역로가 활성화하였고, (가) 이/가 교역의 중심 도시로 성장하였다. (가) 의 상인 중 한 명이었던 (나) 은/는 이슬람교를 성립시켰다.

	(가)	(나)
①	메카	무슬림
②	메카	칼리프
③	메카	무함마드
④	바그다드	칼리프
⑤	바그다드	무함마드

중요

02 이슬람교에 대한 설명으로 옳지 않은 것은?

① 우상 숭배를 비판하였다.
② 엄격한 신분제를 내세웠다.
③ 보편적 종교 사상을 전파하였다.
④ 신의 계시를 받은 무함마드가 성립시켰다.
⑤ 유일신인 알라에게 복종할 것을 강조하였다.

단답형

03 (가)에 들어갈 알맞은 말을 쓰시오.

> 이슬람교가 유일신 사상과 평등을 강조하여 세력이 점차 커지자, 메카의 귀족들은 이슬람교를 탄압하였다. 결국 무함마드는 박해를 피해 메디나로 이주하였는데(622), 이 사건을 (가) (이)라고 한다.

(　　　　　　)

04 다음 경전과 관련된 설명으로 옳지 않은 것은?

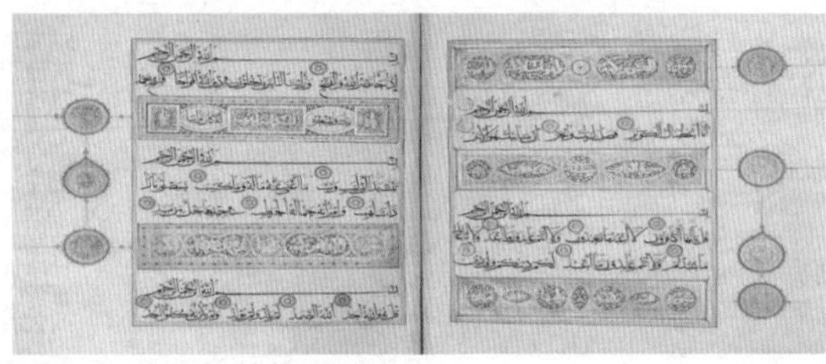

① 이슬람교의 경전이다.
② 아랍어로 기록되어 있다.
③ 원칙적으로 번역이 금지되었다.
④ 종교와 신앙 내용만이 담겨 있다.
⑤ 무함마드가 받은 계시의 내용을 담았다.

05 다음 사례와 같이 무슬림의 일상생활을 규정한 예시로 적절한 것만을 〈보기〉에서 고른 것은?

> 무슬림 여성은 가족이 아닌 사람들 앞에서는 천으로 몸을 가리는데, 이는 『쿠란』에 규정된 것이다. 머리를 가리고 얼굴을 내놓는 히잡이 대표적이며, 시대와 지역에 따라 다양한 형태가 생겨났다.

보기

ㄱ. 할랄 인증을 받은 음식만 섭취할 수 있다.
ㄴ. 하루에 다섯 차례 메카를 향해 기도를 올려야 한다.
ㄷ. 이슬람교를 믿지 않는 자와는 상업 거래를 하지 않는다.
ㄹ. 거주 지역을 벗어날 경우 임시 거주 허가증을 받아야 한다.

① ㄱ, ㄴ　② ㄱ, ㄷ　③ ㄴ, ㄷ
④ ㄴ, ㄹ　⑤ ㄷ, ㄹ

단답형

06 (가)에 들어갈 알맞은 말을 쓰시오.

> 632년 무함마드가 사망하자, 이슬람 공동체는 무함마드를 대신하여 공동체를 이끌어 갈 지도자인 칼리프를 선출하였다. 제4대 칼리프까지는 무함마드와 함께 활동하였던 동료 중에서 선출되었는데, 이 시기를 (가) (이)라고 한다.

( )

07 다음 유물과 관련된 이슬람 왕조에 대한 설명으로 옳은 것은?

① 아랍인 중심 정책을 펼쳤다.
② 박해를 피해 메디나로 이주하였다.
③ 사산 왕조 페르시아를 멸망시켰다.
④ 메디나를 거점으로 메카를 점령하였다.
⑤ 무함마드 혈통 중에서 칼리프를 선출하였다.

중요

08 아바스 왕조에 대한 설명으로 옳지 않은 것은?

① 새로운 수도인 바그다드를 세웠다.
② 비아랍인에게도 중요한 관직을 주었다.
③ 탈라스 전투에서 패배하여 무역로를 잃었다.
④ 아랍인과 비아랍인 간의 융합을 추구하였다.
⑤ 다양한 지역의 문화가 융합되어 폭넓은 이슬람 문화가 발전하였다.

중요

09 (가)에 들어갈 국가로 옳은 것은?

> 9세기 중엽 이후 아바스 왕조가 쇠퇴하며 각 지방에서는 독립적인 지배자들이 등장하기 시작하였다. 또한 이민족의 침입이 계속되어 세력이 급격히 약해졌다. 11세기에는 (가) 이/가 바그다드에 입성하여 이슬람 세계를 주도하였다.

① 파르티아
② 우마이야 왕조
③ 셀주크 튀르크
④ 비잔티움 제국
⑤ 사산 왕조 페르시아

10 다음 유적과 관련된 문화에 대한 설명으로 옳은 것만을 〈보기〉에서 고른 것은?

보기

ㄱ. 수학, 천문학, 화학 등이 발달하였다.
ㄴ. 세계 각지의 설화를 모은 『천일야화』가 만들어졌다.
ㄷ. 신의 모습을 정교하게 묘사한 아라베스크가 발달하였다.
ㄹ. 헬레니즘 문화의 영향을 받은 간다라 미술이 등장하였다.

① ㄱ, ㄴ
② ㄱ, ㄷ
③ ㄴ, ㄷ
④ ㄴ, ㄹ
⑤ ㄷ, ㄹ

실력 쑥쑥 | 실전문제

중요

01 다음 지도에 나타난 상황으로 옳은 것은?

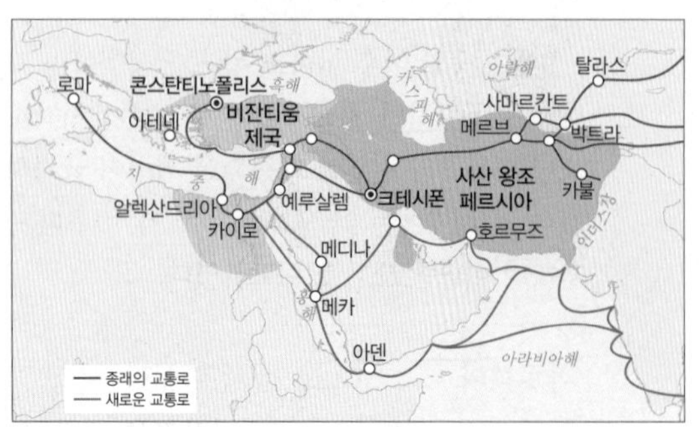

① 메카, 메디나가 교역 중심 도시가 되었다.
② 알렉산드리아를 수도로 교역을 진행하였다.
③ 장건의 서역 파견으로 비단길이 개척되었다.
④ 비단길을 중심으로 동서 교역이 이루어졌다.
⑤ 한과 로마 사이에서 중계 무역이 번영하였다.

02 (가)에 들어갈 종교에 대한 설명으로 옳은 것은?

① 생명에 대한 자비를 강조하였다.
② 4세기 말에 로마의 국교가 되었다.
③ 현세의 행복과 불로장생을 빌었다.
④ 모든 인간이 신 앞에서 평등함을 주장하였다.
⑤ 카르마(업)와 카스트에 따른 의무 수행을 중시하였다.

03 다음 중 발표 내용이 적절하지 않은 모둠은?

〈주제: 이슬람교와 일상생활〉
1 모둠: 상설 시장, 바자르
2 모둠: 허용된 음식, 할랄
3 모둠: 무슬림의 의무, 5행
4 모둠: 이슬람교의 경전, 『베다』
5 모둠: 이슬람교의 사원, 모스크

① 1모둠 ② 2모둠 ③ 3모둠
④ 4모둠 ⑤ 5모둠

고난도

04 다음 글의 ㉠~㉤ 중 옳지 않은 것은?

㉠632년 무함마드가 사망하자, 이슬람 공동체는 무함마드를 대신하여 공동체를 이끌어 갈 지도자인 칼리프를 선출하였다. ㉡제4대 칼리프까지는 무함마드와 함께 활동하였던 동료 중에서 선출되었는데, 이 시기를 정통 칼리프 시대라고 한다.

이슬람 세력은 정통 칼리프 시대에 본격적으로 정복 활동을 추진하였다. 이들은 ㉢시리아와 이집트를 차지하였으며, 사산 왕조 페르시아를 멸망시켰다. 또한, ㉣정복지의 기득권 세력을 인정한 채 공납을 받는 간접 통치를 선호하였다. ㉤정복한 뒤에는 다른 종교를 믿는 사람들에게 강제로 이슬람교 개종을 강요하였다.

① ㉠ ② ㉡ ③ ㉢
④ ㉣ ⑤ ㉤

중요

05 다음 지도에 나타난 지역을 수도로 삼은 이슬람 왕조에 대한 설명으로 옳은 것은?

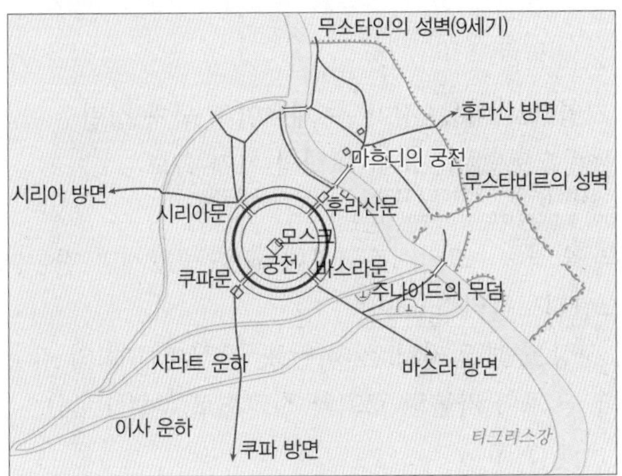

① 아랍인 중심 정책을 펼쳤다.
② 탈라스 전투에서 당에 패배하였다.
③ 비아랍인에게도 개방 정책을 실시하였다.
④ 무함마드의 동료를 칼리프로 선출하였다.
⑤ 시리아를 기반으로 한 우마이야 가문이 세웠다.

고난도

06 밑줄 친 '이 종교'와 관련된 문화에 대한 설명으로 옳지 않은 것은?

> 이 종교를 믿는 사람은 다음과 같은 다섯 가지 의무를 지켜야 한다. 다섯 가지 의무란 신앙 고백, 예배, 단식, 희사(소득의 일부 기부), 일생에 한 번 이상의 성지 순례를 실천하는 것이다.

① 산스크리트어로 쓰인 문학이 발전하였다.
② 고대 그리스 철학에 대한 연구가 진행되었다.
③ 연금술 연구 과정에서 다양한 화합물이 만들어졌다.
④ 의학 분야에서 예방 의학과 외과 수술이 성행하였다.
⑤ 수학에서 0(영)을 포함한 아라비아 숫자가 완성되었다.

서술형

07 다음 자료에 나타난 『쿠란』의 특징을 서술하시오.

> • 채무자가 어려운 환경에 있다면 형편이 나아질 때까지 지급을 연기하여 줄 것이며, ……
> • 너희 가운데 죽음이 다가온 자는 재산이 남기게 되나니 그는 부모와 가까운 친척들에게 글로써 유언을 남기라.
> • 간통한 여자와 남자 각각에게는 백 대의 가죽 태형이라.

08 비아랍인에 대한 우마이야 왕조와 아바스 왕조의 정책을 비교하여 서술하시오.

09 이슬람 세계에서 다음과 같은 문양과 그림 양식이 발달한 이유를 서술하시오.

4 크리스트교 문화의 형성과 확산

교과서 72~83쪽

1 서유럽과 로마 가톨릭 교회

1. 로마 가톨릭 교회의 성장

(1) **게르만족**: 4~6세기에 서유럽 지역으로 이동·정착 → 게르만족 국가 성립

(2) **프랑크 왕국**: 5세기 말 로마 가톨릭으로 개종, 로마 교회의 지지 확보

(3) **크리스트교의 분열**

로마 교회의 수장은 교황이라 불리었고, 콘스탄티노폴리스 교회의 수장은 비잔티움 제국의 황제였음

① 배경: 7세기에 이슬람 세력의 확장 → 크리스트교 5대 교구 중 2개만 잔존(서유럽의 로마 교회, 동유럽의 콘스탄티노폴리스 교회)

② 내용: 비잔티움 제국 황제의 성상 숭배 금지령(726) 발표 → 로마 교회의 거부

③ 결과: 동서 교회 간 대립 격화 → 로마 가톨릭 교회와 정교회로 분열(1054)

2. 서유럽의 지방 분권화

서로의 의무를 성실히 지킬 것을 약속한 계약 관계

(1) **배경**: 9세기 말 이민족의 침입 → 지방 분권화 심화

(2) **지방 분권적 봉건제**: 주종 관계와 장원제를 기반으로 성립

① 주종 관계: 기사는 주군에게 충성 맹세, 주군은 기사(봉신)에게 토지 배분

② 장원제: 봉토는 한 개 또는 여러 개의 장원으로 구성 → 주군의 간섭 없이 독자적으로 운영, 구성원은 대부분 농노

봉신이 받은 토지

영주의 토지에서 농사를 짓고 영주에게 세금과 노동력을 바쳐야 했으며, 영주의 허락없이 장원을 떠날 수 없었음

3. 교회 개혁 운동과 교황의 권위 강화

(1) **배경**: 성직자의 결혼, 성직 매매 등 타락 심화, 세속 권력이 성직 임명권 보유

(2) **전개**: 클뤼니 수도원을 중심으로 교회 본연의 자세로 돌아가자는 개혁 운동 전개

(3) **교황 그레고리우스 7세**: 성직 매매·세습 금지, 성직자 임명권 교황 회귀(카노사의 굴욕), 신의 대리인으로서 국왕의 통치권에 권위 부여 → 교황의 권위 강화

세속적인 삶을 떠나 경건한 수도 생활을 추구하는 공동체

4. 서유럽의 크리스트교 문화

(1) **크리스트교의 일상 지배**: 종소리에 맞춘 기도, 교회력, 교회가 사교 중심지 역할

(2) **학문 발달**: 신학 중심, 철학이 신학의 이해를 위한 보조 학문으로 발달, 스콜라 철학 유행

교회가 교회력을 통해 1년의 생활 흐름을 통제함

(3) **교육**: 대학 설립(볼로냐, 파리)

(4) **건축**: 로마네스크 양식(돔, 아치), 고딕 양식(첨탑, 스테인드글라스) 유행

2 비잔티움 제국과 정교

1. 비잔티움 제국(동로마 제국)의 발전

북아프리카, 이탈리아, 이베리아반도 등 과거 지중해 연안의 로마 영토를 차지함

(1) **전성기**: 6세기 초 유스티니아누스 황제 시기 옛 로마 제국 영토의 상당 부분 회복

(2) **위기**: 사산 왕조 페르시아·이슬람 세력의 침입으로 영토 상실

(3) **회복**: 농민들에게 군역의 대가로 토지 지급 → 자영농 육성, 군사력 강화

(4) **쇠퇴**: 11세기 이후 자영농 몰락, 셀주크 튀르크의 침입, 십자군의 약탈

(5) **멸망**: 오스만 제국의 공격으로 멸망(1453)

11세기에 이슬람 세계를 주도한 튀르크계 국가

2. 비잔티움 제국의 문화

황제가 교회의 우위에 섬

(1) **특징**: 황제 교황주의, 정교를 바탕으로 독자적인 문화 발전, 그리스어를 공용어로 사용, 그리스의 고전 문화 보존·연구 발전

비잔티움 양식의 대표적인 성당

(2) **건축**: 성 소피아 대성당(웅장한 돔, 모자이크 벽화)

(3) **영향**: 러시아·동유럽 문화 발전에 영향(러시아 키이우 공국)

비잔티움 제국과 교역하며 정교를 국교로 함

보충 프랑크 왕국

로마 가톨릭으로 개종한 뒤 옛 서로마 제국의 영토를 회복하였다. 로마 교회는 프랑크 왕국의 황제를 서로마 황제로 대관하며 지지하였다. 로마 교회의 지지를 받은 프랑크 왕국은 게르만족이 세운 국가 중 가장 오랫동안 왕국을 유지하였다.

성상 숭배 금지령

비잔티움 제국 황제가 예배에서 사용해 오던 예수, 성모마리아 등의 그림과 조각을 우상으로 규정하고 금지하도록 한 명령이다. 게르만족의 포교를 위해 성상이 필요하고, 비잔티움 제국 황제의 간섭에서 벗어나고 싶었던 로마 교회는 이를 거부하였다.

보충 지방 분권적 봉건제

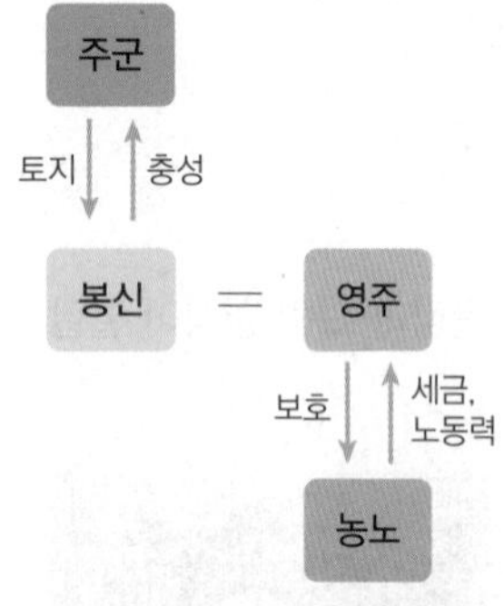

장원은 주군의 간섭 없이 영주(봉신)가 독자적으로 운영하였다. 농노는 영주의 허락 없이 장원을 떠날 수 없었다.

보충 스콜라 철학

십자군 전쟁 이후 아리스토텔레스의 철학이 전해지면서 스콜라 철학이 유행하였다. 토마스 아퀴나스는 신앙과 이성의 조화를 추구하는 스콜라 철학을 집대성하였다.

교과서 속 자료 & 개념

카노사의 굴욕(1077)

교과서 73쪽

하인리히 4세가 카노사의 성주 마틸다와 클뤼니 수도원장 휴고에게 그레고리우스 7세를 만나게 해 달라고 간청하는 모습

자료 해설

교황 그레고리우스 7세가 개혁을 단행하며 세속 군주의 성직자 서임을 금지하자 신성 로마 제국의 황제인 하인리히 4세가 이에 반발하며 대립하였다. 하인리히 4세가 교회 회의를 소집하여 교황의 폐위를 결의하자, 그레고리우스 7세 또한 황제의 파문과 폐위를 선언하며 맞대응하였다.

결국 교황파가 승기를 잡아 교회에서 파문당한 하인리히 4세는 카노사성에서 교황 그레고리우스 7세에게 용서를 구하였고, 성직자 서임권은 교황이 차지하였다.

고딕 양식

교과서 74쪽

샤르트르 대성당

스테인드글라스

자료 해설

샤르트르 대성당은 프랑스 샤르트르 지방에 있는 성당으로, 12세기에 건설된 대표적인 고딕 양식 건축물이다. 고딕 양식의 성당은 중세 사람들의 신앙심을 반영한 것이다. 높고 뾰족한 첨탑은 천국을 향한 소망과 신을 향한 열망을 상징한다. 화려한 색으로 장식한 스테인드글라스는 성경 속 이야기와 성인들의 일대기가 표현되어 있어 글을 모르는 사람들에게 성경의 내용을 알려 주는 역할을 하였다.

성 소피아 대성당

교과서 76쪽

자료 해설

성 소피아 대성당은 537년에 유스티니아누스 황제의 명으로 세워진 크리스트교 성당으로, 웅장한 돔과 내부의 화려한 모자이크 벽화를 특징으로 하는 비잔티움 양식의 대표적인 건축물이다. 동서 교회의 분열 이후 1054년부터는 정교회의 성당으로 사용되었으며, 십자군 전쟁 시기에는 로마 가톨릭 교회 성당으로도 쓰였다. 1453년부터는 이슬람 세력인 오스만 제국이 진출하여 이슬람교의 모스크로 쓰였다. 4개의 미너렛은 오스만 제국 시기에 세워진 것이며, 현재는 박물관으로 사용되고 있다.

보충 국왕권 강화

재판권과 과세권을 확대하고, 관료제와 상비군을 정비하여 중앙 집권 체제를 확립하고자 하였다. 이 과정에서 도시의 상공업자들은 자유로운 경제 활동을 보장받기 위해 국왕을 지원하였다.

보충 백년 전쟁

왕위 계승 문제와 유럽 최대의 양모 산업과 포도주 산지인 플랑드르 지방을 둘러싸고 일어났다. 초기에는 영국이 우세하였으나 잔 다르크가 프랑스인들의 애국심을 자극하여 프랑스의 승리로 끝이 났다.

영국과 프랑스 간에 왕위 계승을 둘러싸고 대립하였으며, 잔 다르크의 활약으로 프랑스가 승리함

보충 이탈리아에서 르네상스가 시작된 이유

옛 로마 제국의 중심지로서 고전 문화의 전통이 남아 있었고, 교황청이 있는 로마가 새로운 예술의 중심지로 부상하였으며, 십자군 전쟁으로 무역이 발달하였다. 또 비잔티움 제국이 멸망한 이후 그리스·로마 문화를 연구하는 학자들이 유입되었다.

보충 30년 전쟁

유럽의 여러 왕가가 참여하여 국제 전쟁으로 확대되었다. 전쟁의 결과로 체결된 베스트팔렌 조약으로 독일 제후국 내에서 가톨릭, 루터파, 칼뱅파는 각각 동등한 지위를 확보할 수 있었다.

3 유럽 사회의 새로운 변화

1. 십자군 전쟁

십자군 전쟁: 지방 세력가, 상인, 농민 등은 종교적 열정과 각자의 이익을 위해 전쟁에 참여함

(1) **배경**: 11세기 후반 셀주크 튀르크의 예루살렘 점령, 비잔티움 제국 위협 → 비잔티움 제국 황제의 도움 요청 → 로마 교황 우르바누스 2세의 전쟁 호소

(2) **전개**: 제1차 십자군의 예루살렘 탈환 → 이슬람 세력의 재탈환 → 200여 년간 진행되었으나 성지 회복 실패

십자군: 이슬람 세력의 팽창을 방어하고 크리스트교의 성지를 회복하자는 명분으로 요청함

(3) **영향**: 교황과 지방 세력가의 세력 약화, 왕권 강화, 동방 교역 활성화

2. 도시의 발달

(1) **배경**: 11세기 이후 농업 생산량 증가, 상업·수공업 발달

(2) **대표 도시**

① 이탈리아 북부 도시: 십자군 전쟁을 계기로 지중해 중심의 원거리 무역 주도

② 북유럽 도시: 한자 동맹 결성 → 발트해·북해 연안의 무역 독점

③ 프랑스 상파뉴 지방: 지중해 무역과 북해 연안의 무역을 연결하는 정기시 개설

(3) **길드**: 도시 상인·수공업자가 만든 조합 → 규정을 통한 공동의 이익·안전 도모

규정: 노동 시간, 생산 기술, 상품 가격 등

(4) **농민의 지위 변화**: 흑사병의 유행으로 노동력 부족 → 농민의 지위 상승, 지방 세력가와 국가의 수탈 심화 → 농민 반란(자크리의 난, 와트 타일러의 난 등) 발생

흑사병: 페스트균의 감염으로 일어나는 급성 감염병으로 유럽 인구의 1/3 정도가 사망함

3. 중앙 집권 국가의 출현

(1) **배경**: 십자군 전쟁 실패 → 교황·지방 세력가의 힘 약화 → 국왕권 강화

(2) **영국, 프랑스**: 백년 전쟁, 장미 전쟁 발발 → 국왕 중심의 중앙 집권 국가 토대 마련

장미 전쟁: 영국 내 왕위 계승 문제로 인한 내전이 발생함

(3) **이베리아반도**: 이슬람 세력을 몰아내고 포르투갈, 에스파냐 왕국 건설 → 해외 진출 추진

(4) **러시아 지역**: 비잔티움 제국 멸망 후 모스크바 대공국 성장

(5) **독일, 이탈리아**: 지방 분권 체제 및 분열 상태 지속

이탈리아: 교황령, 베네치아, 피렌체 등의 도시 국가와 나폴리 왕국 등으로 나뉘어 있었음

4. 르네상스의 등장

(1) **르네상스**: 그리스·로마의 고전 문화를 연구하여 새로운 문화를 창출하려는 운동

(2) **이탈리아 르네상스**: 문학(페트라르카), 미술(레오나르도 다빈치, 미켈란젤로, 라파엘로 등), 건축(르네상스 양식)

르네상스 양식: 성 베드로 성당이 대표적임

(3) **알프스 이북 르네상스**: 자국어로 쓴 국민 문학 발달, 회화에서 일상생활 모습 표현

국민 문학: 대표 작가로 셰익스피어와 세르반테스가 있음

5. 종교 개혁

(1) **배경**: 14세기 이후 성직자의 타락, 교회의 부패에 대한 비판 대두(에라스뮈스)

에라스뮈스: 『우신예찬』에서 성직자의 타락을 풍자하며 초기 크리스트교 정신으로 돌아갈 것을 주장하여 종교 개혁에 큰 영향을 줌

(2) **루터**: 「95개조 반박문」에서 교황의 면벌부 판매 비판, 신앙의 근거는 성서라고 주장

면벌부: 죄의 대가로 받은 벌을 사면해 주었음을 증명하는 문서

(3) **칼뱅**: 예정설 주장 → 프랑스, 영국, 네덜란드 등으로 확산

예정설: 인간의 구원은 신이 미리 정해 놓았으므로 구원을 믿고 성서에 따라 생활해야 한다는 주장

(4) **헨리 8세**: 이혼 문제로 「수장법」 발표 → 국왕이 영국 교회의 수장임을 선포

6. 종교 전쟁

(1) **아우크스부르크 화의(1555)**: 신성 로마 제국 지방 세력가의 종교 선택권 부여

(2) **네덜란드**: 에스파냐의 가톨릭 강화 정책에 대한 반발 → 전쟁으로 독립

(3) **프랑스**: 위그노 전쟁 → 낭트 칙령(1598)으로 신교도들에게 예배의 자유 허용

(4) **독일**: 30년 전쟁 → 국제전으로 확대 → 베스트팔렌 조약 체결로 칼뱅파 선택권 부여

(5) **종교 전쟁의 영향**: 크리스트교가 구교와 신교로 분열, 중앙 집권 국가의 출현 배경

교과서 속 자료 & 개념

십자군 전쟁

교과서 77쪽

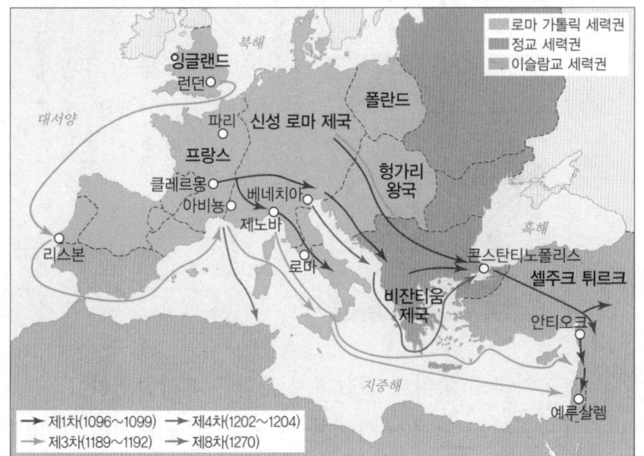

십자군 전쟁 원정로

자료 해설

비잔티움 제국 황제가 이슬람 세력의 팽창 방어, 크리스트교의 성지 회복을 명분으로 로마 교황에 도움을 요청하자 교황 우르바누스 2세는 교황의 권위를 높이고자 성지 회복을 위한 전쟁을 호소하였다.

제1차 십자군은 한때 예루살렘을 차지하였으나 다시 이슬람 세력에 빼앗겼고, 제4차 십자군은 지방 세력가와 상인들의 세속적 목적이 작용하여 같은 크리스트교 국가인 비잔티움 제국의 콘스탄티노폴리스를 공격하였다.

이탈리아의 르네상스

교과서 80쪽

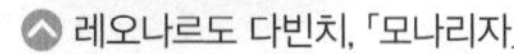

레오나르도 다빈치, 「모나리자」

라파엘로, 「아테네 학당」

미켈란젤로, 「천지창조」

자료 해설

「모나리자」를 그린 레오나드로 다빈치, 「아테네 학당」을 그린 라파엘로, 「천지창조」를 그린 미켈란젤로는 르네상스 시기 이탈리아에서 활동한 대표적인 예술가이다. 이들은 인간의 육체적·감정적 아름다움을 표현하려 하였다.

개념 꿀꺽

1. 관련 있는 내용을 옳게 연결해 보자.

(1) 30년 전쟁 •	• ㉠ 잔 다르크
(2) 백년 전쟁 •	• ㉡ 비잔티움 제국
(3) 성상 숭배 금지령 •	• ㉢ 베스트팔렌 조약
(4) 유스티니아누스 황제 •	• ㉣ 크리스트교의 분열

2. 다음 내용이 옳으면 ○표, 틀리면 ×표 하시오.

(1) 서유럽의 지방 분권적 봉건제는 주종 관계와 장원제를 기반으로 성립되었다. ( )

(2) 교황 그레고리우스 7세는 성직자 임명권을 국왕에게 빼앗겼다. ( )

(3) 도시 상인과 수공업자는 길드라는 조합을 결성해 공동의 이익과 안전을 꾀하였다. ( )

(4) 독일의 루터는 구원을 믿고 성서에 따라 생활해야 한다는 예정설을 주장하였다. ( )

정답 1. (1) ㉢ (2) ㉠ (3) ㉣ (4) ㉡ 2. (1) ○ (2) × (3) ○ (4) ×

기초 튼튼 | 기본문제

단답형

01 (가)에 들어갈 알맞은 말을 쓰시오.

> 비잔티움 제국 황제가 내린 (가) (726)을/를 계기로 동서 크리스트교 교회 간 대립이 더욱 격화되었다. 서쪽의 로마 교회는 당시 게르만족에게 크리스트교를 포교하기 위해 성상이 필요했고, 비잔티움 제국 황제의 간섭에서 벗어나고 싶었기에 이를 거부하였다.

( )

중요

02 다음 도표와 관련된 제도에 대한 설명으로 옳은 것은?

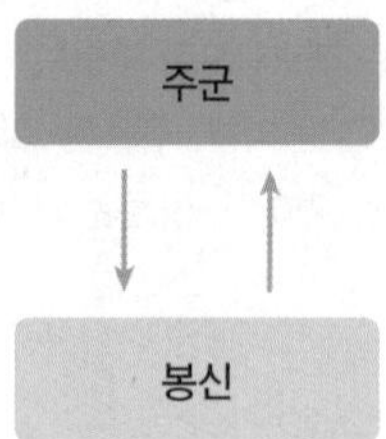

① 주군과 봉신은 모두 혈연관계였다.
② 봉신은 거주 이전의 자유가 없었다.
③ 봉신은 주군에게 충성을 맹세하였다.
④ 주군은 봉신에게 월급을 화폐로 주었다.
⑤ 크리스트교를 전파하기 위해 실시된 제도였다.

단답형

03 (가)에 들어갈 알맞은 말을 쓰시오.

> 주종 관계에서 봉신이 받은 토지는 봉토라 불리었으며, 한 개 또는 여러 개의 (가) (으)로 구성되었다. 봉신은 영주라는 이름으로 이를 지배하였다.

( )

중요

04 다음 그림에 나타난 사건의 결과로 옳은 것은?

> 신성 로마 제국의 황제 하인리히 4세가 교황 그레고리우스 7세에게 용서를 구하고 있다.

① 각국의 국왕이 결합하여 교황을 제압하였다.
② 교황과 황제가 화해한 뒤 권력 유지를 위해 제휴하였다.
③ 교황과 황제가 오랫동안 대립하다 동서 교회가 분열되었다.
④ 교황은 각국의 종교와 정치에 영향력을 행사하면서 권한이 강화되었다.
⑤ 교황과 황제의 대립으로 정치적으로 혼란해진 비잔티움 제국이 멸망하였다.

05 다음 유적이 만들어진 국가에 대한 설명으로 옳은 것은?

① 스콜라 철학이 발달하였다.
② 로마네스크 양식이 유행하였다.
③ 셀주크 튀르크의 공격으로 멸망하였다.
④ 왕위 계승 문제로 장미 전쟁이 일어났다.
⑤ 유스티니아누스 황제 때 전성기를 맞이하였다.

중요
06 십자군 전쟁에 대한 설명으로 옳지 <u>않은</u> 것은?

① 제1차 십자군이 예루살렘을 차지하였다.
② 200년간 진행 끝에 성지 회복에 성공하였다.
③ 제4차 십자군은 콘스탄티노폴리스를 공격하였다.
④ 셀주크 튀르크의 예루살렘 점령이 배경이 되었다.
⑤ 로마 교황은 성지 회복을 위한 십자군 참전을 호소하였다.

단답형
07 (가)에 들어갈 알맞은 말을 쓰시오.

> 14세기 중엽에는 (가) 의 유행으로 인구가 감소하여 노동력이 부족해졌다. 이에 지방 세력가들이 농민의 처우를 개선해 주기도 하였다. 하지만 일부 지방에서는 지방 세력가와 국가의 수탈이 심해져 곳곳에서 농민 반란이 일어나기도 하였다.

( )

08 다음 인물과 관련된 전쟁에 대한 설명으로 옳은 것은?

① 영국의 승리로 끝이 났다.
② 독일과 영국 간에 벌어진 전쟁이다.
③ 인도 항로를 개척하는 과정에서 벌어졌다.
④ 플랑드르 지방과 왕위 계승 문제로 일어났다.
⑤ 전쟁의 결과 모스크바 대공국의 힘이 강해졌다.

09 이탈리아 르네상스의 대표작만을 〈보기〉에서 고른 것은?

보기

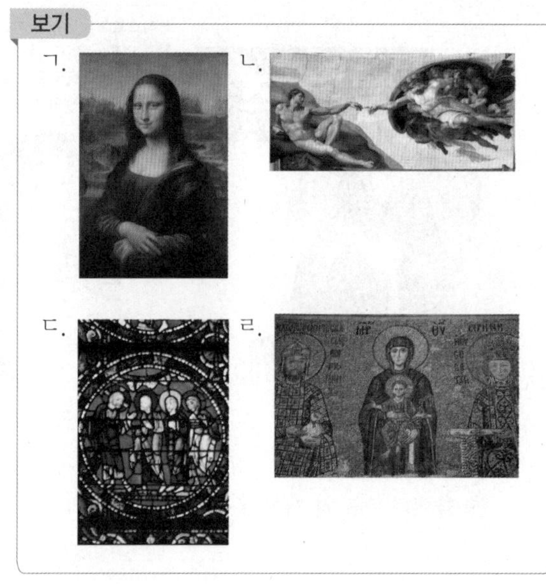

① ㄱ, ㄴ ② ㄱ, ㄷ ③ ㄴ, ㄷ
④ ㄴ, ㄹ ⑤ ㄷ, ㄹ

10 예정설을 주장한 스위스의 성직자로 옳은 것은?

① 루터 ② 칼뱅 ③ 헨리 8세
④ 에라스뮈스 ⑤ 구텐베르크

중요
11 다음에서 설명하고 있는 사건의 결과로 옳은 것은?

> 종교 개혁 이후 유럽 곳곳에서는 종교 전쟁이 일어났다. 이 과정에서 프랑스에서는 위그노 전쟁이 일어났다.

① 낭트 칙령이 발표되었다.
② 로마 가톨릭만 믿을 수 있었다.
③ 성직자 임명권이 황제에게 옮겨졌다.
④ 에라스뮈스의 우신예찬이 편찬되었다.
⑤ 크리스트교가 구교와 신교로 분열되었다.

실력 쑥쑥 | 실전문제

01 (가)에 들어갈 사건으로 옳은 것은?

크리스트교는 (가) 사건 이후 교황 중심의 로마 가톨릭 교회와 비잔티움 제국 중심의 정교회로 분열되었어.
역사 퀴즈
(가)

① 십자군 전쟁 ② 카노사의 굴욕
③ 게르만족의 이동 ④ 성상 숭배 금지령
⑤ 클뤼니 수도원 개혁 운동

고난도

02 다음 도표에 나타난 제도에 대한 설명으로 옳지 않은 것은?

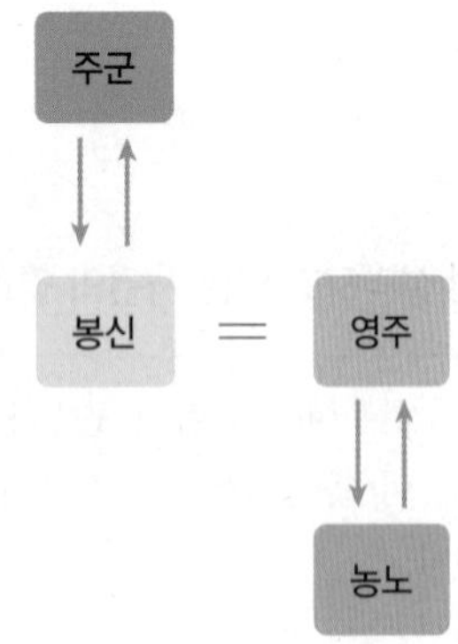

① 주군은 봉신에게 토지를 주었다.
② 봉신은 주군에게 충성을 맹세하였다.
③ 장원은 주군의 간섭 아래 운영되었다.
④ 주군과 봉신은 계약 관계로 맺어졌다.
⑤ 농노는 영주에게 세금과 노동력을 바쳤다.

중요

03 다음에서 설명하고 있는 사회에서 발달한 문화 양식으로 옳은 것만을 〈보기〉에서 고른 것은?

> 출생에서 죽음까지 삶의 모든 과정이 교회와 밀접한 관계 속에서 이루어졌다. 교회는 신앙생활뿐만 아니라 사교 생활의 중심 역할까지 담당하였고, 사람들에게 가장 무서운 형벌은 교회 공동체에서 추방되는 것이었다.

보기

ㄱ. 모스크 ㄴ. 높은 첨탑
ㄷ. 스테인드글라스 ㄹ. 모자이크 벽화

① ㄱ, ㄴ ② ㄱ, ㄷ ③ ㄴ, ㄷ
④ ㄴ, ㄹ ⑤ ㄷ, ㄹ

04 다음 지도에 나타난 영토를 차지한 국가에 대한 설명으로 옳지 않은 것은?

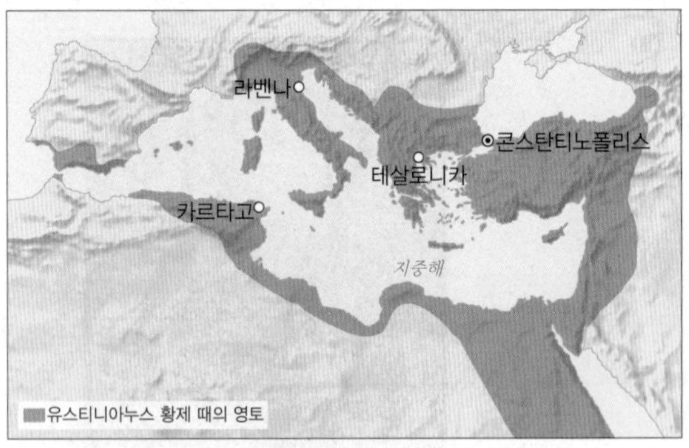

① 오스만 제국의 공격으로 멸망하였다.
② 클뤼니 수도원을 중심으로 개혁 운동이 일어났다.
③ 서로마 제국이 멸망한 뒤에도 약 1,000년간 유지되었다.
④ 황제가 교회의 우위에 서는 황제 교황주의가 발전하였다.
⑤ 셀주크 튀르크가 침입하면서 국력이 쇠퇴하기 시작하였다.

고난도

05 (가)에 들어갈 내용으로 옳은 것만을 〈보기〉에서 고른 것은?

수행 평가 과제 계획서

2학년 ○반 이름 △△△

• 주제: 중세 유럽 도시의 발달
• 조사 방법: 관련 도서, 인터넷 검색
• 조사 내용: (가)

보기

ㄱ. 길드 형성　　ㄴ. 한자 동맹
ㄷ. 정교회 확산　　ㄹ. 콘스탄티노폴리스

① ㄱ, ㄴ　② ㄱ, ㄷ　③ ㄴ, ㄷ
④ ㄴ, ㄹ　⑤ ㄷ, ㄹ

중요

06 다음 자료와 관련된 종교 개혁과 관련된 설명으로 옳지 않은 것은?

진실로 회개한 크리스트교도는 면벌부가 없어도 징벌이나 죄에서 완전히 해방되는 것이다.

– 「95개조 반박문」

① 루터가 발표하였다.
② 면벌부를 판매한 교황을 비판하였다.
③ 신앙의 근거는 성서라고 주장하였다.
④ 왕비와의 이혼을 위해 수장법을 발표하였다.
⑤ 인간의 구원은 믿음과 은총에 의해서 이루어진다고 주장하였다.

서술형

07 밑줄 친 '이 국가'의 문화에 대하여 서술하시오.

경민이에게

나는 오늘 이스탄불에 있는 성 소피아 대성당에 다녀왔어. 세계적으로 유명한 곳이라 그런지 사람들이 엄청 많더라고. 너도 같이 와서 봤으면 좋았을 텐데. 성 소피아 대성당은 이 국가의 전성기를 이끌었던 황제가 지은 건데, 거대한 돔과 모자이크 벽화가 특징이래.

08 다음 그래프에 나타난 인구 변화에 따른 농민의 지위 변화에 대하여 서술하시오.

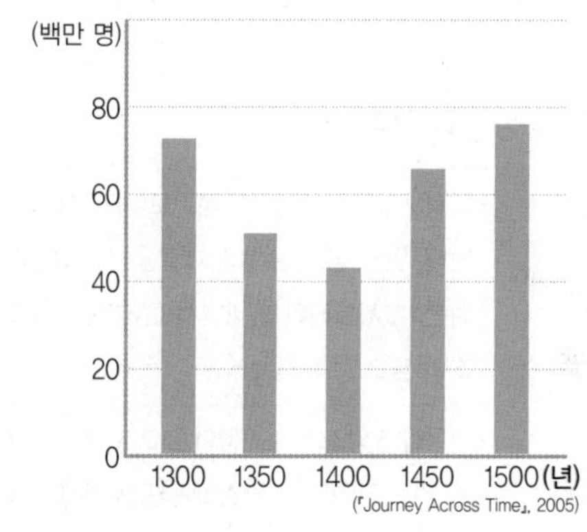

09 이탈리아에서 르네상스가 시작된 이유를 두 가지 서술하시오.

| 대단원 | 정리하기

1 불교 및 힌두교 문화의 형성과 확산

1 인도 고대 왕조의 변천

마우리아 왕조	• 건국: 찬드라굽타 마우리아 • ① ____ : 중앙 집권 체제 강화(감찰관 파견, 도로망 정비) • 멸망: 아소카왕이 죽은 후 급격히 쇠퇴하여 멸망
쿠샨 왕조	• 건국: 페르시아계 쿠샨족 • 발전: 한-페르시아-로마 사이의 중계 무역으로 번영 • 카니슈카왕: 영토 확장 • 멸망: ② ____ 의 공격으로 쇠퇴
굽타 왕조	• 건국: 4세기 초 등장 • ③ ____ : 북인도 지역 대부분 차지 • 멸망: 내분, 에프탈의 침입 • 멸망 이후: 8세기 무렵 이슬람 세력 진출 → 13세기 초 최초의 이슬람 왕조가 인도에 등장

2 불교의 성립과 전파

불교의 창시	• 창시: ④ ____ (석가모니)가 창시 → 신분 차별 반대, 인간 평등, 수행과 깨달음, 생명과 자비 강조 • 확산: 크샤트리아와 바이샤의 지지, 마우리아·쿠샨 왕조의 불교 장려 정책
인도 고대 왕조와 불교	• 마우리아 왕조: 아소카왕의 불교 지원 → ⑤ ____ 가 인도 전역과 실론(스리랑카) 지역에 전파 • 쿠샨 왕조: 카니슈카왕의 지원 → 대승 불교와 간다라 미술이 동아시아에 전파

3 힌두교의 확산과 인도 고전 문화

힌두교의 성립	• 성립: 브라만교+민간신앙+불교 등 • 특징: 다양한 신 숭배, 제사 의식 없음, 토착적 성격, 왕권 강화에 이용, 카르마(업)와 ⑥ ____ 중시
인도 고전 문화	• 산스크리트어 문학: 「마하바라타」, 「라마야나」 • ⑦ ____ : 인도 고유의 특징 반영(아잔타 석굴) • 자연 과학: '0'의 개념과 10진법 사용, 지구 구형설과 자전설 → 이슬람 세계 전파

2 동아시아 문화의 형성과 확산

1 위진 남북조 시대의 전개

정치	• 후한 멸망 이후 분열의 시대, 5호의 남하 • 북위의 화북 지역 통일 → 효문제의 ⑧ ____ 추진 • 강남 지역에 한족 왕조 성립
문화	• 불교 발전: 거대 석굴, 불상 건립 • 노장사상: 형식적 예절 비판 • ⑨ ____ 성립: 도가+신선사상+무속신앙

2 수의 남북조 통일과 당 제국의 건설

수의 통일	• 수 문제: 중국 통일, 과거제 실시 • ⑩ ____ : 대운하 완성, 고구려 원정 실패 • 멸망: 토목 공사, 침략 전쟁에 따른 농민의 반발
당의 건국	• 농경 지역과 유목 지역을 아우르는 대제국 건설 • 통치 제도: 균전제, 조용조, 부병제, 3성 6부제, 주현제 • 멸망: ⑪ ____ 이후 쇠퇴 → 황소의 난 이후 멸망

3 당의 외교와 국제적 문화

외교 활동	신라, 발해, 일본, 돌궐 등과 교류
당의 문화	• ⑫ ____ 문화: 외국인의 잦은 왕래, 조로아스터교·마니교 등 외래 종교 도입 • 귀족적 문화: 시, 그림, 글씨 등 발달

4 동아시아 문화권의 형성

동아시아 문화권	• 유교, 불교: 국가의 통치 이념 • ⑬ ____ : 고대 국가 체제 형성 • 한자: 지식·정보 교류 문자
일본의 고대 국가 성장	• 야마토 정권: 다이카 개신, '일본' 국호, '천황' 칭호 사용 • 나라 시대: 수도 헤이조쿄, 불교문화 융성 • 헤이안 시대: 수도 헤이안쿄, ⑭ ____ 문화 발달

3 이슬람 문화의 형성과 확산

1 이슬람교의 성립

배경	비잔티움 제국과 사산 왕조 페르시아 간의 전쟁으로 기존의 비단길을 통한 교역의 어려움 → 육상 교역로 활성화 → ⑮ , 메디나 성장
성립	무함마드가 성립 → ⑯ 비판, 평등 주장
아라비아 통일	무함마드가 메카 귀족의 박해를 피해 메디나로 이주(⑰) → 이슬람 공동체 건설 → 아라비아 반도 통일
무슬림의 생활	•『쿠란』과 『하디스』 → 무슬림의 일상 규정 • 모스크(이슬람교의 사원), 바자르(상설 시장)

2 이슬람 세계의 확대

정통 칼리프 시대	• 무함마드 사후 무함마드의 동료 중에서 칼리프 선출 • 정복 활동 추진 → 시리아와 이집트 차지, 사산 왕조 페르시아 멸망 → 대제국 건설 • 비이슬람교도에게 ⑱ 징수, 간접 통치
우마이야 왕조	• 세습 칼리프제 실시 • 아랍인 중심 정책 → 갈등 심화
아바스 왕조	• 아랍인과 비아랍인 간의 융합 추구 → 바그다드 건설, 비아랍인에게 관직 부여 • 당과의 ⑲ 에서 승리 → 동서 무역로 장악 • 11세기에 셀주크 튀르크가 바그다드 입성 → 이슬람 세력의 분열 • 몽골의 침략으로 멸망

3 이슬람 문화권의 형성

동서 교류	• 중국의 제지술 전파 • 비단길을 통해 나침반, 활판 인쇄술, 화약 등 도입 • 바닷길을 통한 교류 활성화
이슬람 문화	• 이슬람교를 바탕으로 각 지역의 특색 반영 • ⑳ 문양, 세밀화 발달 • 모스크(둥근 돔과 미너렛) • 고대 그리스 철학 연구 전개, 지리학·천문학·항해술·수학·화학·의학 등 발달

4 크리스트교 문화의 형성과 확산

1 서유럽과 로마 가톨릭 교회

로마 가톨릭 교회의 성장	• 프랑크 왕국: 로마 가톨릭 개종, 로마 교회의 지지 • 크리스트교의 분열: ㉑ 을 계기로 로마 가톨릭 교회와 정교회로 분열
봉건제의 성립	• 주종 관계: 봉신 → 주군(충성), 주군 → 봉신(토지) • ㉒ : 영주 → 농노(보호), 농노 → 영주(세금, 노동력)
교회 개혁 운동	• 클뤼니 수도원을 중심으로 전개 • ㉓ 이후 교황의 권위 강화
크리스트교 문화	• ㉔ : 신앙과 이성의 조화 • 건축: 로마네스크 양식(돔, 아치), 고딕 양식(첨탑, 스테인드글라스)

2 비잔티움 제국과 정교

발전	유스티니아누스 황제 때 전성기
문화	• 황제 교황주의, 그리스 고전·연구 보존 • ㉕ 양식(성 소피아 대성당)

3 유럽 사회의 새로운 변화

십자군 전쟁	• 셀주크 튀르크의 예루살렘 점령 → 비잔티움 제국 황제의 도움 요청 → 전쟁 시작 → 성지 회복 실패
도시 발달	• 이탈리아 북부, 북유럽 등 • 도시 상인·수공업자가 길드 결성 • ㉖ 유행 → 인구 감소 → 농민 지위 상승
중앙 집권 국가	• 백년 전쟁(영국, 프랑스)과 ㉗ (영국) • 포르투갈, 에스파냐 왕국 건설
르네상스	• 고대 그리스·로마의 고전 문화를 연구하여 새로운 문화를 창출하려는 운동 • 이탈리아, 알프스 이북 지역에서 전개
종교 개혁	• ㉘ : 면벌부 비판, 성서 중시 • 칼뱅: 예정설 주장 • 헨리 8세: 「수장법」 선포
종교 전쟁	• 아우크스부르크 화의 • 네덜란드 독립, 위그노 전쟁 , 30년 전쟁

자신만만 적중문제

01 불교 및 힌두교 문화의 형성과 확산

01 다음 인터넷 검색에 대한 검색 결과로 옳지 않은 것은?

지식IN | 인도 고대 왕조의 변천

① 굽타 왕조 시기에 간다라 미술이 발달하였다.
② 아소카왕이 마우리아 왕조의 전성기를 이루었다.
③ 카니슈카왕이 대승 불교의 확산에 이바지하였다.
④ 마우리아 왕조 시기에 상좌부 불교가 전파되었다.
⑤ 쿠샨 왕조는 한－페르시아－로마 제국을 연결하는 중계 무역으로 번영을 이루었다.

02 선생님의 질문에 대한 학생의 답변으로 옳은 것은?

인도에서 성립된 힌두교에 대해 발표해 볼까요?

① 쿠샨 왕조의 후원을 받았어요.
② 힌두교 신을 모시고자 산치 대탑을 세웠어요.
③ 간다라 미술과 함께 동아시아에 전파되었어요.
④ 카르마와 카스트에 따른 의무 수행을 중시하였어요.
⑤ 중생의 구제를 통해 깨달음을 얻는 것을 중시하였어요.

02 동아시아 문화의 형성과 확산

03 위진 남북조 시대에 대한 설명으로 옳은 것은?

① 과거제가 실시되었다.
② 대운하가 완성되었다.
③ 동아시아 문화권이 형성되었다.
④ 3성 6부제와 주현제가 실시되었다.
⑤ 북방 민족의 문화가 한족에게 전파되었다.

04 다음 중 발표 내용이 적절하지 않은 모둠은?

〈주제: 당의 외교와 문화〉
1모둠: 외래 종교의 유행
2모둠: 사신, 유학생 파견
3모둠: 책봉·조공 관계 형성
4모둠: 소그드인, 이슬람 상인의 활약
5모둠: 연극, 소설 등 서민 문화의 발달

① 1모둠 ② 2모둠 ③ 3모둠
④ 4모둠 ⑤ 5모둠

05 다음과 같은 현상이 나타난 시기를 연표에서 고르면?

• 귀족 세력 성장 • 국풍 문화 발달

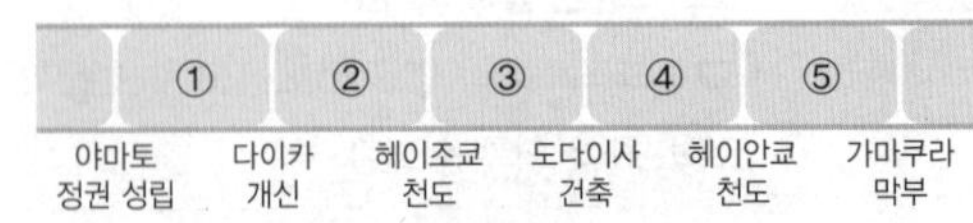

03 이슬람 문화의 형성과 확산

06 밑줄 친 '새로운 종교'에 대한 설명으로 옳은 것은?

> **역 사 신 문**
>
> 무함마드, 새로운 종교를 만들다!
> 아라비아반도의 사회적 혼란 속에서 메카의 상인이던 무함마드는 신의 계시를 받았다고 주장하며 새로운 종교를 성립시켰다.

① 우상 숭배를 허용하였다.
② 카스트의 신분 차별을 인정하였다.
③ 유일신 알라에게 복종할 것을 강조하였다.
④ 베다라는 경전을 중심으로 생활해야 하였다.
⑤ 브라만교를 중심으로 민간 신앙과 불교 등이 융합되어 만들어졌다.

07 이슬람 세력의 발전 과정 중 (가) 시기에 일어난 내용으로 옳은 것은?

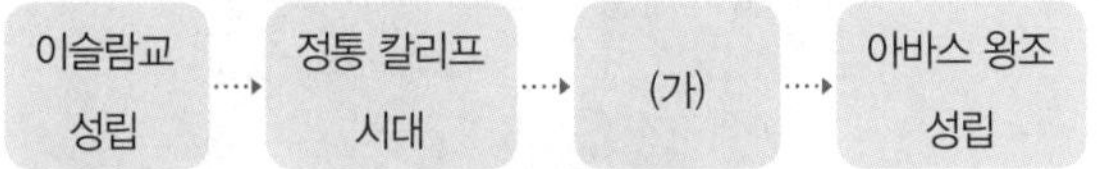

① 무함마드가 메디나로 이주하였다.
② 사산 왕조 페르시아를 멸망시켰다.
③ 무함마드를 대신한 칼리프를 선출하였다.
④ 유럽의 이베리아반도까지 영토를 확장하였다.
⑤ 이슬람교를 믿지 않는 정복지 주민에게 인두세를 받았다.

08 (가)에 들어갈 내용으로 옳은 것은?

> 〈○○대학교 제△회 정기 학술 대회 안내〉
> • 주제: 아바스 왕조의 발전
> • 발표 내용: (가)

① 수도 사마르칸트
② 산스크리트 문학
③ 탈라스 전투 승리
④ 아랍인 우대 정책
⑤ 왕권 강화를 위한 불교 지원

04 크리스트교 문화의 형성과 확산

09 다음과 같은 내용으로 역사 보고서를 작성하고자 할 때, 제목으로 적절한 것은?

> • 영주와 농노, 그들이 사는 '장원'
> • 주군과 봉신, 계약을 통한 '주종 관계'

① 동서 교회, 결국 분열되다!
② 서유럽, 봉건제가 실시되다!
③ 교황과 황제, 서로를 파문하다!
④ 이동한 게르만족, 국가까지 세우다!
⑤ 셀주크 튀르크, 예루살렘을 점령하다!

10 (가)~(다)에 들어갈 내용을 옳게 짝지은 것은?

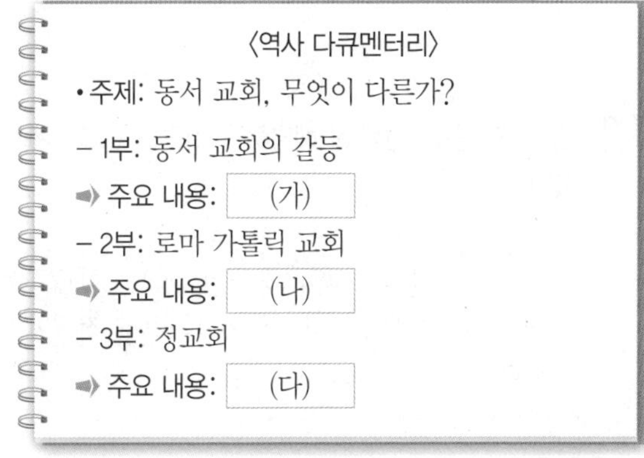
〈역사 다큐멘터리〉
• 주제: 동서 교회, 무엇이 다른가?
– 1부: 동서 교회의 갈등
➡ 주요 내용: (가)
– 2부: 로마 가톨릭 교회
➡ 주요 내용: (나)
– 3부: 정교회
➡ 주요 내용: (다)

① (가) – 카노사의 굴욕
② (가) – 성상 숭배 금지령
③ (나) – 수장이 된 비잔티움 제국 황제
④ (다) – 교황 중심의 교회
⑤ (다) – 클뤼니 수도원의 개혁 운동

11 가상 대화문의 밑줄 친 '도시'의 모습으로 옳은 것은?

> • 성우: 농업 생산량이 많이 증가해서 정말 기뻐.
> • 윤지: 맞아. 나도 어제 우리 가족이 먹고 남은 농산물을 팔러 시장에 다녀왔어.
> • 성우: 시장에 가니 상인도 많고 물건을 파는 수공업자들도 엄청 많던데?
> • 윤지: 그래. 요즘 사람들이 모이는 서유럽 곳곳에서 도시가 발달한다고 하더라.

① 국가가 군역의 대가로 토지를 분배하였다.
② 아라비아 사막을 가로지르는 육상 교역로가 활성화되었다.
③ 상인과 수공업자가 길드를 결성해 노동·생산 규정을 정하였다.
④ 농민들은 영주의 토지를 경작하고 세금과 노동력을 바쳐야 했다.
⑤ 십자군 전쟁으로 인해 원거리 무역이 쇠퇴하여 수출이 어려워졌다.

12 밑줄 친 '종교 전쟁'에 해당하는 것만을 〈보기〉에서 고른 것은?

> 종교 개혁으로 크리스트교가 구교로 신교로 분열되어 대립하면서 유럽 곳곳에서는 종교 전쟁이 일어났다.

보기

ㄱ. 백년 전쟁　　ㄴ. 장미 전쟁
ㄷ. 30년 전쟁　　ㄹ. 위그노 전쟁

① ㄱ, ㄴ　② ㄱ, ㄷ　③ ㄴ, ㄷ
④ ㄴ, ㄹ　⑤ ㄷ, ㄹ

서술형

13 다음과 같이 중국, 한국, 일본에 유사한 불상이 만들어진 이유를 당시 문화권과 관련하여 서술하시오.

14 다음 지역에 사는 농노의 의무를 서술하시오.

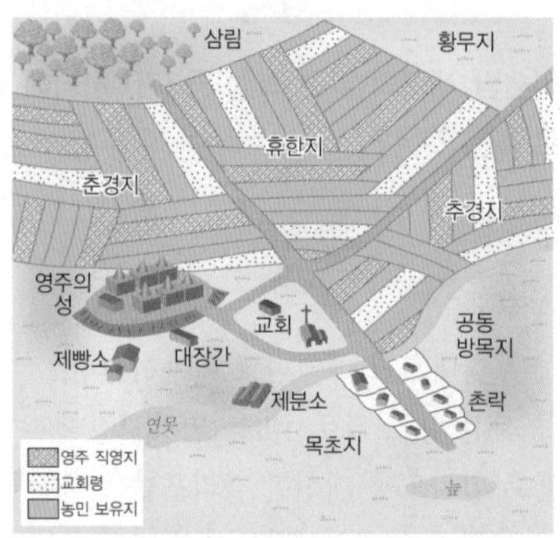

15 다음과 같이 주장한 인물이 크리스트교를 개혁하기 위해 발표한 내용을 서술하시오.

> 진실로 회개한 크리스트교는 면벌부가 없어도 벌이나 죄에서 완전히 해방된다.

최고난도 문제

01 **(가)~(다)와 관련된 종교에 대한 설명으로 옳은 것은?**

(가) (나) (다)

아라베스크 문양

샤르트르 성당

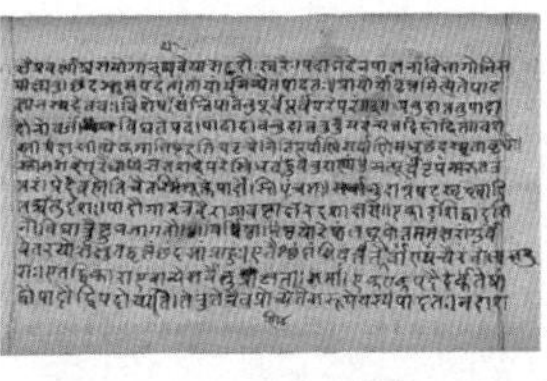

『마누 법전』

① (가) – 성상 숭배 금지령을 계기로 로마 가톨릭 교회와 정교회로 분열되었다.
② (나) – 개인의 수행보다 중생의 구제를 통해 깨달음을 얻는 것을 중시하였다.
③ (나) – 아리아인들의 생활과 의식, 역사와 규율 등을 기록한 베다를 경전으로 삼고 복잡한 제사 의식을 만들었다.
④ (다) – 알라로부터 받은 계시의 내용을 담은 경전인 쿠란을 기반으로 세력이 확대되었다.
⑤ (다) – 토착적 성격을 띠어 백성들에게 쉽게 수용되었고, 누구나 신에게 제물을 바치는 것이 허용되었다.

풀이비법
① (가)는 이슬람교, (나)는 크리스트교, (다)는 힌두교의 대표적 유물·유적임을 이해한다.
② (가), (나), (다) 종교와 ①~⑤ 선지의 특징이 알맞게 연결된 것을 찾는다.

02 **(가), (나)에 대한 설명으로 옳은 것만을 〈보기〉에서 고른 것은?**

(가) 상의 서쪽에서 일어난 주가 기원전 11세기 중반에 상을 무너뜨리고 주변 도시들을 정복하여 세력을 확장하였다. 주는 넓어진 영토를 효율적으로 통치하고자 봉건제를 실시하였다.
(나) 9세기 말 서유럽은 이민족의 침입으로 혼란스러웠다. 이러한 상황에서 지방 세력가의 통제를 받는 지방 분권화된 세계가 형성되었고, 이러한 특징을 반영한 봉건제가 실시되었다.

보기

ㄱ. (가) – 주군과 봉신의 주종 관계는 서로의 의무를 지킬 것을 약속한 계약 관계였다.
ㄴ. (가) – 왕의 형제와 친척 및 공신들을 제후로 임명하여 혈연 중심의 성격이 강하였다.
ㄷ. (나) – 기사들은 자기보다 더 강한 기사(주군)에게 충성을 맹세하고, 주군은 기사(봉신)에게 토지를 주었다.
ㄹ. (나) – 왕은 수도와 그 주변 지역만 다스리고, 나머지 지역은 왕족이나 공신을 제후로 임명하여 다스리게 하였다.

① ㄱ, ㄴ　② ㄱ, ㄷ　③ ㄴ, ㄷ　④ ㄴ, ㄹ　⑤ ㄷ, ㄹ

풀이비법
① (가)는 주의 봉건제, (나)는 서유럽의 봉건제임을 파악한다.
② (가), (나)의 특징에 맞게 ㄱ~ㄹ의 사실을 짝짓는다.

지역 세계의 교류와 변화

이 단원의 **목차**

▼ 자금성(중국 베이징)

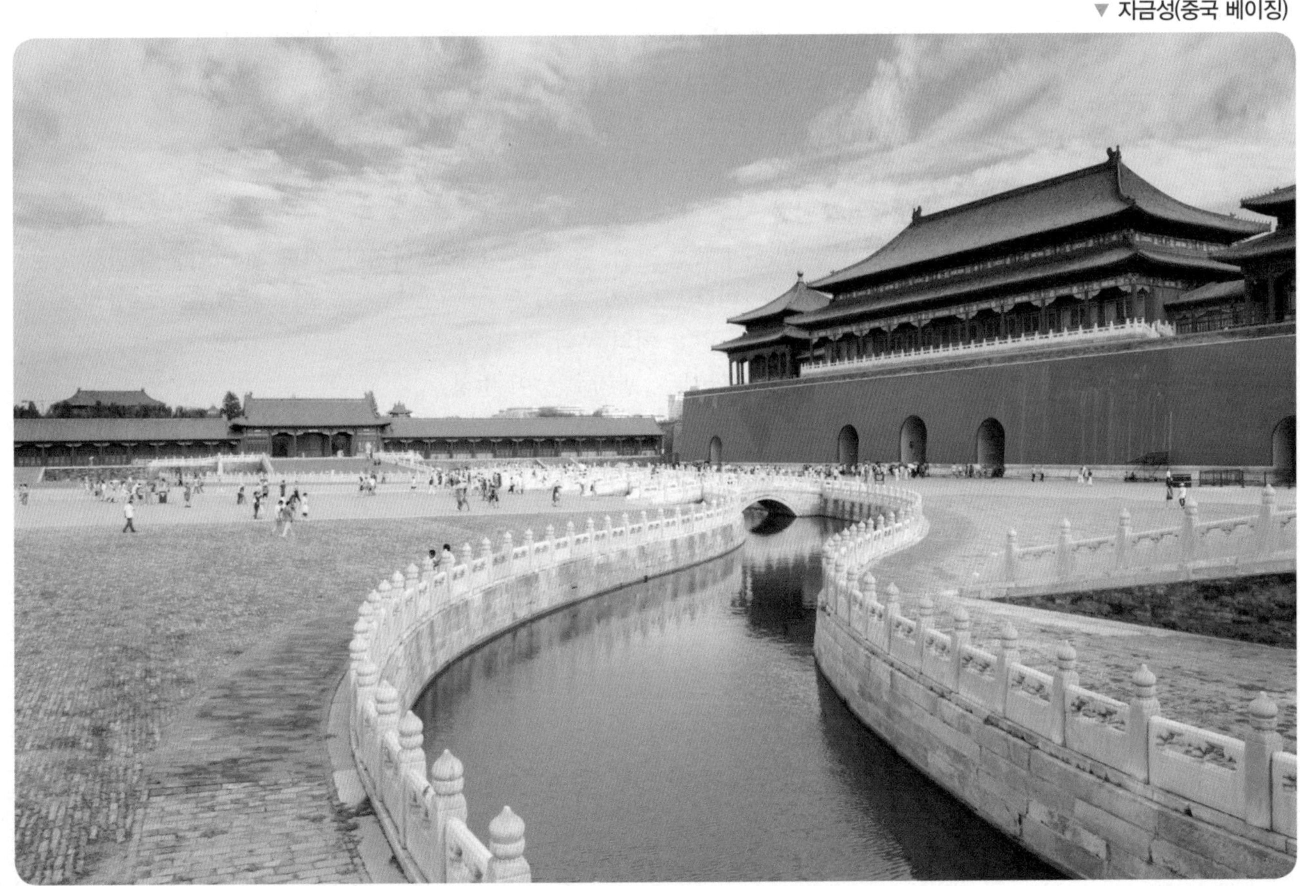

| 사진으로 맛보기 |

자금성은 명의 전성기를 이끌었던 영락제가 건설하였습니다. 동서 길이 약 760 m, 남북 길이 960 m에 이르며, 14년간 100만 명의 인부가 공사에 동원되었습니다. 침입자가 담을 넘는 것을 방지하기 위해 후원을 제외하고는 나무가 전혀 없으며, 현재는 고궁 박물원으로 불립니다.

| 단원 열기 |

이 단원에서는 몽골 제국의 형성과 몽골 제국 멸망 이후 등장한 명·청, 오스만 제국의 성립과 발전, 신항로 개척의 배경과 과정을 배우고, 이러한 변화가 동아시아, 서아시아, 유럽 지역 질서에 어떤 영향을 끼쳤는지 배웁니다.

1

Ⅲ. 지역 세계의 교류와 변화

몽골 제국과 문화 교류

교과서 90~97쪽

보충 송 태조의 정책

- 문치주의 채택: 절도사의 권한 약화, 황제가 군사권 장악, 문관 우대
- 황제 독재권 강화: 재상의 권한 축소, 과거제 개편(과거의 마지막 단계를 황제가 직접 주관)

1 해상 무역의 발전

1. 다원적 국제 관계의 형성

(1) **5대 10국 시대**: 당 멸망 후 각지 절도사의 국가 건설로 인한 중국의 분열기

(2) **송의 건국**: 조광윤(태조)이 혼란을 수습하고 건국(960) → 문치주의 채택 → 국방력 약화 → 북방 민족의 압력 → 막대한 군사비 지출, 화친 조건으로 북방 민족에게 대량의 물자 제공 → 재정난

(3) **북방 민족의 성장**

① 요(거란): 10세기 초 야율아보기가 부족 통일 → 발해 멸망 → 연운 16주 차지

② 서하: 11세기 송의 서북쪽에서 탕구트족이 건국 → 송 압박

③ 금(여진): 12세기 초 아구타가 여진족을 통일하고 건국 → 송과 함께 요를 멸망시킴 → 송을 공격하여 수도 카이펑 함락 → 중도(베이징)로 천도해 화북 지방 지배

(4) **남송의 성립(1127)**: 금의 침략으로 화북 지방 상실, 임안(항저우)으로 천도

연운 16주

베이징을 중심으로 만리장성 남쪽에 있는 16개의 주를 뜻한다. 이 땅은 만리장성 이남의 한족 왕조와 북방 유목 민족 간에 오랫동안 분쟁의 불씨가 되었다.

2. 송의 경제와 해상 무역의 발전

(1) **농업**: 저습지 개간, 모내기법 보편화 → 창장강 유역 개발
(모내기법: 어린 모를 따로 기른 후 논으로 옮겨 심는 방법으로 농업 생산력 확대에 기여함 / 창장강 유역: 벼농사 중심지로 개발)

(2) **수공업**: 석탄 사용의 확산으로 제철·자기 등 발달, 생활용품 생산

(3) **상업**: 동전과 지폐 유통, 시장 증가, 도시의 성장

(4) **해상 무역의 발전**

① 배경: 북방 민족의 육로 장악, 조선술·항해술·나침반·지도 제작 기술의 발달
(육로 장악: 비단길과 초원길 장악 / 나침반: 훗날 유럽에 전해져 신항로 개척에 큰 영향을 줌)

② 특산물 수출: 차, 비단, 도자기, 종이 등

③ 시박사 증설: 세금 징수, 해외 무역 관리

④ 국제 무역 항구: 취안저우, 광저우 등이 번성

시박사

해상 무역과 관련된 사무를 담당한 관청이다. 당대 처음으로 설치되어 송대에 취안저우, 항저우 등 여러 곳에 증설되었다.

2 몽골 제국의 성립과 발전

1. 몽골 제국의 성장

(1) **성립**: 13세기 초 테무친이 몽골족을 통합하고 칭기즈 칸으로 추대
(칸은 유목 국가에서 사용된 군주의 칭호로 칭기즈 칸은 '위대한 군주'라는 뜻임)

(2) **정복 활동**: 서하와 금 공격, 호라즘 왕국 정복, 인더스강 유역과 페르시아에 진출 → 유라시아 대륙을 아우르는 대제국 건설

(3) **분열**: 칭기즈 칸 사후 여러 울루스로 분열, 울루스들의 느슨한 연합으로 변화
(울루스: '마을'이라는 몽골어로, '백성' 또는 '나라'를 뜻하는 의미로 확대됨)

2. 원의 중국 지배

(1) **쿠빌라이 칸**: 대도(베이징) 천도, 국호를 '원'으로 고침, 남송 정복 → 중국식 통치 제도 수용, 대운하 정비
(남송 정복: 유목 민족 중 처음으로 중국 전역을 지배 / 중국식 통치 제도: 중국식 연호, 관료제 등)

(2) **원의 사회 구성**: 몽골 제일주의(민족 차별 정책) 시행

① 몽골인: 정치·군사의 주요 관직 독점

② 색목인: 서아시아, 유럽 등 각지에서 이주한 사람으로 주로 재정 업무 담당

③ 한인: 여진인, 거란인, 금 지배하의 한인

④ 남인: 남송 지배하의 한인

(3) **원의 몰락**: 황위 계승 분쟁, 티베트 불교 지원에 국고 소모 → 교초의 남발로 물가 폭등, 세금 증가로 백성의 불만 고조 → 홍건적의 난 → 명에 의해 밀려남(1368)
(교초: 원에서 발행한 지폐)

보충 쿠빌라이 칸

칭기즈칸의 손자로 1259년에 형이었던 몽케 칸이 남송 원정 도중 사망하자, 막냇동생과의 대립 끝에 칸으로 즉위하였다. 남송을 공략하기 시작한 지 11년째인 1279년에 남송을 멸망시키고, 중국 전체를 원의 지배하에 두었다.

교과서 속 자료 & 개념

송대 해상 교역의 발달

교과서 91쪽

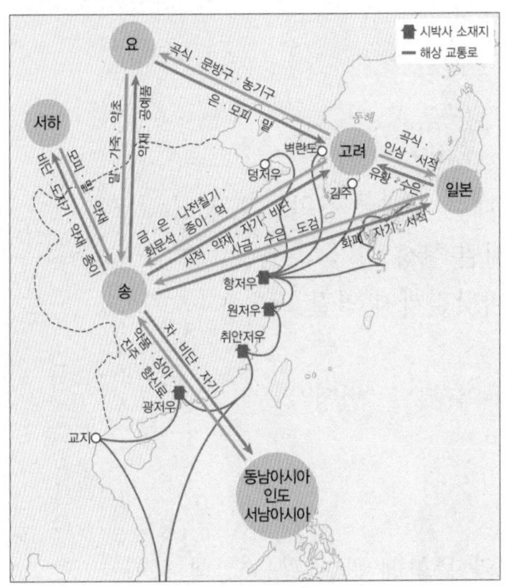

송대 동아시아 국제 교역

자료 해설

송대에는 조선술이 발달하고 나침반이 사용되면서 해상 교역이 크게 발달하였다. 이 시기에는 북방 민족이 비단길과 초원길을 장악하여 바다를 통한 무역이 더욱 활발히 이루어졌다.

특히 차, 도자기의 생산지와 가까운 취안저우는 동아시아 최대의 교역항으로 부상하였다. 마르코 폴로는 취안저우를 세계 최대 항구 도시 중 하나로 유럽에 소개하기도 하였다.

몽골 제국의 발전

교과서 92쪽

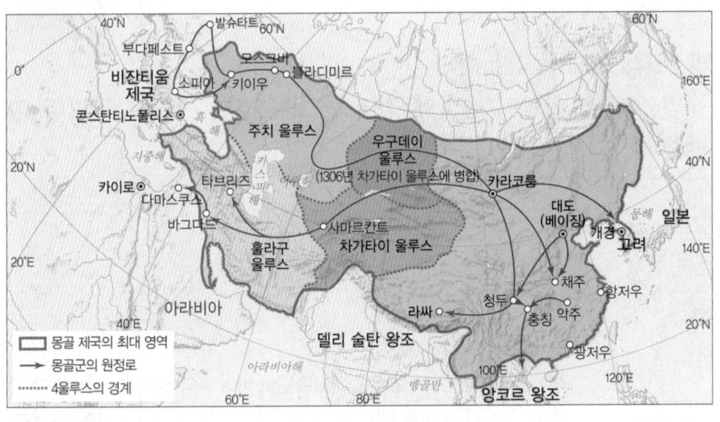

몽골 제국의 영토

자료 해설

몽골족을 통일한 칭기즈 칸은 주변 국가들을 차례로 정복하여 세계 역사상 가장 넓은 영토를 차지하였다. 그는 서하와 금을 공격하고, 호라즘 왕국을 정복하였으며, 인더스강 유역과 페르시아까지 진출하였다.

이후 그의 후손들이 금과 아바스 왕조를 멸망시키고 동부 유럽까지 영역을 확대하였다. 몽골 제국이 대제국을 건설할 수 있었던 요인으로는 뛰어난 기마술과 궁술이 있었다.

몽골 제일주의

교과서 93쪽

(단위: 백만 명)

몽골인 (정치·군사의 요직 독점)	1.5%
색목인 서역인(재정·경제 담당)	1.5%
한인 여진인, 거란인, 금 지배하의 한인 (주로 하급 관리)	14%
남인 남송 지배하의 한인 (주로 생산 활동에 종사)	83%

원의 신분 구조

자료 해설

원은 중국을 통치하며 민족 차별 정책을 펼쳤다. 몽골인이 주요 관직을 독점하였으며, 서아시아와 유럽 등에서 이주해 온 색목인이 행정·재정에 관한 사무를 처리하였다. 한인과 남인은 천대받았으며 관직에 오를 기회도 제한되었다. 특히 원에 협조하지 않고 끝까지 저항한 남인은 최하위 계급으로 차별받았다. 인구의 대다수를 차지했던 남인은 많은 세금을 부담하였지만 권리는 거의 행사할 수 없었다.

3 동서 교류의 확대

1. 교역망의 형성

(1) 도로망 건설

① 목적: 광대한 영토의 원활한 통치

② 내용: 주요 교역로에 역참 설치

③ 효과: 여행과 물자 운송 활발, 제국 전역에 대한 지배력 강화

(2) 교초: 교역의 편의를 위해 발행 → 거대한 경제권 형성

(3) 교역망 확장: 수도인 대도가 초원길, 비단길, 바닷길까지 연결

(4) 해상 무역 발전

① 항저우, 취안저우, 광저우 등이 세계적인 무역항으로 번성

② 동남아시아, 인도양까지 교역로 형성

역참

몽골 제국이 주요 교통로에 일정한 거리마다 설치한 것으로, 통행증인 패자를 가진 사절, 군인, 여행자, 상인들에게 숙식과 말을 제공하였다.

교초

송대 교자를 이어받아 만든 지폐로, 무거운 동전에 비해 휴대가 편리하였다.

2. 동서 교류의 확대

(1) 다양한 문화 공존: 몽골 제국이 각 민족의 종교와 문화에 관한 관용 정책 시행

① 활발한 동서 교류: 동서 교통로를 따라 각지의 상인, 사절, 선교사들이 방문

② 쿠빌라이 칸의 종교 보호 정책: 다양한 종교 번성 → 카라코룸과 대도에 다양한 종교 사원 설립, 각 종교 대표자들이 칸의 궁정에서 논쟁

크리스트교, 이슬람교, 티베르 불교(라마교) 등이 유입됨

③ 사전 편찬: 동서의 다양한 문자와 언어를 통역하기 위해 편찬

(2) 기술과 학문 교류

① 중국의 화약, 나침반, 인쇄술이 서양에 전파

② 이슬람의 천문학, 수학, 역법, 의학이 중국에 전파 → 곽수경이 이슬람 역법의 영향을 받아 수시력 편찬

1년을 365.2425일로 정한 것으로, 현재의 달력인 그레고리력과 비슷할 정도의 정확도를 가지고 있음

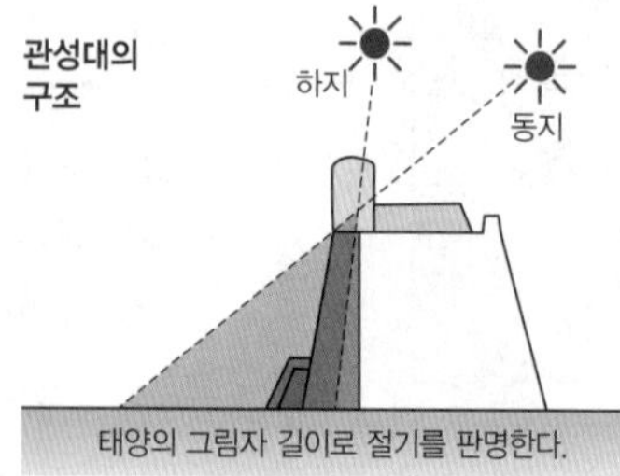

관성대의 구조

곽수경은 정확한 관측을 우선 과제로 삼고 10여 종의 천문 기기를 새롭게 완성하였다. 그리고 이들 천문 기기를 놓아 두고 사용할 건물인 관성대를 만들었다. 곽수경은 이곳에서 세밀하게 천체를 관측하여 수시력을 만들었다.

③ 라시드웃딘이 역사서 『집사』 편찬

보충 중국 4대 발명품

종이, 인쇄술, 화약, 나침반을 중국의 4대 발명품이라 한다. 이 중 송대에 발명된 화약, 나침반, 인쇄술이 원대의 동서 교류를 통해 서양에 전파되었다.

3. 여행자들의 시대

(1) 배경: 동방에 대한 유럽인들의 관심 고조, 통상로의 안전화

(2) 선교사 파견

① 목적: 몽골군의 침공에 따른 위기감 고조 → 몽골인의 크리스트교 개종, 성지 회복

② 대표 인물: 카르피니(교황이 파견), 뤼브룩(프랑스 국왕의 친서 전달) 등

(3) 서양인들의 왕래: 사절단, 상인, 여행자들이 중국을 방문

이븐 바투타	• 모로코 출신 • 아시아, 아프리카, 유럽을 여행하고 귀국하여 『여행기』를 남김
마르코 폴로	• 베네치아의 상인 • 17년간 쿠빌라이 칸의 관리로 근무한 뒤 귀국 • 원과 주변 나라에 대해 구술한 내용이 『동방견문록』으로 출판

보충 이븐 바투타의 기록

여행자에게는 중국이 가장 안전하고 좋은 고장이다. 혼자서 거액을 소지하고 아홉 달 동안이나 돌아다녀도 걱정할 것이 없다. 그들의 여행 질서를 보면 전국의 모든 역참에 숙소가 있다. – 『여행기』

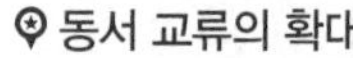

교과서 속 자료 & 개념

라시드웃딘의 『집사』

교과서 95쪽

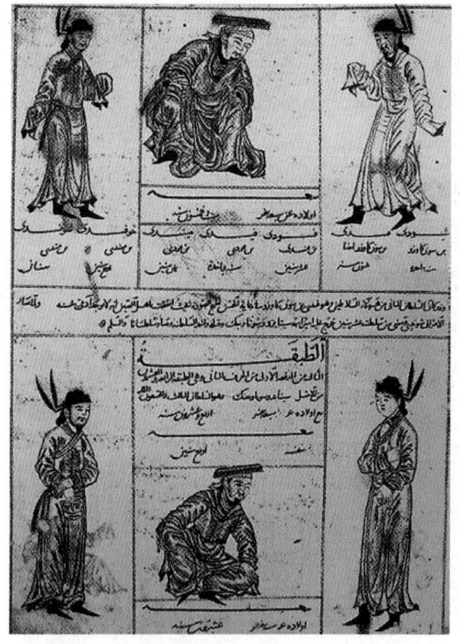

『집사』

(자료 해설)

이란 출신으로 훌라구 울루스의 재상이 되었던 라시드웃딘이 편찬하였으며, 최초의 세계사 책으로 평가받고 있다. 총 3권으로 구성되었으며 몽골사, 중국사에서 유럽사까지 폭넓은 내용을 다루고 있다. 일부 페이지에는 각 내용에 맞는 세밀화가 그려져 있어 역사학적 가치뿐만 아니라 미술사학적으로도 그 가치를 높이 평가받는다.

동서 교류의 확대

교과서 96쪽

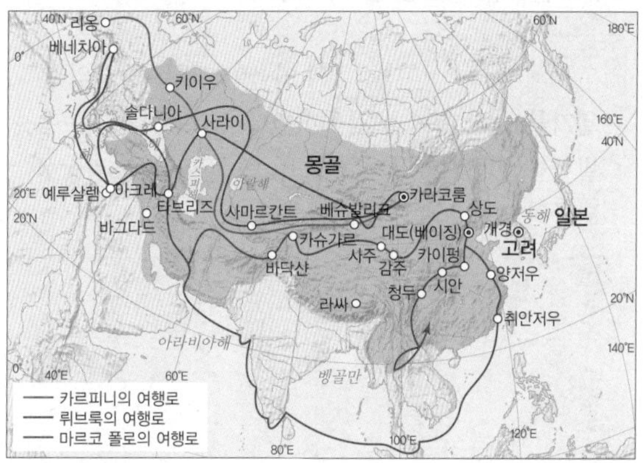

동서 교통로와 주요 여행자들의 경로

> 항저우는 세상에서 가장 세련되고 찬란한 도시이며, 창장강의 통행량은 유럽의 모든 강에 바다까지 합친 통행량보다 더 많다.
>
> – 마르코 폴로, 『동방견문록』

(자료 해설)

이탈리아 베네치아 출신의 마르코 폴로는 원에서 근무하면서 17년 동안 중국 각지를 여행하였다. 그는 여행에서 보고 들은 것을 바탕으로 원과 주변 나라에 대해 구술하였는데, 이것이 『동방견문록』으로 출판되었다. 『동방견문록』은 당시 아시아에 관한 귀중한 자료로 유럽인들의 아시아에 대한 관심을 높여 신항로 개척과 신대륙 발견의 계기가 되기도 하였다.

개념 꿀꺽

1. 빈칸에 알맞은 말을 쓰시오.

(1) 송 태조 조광윤은 (　　　) 정책을 실시하여 황제권을 강화하였다.

(2) 13세기 초 테무친은 몽골 부족을 통합하고 (　　　)에 추대되었다.

(3) 몽골 제국은 제국 전체에 (　　　)을/를 설치하고 패자를 지닌 사람이 말을 갈아탈 수 있게 하였다.

(4) 모로코 출신의 (　　　)은/는 아시아, 아프리카, 유럽을 여행하고 『여행기』를 남겼다.

2. 다음 내용이 옳으면 ○표, 틀리면 ×표 하시오.

(1) 송은 취안저우, 항저우 등에 시박사를 설치하고 해상 무역을 관리하였다. (　　)

(2) 쿠빌라이 칸은 수도를 대도(베이징)로 옮기고 국호를 원이라 하였다. (　　)

(3) 화약, 나침반, 인쇄술은 원대에 발명되었다. (　　)

(4) 라시드웃딘은 이슬람 역법의 영향을 받아 수시력을 만들었다. (　　)

정답
1. (1) 문치주의 (2) 칭기즈 칸 (3) 역참 (4) 이븐 바투타
2. (1) ○ (2) ○ (3) × (4) ×

기초 튼튼 | 기본문제

단답형

01 (가)에 들어갈 알맞은 말을 쓰시오.

> 10세기 초 (가) 의 야율아보기는 중국의 분열기를 틈타 부족을 통일하였다. (가) 은/는 발해를 멸망시키고 국호를 요로 고친 후 만리장성 남쪽의 연운 16주를 차지하였다.

( )

02 밑줄 친 '이 시대'에 대한 설명으로 옳은 것만을 〈보기〉에서 고른 것은?

> 이 시대에는 절도사의 권한이 줄어들고 황제가 군사권을 장악하여 권력을 강화하였다. 또한 황제가 과거의 최종 단계를 직접 주관하였다.

보기

ㄱ. 문치주의로 인한 국방력 약화
ㄴ. 북방 민족에게 은과 비단 제공
ㄷ. 칭기즈 칸 사후 여러 울루스로 분열
ㄹ. 제국 전체에 도로를 건설하고 역참 설치

① ㄱ, ㄴ ② ㄱ, ㄷ ③ ㄴ, ㄷ
④ ㄴ, ㄹ ⑤ ㄷ, ㄹ

03 (가) 국가에 대한 설명으로 옳은 것은?

> 12세기 초 아구타가 부족을 통일하고 (가) 을/를 건국하였다. (가) 은/는 송과 연합하여 요를 멸망시켰다.

① 발해를 멸망시켰다.
② 중국 전역을 지배하였다.
③ 탕구트족에 의해 세워졌다.
④ 과거제를 최초로 실시하였다.
⑤ 송의 수도인 카이펑을 함락시켰다.

중요

04 다음 내용과 관련된 탐구 활동으로 가장 적절한 것은?

> 북방 민족이 비단길과 초원길을 장악하여 송에서는 바다를 통한 무역이 활발히 이루어졌다.

① 시박사의 역할을 조사한다.
② 연운 16주의 위치를 파악한다.
③ 모내기법이 무엇인지 알아본다.
④ 문치주의 정책의 내용을 정리한다.
⑤ 화약의 발명이 가져온 변화를 살펴본다.

05 중국의 4대 발명품 중 송대에 발명된 것을 〈보기〉에서 있는 대로 고른 것은?

보기

ㄱ. 화약 ㄴ. 제지술
ㄷ. 나침반 ㄹ. 인쇄술

① ㄱ, ㄴ ② ㄷ, ㄹ ③ ㄱ, ㄴ, ㄷ
④ ㄱ, ㄷ, ㄹ ⑤ ㄴ, ㄷ, ㄹ

단답형

06 (가)에 들어갈 알맞은 말을 쓰시오.

> 쿠빌라이 칸이 죽은 후 원은 황위 계승 분쟁으로 국력이 약화되었고, 지배층이 믿는 티베트 불교를 지원하는 데 국고를 소모해 국가 재정이 어려워졌다. 이를 해결하기 위해 원이 (가) 을/를 남발하면서 물가가 크게 올랐고, 무거운 세금을 거두어 백성들의 불만이 커졌다.

( )

07 다음 지도에 나타난 영토를 차지한 국가에 대한 설명으로 옳은 것은?

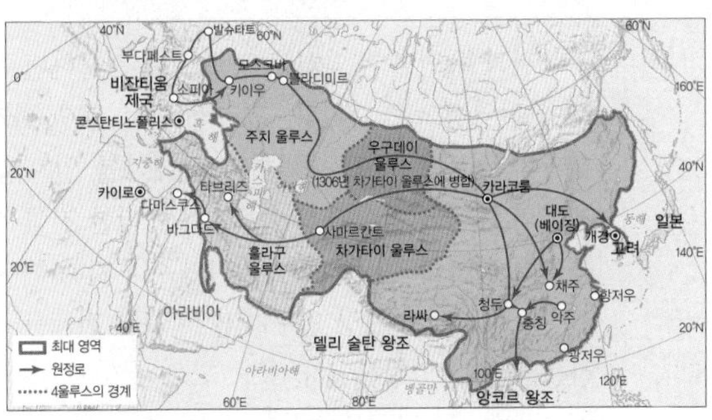

① 아구타가 건국하였다.
② 국호를 요로 바꾸었다.
③ 문치주의를 채택하였다.
④ 아바스 왕조를 멸망시켰다.
⑤ 수도를 임안(항저우)으로 옮겼다.

중요
08 다음 신분 구조에 대한 설명으로 옳지 않은 것은?

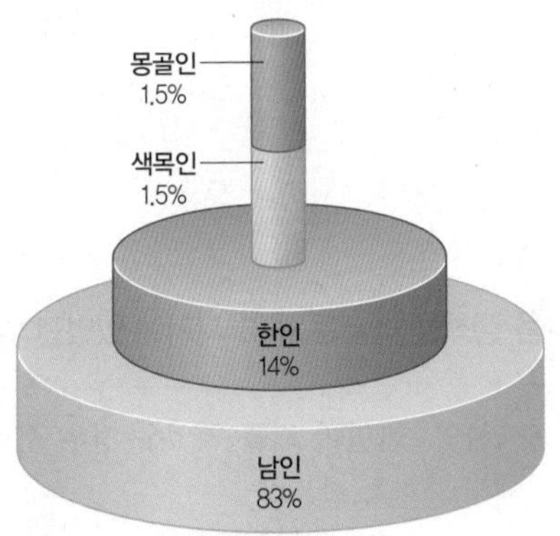

① 몽골인이 관직을 독점하였다.
② 남인은 심한 차별과 억압을 받았다.
③ 남인은 남송 지배하에 있던 사람들이다.
④ 한인은 과거를 통해 높은 관직에 진출할 수 있었다.
⑤ 색목인은 주로 재정 업무를 담당하며 우대를 받았다.

단답형
09 (가)에 들어갈 알맞은 말을 쓰시오.

> 곽수경은 관성대라 불리는 천문대를 세워 천체를 관측하고 이슬람 역법의 영향을 받아 (가) 을/를 만들었다. (가) 은/는 1년을 365.2425일로 정한 것으로, 현재의 달력인 그레고리력과 비슷할 정도의 정확도를 가지고 있다.

( )

10 다음에서 설명하는 인물로 옳은 것은?

> 모로코 출신으로 아시아, 아프리카, 유럽을 여행하고 귀국하여 『여행기』를 썼다.

① 뤼브룩　② 카르피니
③ 라시드웃딘　④ 마르코 폴로
⑤ 이븐 바투타

11 다음을 읽고 추론한 내용으로 옳지 않은 것은?

> 각 지방으로 가는 주요 도로들에 약 40 km마다 역참이 설치되어 있다. 역참에는 사신을 위해 300~400마리의 말이 대기하고 있다. …… 이러한 방식으로 대군주의 전령들이 온 사방으로 파견되며, 그들은 하루거리마다 숙박소와 말들을 찾을 수 있다.
> – 『동방견문록』

① 제국 전체에 도로망이 건설되었다.
② 다양한 문화가 활발하게 교류되었다.
③ 동서를 연결하는 교역망이 확장되었다.
④ 문인 관료를 우대하는 정책이 펼쳐졌다.
⑤ 유럽에서 중국으로 이어지는 원거리 여행자가 늘어났다.

실력 쑥쑥 | 실전문제

중요

01 다음 선생님의 질문에 대한 학생의 대답으로 옳은 것은?

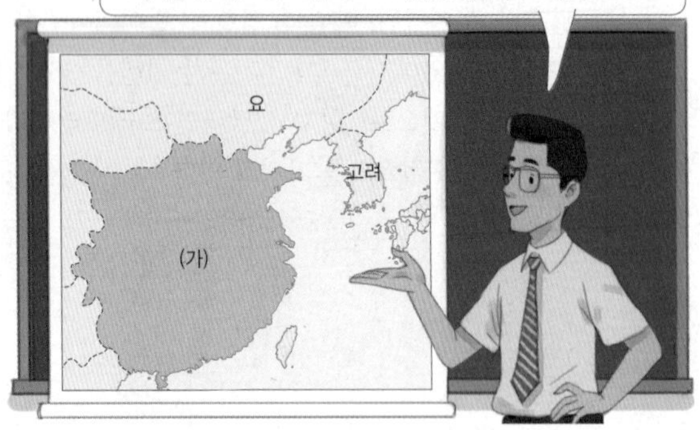

(가) 왕조에서는 황제가 과거 시험을 직접 주관했고, 문치주의 정책을 실시했어요. 이 왕조 시기에 있었던 일을 발표해 볼까요?
요
고려
(가)

① 죽림칠현이 등장하였어요.
② 장건이 서역에 파견되었어요.
③ 대운하를 최초로 건설하였어요.
④ 취안저우에 시박사를 설치하였어요.
⑤ 마르코 폴로가 관리로 근무하였어요.

02 (가) 시기에 있었던 사실만을 〈보기〉에서 고른 것은?

보기

ㄱ. 황소의 난이 발생하였다.
ㄴ. 금이 카이펑을 함락하였다.
ㄷ. 홍건적의 난이 발생하였다.
ㄹ. 테무친이 칭기즈 칸에 추대되었다.

① ㄱ, ㄴ ② ㄱ, ㄷ ③ ㄴ, ㄷ
④ ㄴ, ㄹ ⑤ ㄷ, ㄹ

고난도

03 밑줄 친 '그'에 대한 설명으로 옳은 것만을 〈보기〉에서 고른 것은?

> 쓰촨과 윈난을 장악하고 남쪽으로 진군하던 몽케 칸이 전염병으로 죽었다. 그러자 그는 동생 아리크부카와 정권을 놓고 대립하다 쿠데타를 일으켜 이 제국의 대칸에 올랐다. …… 그는 예리한 전략적 재능을 발휘하여 자신의 할아버지가 이루지 못했던 과업, 즉 지상에서 가장 인구가 많은 중국 전체를 정복하는 과업을 달성하였다.

보기

ㄱ. 국호를 '원'이라 하였다.
ㄴ. 칭기즈 칸에 추대되었다.
ㄷ. 중국의 통치 제도를 받아들였다.
ㄹ. 문관을 우대하는 정책을 내세웠다.

① ㄱ, ㄴ ② ㄱ, ㄷ ③ ㄴ, ㄷ
④ ㄴ, ㄹ ⑤ ㄷ, ㄹ

중요

04 다음 정책을 내세운 왕조 시기에 있었던 일로 옳은 것은?

> • 색목인, 한인이 죄를 지었을 경우 서로 다른 기관에서 재판을 받는다.
> • 한인, 남인은 떼 지어 사냥하거나 활과 화살을 가질 수 없다.

① 제자백가가 등장하였다.
② 인도로부터 불교가 전래되었다.
③ 교초 남발로 물가가 폭등하였다.
④ 흉노를 막기 위해 만리장성을 쌓았다.
⑤ 절도사 세력을 누르고 황제권을 강화하였다.

05 다음 설명에 해당하는 책으로 옳은 것은?

이란 출신으로 훌라구 울루스의 재상이 되었던 라시드 웃딘이 편찬한 책으로, '최초의 세계사'로 일컬어진다.

① 집사　　② 여행기
③ 오경정의　　④ 대당서역기
⑤ 동방견문록

고난도

06 밑줄 친 이 왕조의 동서 교류에 대한 탐구 활동 주제로 옳은 것만을 〈보기〉에서 고른 것은?

> 여행자에게는 이 왕조가 가장 안전하고 좋은 곳이다. 혼자서 거액을 소지하고 아홉 달 동안이나 돌아다녀도 걱정할 것이 없다. 그들의 여행 질서를 보면 전국의 모든 역참에 숙소가 있다.
>
> -『여행기』

보기

ㄱ. 장건의 서역 파견
ㄴ. 현장의 인도 순례
ㄷ. 곽수경의 수시력 제작
ㄹ. 이븐 바투타의 여행 경로

① ㄱ, ㄴ　② ㄱ, ㄷ　③ ㄴ, ㄷ
④ ㄴ, ㄹ　⑤ ㄷ, ㄹ

서술형

07 다음 지도와 같이 송대 해상 교역이 활발히 이루어질 수 있었던 이유를 두 가지 서술하시오.

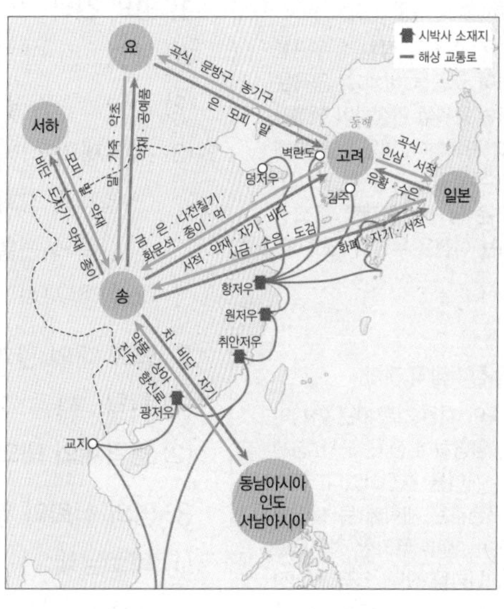

08 여행자들이 다음 지도와 같이 여행할 수 있었던 배경을 서술하시오.

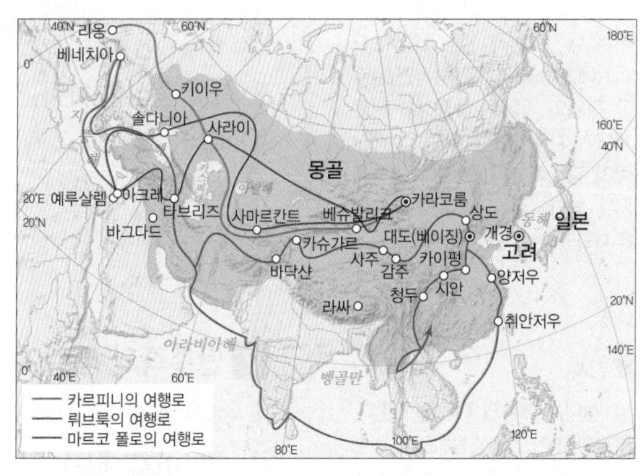

2 동아시아 지역 질서의 변화

교과서 98~109쪽

책봉·조공 관계

주변국은 중국의 정치적 우위를 인정하여 조공을 바치고, 중국은 주변국의 왕위를 인정하여 책봉하는 외교 관계이다. 명은 이를 통해 자국의 우위를 드러낼 수 있었고, 조공국은 명과의 경제력·문화적 교류라는 이점을 누릴 수 있었다.

보충 장거정의 개혁

명 신종의 지원으로 10년 가까이 정권을 담당하며 정치, 군사, 경제 방면의 개혁을 추진하였다. 그러나 기득권층은 개혁에 큰 불만을 품었으며, 일부 무리한 정책으로 주위의 원한을 샀다. 결국 장거정이 사망한 후 그의 개혁은 물거품이 되었다.

보충 17세기의 세계적 위기

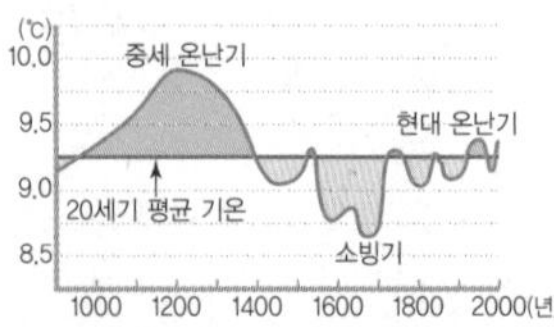

▲ 10~20세기 기후 변화

명 말에 연이어 나타난 자연재해와 경제 위기 등은 명·청 교체로 이어졌다. 이 시점에 조선과 일본에서 대기근이 발생하였으며, 17세기에는 소빙기가 계속되면서 지구 전체의 기온이 하강하고 자연재해가 자주 발생하여 농업 생산량이 감소하였다. 그러나 중국에서는 청의 지배 아래 사회 안정이 유지되었다.

신사

명·청대 지배층의 주류를 뜻한다. 학교와 과거제가 결합하면서 형성된 이들은 치열한 경쟁을 통해 학위를 얻고 관직에 나갈 수 있는 자격을 얻은 사람들이었다. 세금 면제 등의 특권을 받았으며 지역 사회에서 영향력을 행사하였다.

1 명, 한족 왕조의 부활

1. 명의 건국

(1) **배경**: 원 말기 사회적 혼란, 자연재해 발생 → 홍건적의 난 등 농민 반란 확대

(2) **건국**: 주원장(홍무제)이 반원 세력 통합, 난징을 수도로 명 건국(1368)

(3) **홍무제의 정책**

① 황제권 강화: 재상제 폐지, 6부 장악, 관료에 대한 감찰 강화, 군대 통수권 분산

② 한족의 전통 회복: 몽골 풍습 청산, 학교 제도와 과거제 정비

③ 향촌 사회 지배 강화: 이갑제 실시, 육유 반포(백성 교화)

— 육유: 황제가 백성에게 유교 윤리를 가르치고자 반포한 여섯 가지 가르침

2. 명의 대외 관계

(1) **원칙**: 해금 정책 → 대외 무역 금지, 책봉·조공 관계만 허용

(2) **영락제의 대외 팽창**: 베이징 천도, 몽골과 베트남 공격, 정화의 항해

— 몽골: 영락제 이후 만리장성을 대대적으로 보수해 몽골에 대한 방어를 강화함

— 정화의 항해: 명 중심의 책봉·조공 관계를 확대하는 것을 목표로 삼고 아프리카 동해안까지 진출함

3. 명의 쇠퇴와 멸망

(1) **북로남왜**: 몽골의 재기와 왜구의 창궐

① 북방: 몽골의 오이라트부, 타타르부의 침략 → 국경 주변에 시장 개설, 무역 허락

② 동남 해안: 왜구의 밀무역과 약탈 → 왜구 소탕, 해금 정책 완화

— 밀무역: 일부 명 상인들이 왜구로 가장해 밀무역에 나서기도 함

(2) **장거정의 개혁**

① 배경: 내부 권력 투쟁, 환관의 횡포, 민중 봉기로 정치적 혼란

② 개혁 내용: 근무 평가법 제정, 세금 징수 강화

③ 결과: 장거정 사후에 개혁에 대한 불만 발생 → 개혁 실패

(3) **쇠퇴**: 임진왜란 참전 이후 재정난 → 가혹한 세금 징수로 농민 봉기 발생 → 이자성이 이끄는 농민군에 멸망(1644)

4. 임진왜란 후 동아시아 질서의 변화

(1) **명**: 임진왜란과 내부 반란으로 재정난 심화, 국력 쇠퇴

(2) **청**: 누르하치가 만주에서 여진족 통합 → 후금 건국(1616)

(3) **일본**: 도쿠가와 이에야스가 에도 막부 수립(1603)

5. 자국 중심적 화이관 발달

— 화이관: 중국이 천하 문명의 중심(화)이고, 주변 민족은 오랑캐라는 세계관을 의미함

(1) **배경**: 명·청 교체

(2) **조선**: 청에 사대, 조선 중화 의식 발달

(3) **일본**: 천황은 태양신의 후손이며 주변 국가들보다 우월하다고 믿는 경향 강화

— 조선 중화 의식: 조선이 중화를 계승했다고 믿음

2 만주족의 통일 제국, 청

1. 청의 수립

— 국호를 바꾸고 조선에 복속을 요구하였으나 거부당하자 조선을 침략함

(1) **홍타이지(태종)**: 국호를 '청'으로 변경(1636) → 명 멸망 이후 베이징 점령

(2) **적극적 대외 팽창**: 외몽골, 티베트, 신장까지 영토 확장

— 오늘날 중국 영토의 대부분을 확보함

(3) **명의 제도 계승**: 황제 지배 체제, 관료제, 지방 행정 제도, 유교 통치 이념

(4) **회유책**: 신사 계층의 지위와 특권 인정, 과거제 유지

(5) **강경책**: 만주족 고유의 머리(변발)와 의복(호복) 강요, 비판 여론 탄압

— 변발: 머리의 앞부분은 깎고 뒷부분은 땋아서 늘인 형태

교과서 속 자료 & 개념

정화의 항해

교과서 99쪽

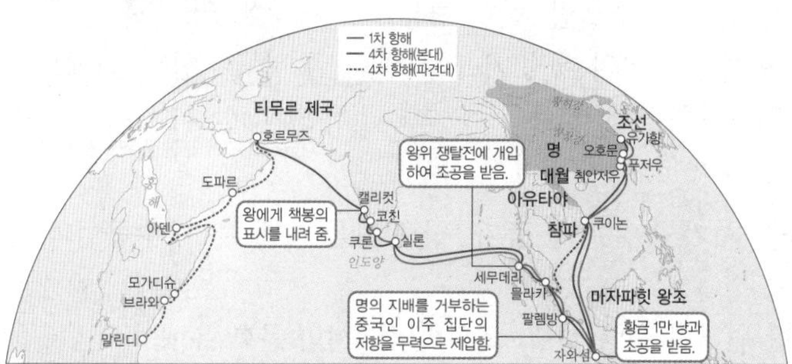

정화의 항해 경로

자료 해설

명의 영락제는 명 중심의 국제 질서를 확대하기 위해 정화에게 여러 차례 항해를 명하였고, 항해 때마다 2~3만 명의 선원과 병사가 수십 척의 선박에 승선하였다.

정화는 약 25년에 걸쳐 동남아시아와 인도양을 항해하였는데, 선단의 일부는 아프리카 동해안까지 도달하였다. 정화는 각국을 들를 때마다 그곳의 사절단을 명으로 초대하여 명과 교류하는 것을 가능하게 하였다. 그가 방문한 국가는 33개국에 이르며, 이때부터 수많은 나라가 명에 조공하게 되었다.

북로남왜

교과서 100쪽

15세기 동아시아의 정세

자료 해설

북로는 명의 북방으로부터 침입한 몽골의 오이라트와 타타르 등을 가리키며, 남왜는 명의 남방에서 침입한 왜구(일본 해적)를 가리킨다.

몽골은 명을 침공해 물자를 약탈하여 막대한 피해를 입혔다. 왜구는 상업 활동으로 횡포를 부렸으며 동남 해안 지역을 차례로 휩쓸며 잔혹한 살인과 약탈을 서슴지 않았다. 이에 명은 왜구를 소탕한 뒤에 해금 정책을 완화하였고 상인들이 무역하는 것을 부분적으로 허락하였다.

청의 강경책과 회유책

교과서 102쪽

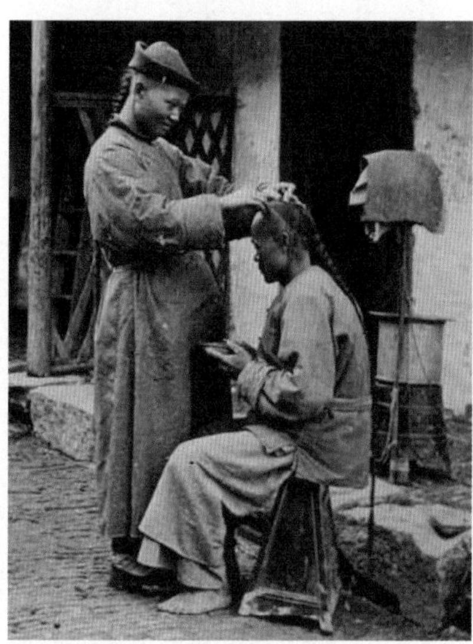

변발과 호복

자료 해설

소수의 만주족이 세운 청은 다수의 한족을 효율적으로 통치하기 위해 강경책과 회유책을 함께 시행하였다. 청은 한족에게 변발과 호복을 강요하여 청에 복종하도록 하였고, 한족의 중화사상을 탄압하면서 청 왕조와 만주족에 대한 비판을 엄격하게 금지하였다.

한편으로는 과거제를 실시하고 고위 관직에 만주족과 한족을 함께 등용하였으며(만한 병용), 유교 문화를 존중하고 유학 교육을 장려하는 등 회유책을 병행하여 한족 신사층의 협력을 이끌어 냈다.

팔기
누르하치가 조직한 군사 조직이자 행정 조직으로, 청의 팽창과 중국 지배에 큰 역할을 하였다.

공행
청 정부로부터 허가를 받아 서양인과 교역한 상인 조합이다. 서양 상인들은 공행의 상인들을 통해서만 교역할 수 있었다.

보충 일본 봉건 사회의 구조

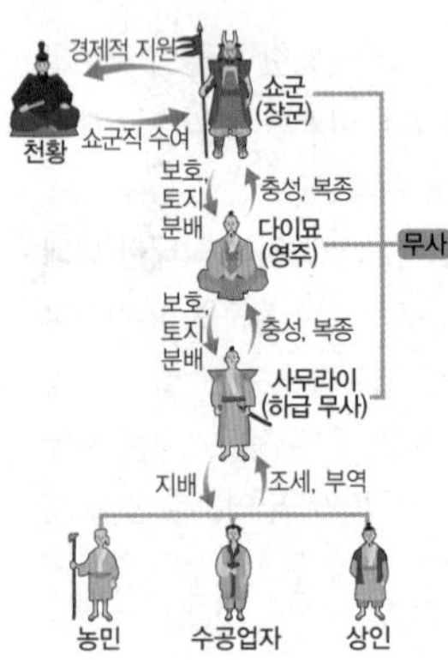

조닌 문화
에도 막부 시기 도시가 발달하면서 성장한 상공업자들을 중심으로 발달한 문화이다. 이러한 조닌 문화는 점차 무사, 농민 등 사회 다른 계층으로도 퍼져나갔다.

난학
에도 시대에 네덜란드 상인을 통해 들어온 유럽의 학문, 기술, 문화 등을 일컫는다. 네덜란드를 한자식으로 표현하면 '화란'이고, 난학은 '화란의 학문'이라는 뜻이다.

2. 만주족 고유의 정책 시행

(1) **중앙 정치 제도**: 팔기 조직 유지, 군기처 설립, 만한 병용
- 청은 정부의 요직에 만주족과 한족을 함께 임명하여, 한족 인재를 등용하는 동시에 만주족 귀족이 감시할 수 있도록 함
- 군대를 주둔시키고 세금을 징수하였으나 현지의 사회 체제와 정치 구조를 인정함

(2) **지방 행정 제도**: 명의 옛 영토에서는 명의 행정 제도 시행, 만주·몽골·신장·티베트에서는 현지 상황에 맞게 별도의 통치 방식 적용
- 민족의 발상지로 중시하여 한족의 유입을 차단하고 고유의 행정 제도를 시행함

3. 청의 발전

(1) **경제**: 강희제·옹정제·건륭제 시기 농업 생산 증가, 상품 작물 재배 확대, 수공업과 상업 발달

(2) **무역 및 문화**: 대운하를 통한 원거리 무역 성행, 도시 번성, 서민 문화 유행

4. 청의 대외 관계

(1) **주요 국가**: 책봉·조공 관계(조선, 베트남, 류큐 등), 교역 관계(서양, 일본)

(2) **해금 정책 완화**: 서양 상인들도 지정된 항구에서 교역 가능

(3) **광둥 무역 체제**: 건륭제 때 무역항을 광저우 한 곳으로 제한, 공행 무역 실시 → 영국의 지속적인 무역 확대 요구 → 청의 거절 → 청에 막대한 양의 은 유입
- 유럽에서 청의 차와 도자기 등에 수요가 높았기 때문에 은으로 대금을 지불하고 물건을 삼

3 일본의 무사 정권 시대

1. 가마쿠라 막부

(1) **배경**: 10세기 무렵 사회 불안 → 무사 집단 성장 → 일부 무사 집단이 중앙 권력 장악
- 지방 호족과 사원들이 장원을 확대하고, 귀족들의 내분이 일어남

(2) **성립**: 미나모토노 요리토모가 각지의 무사 세력을 규합하여 수립
- 귀족과 호족이 재산과 토지를 보호하고자 무사를 고용함

(3) **무사 정권의 특징**

① 쇼군이 무사에게 토지와 농민 제공, 무사는 쇼군에게 충성과 봉사의 의무 수행

② 쇼군이 실질적인 통치자, 천황은 상징적인 존재

(4) **쇠퇴**: 13세기 말 두 차례 몽골의 침략 → 재정 부담으로 쇠퇴

2. 무로마치 막부

(1) **성립**: 아시카가 다카우지가 교토의 무로마치에 수립

(2) **외교**: 명과 관계 회복 → 조공 무역(감합 무역)으로 대외 무역의 이익 독점
- 명이 일본에 발행한 입항 허가서

(3) **혼란**: 15세기 중반부터 지방의 다이묘들이 성장하여 서로 경쟁 → 100여 년간 센고쿠(전국) 시대의 혼란 지속 → 도요토미 히데요시의 일본 통일 → 조선 침략 실패

3. 에도 막부

(1) **성립**: 도요토미 히데요시 사후 도쿠가와 이에야스가 에도(도쿄)에 수립

(2) **통치 체제**

① 막부가 직할지 직접 통치, 전국 주요 거점은 신뢰하는 다이묘에게 분배

② 막부의 지침을 위반하면 영지 삭감·교체, 산킨코타이 제도 실시
- 에도 막부에서 다이묘들을 통제하고자 도입한 제도

(3) **경제와 문화**

① 경제: 농업 생산력 향상, 상품 작물 재배 확대 → 상품 화폐 경제 발달 → 조닌(도시 상공업자)의 지위 향상

② 문화: 조닌 문화 발달 → 가부키·우키요에 발전
- 가부키는 노래, 춤, 연기로 이루어진 일본의 전통 연극이며, 우키요에는 풍속화임

(4) **대외 관계**

① 조선과 국교 회복, 명·청과 통상 재개

② 크리스트교 금지, 대외 무역 통제, 일본인의 해외 이주, 해외 거주 등 금지

③ 선교와 무역을 분리한 네덜란드에만 나가사키 개방 → 서양 학문 유입 → 난학 발달
- 네덜란드 상인들은 나가사키 앞바다를 메워 조성한 데지마에 상관을 설치해 일본과 무역함

교과서 속 자료 & 개념

광동 무역 체제

교과서 104쪽

광저우의 외국 상관

(자료 해설)

청은 강희제 시기에 타이완의 반청 세력을 진압한 후 해금 정책을 완화하였다. 건륭제 때인 1757년에는 해외 무역항을 광저우 한 곳으로 한정하고, 공행 무역을 실시하였다. 이후 광저우는 중국 유일의 무역항으로 발전하였다.

광저우는 영국 선박을 중심으로 유럽 여러 나라의 선박이 들어와 청의 차, 비단 등을 구입하면서 대성황을 이루었다. 1792년에 영국 정부는 조지 매카트니를 대표로 하는 사절단을 청에 파견하여 무역 확대를 요구하였으나 건륭제는 이를 거절하였다. 이러한 제약에도 불구하고 유럽에서 청의 차와 도자기의 수요가 높았기 때문에 물품의 판매 대금으로 막대한 은이 청으로 계속 유입되었다.

산킨코타이 제도

교과서 106쪽

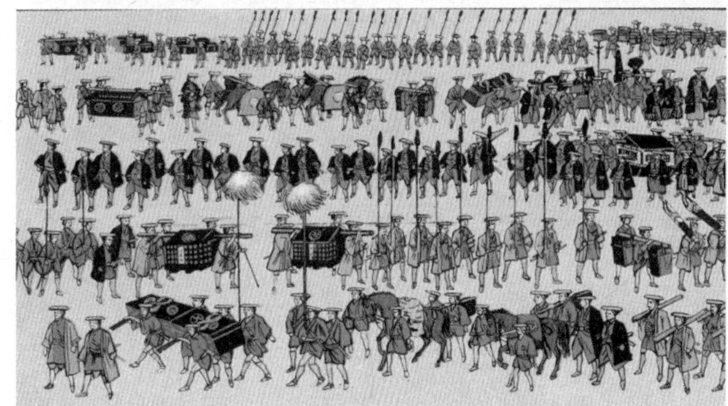

에도로 향하는 다이묘의 행렬

(자료 해설)

에도 막부는 다이묘들을 통제하고자 산킨코타이 제도를 실시하였다. 산킨코타이 제도는 다이묘의 처자들을 에도에 거주하게 하여 인질로 삼으면서 다이묘가 1년마다 에도와 자신의 영지에서 번갈아 생활하도록 한 제도였다. 이 때문에 다이묘는 대규모 수행 인원의 이동과 주거에 필요한 막대한 금액을 소비하여 재정적인 타격을 입었다. 그러나 한편으로는 다이묘들의 잦은 여행이 도로와 여관 등의 숙박 시설의 건설을 촉진하였다. 산킨코타이 제도는 에도와 오사카를 중심으로 한 상업과 교통의 발달을 가져왔다.

개념 꿀꺽

1. 관련 있는 내용을 옳게 연결해 보자.

(1) 명 •　　　　• ㉠ 이갑제

(2) 청 •　　　　• ㉡ 조닌 문화

(3) 에도 막부 •　　　　• ㉢ 만한 병용

(4) 무로마치 막부 •　　　　• ㉣ 감합 무역

2. 다음 내용이 옳으면 ○표, 틀리면 ×표 하시오.

(1) 홍무제는 조공 질서의 확대를 위해 정화에게 항해를 명하였다. (　　)

(2) 임진왜란 이후 명의 국력은 더욱 강성해졌다. (　　)

(3) 청은 한족에게 변발과 호복을 강요하였다. (　　)

(4) 가마쿠라 막부는 산킨코타이 제도를 실시하였다. (　　)

정답 1. (1) ㉠ (2) ㉢ (3) ㉡ (4) ㉣ 2. (1) × (2) × (3) ○ (4) ×

기초 튼튼 기본문제

01 밑줄 친 '그'의 정책으로 옳은 것만을 〈보기〉에서 고른 것은?

> 원 말에 이르러 몽골의 지배에 저항하는 홍건적 등 농민의 반란이 확대되었다. 이 시기에 그는 반원 세력을 통합하여 명을 건국하였다.

보기
ㄱ. 육유 반포　　ㄴ. 베이징 천도
ㄷ. 이갑제 실시　　ㄹ. 대규모 항해 실시

① ㄱ, ㄴ　② ㄱ, ㄷ　③ ㄴ, ㄷ
④ ㄴ, ㄹ　⑤ ㄷ, ㄹ

단답형
02 (가)에 들어갈 알맞은 인물을 쓰시오.

> 16세기 중엽 명은 내부 권력 투쟁과 환관의 횡포, 민중 봉기 등으로 정치적 혼란에 빠졌다. 이에 (가) 이/가 여러 방면에서 개혁을 시행하였다.

(　　　　)

03 명의 쇠퇴 원인으로 옳지 않은 것은?

① 왜구의 침략
② 환관의 횡포
③ 몽골족의 침입
④ 지방에서 절도사 난립
⑤ 임진왜란 때의 군사 지원

단답형
04 (가)에 들어갈 알맞은 말을 쓰시오.

> 자신을 천하의 중심이자 문명의 중심인 '중화'로 간주하면서, 주변 이민족들을 열등한 존재로 인식하는 관념을 (가) (이)라고 한다. 명·청 교체기에 동아시아 각국에서는 자국 중심적 (가) 이/가 강화되었다.

(　　　　)

05 다음에서 설명하는 중국의 왕조로 옳은 것은?

> • 누르하치가 만주족을 통일하여 세운 후금이 국호를 변경하여 수립되었다.
> • 이자성의 난으로 명이 멸망하자, 만리장성 이남으로 들어가 베이징을 점령하고 수도로 삼았다.

① 당　② 송　③ 요
④ 원　⑤ 청

중요
06 다음에서 설명하는 조직의 명칭으로 옳은 것은?

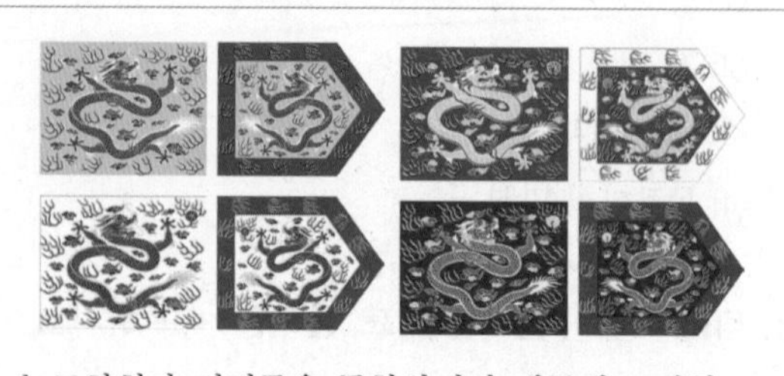

> 누르하치가 여진족을 통합하면서 새롭게 고안한 조직 체계로서, 군사와 행정 기능을 겸하였다.

① 공행　② 막부　③ 팔기
④ 다이묘　⑤ 북로남왜

07 다음에서 설명하는 계층으로 옳은 것은?

> 명·청대의 사회 지배층으로 관직에 나갈 자격을 얻은 사람들이었다. 이들은 요역 면제 등의 특권을 받는 한편, 향촌 사회를 이끄는 지도층으로 국가의 통치에 협력하였다.

① 남인 ② 환관 ③ 한인
④ 신사 ⑤ 색목인

08 밑줄 친 '강경책'에 해당하는 것은?

> 소수의 만주족이 세운 청은 강경책과 회유책을 적절히 사용하여 압도적 다수의 한족을 효과적으로 다스렸다.

① 과거제 유지
② 유교 문화 존중
③ 변발과 호복 강요
④ 주요 관직에 만한 병용
⑤ 한족의 전통 문화 존중

단답형

09 (가)에 들어갈 알맞은 말을 쓰시오.

> 청은 18세기 중반 이후 무역항을 광저우 한 곳으로 제한하였고, 서양 상인들이 (가) 의 상인들을 통해서만 교역할 수 있도록 하였다.

( )

10 다음을 일어난 순서대로 바르게 나열한 것은?

> (가) 전국의 다이묘들이 서로 경쟁을 하였다.
> (나) 도쿠가와 이에야스가 에도에 막부를 세웠다.
> (다) 아시카가 다카우지가 무로마치에 막부를 수립하였다.
> (라) 미나모토노 요리토모가 가마쿠라에 막부를 수립하였다.

① (가) – (나) – (다) – (라)
② (나) – (가) – (다) – (라)
③ (나) – (가) – (라) – (다)
④ (라) – (가) – (다) – (나)
⑤ (라) – (다) – (가) – (나)

중요

11 밑줄 친 '막부' 시기에 대한 설명으로 옳은 것만을 〈보기〉에서 고른 것은?

> 도쿠가와 이에야스가 오늘날의 도쿄에 수립한 막부이다. 이 막부는 중앙과 지방의 직할지를 직접 통치하고 각지의 다이묘들을 효과적으로 통제하며 전국에 대한 지배권을 행사하였다.

보기

ㄱ. 조닌 문화가 발전하였다.
ㄴ. 네덜란드 상인을 통해 서양 학문이 들어왔다.
ㄷ. 명과 감합 무역을 하여 대외 무역의 이익을 독점하였다.
ㄹ. 두 차례에 걸친 몽골의 침략을 막아 내는 데 성공하였다.

① ㄱ, ㄴ ② ㄱ, ㄷ ③ ㄴ, ㄷ
④ ㄴ, ㄹ ⑤ ㄷ, ㄹ

실력 쑥쑥 | 실전문제

01 밑줄 친 '이 왕조'에 대한 설명으로 옳은 것만을 〈보기〉에서 고른 것은?

> 이 왕조를 수립한 주원장은 가난한 농민의 아들로 태어났다. 그는 새로운 왕조를 개창한 후, 이전 이민족 왕조의 풍습을 없애 한족의 문화 전통을 회복하려 하였다.

보기

ㄱ. 팔기 조직을 운영하였다.
ㄴ. 북로남왜로 국력이 쇠약해졌다.
ㄷ. 만리장성을 대대적으로 보수하였다.
ㄹ. 최고 정책 결정 기구인 군기처를 설립하였다.

① ㄱ, ㄴ ② ㄱ, ㄷ ③ ㄴ, ㄷ
④ ㄴ, ㄹ ⑤ ㄷ, ㄹ

고난도

02 (가) 시기의 동아시아에 대한 설명으로 옳지 않은 것은?

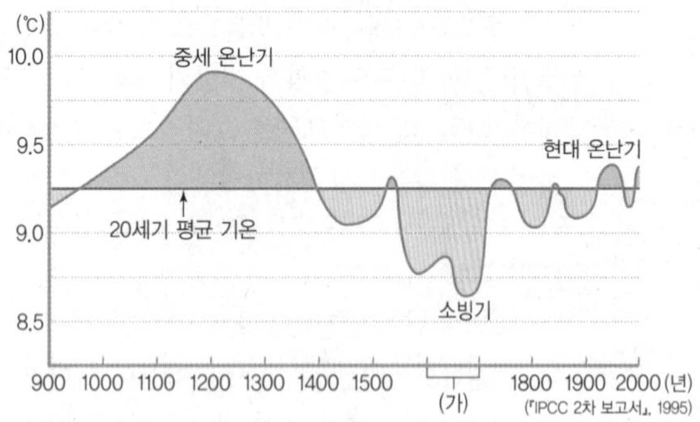

10~20세기 기후 변화

① 일본에서 대기근이 발생하였다.
② 조선에서 대기근이 발생하였다.
③ 중국에서 명·청 교체가 일어났다.
④ 기온 하강으로 농업 생산량이 감소하였다.
⑤ 청은 자연재해를 극복하지 못해 쇠퇴하였다.

중요

03 밑줄 친 '이 왕조'에 대한 설명으로 옳은 것은?

> 선양 고궁은 이 왕조가 베이징으로 천도하기 전까지 사용한 황궁이다. 고궁의 동쪽 구역에는 팔기정이란 이름의 건물 8채가 있는데, 이는 군사 조직인 팔기의 이름을 딴 것이다.

① 군국제를 시행하였다.
② 만한 병용을 실시하였다.
③ 과거제를 처음 실시하였다.
④ 정화의 항해를 추진하였다.
⑤ 몽골의 침입으로 멸망하였다.

04 다음 그림의 대화가 있었던 시기 중국의 상황으로 옳은 것은?

① 교초의 남발로 경제가 혼란해졌다.
② 로마 교황이 카르피니를 파견하였다.
③ 재상을 없애고 황제권을 강화하였다.
④ 육유를 제정하여 백성들을 교화하였다.
⑤ 무역항을 광저우 한 곳으로 제한하였다.

고난도

05 다음 정치 체제에 대한 설명으로 옳은 것만을 〈보기〉에서 고른 것은?

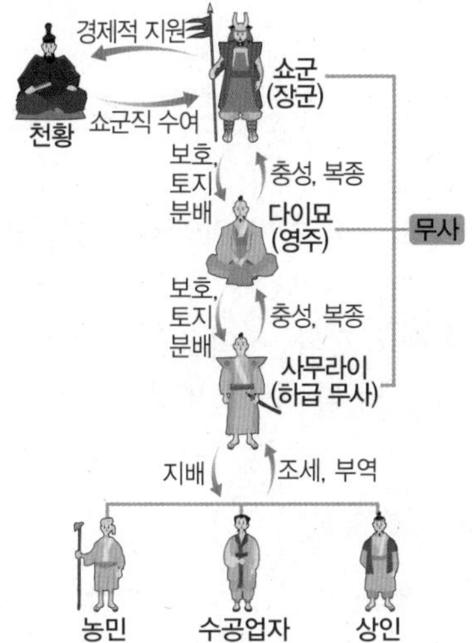

보기

ㄱ. 천황은 상징적인 존재가 되었다.
ㄴ. 막부의 쇼군이 실질적 통치자였다.
ㄷ. 귀족이 무사를 고용하고 지배하였다.
ㄹ. 쇼군은 천황의 친척 중에 임명되었다.

① ㄱ, ㄴ ② ㄱ, ㄷ ③ ㄴ, ㄷ
④ ㄴ, ㄹ ⑤ ㄷ, ㄹ

06 다음 설명에 해당하는 시기 일본에 대한 설명으로 옳은 것은?

명은 왜구를 단속하기 위하여 아시카가 요시미쓰의 외교 관계 수립 요청을 받아들였다. 이로써 약 1,000년 만에 중국과 일본의 책봉·조공 관계가 회복되었다.

① 가나 문자가 만들어졌다.
② 다이카 개신이 일어났다.
③ 몽골의 침략을 막아 냈다.
④ 크리스트교를 금지하였다.
⑤ 지방의 다이묘들이 성장하였다.

서술형

07 다음 지도와 같이 정화가 대규모 항해에 나선 목적을 서술하시오.

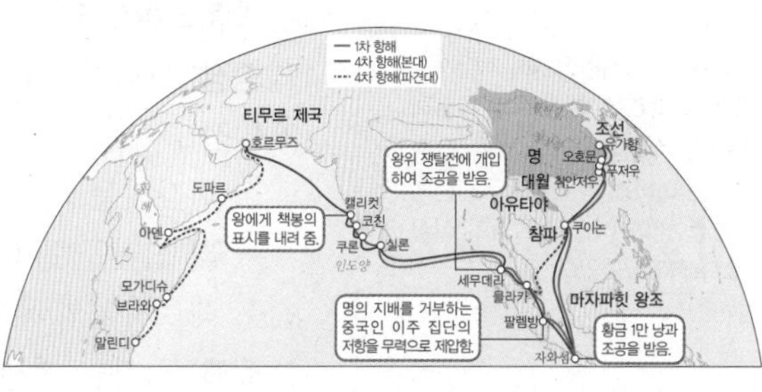

08 밑줄 친 '이 제도'의 명칭을 쓰고, 이를 실시한 목적과 결과를 서술하시오.

<u>이 제도</u>는 에도 막부가 다이묘의 처자들을 에도에 거주하게 하면서, 다이묘들에게는 영지와 에도를 주기적으로 왕복하게 한 제도였다.

3 서아시아·북아프리카 지역 질서의 변화

교과서 110~115쪽

1 이슬람 세계의 변화

1. 셀주크 튀르크

(1) 성장: 11세기 중반 아바스 왕조의 약화 → 바그다드 점령 → '술탄' 칭호 획득
(중앙아시아 일대의 유목민으로 이슬람교로 개종한 뒤 점차 세력을 확대함)

(2) 발전

① 비잔티움 제국을 공격하여 아나톨리아반도 장악, 시리아와 예루살렘 차지 → 유럽의 십자군 원정 단행 계기 (예루살렘: 크리스트교의 성지)

② 페르시아의 문화 수용, 이슬람 율법과 제도 강화 → 이슬람 세계의 황금기

(3) 쇠퇴: 십자군 전쟁의 장기화 및 내분 → 몽골의 침략으로 멸망

술탄
칼리프가 수여한 정치적 지배자였으며 칼리프를 대신하여 세속적 군주의 역할을 하였다. 셀주크 튀르크는 아바스 왕조로부터 술탄의 칭호를 받아 이슬람 세계의 실질적 지배자가 되었다.

2. 티무르 왕조와 사파비 왕조

구분	티무르 왕조	사파비 왕조
성립	티무르가 몽골 제국의 재건을 내세우며 건국(1369) (티무르: 칭기즈 칸의 후예를 자처함)	이스마일 1세가 페르시아 제국의 계승을 내세우며 건국(1501)
번영	활발한 정복 전쟁으로 중앙아시아에서 서아시아에 걸친 대제국 건설 → 수도인 사마르칸트가 동서 교역의 중심지로 성장	• 고대 페르시아 왕의 칭호 '샤' 사용, 시아파 이슬람교를 국교로 지정 → 페르시아 민족의식 강화 • 이스파한 천도, 군대와 무기 체계 강화, 유럽과 교역 확대 → 전성기
쇠퇴	티무르 사후 권력 다툼으로 쇠퇴, 16세기 초 멸망	왕위 계승 문제로 국력 약화, 18세기 중반 멸망

(시아파: 우마이야 왕조 성립 과정에서 무함마드의 혈통만이 칼리프가 될 수 있다고 주장한 소수 세력)

보충 사마르칸트
오늘날 우즈베키스탄에 있는 사마르칸트는 동서 교역의 중심지였다. 몽골 침략기에 큰 피해를 보았으며 티무르 왕조의 수도가 되면서 교역과 문화의 중심지로 성장하였다.

2 오스만 제국의 성립과 발전

1. 오스만 제국의 발전

(1) 성립: 오스만 튀르크족이 아나톨리아반도를 중심으로 건국(1299)

(2) 발전: 개량된 총기와 대포 활용 → 발칸반도 장악 → 광대한 대제국 건설

① 메흐메트 2세: 비잔티움 제국을 멸망시킨 후 콘스탄티노폴리스를 수도로 삼음 (콘스탄티노폴리스: 1453년 오스만 제국에 함락된 후 이스탄불로 이름을 바꿈)

② 셀림 1세: 사파비 왕조 공격, 메카·메디나 장악 → 술탄 칼리프 제도 확립

③ 술레이만 1세: 헝가리 격파, 오스트리아 공격, 지중해 동부 장악, 북아프리카 해안의 주요 도시 점령 (술탄 칼리프 제도: 정치적 실권자인 술탄이 최고 종교 지도자인 칼리프직을 겸임하여 이슬람 세계의 최고 권위자로 군림함)

(3) 경제: 외국 상인들에게 안전 보장, 면세 특권, 치외 법권 부여 → 상업 진흥, 재정 확충 (치외 법권: 다른 나라의 영토 안에 있으면서도 그 나라 국내법의 적용을 받지 않는 권리)

(4) 문화: 비잔티움 문화, 페르시아 문화, 튀르크 문화 등 동서 문화 융합

① 건축: 비잔티움 양식을 적용해 화려하고 웅장한 이슬람 사원 건축

② 미술: 페르시아의 세밀화 유행

③ 실용적 학문: 천문학, 지리학, 수학 등 발달

보충 술레이만 1세
다양한 민족과 종교가 조화를 이룰 수 있는 세속법을 마련하는 등 제국 내 각종 제도를 정비하여 '입법자'라고 불리었다. 여러 차례 대외 원정을 통해 오스만 제국의 전성기를 이룩하였다. 또한 예술을 적극적으로 후원하여 건축과 그림, 서예, 타일과 직물, 금속 공예 등이 발전하였다.

2. 오스만 제국의 통치 정책

(넓은 영토와 다양한 종교를 믿는 사람들을 효율적으로 다스리고자 함)

(1) 관용 정책: 비이슬람교도에게 인두세(지즈야) 부과, 종교에 따른 공동체에 자치권 인정(밀레트 제도) → 고유한 관습과 문화 유지

(2) 능력 위주의 관리 선발

① 종교나 민족에 따른 차별 없이 유능한 인재를 관리로 선발

② 정복지의 크리스트교도 소년 중 인재 선별 → 이슬람교로 개종 후 교육 기회 제공 → 고급 관료나 예니체리로 편성 (예니체리: 술탄의 친위 부대)

밀레트
자치권을 지닌 종교 공동체이다. 밀레트는 자신들의 종교 지도자를 수장으로 삼았으며, 이 지도자는 중앙 정부에 세금 납부, 질서 유지 등을 책임졌다.

교과서 속 자료 & 개념

셀주크 튀르크
교과서 110쪽

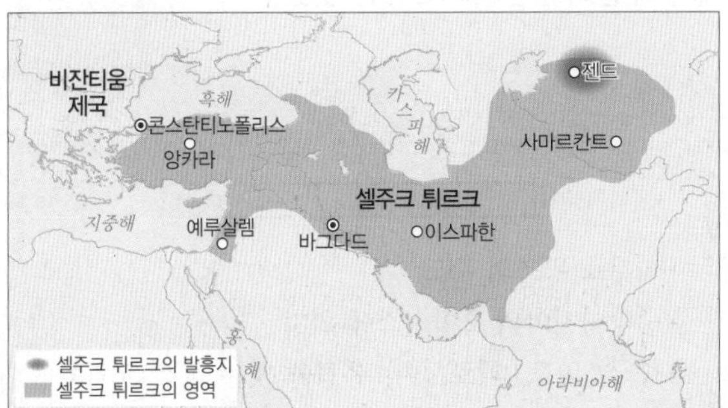

셀주크 튀르크의 영역

자료 해설

10세기 전반 중앙아시아에 튀르크족이 세운 왕조가 이슬람교로 개종하고 세력을 넓히면서 튀르크족은 이슬람 세계의 주요 세력이 되었다. 11세기 전반에 셀주크 튀르크는 아바스 왕조의 칼리프를 보호하여 아바스 왕조로부터 술탄의 칭호와 정치적 실권을 위임받았다.

이후 셀주크 튀르크는 이란 지역을 중심으로 서쪽으로 영토를 확장하여 지중해에서 파미르 고원에 이르는 대제국을 건설하였다. 한편 셀주크 튀르크가 예루살렘을 점령하고 비잔티움 제국을 위협하자 비잔티움 제국의 황제가 도움을 요청하였고, 로마 교황이 이에 응하면서 십자군 전쟁이 일어났다.

예니체리
교과서 114쪽

로도스 공성전에 참전한 예니체리 병사들

자료 해설

예니체리는 술탄의 친위 부대이며 '새로운 군대'라는 뜻이다. 오스만 제국은 정복지의 크리스트교도 청소년 중 인재를 선별하여 이슬람교로 개종시킨 후 수준 높은 교육을 제공하고, 이들을 관료나 군인으로 충당하였다. 이들 중 일부는 궁정에서 고위직에 오를 수 있었으며, 나머지는 예니체리에 편성되었다. 예니체리는 술탄으로부터 봉급을 받았으며, 오스만 제국이 팽창하는 데 크게 이바지하였다.

개념 꿀꺽

1. 빈칸에 알맞은 말을 쓰시오.

(1) 바그다드를 점령한 셀주크 튀르크는 아바스 왕조로부터 (   )(이)라는 칭호를 받았다.

(2) (   ) 왕조의 수도 사마르칸트는 동서 교역의 중심지로 성장하였다.

(3) (   ) 왕조는 고대 페르시아 왕의 칭호인 '샤'를 사용하였다.

(4) 오스만 제국의 메흐메트 2세는 (   )을/를 멸망시키고 콘스탄티노폴리스를 수도로 삼았다.

2. 다음 내용이 옳으면 ○표, 틀리면 ×표 하시오.

(1) 티무르 왕조의 수도 이스탄불은 동서 교역의 중심지로 번영하였다. (   )

(2) 이스마일 1세는 페르시아 제국의 계승을 내세우며 사파비 왕조를 세웠다. (   )

(3) 오스만 제국은 종교 공동체에 자치를 허용하는 밀레트 제도를 운영하였다. (   )

(4) 오스만 제국은 칭기즈 칸의 후예를 자처하고 몽골 제국의 재건을 내세웠다. (   )

정답
1. (1) 술탄 (2) 티무르 (3) 사파비 (4) 비잔티움 제국
2. (1) × (2) ○ (3) ○ (4) ×

기초 튼튼 기본문제

단답형

01 (가)에 들어갈 알맞은 말을 쓰시오.

> 11세기 중반 아바스 왕조의 칼리프는 셀주크 튀르크에 (가) (이)라는 칭호를 수여하였다. 이는 '힘을 가진 자'라는 뜻으로, 칼리프를 대신하여 세속적 군주의 역할을 하였다.

(　　　　　　　)

02 밑줄 친 '이 민족'이 세운 국가로 옳은 것은?

> 비잔티움 제국의 황제는 교황에게 다음과 같은 편지를 썼다. "크리스트교의 성지인 예루살렘을 <u>이 민족</u>의 손에서 빼앗아 와야 합니다."

① 아바스 왕조　② 오스만 제국
③ 사파비 왕조　④ 우마이야 왕조
⑤ 셀주크 튀르크

중요

03 다음 지도의 영토를 차지한 국가에 대한 설명으로 옳은 것은?

① 아랍인 중심 정책을 펼쳤다.
② 몽골의 침략으로 멸망하였다.
③ 탈라스 전투에서 당에 승리하였다.
④ 지배자는 술탄 칼리프로서 권위를 누렸다.
⑤ 고대 페르시아 왕의 칭호인 샤를 사용하였다.

04 (가)에 들어갈 검색어로 옳은 것은?

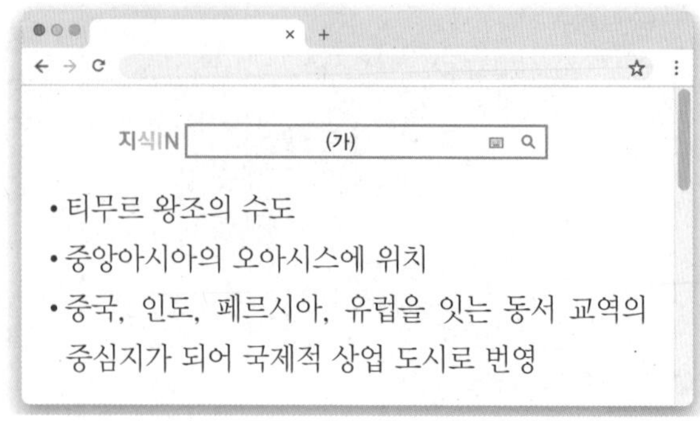

지식IN
(가)
• 티무르 왕조의 수도
• 중앙아시아의 오아시스에 위치
• 중국, 인도, 페르시아, 유럽을 잇는 동서 교역의 중심지가 되어 국제적 상업 도시로 번영

① 대도　② 항저우
③ 바그다드　④ 사마르칸트
⑤ 콘스탄티노폴리스

05 다음 선생님의 질문에 대한 학생의 답변으로 옳은 것만을 〈보기〉에서 고른 것은?

이스마일 1세가 건국한 사파비 왕조에 대해 발표해 볼까요?

보기
ㄱ. 비잔티움 제국을 멸망시켰어요.
ㄴ. 칭기즈 칸의 후예를 자처하였어요.
ㄷ. 페르시아 제국의 계승을 내세웠어요.
ㄹ. 시아파 이슬람교를 국교로 지정하였어요.

① ㄱ, ㄴ　② ㄱ, ㄷ　③ ㄴ, ㄷ
④ ㄴ, ㄹ　⑤ ㄷ, ㄹ

06 다음과 관련된 내용으로 옳은 것만을 〈보기〉에서 고른 것은?

> 오스만 제국은 16세기 초 술레이만 1세 때 전성기를 맞이하였다.

보기

ㄱ. 콘스탄티노폴리스를 공략하였다.
ㄴ. 헝가리와의 전투에서 승리하였다.
ㄷ. 아바스 왕조로부터 술탄 칭호를 획득하였다.
ㄹ. 종교와 조화를 이루는 세속법을 마련하였다.

① ㄱ, ㄴ ② ㄱ, ㄷ ③ ㄴ, ㄷ
④ ㄴ, ㄹ ⑤ ㄷ, ㄹ

07 오스만 제국의 문화에 대한 설명으로 옳지 않은 것은?

① 페르시아의 세밀화가 유행하였다.
② 동서 문화가 융합되어 발달하였다.
③ 이슬람교 이외의 종교는 금지되었다.
④ 지리학, 수학 등 실용적 학문이 발달하였다.
⑤ 비잔티움 양식이 이슬람 사원에 적용되었다.

08 다음에서 설명하는 세금의 명칭으로 옳은 것은?

- 오스만 제국에서 이슬람교도가 아닌 사람에게 부과하였다.
- 세금 납부 시 종교 공동체의 자치권을 인정해 주었다.

① 샤 ② 밀레트
③ 술탄 ④ 칼리프
⑤ 지즈야

단답형

09 (가)에 들어갈 알맞은 말을 쓰시오.

> 오스만 제국 술탄의 친위 부대인 (가) 은/는 '새로운 군대'라는 뜻으로, 오스만 제국의 팽창에 크게 이바지하였다.

( )

중요

10 다음 자료를 활용한 탐구 활동 주제로 적절한 것은?

> 위 그림에서 관리는 선발된 크리스트교도 소년들이 콘스탄티노폴리스까지 여행하는 데 필요한 비용을 계산하고 있다. 오스만 제국은 정복지의 크리스트교도 소년들에게 이슬람교로 개종하고 최고급 교육을 받을 기회를 제공하였다.

① 칼리프와 술탄의 의미
② 오스만 제국의 관용 정책
③ 오스만 제국과 헝가리의 전투
④ 동서 무역의 중심지 이스탄불
⑤ 오스만 제국의 콘스탄티노폴리스

실력 쑥쑥 | 실전문제

고난도

01 밑줄 친 '제국'에 대한 설명으로 옳은 것은?

> 중앙아시아에서 발원한 유목민 일파가 세력을 확장하면서 마침내 바그다드를 점령하였다. 그들은 술탄이라는 칭호를 받아 이슬람 세계의 실질적 지배자가 되었고, 지중해에서 중앙아시아에 이르는 거대한 이슬람 제국을 형성하였다.

① 예루살렘을 차지하였다.
② 몽골 제국의 재건을 내세웠다.
③ 페르시아인의 민족의식을 강조하였다.
④ 이베리아반도까지 영토를 확장하였다.
⑤ 우마이야 가문이 칼리프를 세습하였다.

02 다음 지도의 영토를 차지한 국가에 대한 설명으로 옳은 것은?

① 이스마일 1세가 건국하였다.
② 술탄이 칼리프까지 겸하였다.
③ 콘스탄티노폴리스를 점령하였다.
④ 술레이만 1세 때 전성기를 맞았다.
⑤ 사마르칸트가 상업 도시로 번영하였다.

03 밑줄 친 '이 왕조'와 관련된 내용으로 옳은 것은?

> 이 왕조는 페르시아 제국의 계승을 내세웠다.

① 밀레트 제도 ② 이스파한 천도
③ 예니체리 편성 ④ 술탄 칼리프제 확립
⑤ 비잔티움 제국 멸망

04 오스만 제국의 발전 과정을 일어난 순서대로 바르게 나열한 것은?

> (가) 비잔티움 제국을 정복하고 콘스탄티노폴리스를 수도로 삼았다.
> (나) 헝가리를 정복하고, 오스트리아를 공격하였으며, 지중해 동부를 장악하였다.
> (다) 이집트의 이슬람 왕조를 정복하고 칼리프의 칭호를 물려받아 술탄 칼리프제를 확립하였다.

① (가) – (나) – (다) ② (가) – (다) – (나)
③ (나) – (다) – (가) ④ (다) – (가) – (나)
⑤ (다) – (나) – (가)

중요

05 다음 내용을 바탕으로 밑줄 친 '이 제국'에 대해 추론한 내용으로 가장 적절한 것은?

> 이 제국의 술탄 술레이만 1세의 궁전은 지방 총독과 근위 기병, 예니체리 등 매우 많은 사람으로 넘쳐난다. 그러나 이들 중에 자신의 능력과 용기에 의하지 않고 높은 지위에 오른 자는 없다. 술탄으로부터 최고의 지위를 얻은 사람들 대부분이 양치기나 목동의 자식이다. 그들은 그 사실을 숨기거나 부끄럽게 여기지 않고 오히려 자랑스럽게 여기기까지 한다.

① 오스트리아의 빈을 포위 공격하였다.
② 상업을 진흥하여 재정을 확충하였다.
③ 중앙아시아의 유목민에서 출발하였다.
④ 출신에 관계없이 능력에 따라 관리를 등용하였다.
⑤ 튀르크 전통을 바탕으로 다양한 문화가 융합되었다.

중요

06 다음 지도의 영토를 차지한 국가에 대한 설명으로 옳은 것은?

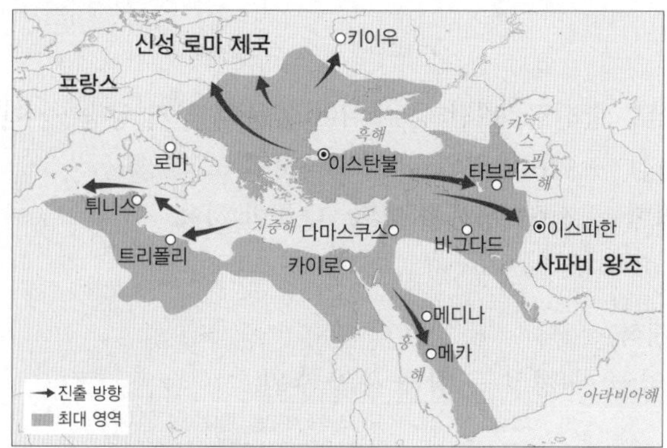

① 티무르가 건국하였다.
② 몽골 제국의 부활을 내걸었다.
③ 술탄의 친위 부대로 예니체리를 두었다.
④ 아바스 왕조로부터 술탄의 칭호를 받았다.
⑤ 예루살렘을 두고 유럽의 십자군과 전쟁을 벌였다.

고난도

07 밑줄 친 '제국'에 대한 설명으로 옳은 것은?

> 나, 메흐메트 2세와 운명을 함께 하는 전우들이여! 그동안 비잔티움인들은 우리 제국에 악행을 일삼았다. 이제 콘스탄티노폴리스를 정복하고 평화와 번영을 누리자. 이 도시는 금은보화로 가득 찬 보물 창고와도 같다. 알라의 보호 아래 용맹한 그대들이 세계의 중심인 이 도시를 차지할 것이다.

① 지즈야를 폐지하였다.
② 밀레트 제도를 운영하였다.
③ 이스파한을 수도로 삼았다.
④ 시아파 이슬람교를 국교로 삼았다.
⑤ 능력보다 신분 위주로 관리를 선발하였다.

서술형

08 밑줄 친 ㉠의 의미를 서술하시오.

> 오스만 제국은 16세기 초 사파비 왕조를 공격하여 메소포타미아와 메카, 메디나를 장악하였고, 이집트의 이슬람 왕조를 정복하여 칼리프의 지위를 넘겨받았다. 이로써 ㉠오스만 제국의 술탄이 칼리프까지 겸하는 술탄 칼리프제가 확립되었다.

09 오스만 제국 문화의 특징을 서술하시오.

10 밑줄 친 '관용 정책'의 예시를 두 가지 서술하시오.

> 오스만 제국의 넓은 영토 안에는 이슬람교도 외에도 정교를 믿는 그리스인과 슬라브인 그리고 유대인이 상당수 존재하였다. 이에 오스만 제국은 다양한 종교를 믿는 사람들을 효율적으로 다스리고자 이슬람 율법에 따른 관용 정책을 폈다.

4 신항로 개척과 유럽 지역 질서의 변화

교과서 116~125쪽

1 신항로의 개척

1. 대항해 시대의 배경

(1) **동방 무역 확대**: 십자군 전쟁 이후 향신료, 비단 등 아시아 물품의 인기 상승 → 이탈리아와 이슬람 상인들의 무역 독점 → 아시아와의 직접 교역로 확보 희망

(2) **과학 기술의 발전**: 천문학·지리학·조선술·항해술 발달, 나침반 사용

(3) **종교적 열정**: 크리스트교 전파

2. 포르투갈과 에스파냐의 신항로 개척

(1) **배경**: 재정복 운동 전개 → 통일 국가 형성 → 항해 사업 후원

└ 크리스트교를 확대하고 경제적 이익을 얻기 위해 후원함

(2) **전개**

국가	인물	활동
포르투갈	바르톨로메우 디아스	아프리카 남쪽 끝 '희망봉' 도착(1488)
	바스쿠 다 가마	아프리카 남단을 돌아 인도의 캘리컷에 도달하는 항로 개척(1498)
에스파냐	콜럼버스	대서양 항로 개척, 아메리카 대륙의 서인도 제도 도착(1492)
	마젤란 함대	대서양과 태평양 횡단, 최초의 세계 일주(1522)

└ 마젤란은 필리핀에서 원주민에게 살해당하고, 그의 일행이 인도양과 희망봉을 거쳐 에스파냐로 돌아옴

3. 라틴 아메리카에 대한 수탈

(1) **중남미 아메리카 문명**

① 아스테카 문명: 멕시코 고원에서 발전, 피라미드식 신전 건축

② 잉카 문명: 안데스 산지에서 발전, 태양신의 신전 건축, 계단식 밭에 관개 수로를 이용한 농업 발달

(2) **문명 파괴**: 코르테스가 아스테카 문명 정복, 피사로가 잉카 문명 정복

(3) **수탈**: 유럽인들이 금·은광, 대농장 경영 → 원주민 강제 동원 → 가혹한 노동, 전염병으로 원주민 인구 급감 → 노동력 부족

└ 천연두와 홍역 등 (전염병)

└ 사탕수수, 담배 등을 대규모로 재배함 (대농장)

4. 교역망의 확장

(1) **대서양 무역**: 무역의 중심지가 지중해에서 대서양으로 이동

① 삼각 무역: 유럽, 아메리카, 아프리카 연결

② 노예 무역 확대: 아프리카에서 노예를 끌고 와 아메리카의 부족한 노동력 보충 → 노예 노동력을 이용하여 생산한 상품을 유럽에 판매

└ 노예 무역으로 아프리카의 인구는 급속히 감소하였으며, 남녀 인구 비율의 불균형도 심화됨

(2) **유럽의 아시아 진출**

① 포르투갈이 말레이시아의 믈라카, 중국의 마카오 등을 장악한 후 향신료 무역 독점

② 에스파냐, 네덜란드, 영국, 프랑스 등도 아시아에 진출

(3) **세계적 교역망의 형성**: 은을 결제 수단으로 유럽, 인도, 중국을 연결하는 교역망 형성

(4) **유럽인의 일상생활 변화**: 아시아(향신료, 비단, 차, 면직물)와 아메리카(감자, 담배, 옥수수)의 물품이 유럽에 유입

(5) **유럽의 경제적 변화**

① 가격 혁명: 아메리카에서 채굴한 대량의 금, 은 등이 유럽에 들어와 물가 폭등 → 도시의 상공업자 성장

② 상업 혁명: 근대적 기업 등장, 금융 제도 마련, 상공업·금융업 발전

재정복 운동

우마이야 왕조 시기 이슬람 세력은 이베리아반도까지 진출하였다. 이에 15세기 후반 크리스트교 세력은 이슬람 세력을 몰아내고 영토를 되찾으려는 재정복 운동을 전개하였다. 그 결과 중앙 집권적 통일 국가인 에스파냐, 포르투갈이 세워졌다.

보충 콜럼버스의 편지

"저는 하사하신 함대로 22일 동안 서인도 제도를 항해한 과정과, 그 과정에서 발견한 수많은 섬에 대하여 각하께 보고하는 바입니다."

크리스토퍼 콜럼버스는 지구가 둥글다는 학설을 믿고 서쪽으로 항해하여 인도로 가려 하였다. 그는 에스파냐의 후원을 받아 항해에 나섰으며 그 결과 서인도 제도, 즉 지금의 아메리카 대륙에 도달하였다. 콜럼버스는 아메리카를 인도라고 생각하였다.

보충 무역의 중심지 이동에 따른 변화

신항로 개척의 결과 무역의 중심지가 대서양으로 변하면서 중간 상인 역할을 하던 지중해 연안의 국가들(이탈리아의 도시 국가, 오스만 제국 등)이 쇠퇴하고, 대서양 연안 국가(에스파냐, 포르투갈 등)들이 발전하였다.

삼각 무역

유럽 상인들은 무기, 면제품 등을 아프리카의 노예와 교환하였고, 노예를 아메리카의 대농장에 팔았다. 그리고 아메리카 농장에서 생산된 설탕 등을 유럽에 가져와 이익을 남겼다.

교과서 속 자료 & 개념

포르투갈의 신항로 개척

교과서 117쪽

발견 기념비(포르투갈 리스본)

(자료 해설)

엔히크 사후 500주년을 맞아 세워진 발견 기념비의 맨 앞에는 엔히크 왕자가 조각되어 있다. 또한, 바르톨로메우 디아스, 바스쿠 다 가마 등 대표적인 포르투갈의 탐험가의 모습도 함께 볼 수 있다.

포르투갈의 엔히크 왕자는 아프리카 연안의 탐사 작업을 주도하였다. 1418년에는 대서양의 여러 섬에 원정대를 파견하였는데, 이는 유럽 국가 최초의 대서양 원정이었다. 이후 엔히크 왕자는 서아프리카 해안까지 진출하는데 주도적인 역할을 하여 포르투갈의 활발한 해외 팽창의 기틀을 닦았다.

코르테스의 아스테카 문명 정복

교과서 118쪽

테노치티틀란을 공격하는 코르테스 군대

(자료 해설)

에스파냐인인 코르테스는 16세기 초 멕시코의 아스테카 문명을 정복하였다. 그는 1521년에 아스테카의 수도 테노치티틀란을 공격하였다. 75일간의 전투 끝에 수도를 점령한 코르테스는 체포한 아스테카의 왕을 잔혹하게 고문한 후 살해하였고, 이후 뉴에스파냐(현재의 멕시코)의 식민지 총독으로 임명되어 원주민을 수탈하였다.

한편 중남미 아메리카의 안데스 산지에서 발전한 잉카 문명은 에스파냐의 피사로에 의해 정복되었다. 마추픽추는 잉카 문명의 발달된 건축 기술을 보여 주는 도시 유적이다.

포토시 은광

교과서 119쪽

포토시 은광에서 강제 노동하는 원주민

(자료 해설)

포토시는 은을 채굴하기 위해 1545년 광산촌을 건설하면서 건설된 도시이다. 원주민들은 은이 잉카 신의 것이라는 신앙심 때문에 대규모로 은을 채굴하지 않았지만, 에스파냐인들은 막대한 은을 채굴하는 데 혈안이 되었다.

이곳에서 발견된 대규모 은광은 세계 최대 규모였으며, 포토시에서 채굴된 은은 에스파냐로 흘러들어가 막대한 부를 창출하면서 유럽의 다른 여러 나라로 널리 퍼졌다. 도시가 건설된 이후 약 200년간 포토시에서 생산된 은은 전 세계 은 생산량의 절반이 넘는 양이었다.

2 유럽의 절대 왕정

1. 절대 왕정의 성립

(1) **절대 왕정의 의미**: 중앙 집권적 통치 강화, 왕이 강력한 권한 행사

(2) **절대 왕정의 특징**

① 왕권신수설을 이용하여 절대 권력 확립

② 관료제 정비, 상비군 육성으로 왕의 권력 기반 강화
(상비군: 전쟁 시뿐만 아니라 평상시에도 유지되며 언제든지 전쟁에 나갈 수 있는 군대를 뜻함)

③ 중상주의 정책 시행

목적	국내 산업의 보호 및 육성 → 절대 왕정의 유지를 위한 비용 마련
방법	• 국가가 경제 활동에 적극 개입 → 수출 장려, 수입 물품에 관세를 부과하여 수입 억제 • 해외에 식민지를 개척하여 상품 시장과 원료 공급지 확보

(3) **시민 계층의 성장**: 절대 군주는 시민 계층을 보호하고 정치적 지지와 재정 지원 획득

2. 유럽 각국의 절대 왕정

(1) **에스파냐**: 가장 먼저 절대 왕정 확립
(신항로 개척에 앞장서 아메리카에서 들어온 금, 은을 토대로 발전함)

① 발전: 펠리페 2세가 무적함대 육성 → 레판토 해전에서 오스만 제국 격파 → 대서양 무역 주도

② 쇠퇴: 무적함대가 영국에 패배, 국내 산업 육성 실패

(2) **프랑스**: 루이 14세가 절대 왕정 확립

① '태양왕' 자처, 베르사유 궁전 건립 → 왕실의 권위 과시

② 콜베르를 등용하여 재정 확충, 상비군 육성

(3) **러시아**: 표트르 대제 → 서유럽 문물 적극 수용, 상트페테르부르크를 수도로 삼고 근대화 노력
(상트페테르부르크: 표트르 대제가 건설한 도시로서 서유럽 문물을 수용하기 쉬운 곳에 있어 '유럽으로 가는 러시아의 창'이라고도 불림)

(4) **프로이센**: 프리드리히 2세 → 오스트리아와의 전쟁 끝에 영토 확장, 국가 제일의 공복(심부름꾼)을 자처하며 사회 개혁 추진, 상수시 궁전 건립

에스파냐	프랑스	러시아	프로이센
펠리페 2세 (재위 1556~1598)	루이 14세 (재위 1643~1715)	표트르 대제 (재위 1682~1725)	프리드리히 2세 (재위 1740~1786)

3. 절대 왕정 시기의 전쟁

(1) **원인**: 영토 확보 경쟁

(2) **군대 전력 증강**: 화약 이용, 상비군 편성, 성벽 건축

(3) **전쟁 비용 마련**: 효율적인 세금 징수를 위해 중앙 집권적 관료제 운영

(4) **주요 전쟁**

① 오스트리아 왕위 계승 전쟁, 7년 전쟁: 오스트리아와 프로이센의 전쟁 → 영국, 프랑스, 러시아도 7년 전쟁 참전 → 프로이센이 슐레지엔 지역 차지, 국력 강화

② 식민지 쟁탈전: 영국과 프랑스가 인도, 북아메리카 등지에서 경쟁

왕권신수설

국왕의 권력은 지상에서 주어진 것이 아니라 신으로부터 받은 것이라고 하여, 국왕 권력의 정당성을 주장하였다.

보충 루이 14세

루이 14세는 즉위 초에 전쟁과 반란으로 고난을 겪었으나, 반란을 진압한 후 전국적인 관료 조직망을 정비하고 사법권을 장악하여 "짐은 곧 국가이다"라고 할 만큼 절대 왕정 시기의 대표적 군주가 되었다. 그러나 재위 후반기 여러 차례에 걸친 전쟁 실패, 화려한 궁정 생활, 종교 박해 등으로 재정 위기를 초래하여 프랑스 혁명의 원인을 제공하였다.

보충 표트르 대제

표트르 대제는 신분을 위장하고 서유럽 문화를 배우기 위해 파견된 사절단에 참여하였다. 그는 귀국하여 반란을 진압한 후 서유럽을 모델로 행정 기구를 비롯하여 정치, 산업, 문화 등 러시아 사회 전반에 걸친 강한 개혁을 추진하였다.

보충 프리드리히 2세

> 국민의 행복은 군주의 어떤 이익보다 중요하다. 생각건대 군주는 결코 자기 백성의 절대적 주인이 아니라 국가 제일의 공복(심부름꾼)에 지나지 않기 때문이다.

프로이센의 프리드리히 2세는 계몽사상의 영향을 받아 스스로 '국가 제일의 공복'을 자처하였다.

보충 영국의 절대 왕정

엘리자베스 1세는 에스파냐의 무적함대를 격파하고 해상 무역을 장악하였다.

교과서 속 자료 & 개념

중상주의 정책

교과서 121쪽

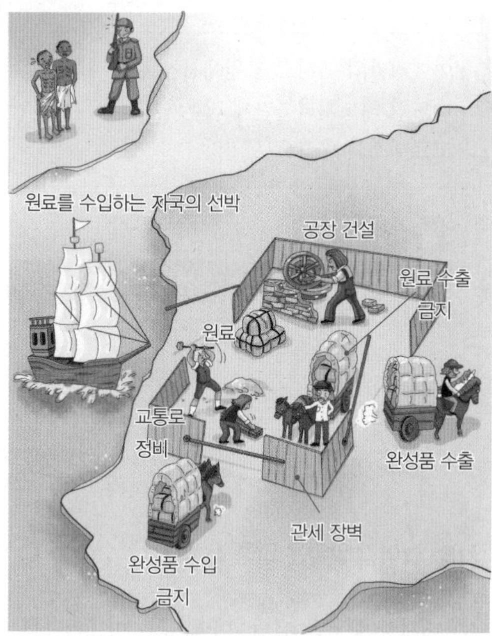

(자료 해설)

절대 왕정은 국가의 부를 증진하고자 중상주의 정책을 전개하였는데, 수입을 줄이고 수출은 늘려 그 차액만큼 금을 남기는 방법을 사용하였다. 이를 위해 수입품에 높은 관세를 부과하였고, 국내 산업의 발달을 위해 국내 공업의 보호와 육성에도 힘을 기울였다. 또한, 원료를 확보하고 해외 시장을 확대하기 위해 식민지 건설에도 적극적으로 나섰다.

베르사유 궁전

교과서 122쪽

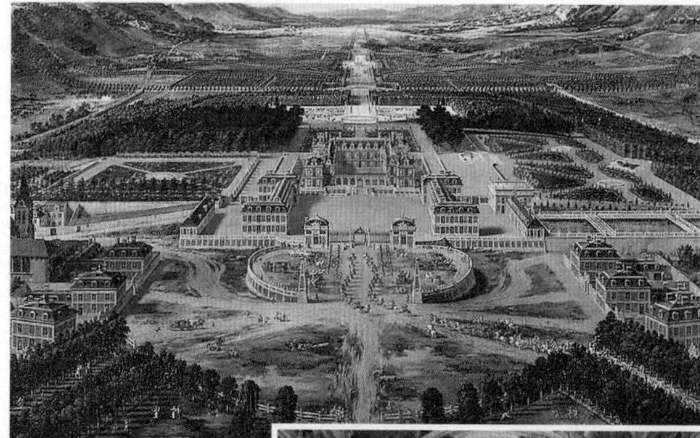
베르사유 궁전의 전경

거울의 방

(자료 해설)

베르사유 궁전은 루이 13세 때 지은 별장을 루이 14세 때 증축한 것으로 약 40여 년에 걸친 공사 끝에 완성되었다. 웅장한 외관, 화려한 내부 장식, 넓은 정원과 연못, 분수대 등은 국왕의 권위를 한껏 높여 주었다. 그러나 이러한 대규모 건축과 반복되는 전쟁은 막대한 재정적 어려움을 불러일으켰다.

개념 꿀꺽

1. 빈칸에 알맞은 말을 쓰시오.

(1) (   )은/는 에스파냐의 후원을 받아 대서양을 횡단하여 서인도 제도에 도착하였다.

(2) 신항로가 개척되면서 무역의 중심지가 지중해에서 (   )(으)로 변하였다.

(3) 절대 왕정은 (   ) 경제 정책을 시행하여 국내 산업을 육성하고 수출을 장려하였다.

(4) 프랑스의 루이 14세는 웅장하고 화려한 (   ) 궁전을 건축하였다.

2. 다음 내용이 옳으면 ○표, 틀리면 ×표 하시오.

(1) 바스쿠 다 가마와 그 일행은 최초로 세계 일주에 성공하였다. (   )

(2) 에스파냐의 코르테스는 잉카 문명을 정복하였다. (   )

(3) 프로이센의 프리드리히 2세는 레판토 해전에서 오스만 제국을 격파하였다. (   )

(4) 러시아의 표트르 대제는 상트페테르부르크를 수도로 삼았다. (   )

정답
1. (1) 콜럼버스 (2) 대서양 (3) 중상주의 (4) 베르사유
2. (1) × (2) × (3) × (4) ○

기초 튼튼 | 기본문제

01 다음 중 신항로 개척의 배경으로 옳지 않은 것은?

① 천문학, 지리학, 조선술의 발달
② 아시아에 대한 유럽인의 관심 증가
③ 크리스트교 전파에 대한 종교적 열정
④ 이탈리아, 이슬람 상인들의 동방 무역 독점
⑤ 무역 중심지가 지중해에서 대서양으로 이동

단답형
02 밑줄 친 '그'에 해당하는 인물을 쓰시오.

> 그의 함대는 대서양과 태평양을 횡단하여 필리핀에 도착하였다. 그는 원주민에 살해되었으나, 그의 일행이 인도양과 희망봉을 거쳐 에스파냐로 돌아왔다.

( )

03 밑줄 친 ㉠에 해당하는 내용으로 옳은 것만을 〈보기〉에서 고른 것은?

> 16세기에 에스파냐의 침략으로 아스테카 문명과 잉카 문명은 철저히 파괴되었다. 이는 ㉠이후 아메리카에 큰 변화를 가져왔다.

보기
ㄱ. 주식회사 등의 근대적 기업이 등장하였다.
ㄴ. 감자, 담배, 옥수수 등이 들어오게 되었다.
ㄷ. 전염병이 들어와 원주민 인구가 감소하였다.
ㄹ. 광산, 농장에서 원주민들이 가혹한 노동에 시달렸다.

① ㄱ, ㄴ ② ㄱ, ㄷ ③ ㄴ, ㄷ
④ ㄴ, ㄹ ⑤ ㄷ, ㄹ

04 다음 설명에 해당하는 국가로 옳은 것은?

> • 아메리카의 멕시코 고원에서 발전
> • 수도인 테노치티틀란에 많은 인구 거주
> • 코르테스의 공격으로 멸망

① 에스파냐 ② 포르투갈
③ 잉카 문명 ④ 오스만 제국
⑤ 아스테카 문명

단답형
05 (가)에 들어갈 알맞은 말을 쓰시오.

> 대서양 무역은 유럽, 아메리카, 아프리카를 연결하는 형태였다. 유럽인들은 무기와 면제품을 아프리카 (가) 와/과 교환하고, 이들을 노동력이 부족해진 아메리카의 농장에 팔았다. 그리고 (가) 의 노동력을 이용하여 생산한 설탕·담배 등을 유럽에 팔아 이익을 남겼다.

( )

중요
06 다음 지도에 나타난 개척 이후 유럽에 나타난 변화로 옳지 않은 것은?

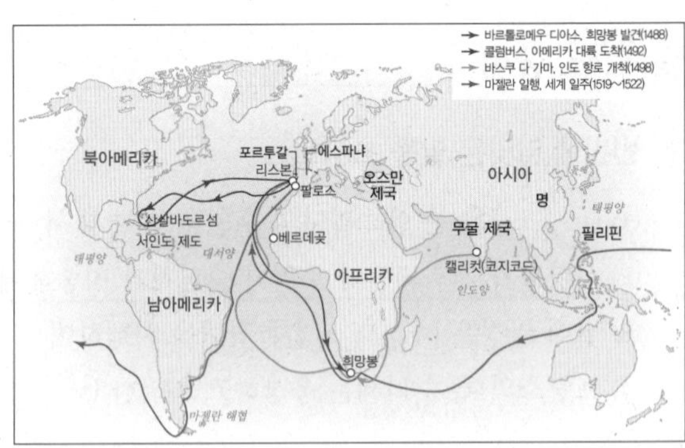

① 대서양 연안의 국가들이 번성하였다.
② 흑사병의 유입으로 인구가 감소하였다.
③ 금과 은의 유입으로 물가가 폭등하였다.
④ 감자, 옥수수 등의 농작물이 유입되었다.
⑤ 유럽, 아프리카, 아메리카 간 삼각 무역이 이루어졌다.

07 (가)에 들어갈 단어로 적절하지 않은 것은?

수업 주제: 절대 왕정의 성립

- 절대 왕정의 의미
  - ▶ 16~18세기 유럽에서 등장
  - ▶ 국왕 중심의 중앙 집권적 통치 강화
- 절대 왕정의 특징
  - ▶ (가)

① 관료제　　② 상비군
③ 중상주의　　④ 민주주의
⑤ 왕권신수설

중요

08 다음 경제 정책에 대한 설명으로 옳지 않은 것은?

절대 왕정 시기의 경제 정책으로, 국내 산업을 육성하고자 수출을 장려하였으며, 상공업에 종사하는 시민 계층을 보호하여 상공업 발전을 추진하였다.

① 보호 무역을 추구하였다.
② 정부의 경제 개입을 최소화하였다.
③ 해외 식민지 개척에 적극적으로 나섰다.
④ 시민 계층이 성장하는 데 영향을 끼쳤다.
⑤ 높은 관세를 부과하여 수입을 억제하였다.

09 (가) 인물이 재위한 국가로 옳은 것은?

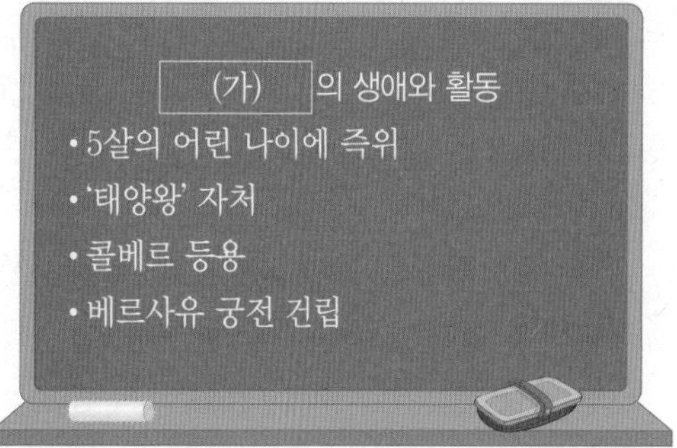

(가) 의 생애와 활동
• 5살의 어린 나이에 즉위
• '태양왕' 자처
• 콜베르 등용
• 베르사유 궁전 건립

① 영국　　② 프랑스
③ 러시아　　④ 프로이센
⑤ 에스파냐

10 프로이센의 프리드리히 2세와 관련된 설명만을 <보기>에서 고른 것은?

보기

ㄱ. 상수시 궁전을 건립하였다.
ㄴ. 국가 제일의 공복을 자처하였다.
ㄷ. 에스파냐의 무적함대를 물리쳤다.
ㄹ. 레판토 해전에서 오스만 제국에 승리하였다.

① ㄱ, ㄴ　　② ㄱ, ㄷ　　③ ㄴ, ㄷ
④ ㄴ, ㄹ　　⑤ ㄷ, ㄹ

11 다음과 같은 업적을 남긴 인물로 옳은 것은?

- 서유럽의 문물과 기술을 적극적으로 수용
- 상트페테르부르크를 수도로 삼고 근대화 추진

① 루이 14세　　② 펠리페 2세
③ 표트르 대제　　④ 엘리자베스 1세
⑤ 프리드리히 2세

실력 쑥쑥 | 실전문제

01 다음 인물들이 속한 나라로 옳은 것은?

- 항해 왕자 엔히크: 아프리카 서해안 탐험
- 바르톨로메우 디아스: 희망봉 도달
- 바스쿠 다 가마: 인도 항로 개척

① 네덜란드 ② 에스파냐 ③ 포르투갈
④ 이탈리아 ⑤ 오스만 제국

고난도

02 다음 그래프에 나타난 현상을 탐구하기 위해 적절한 자료만을 〈보기〉에서 고른 것은?

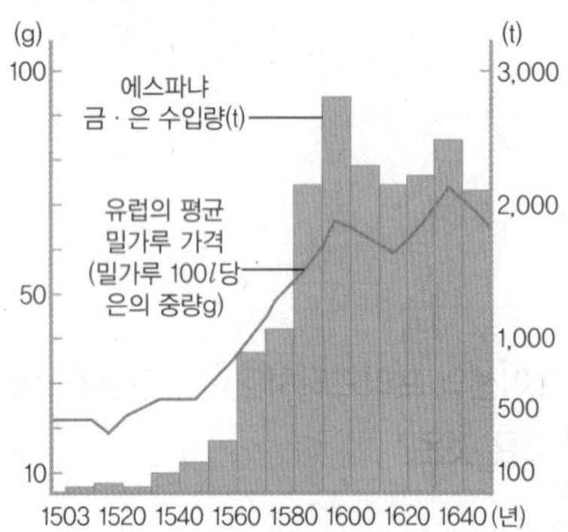

보기

ㄱ. 7년 전쟁　ㄴ. 베스트팔렌 조약
ㄷ. 포토시 광산 채굴　ㄹ. 피사로의 잉카 정복

① ㄱ, ㄴ ② ㄱ, ㄷ ③ ㄴ, ㄷ
④ ㄴ, ㄹ ⑤ ㄷ, ㄹ

03 밑줄 친 '이 나라'에 관한 설명만을 〈보기〉에서 고른 것은?

콜럼버스는 이 나라 왕의 지원을 받아 1492년 아메리카 대륙의 서인도 제도에 도착하였다.

보기

ㄱ. 아스테카 문명과 잉카 문명을 파괴하였다.
ㄴ. 7년 전쟁으로 슐레지엔 지역을 차지하였다.
ㄷ. 레판토 해전에서 오스만 제국을 격파하였다.
ㄹ. 무적함대를 격파하고 해상 무역을 장악하였다.

① ㄱ, ㄴ ② ㄱ, ㄷ ③ ㄴ, ㄷ
④ ㄴ, ㄹ ⑤ ㄷ, ㄹ

중요

04 다음과 같은 무역 변화의 결과로 옳지 않은 것은?

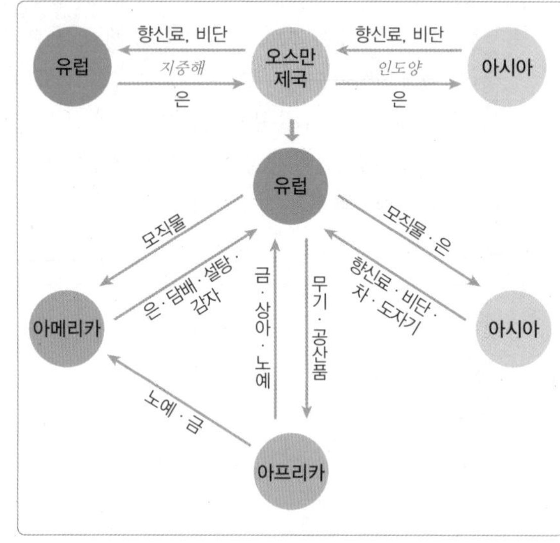

① 유럽에서 가격 혁명이 일어났다.
② 대서양 연안 국가들이 번영을 누렸다.
③ 노예 무역으로 아프리카 인구가 증가하였다.
④ 지중해의 이탈리아 도시 국가들과 오스만 제국이 경제적 타격을 입었다.
⑤ 대서양을 중심으로 유럽, 아프리카, 아메리카 간 삼각 무역이 이루어졌다.

05 다음 사상이 유행할 당시 유럽의 상황으로 옳은 것은?

- 신은 왕을 자신의 심부름꾼으로 삼아 왕을 통해 사람을 지배한다.
- 국가는 그 자체가 하나의 공동체를 이루는 것이 아니라, 오직 왕의 존재를 통해서만 결속할 수 있다.

① 르네상스가 시작되었다.
② 한자 동맹이 결성되었다.
③ 절대 왕정이 성립되었다.
④ 십자군 전쟁이 시작되었다.
⑤ 지방 분권적 봉건제가 형성되었다.

고난도+

06 **다음 검색창에 들어갈 단어로 가장 적절한 것은?**

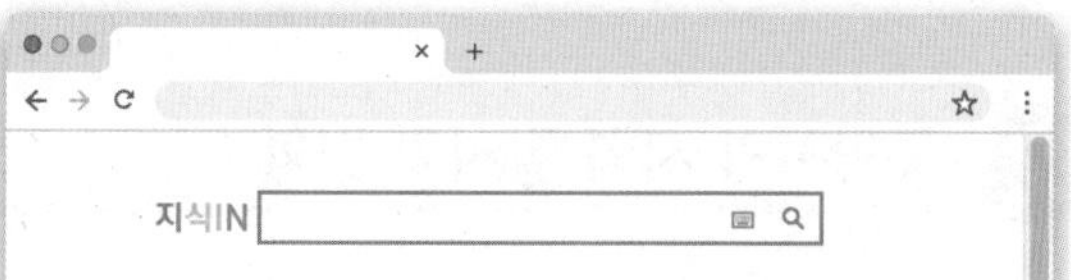

근대 초기 유럽에서 중앙 집권적인 절대 왕정이 출현하였다. 절대 군주는 국가의 부를 증대시키기 위한 정책을 실시하였다. 구체적으로는 수입을 억제하고 수출을 장려하여 국내 산업을 보호하고, 해외 식민지를 적극적으로 개척하여 시장과 원료 공급지를 확보하였다.

① 관료제
② 상비군
③ 중상주의
④ 노예 무역
⑤ 왕권신수설

중요

07 **밑줄 친 '국왕'에 대한 설명으로 옳은 것은?**

<u>국왕</u>은 콜베르의 건의를 받아들여 왕립 과학원을 설립하고 자신의 위대한 세기가 시작되었음을 알렸다. '짐은 곧 국가'이며 '태양왕'을 자처한 그는 영국과의 경쟁에서 앞서기 위해 과학 발전에 주목하였다.

① 레판토 해전에서 승리하였다.
② 베르사유 궁전을 건립하였다.
③ 에스파냐의 무적함대를 격파하였다.
④ 상트페테르부르크를 수도로 삼았다.
⑤ 서유럽의 선진 문물을 적극 수용하였다.

08 **밑줄 친 '이 국왕'에 대한 설명으로 옳은 것은?**

계몽사상의 영향을 받아 '국가 제일의 공복'을 자처한 <u>이 국왕</u>은 학문과 예술의 후원자이기도 하였다. 그는 상수시 궁전을 지어 볼테르, 바흐 등 여러 학자와 예술가들을 초청하였다.

① 성지 탈환을 위해 십자군을 조직하였다.
② 레판토 해전에서 오스만 제국을 격파하였다.
③ 콜베르를 등용하여 중상주의 정책을 추진하였다.
④ 콜럼버스를 후원하여 신항로 개척에 이바지하였다.
⑤ 오스트리아와 전쟁을 벌여 슐레지엔을 차지하였다.

서술형

09 **신항로 개척 이후 지도와 같은 형태의 무역이 전개되었다. 지도에 나타난 무역 형태가 끼친 영향을 서술하시오.**

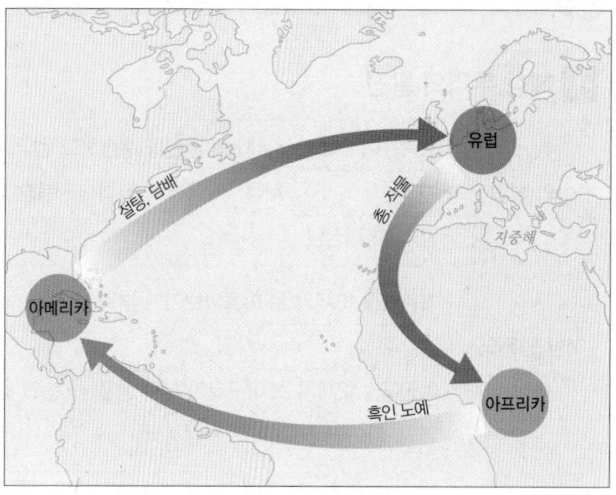

(1) 아프리카에 끼친 영향

(2) 아메리카에 끼친 영향

(3) 유럽에 끼친 영향

10 **밑줄 친 '국왕'이 펼친 정책을 서술하시오.**

러시아의 <u>국왕</u>은 1697년 서유럽에 사절단을 파견하였다. 당시 25세였던 <u>국왕</u>도 신분을 위장하고 여기에 참여하였으며, 네덜란드에서 조선술을 직접 배우기도 하였다.

| 대단원 | 정리하기

1 몽골 제국과 문화 교류

1 해상 무역의 발전

송의 성립	• 조광윤이 5대 10국 시대의 혼란을 수습하고 건국 • ① ______ 채택 → 국방력 약화 → 북방 민족의 압박 → 재정난
북방 민족의 성장	• 거란(요): 10세기 초 야율아보기가 부족 통일 → 발해 멸망, ② ______ 차지 • 여진(금): 12세기 초 아구타가 부족 통일 → 송과 함께 요 멸망, 카이펑 함락, 화북 지방 지배
활발한 해상 무역	• 북방 민족의 육로 장악, 조선술·항해술·지도 제작 기술 발전, 나침반 발명 • 취안저우 등에 ③ ______ 증설, 국제 무역 항구 발전

2 몽골 제국의 성립과 발전

성립	테무친이 몽골 부족 통합, ④ ______ 에 추대 → 정복 활동 추진 → 대제국 건설
발전	• ⑤ ______ : 남송을 정복하여 유목 민족 최초로 중국 전역 지배, 중국식 통치 제도 수용, 대운하 정비 • 원의 통치 정책: ⑥ ______ (민족 차별 정책) 시행
쇠퇴	황위 계승 분쟁, 교초 남발, 홍건적의 난 발생

3 동서 교류의 확대

교역망 형성	• 전국에 ⑦ ______ 설치, 교초 발행 → 여행과 물자 운송 활발, 지배력 강화, 거대한 경제권 형성 • 동서 연결 교역망 크게 확장
동서 교류 확대	• 다양한 문화와 종교 번성 • 곽수경이 이슬람 역법의 영향을 받아 ⑧ ______ 제작 • 라시드웃딘이 『집사』 편찬(최초의 세계사)
여행자들의 시대	• 카르피니와 뤼브룩 방문 • 이븐 바투타의 『여행기』 • ⑨ ______ 의 『동방견문록』

2 동아시아 지역 질서의 변화

1 명, 한족 왕조의 부활

성립	주원장(홍무제)이 건국 → 황제권 강화, ⑩ ______ 시행, 육유 반포
발전	• 해금 정책 → 책봉·조공 관계만 허용 • 영락제 때 ⑪ ______ 의 항해 추진
쇠퇴	• 몽골과 왜구의 침입(북로남왜) • ⑫ ______ 의 개혁 실패, 임진왜란으로 국력 약화
동아시아 질서 변화	• 명의 세력 약화, 후금의 성장 → 명·청 교체 • 조선과 일본에서 자국 중심의 화이관 발달

2 만주족의 통일 제국, 청

성립과 발전	• 후금이 국호를 청으로 변경(후금 → 청) • 명이 멸망하자 베이징 점령 • 외몽골, 티베트, 신장까지 영토 확대
정책	• 유화책: 신사 계층 우대, 과거제 유지 • 강경책: ⑬ ______ 및 호복 강요, 청에 대한 비판 억압 • 만주족 고유 정책: 팔기제, 만한 병용
대외 관계	• 책봉·조공 관계 유지, 해금 정책 완화 • ⑭ ______ 설치 → 광둥 무역 체제 형성

3 일본의 무사 정권 시대

가마쿠라 막부	• 무사 정권인 ⑮ ______ 수립 • 몽골의 침입을 막아 내는 과정에서 쇠퇴
무로마치 막부	명과 외교 관계 회복 → ⑯ ______ (감합 무역) 시행
센고쿠 시대	15세기 중엽 지방 다이묘들의 성장 → 다이묘들의 세력 다툼 → 도요토미 히데요시의 통일
에도 막부	• 도쿠가와 이에야스가 수립 • 산킨코타이 제도 실시 • 가부키, 우키요에 등 ⑰ ______ 문화 발달 • 네덜란드에만 무역 허용 → 난학 발달

3 서아시아·북아프리카 지역 질서의 변화

1 이슬람 세계의 변화

구분	내용
셀주크 튀르크	• 11세기에 바그다드 점령 후 ⑱ ______ 칭호 획득 • 비잔티움 제국 공격 → 아나톨리아반도 차지 • 시리아와 예루살렘 차지 → ⑲ ______ 의 원인 제공 • 십자군 전쟁과 왕위 계승을 둘러싼 내분으로 약화 • 몽골군의 침공으로 멸망
티무르 왕조	• 티무르가 건국, 몽골 제국 재건 표방 • 중앙아시아~서아시아에 걸친 대제국 건설 • 수도인 ⑳ ______ 번영
㉑ ______ 왕조	• 이스마일 1세 건국, 페르시아 제국 계승 표방 • 고대 페르시아 왕의 칭호인 '샤'를 왕호로 사용, 시아파 이슬람교를 국교로 지정 → 페르시아인의 민족의식 강조

2 오스만 제국의 성립과 발전

구분	내용
이슬람 세계 통합	• 오스만 튀르크가 건국 → 발칸제도 장악 • 메흐메트 2세: 비잔티움 제국의 ㉒ ______ 함락 • 술탄 칼리프제 확립 • 아시아, 아프리카, 유럽에 걸친 제국 지배
발전	• ㉓ ______: 헝가리 정복, 오스트리아 공격, 지중해 동부 장악 → 전성기 • 외국 상인에게 안전 보장, 면세 특권, 치외 법권 부여 → 상업 진흥 • 동서 문화가 융합되어 발달, 실용적 학문 발달
관용 정책	• 비이슬람교도에게 인두세(지즈야) 부과 → 자치권을 가진 종교 공동체 ㉔ ______ 허용 • 능력 위주의 관리 선발 • 정복지의 크리스트교도 소년들 중 인재 선발 → 이슬람교로 개종시킨 후 교육 기회 제공 → 고급 관료, ㉕ ______ 로 편성

4 신항로 개척과 유럽 지역 질서의 변화

1 신항로의 개척

구분	내용
배경	• 십자군 전쟁 후 아시아에 대한 관심 고조 • 아시아와의 직접 교역로 개척 필요 • 천문학, 지리학, 조선술 발달
전개	• 포르투갈: 바르톨로메우 디아스(희망봉 도달), 바스쿠 다 가마(인도 항로 개척) • 에스파냐: ㉖ ______ (대서양 횡단, 서인도 제도 도착), 마젤란 함대(최초의 세계 일주 성공)
라틴 아메리카 수탈	• 아스테카 문명, 잉카 문명 파괴 • 광산, 농장에 원주민 동원 → 가혹한 노동과 전염병으로 원주민 인구 급감
결과	• 무역의 중심지가 지중해에서 ㉗ ______ 으로 이동 • 삼각 무역: 유럽, 아메리카, 아프리카 연결 • 노예 무역 확대 → 아프리카 인구 급속히 감소 • ㉘ ______ 을 매개로 세계적 교역망 형성 • 아시아와 아메리카의 물품 전래 → 유럽인의 일상생활 변화 • 유럽에서 가격 혁명, 상업 혁명 발생

2 유럽의 절대 왕정

기반
- 사상: 왕권신수설
- 통치 체제: 관료제, 상비군
- 경제 정책: ㉙ ______ 정책 → 국내 산업 육성·보호, 수출 억제, 해외 식민지 개척

발전

국가	군주	내용
에스파냐	펠리페 2세	무적함대 육성, 레판토 해전에서 오스만 제국 격파
프랑스	㉚ ______	'태양왕' 자처, 베르사유 궁전 건립, 콜베르 등용
러시아	표트르 대제	서유럽 문물 적극 수용, ㉛ ______ 수도로 삼음
프로이센	프리드리히 2세	'국가 제일의 공복' 자처, 상수시 궁전 건립, 슐레지엔 지방 차지

자신만만 | 적중문제

01 몽골 제국과 문화 교류

01 (가) 왕조에 대한 설명으로 옳은 것만을 〈보기〉에서 고른 것은?

> 중국 (가) 에서는 과학 기술이 크게 발전하였다. 활판 인쇄술의 발명으로 지식이 보급되고, 화약·나침반이 발명되어 무기와 항해술이 발전하였다. 이 발명품들은 이후 이슬람 세계를 거쳐 유럽에 전해졌다.

보기
ㄱ. 발해를 멸망시켰다.
ㄴ. 홍건적의 난이 발생하였다.
ㄷ. 문치주의 정책을 실시하였다.
ㄹ. 취안저우에 시박사를 설치하였다.

① ㄱ, ㄴ ② ㄱ, ㄷ ③ ㄴ, ㄷ
④ ㄴ, ㄹ ⑤ ㄷ, ㄹ

02 밑줄 친 '그'에 대한 설명으로 옳은 것은?

> 그는 13세기 초 부족장 회의에서 칭기즈 칸에 추대되었다. 칭기즈 칸은 호라즘 왕국을 정복하였으며, 인더스강 유역과 페르시아까지 진출하였다.

① 남송을 정복하였다.
② 서하를 건국하였다.
③ 베이징으로 천도하였다.
④ 송과 연합하여 요를 멸망시켰다.
⑤ 유목 생활을 하던 몽골족을 통합하였다.

03 다음 설명에 해당하는 인물로 옳은 것은?

> 베네치아 출신의 상인으로, 17년간 쿠빌라이 칸의 궁정에서 관리로 일한 후 귀국하여 원과 주변 나라에 대해 구술하였다. 이것이 『동방견문록』으로 출판되었다.

① 곽수경 ② 뤼브룩 ③ 카르피니
④ 마르코 폴로 ⑤ 이븐 바투타

02 동아시아 지역 질서의 변화

04 다음과 같은 형태의 무역이 실시되던 시기 중국에 대한 설명으로 옳은 것만을 〈보기〉에서 고른 것은?

> 감합은 중국에서 일본에 발급한 입항 허가서이다. 일본의 조공선이 가진 '본자감합'과 맞춰 본 뒤에 입항이 허가되었다.

보기
ㄱ. 만한 병용이 실시되었다.
ㄴ. 북로남왜로 위기를 겪었다.
ㄷ. 정화가 이끄는 함대가 대항해에 나섰다.
ㄹ. 외몽골, 티베트, 신장까지 영토를 확보하였다.

① ㄱ, ㄴ ② ㄱ, ㄷ ③ ㄴ, ㄷ
④ ㄴ, ㄹ ⑤ ㄷ, ㄹ

05 다음 중 발표 내용이 적절하지 않은 모둠은?

> 〈주제: 만주족의 제국, 청〉
> 1모둠: 울루스의 연합
> 2모둠: 광둥 무역 체제
> 3모둠: 강경책과 회유책
> 4모둠: 홍타이지의 조선 침략
> 5모둠: 팔기 조직과 만한 병용

① 1모둠 ② 2모둠 ③ 3모둠
④ 4모둠 ⑤ 5모둠

06 다음과 같은 문화가 발달했던 시기 일본의 사회 모습으로 옳지 않은 것은?

① 난학이 발달하였다.
② 산킨코타이 제도가 시행되었다.
③ 상공업과 대도시가 발달하였다.
④ 조닌이 경제와 문화를 주도하였다.
⑤ 몽골의 침입을 막아 내는 과정에서 혼란을 겪었다.

03 서아시아·북아프리카 지역 질서의 변화

07 다음 국가에 대한 설명으로 옳은 것은?

티무르 왕조가 약해지자, 16세기 초 이스마일 1세가 세운 나라이다.

보기
ㄱ. 탈라스 전투에서 승리하였다.
ㄴ. 콘스탄티노폴리스를 함락하였다.
ㄷ. 페르시아 제국의 계승을 내세웠다.
ㄹ. 시아파 이슬람교를 국교로 삼았다.

① ㄱ, ㄴ ② ㄱ, ㄷ ③ ㄴ, ㄷ
④ ㄴ, ㄹ ⑤ ㄷ, ㄹ

08 다음과 같은 정복 활동을 전개한 국가에 대한 설명으로 옳은 것은?

술레이만 1세는 헝가리 왕국의 수도를 점령하고 속국으로 삼았다. 이에 유럽이 받은 충격은 대단하였다. 어느 누구도 그의 군대가 유럽에 깊숙이 침투하리라고는 생각하지 못했기 때문이다.

① 수도인 바그다드를 세웠다.
② 아라비아반도를 통일하였다.
③ 사산 왕조 페르시아를 정복하였다.
④ 이베리아반도까지 영토를 확장하였다.
⑤ 술탄이 칼리프의 지위를 겸하는 술탄 칼리프제를 확립하였다.

09 (가)에 들어갈 내용으로 옳은 것은?

이 제국은 다양한 종교와 문화를 인정했어. 예를 들어, 비이슬람교도들에게 종교적 자치 공동체인 밀레트를 허용했지. 혹시 이 제국에 대해 더 아는 내용 없니?
(가)

① 예니체리를 창설하였어.
② 해금 정책을 시행하였어.
③ 티무르에 의해 건국되었어.
④ 사마르칸트를 수도로 삼았어.
⑤ 조로아스터교가 핵심 종교로 발전하였어.

04 신항로 개척과 유럽 지역 질서의 변화

10 밑줄 친 '이 문명'을 지도에서 옳게 고른 것은?

세계의 불가사의 중 하나로 알려진 마추픽추를 세운 이들은 수도인 쿠스코에 태양신을 섬기는 거대한 신전을 세웠다. 그러나 <u>이 문명</u>은 16세기에 피사로에게 정복되어 멸망하였다.

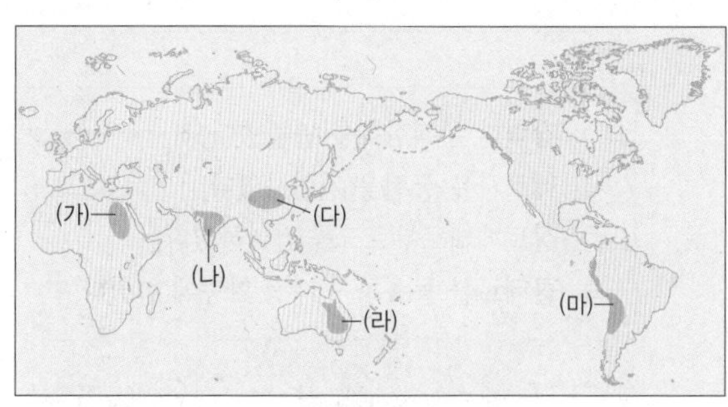

① (가) ② (나) ③ (다) ④ (라) ⑤ (마)

11 다음 지도는 신항로 개척 당시의 항로이다. (가), (나) 인물에 대한 설명으로 옳은 것은?

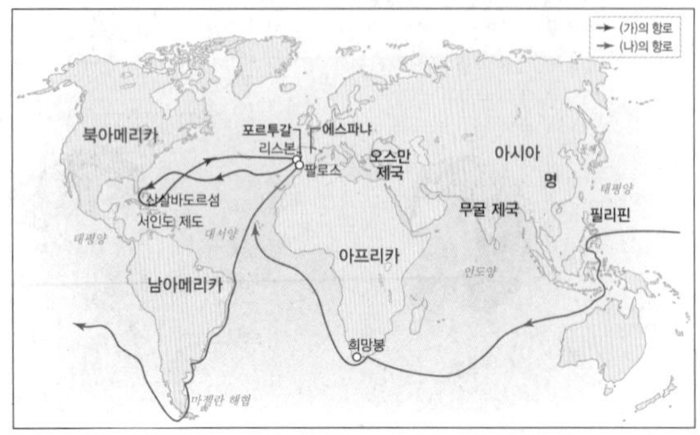

① (가) – 아스테카 문명을 정복하였다.
② (가) – 최초로 세계 일주 항해에 성공하였다.
③ (나) – 인도 항로를 개척하였다.
④ (나) – 최초로 대서양을 횡단하여 서인도 제도에 도착하였다.
⑤ (가), (나) – 에스파냐의 후원으로 항해에 나섰다.

12 밑줄 친 '그'에 대한 설명으로 옳은 것만을 〈보기〉에서 고른 것은?

> <u>그</u>는 여러 무도극에서 태양신 아폴론으로 분장하고 춤을 추었다. '짐은 곧 국가'임을 자처하기도 하였던 <u>그</u>는 이를 통해 사람들의 마음속에 태양왕의 이미지를 각인시켰다.

보기

ㄱ. 강력한 무적함대를 만들었다.
ㄴ. 베르사유 궁전을 건립하였다.
ㄷ. 상트페테르부르크를 건설하였다.
ㄹ. 콜베르를 등용하여 재정 확충에 힘썼다.

① ㄱ, ㄴ　② ㄱ, ㄷ　③ ㄴ, ㄷ
④ ㄴ, ㄹ　⑤ ㄷ, ㄹ

서술형

13 다음 글을 읽고 물음에 답하시오.

> 몽골 제국은 원활한 통치를 위해 제국 전체에 도로를 건설하였다. 주요 도로에는 약 40 km마다 (가) 을/를 설치하여 패자를 지닌 사람은 이곳에서 말을 갈아탈 수 있게 하였다.

(1) (가)에 들어갈 알맞은 말을 쓰시오.

(2) (가)의 설치로 인한 효과를 서술하시오.

14 (가)에 들어갈 내용을 서술하시오.

> 소수의 만주족이 다수의 한족을 안정적으로 통치하기 위해 지역 사회에서 신사 계층의 협력이 필요하였다. 이에 청은 신사들의 지위와 특권을 그대로 인정하고, 과거제를 유지하는 등 회유책을 펼쳐 그들의 협력을 끌어냈다. 하지만 (가) 등의 강경책도 함께 시행하였다.

15 밑줄 친 것과 같은 현상이 나타난 원인을 서술하시오.

> <u>신항로 개척 이후 유럽에서 물가가 크게 치솟는 현상</u>이 발생하였다. 이로 인해 도시의 상공업자들이 크게 성장하였다.

최고난도 문제

01 밑줄 친 '그'에 대한 설명으로 옳은 것은?

> 그는 자신의 처남이자 여허의 수장인 나림불루가 이끄는 해서(海西) 여진과 몽골의 연합군을 격파하였다. 그리고 같은 해에 도요토미 히데요시의 침략을 받고 있던 조선에 구원병을 보내서 돕겠다고 청하였다. 이러한 과정을 통해 그는 여진족 수장으로서의 지위를 굳혔고, 명의 호의를 얻게 되었다. 이후 그는 만주에서 여진족을 통합하여 나라를 세웠다.

① 외몽골, 티베트, 신장까지 영토를 확장하였다.
② 군사와 행정의 기능을 겸한 팔기를 조직하였다.
③ 만리장성 이남으로 진출하여 베이징을 점령하였다.
④ 무역 확대를 요구하는 매카트니 사절단을 접견하였다.
⑤ 복속을 거부한 조선을 침략하여 병자호란을 일으켰다.

풀이비법

① 제시문의 '그'의 행적을 파악한다.
② 여진족 수장으로서 지위를 굳혔고, 만주에서 여진족을 통합하여 나라를 세웠음에 주목한다.
③ 위의 방법을 통해 파악한 인물에 대한 내용을 선지에서 고른다.

02 다음 경제 정책에 대한 설명으로 옳은 것만을 〈보기〉에서 고른 것은?

> • 귀족들이 자신들의 사치에 필요한 직물을 구하기 위해 얼마나 많은 돈을 외국으로 지출하고 있는가? 프랑스는 그런 물품을 생산할 능력과 원료가 있고, 외국에서 수입하는 것보다 훨씬 더 싼 값으로 공급할 수 있다. 그래서 나는 직물 공장 설립을 결정하였다. 지금까지 외국으로 흘러나가던 거액의 돈은 프랑스에 머물러 있게 되었다.
> • 모든 공업을, 심지어 사치품 공업도 다시 살리거나 새로 세워야 합니다. 관세와 관련해서는 보호 무역 제도를 확립해야 합니다. 생산자와 상인을 수공업 길드에 편입시켜야 합니다. 백성에게 해를 끼치는 국가 재정 적자를 줄여야 합니다. 국산품의 해상 운송을 프랑스가 다시 맡도록 해야 합니다. 식민지를 발전시켜 무역을 프랑스에 종속시켜야 합니다.

보기

ㄱ. 은을 매개로 세계적 교역망이 형성되는 배경이 되었다.
ㄴ. 수출 확대와 수입 억제를 위해 국내 산업을 보호·육성하였다.
ㄷ. 아메리카에서 들어온 막대한 금, 은을 국부의 원천으로 삼았다.
ㄹ. 관료 조직과 상비군을 유지하기 위한 비용 마련을 위해 실시하였다.

① ㄱ, ㄴ ② ㄱ, ㄷ ③ ㄴ, ㄷ ④ ㄴ, ㄹ ⑤ ㄷ, ㄹ

풀이비법

① 제시된 자료들이 주장하는 내용을 파악하고, 핵심 단어 및 문장을 찾아본다.
② 첫 번째 자료에서 수입 억제를 주장하며 국내 산업을 육성하기 위해 공장을 설립함을 파악할 수 있다.
③ 두 번째 자료에서 보호 무역 제도를 확립하고 식민지를 발전시켜 무역을 프랑스에 종속시키고자 함을 파악할 수 있다.

IV

제국주의 침략과 국민 국가 건설 운동

이 단원의 **목차**

▼ 성 소피아 성당(튀르키예 이스탄불)

| 사진으로 맛보기 |

사진은 튀르키예 이스탄불에 위치한 성 소피아 성당입니다. 비잔티움 제국의 유스티니아누스 황제가 건립하였으며, 오스만 제국 시기에는 모스크로 사용되었습니다. 오스만 제국은 19세기 들어 유럽 열강의 간섭과 러시아의 남하 정책으로 큰 위기를 겪었으나, 개혁으로 위기를 극복하고 오늘날의 튀르키예 공화국을 수립하였습니다. 성 소피아 성당은 현존하는 가장 오래된 비잔티움 건축물로서 비잔티움 제국, 오스만 제국, 튀르키예 공화국에 이르는 역사의 흐름을 고스란히 간직하고 있습니다.

| 단원 열기 |

이 단원에서는 시민 혁명이 일어나고 국민 국가가 형성되는 과정을 배웁니다. 또한 산업 혁명과 자본주의의 발달, 제국주의 정책이 등장하게 된 원인과 그 결과, 제국주의적 침략에 맞선 국가들의 투쟁과 개혁 운동을 함께 살펴봅니다.

유럽과 아메리카의 국민 국가 체제

교과서 130~139쪽

자연법사상
법 위에 존재하는 보편타당한 원리가 있다고 믿는 사상이다. 영국의 홉스와 로크는 이를 토대로 사회 계약설을 주장하였다.

보충 미국 독립 선언서

모든 인간은 평등하게 태어났고, 창조주는 양도할 수 없는 일정한 권리를 인간에게 부여하였으며, 거기에는 생명권과 자유권 및 행복 추구권이 포함되어 있다. 이러한 권리를 보장하기 위해 인간은 정부를 만들었으며 …… 이러한 목적을 훼손하는 경우에는 언제나 정부를 변경하거나 폐기하여 …… 새로운 정부를 수립할 수 있는 권리가 국민에게 있다.

삼부회
프랑스의 제1 신분(성직자), 제2 신분(귀족), 제3 신분(평민)의 대표가 함께 모여 국가의 중요한 일을 논의하는 기구였다. 그러나 신분별 표결 방식으로 운영되었기 때문에 평민의 의사가 제대로 반영되기 어려웠다.

보충 인간과 시민의 권리 선언(인권 선언)

제1조 인간은 자유롭게, 그리고 평등한 권리를 갖고 태어났다.
제2조 모든 정치적 결합의 목적은 그 무엇도 침해할 수 없는 인간의 자연권을 보전하는 데 있다. 그 권리는 자유, 재산, 안전 및 압제에 대한 저항이다.
제3조 모든 주권의 원천은 본래 국민에게 있다. 어떤 개인이나 단체도 명백히 국민에게서 나오지 않은 권위를 행사할 수 없다.

1 미국 독립 혁명의 전개

1. 사회 계약설과 계몽사상

(1) **등장 배경**: 16~17세기의 자연 과학 발달 → 인간과 사회를 보는 방식의 변화

(2) **특징**

① **사회 계약설**: 자연법사상의 발전을 토대로 등장, 국가와 사회는 개인들의 합의와 계약에 근거한다는 이론

② **계몽사상**: 이성 신뢰, 정부와 사회의 개혁을 통한 인류의 진보 추구

(3) **영향**: 기존 질서에 대한 비판 가능 → 미국 혁명, 프랑스 혁명에 영향

2. 미국 독립 혁명

(1) **배경**: 영국이 재정난 해결을 위해 「인지세법」 시행, 차와 생필품 등에도 세금 부과 → 식민지 주민들의 반발

- 인지세법: 각종 출판물, 증명서, 허가증 등의 문서를 발행할 때 정부가 발행한 인지를 사서 붙이도록 의무화한 법
- 식민지 주민들의 반발: 당시 영국 의회에는 식민지 대표가 단 한 명도 존재하지 않아 식민지인들이 '대표 없이 과세 없다.'라며 반발함

(2) **전개**

① **보스턴 차 사건(1773)**: 일부 식민지인들이 보스턴 항에 정박 중인 영국 동인도 회사의 차를 바다에 내던져 버리는 사건 발생 → 영국과 식민지 간의 군사 충돌

② 대륙 회의 개최: 독립 선언서 발표(1776) → 천부 인권, 주권 재민, 저항권 명시

③ 미국 독립 전쟁: 조지 워싱턴이 이끄는 식민지군이 영국군과 전쟁 → 영국의 전쟁 비용 부담 가중, 프랑스·에스파냐·네덜란드의 식민지 지원 → 요크타운 전투에서 식민지군 승리 → 식민지 독립, 아메리카 합중국 수립

2 프랑스 혁명의 전개

1. 프랑스 혁명의 배경

(1) **구체제의 모순**: 제1 신분(성직자)과 제2 신분(귀족)이 막대한 부와 특권 독점, 제3 신분(평민)은 무거운 세금과 의무 부담

(2) **재정 문제 발생**: 국왕 루이 16세가 왕실 재정 문제 해결을 위해 귀족에게 납세 요청 → 귀족이 납세 대가로 삼부회 소집 요구

- 왕실 재정 문제: 17~18세기에 오랜 전쟁으로 쌓인 부채가 미국 독립 전쟁에 개입하면서 감당하기 어려울 정도로 커짐

(3) **삼부회의 결렬**: 삼부회에서 평민 대표들이 스스로 국민 대표임을 주장하였으나 수용되지 않음 → 평민 대표 중심으로 국민 의회 구성 → 헌법 제정 요구(테니스 코트의 서약)

- 테니스 코트의 서약: 국왕과 특권층 의원들이 국민 의회의 해산과 삼부회 회의장 폐쇄를 결정하자, 국민 의회 의원들이 베르사유 궁전의 테니스 코트로 이동하여 헌법 제정을 요구함

2. 프랑스 혁명의 전개

(1) **바스티유 감옥 습격**: 국왕이 무력으로 국민 의회 탄압 시도 → 파리 민중 봉기

(2) **국민 의회의 개혁**: 봉건제 폐지 선언, 「인간과 시민의 권리 선언(인권 선언)」 발표(1789), 헌법 공포(1791, 입헌 군주제 도입, 재산에 따른 제한적 선거권 제도 도입)

3. 혁명 전쟁과 혁명의 급진화

(1) **국민 공회 수립**: 오스트리아와 전쟁 시작(1792) → 연이은 패배와 물가 상승 → 파리 민중의 왕궁 습격 → 급진파의 정권 장악과 국민 공회 수립 → 루이 16세 처형(1793)

(2) **공포 정치**: 유럽의 군주들이 동맹하여 프랑스 공격 → 로베스피에르의 공포 정치

- 로베스피에르: 물가 억제 등의 개혁을 펼치며 혁명 전쟁을 이끌었으나, 결국 공포 정치에 대한 불만이 커지면서 권력을 잃고 처형됨

(3) **총재 정부**: 5인 총재 정부, 무능력과 혼란 → 국민의 신뢰 상실

(4) **통령 정부**: 나폴레옹이 쿠데타로 정권 장악 → 프랑스 혁명 마무리(1799)

교과서 속 자료 & 개념

홉스와 로크의 계몽사상

교과서 130쪽

모든 인간은 본래 악하고 이기적이다. 질서를 유지할 정부가 없으면 세상은 모든 사람이 모든 사람과 싸우는 전쟁 상태가 될 것이다. 국가는 마치 괴물(리바이어던)과 같은 힘을 가져야 개인의 안전을 지킬 수 있다.

– 토머스 홉스(1588~1679)

인간은 합리적인 존재이며 경험을 통해 나아질 수 있다. 모든 인간은 자유롭고 평등한 자연 권리를 가지며, 정부는 이 권리를 보호하기 위해 존재한다. 정부 권력은 인민의 동의에서 나오며 시민은 정부를 바꿀 수 있다.

– 존 로크(1632~1704)

자료 해설

영국의 홉스와 로크는 국가와 사회가 개인들의 합의와 계약에 근거한다는 사회 계약설을 주장하였다. 홉스는 성악설의 입장에서 자연 상태를 '만인의 만인에 대한 투쟁'이라고 정의하고 질서를 유지하기 위해 강력한 국가가 필요하다고 보았다.

반면 로크는 국민에게 주권이 있으며, 계약으로 성립된 정부가 인간의 기본권을 지켜 주지 못할 때 정부를 교체할 수 있다는 저항권을 인정하였다. 로크의 사상은 미국 독립 혁명과 프랑스 혁명의 사상적 기반이 되었다.

영국의 권리 장전

교과서 131쪽

권리 장전(1689)

제1조 의회의 동의 없이 국왕의 권위로 국왕에게 법을 중지하거나 법을 실행할 권력이 있다는 주장은 불법이다.

제5조 왕에게 청원하는 것은 신민의 권리이다. 그리고 그러한 청원에 대한 모든 투옥과 기소는 불법이다.

제6조 평화 시에 의회의 동의를 받지 않고 왕국 내에 상비군을 양성하거나 유지하는 것은 불법이다.

제8조 의회 의원 선거는 반드시 자유로워야 한다.

자료 해설

미국 독립 혁명과 프랑스 혁명에 앞서 영국에서는 명예혁명(1688~1689)이 전개되었다. 영국 왕 제임스 2세가 전제 정치를 강화하자, 의회는 국왕을 몰아내고 그의 딸인 메리와 남편 윌리엄을 새로운 왕으로 추대하였다. 이듬해 의회는 왕에게 권리 장전을 제출하여 승인받았으며, 이로써 입헌 정치의 토대가 마련되었다. 국왕도 법의 제한을 받으며 의회의 동의를 얻어 통치해야 한다는 전통이 확립된 것이다.

프랑스 혁명

교과서 133쪽

바스티유 감옥 습격(1789. 7. 14.)

자료 해설

바스티유 감옥은 국왕에 반대하던 정치범 등을 수감하던 곳으로 전제 정치의 상징이었다. 프랑스 국왕 루이 16세가 무력을 동원하여 국민 의회를 해산하려 하자, 분노한 파리 민중은 바스티유 감옥을 습격하였다(1789. 7. 14.). 오늘날 프랑스에서는 7월 14일을 가장 중요한 국경일로 기념하고 있는데, 이는 바스티유 감옥 습격을 계기로 프랑스 혁명이 전국적으로 확산되었기 때문이다.

4. 나폴레옹 시대

(1) **집권**: 통령 정부 수립 → 국민 투표로 황제 즉위

(2) **정책**: 오스트리아와 러시아 군대 격파, 프랑스 은행을 설립하여 재정 관리, 『나폴레옹 법전』 편찬, 교육 제도 정비, 능력 위주의 관리 선발

(3) **몰락**: 영국 제압 실패, 러시아 원정에서 참패 → 몰락(1815)

(4) **영향**: 유럽에 혁명 이념 전파, 나폴레옹 군대에 대한 반감이 각국의 민족 운동 촉진

나폴레옹은 영국이 다른 나라와 교역을 하지 못하도록 하는 대륙 봉쇄령을 내렸으나, 러시아가 이를 어기자 정벌을 시도함

『나폴레옹 법전』

『나폴레옹 법전』에는 자유와 평등, 사유 재산권 보장, 노동과 계약의 자유 등 근대 시민법의 기본 원리와 프랑스 혁명의 성과가 반영되었다.

3 자유주의와 민족주의의 확산

1. 빈 체제의 성립

(1) **빈 회의**: 오스트리아의 재상 메테르니히 주도 → 정통성의 원칙 채택

유럽을 프랑스 혁명 이전의 상태로 되돌리겠다는 원칙

(2) **특징**: 보수주의 표방, 열강 사이의 세력 균형 강조, 자유주의와 민족주의 억압

2. 프랑스의 자유주의 운동

7월 혁명(1830)	왕정 복고 이후 자유주의 운동 탄압 → 샤를 10세 축출, 입헌 군주제 수립
2월 혁명(1848)	파리의 노동자와 시민들이 선거권 확대 요구 → 공화정 수립, 빈 체제 붕괴에 영향

3. 영국의 참정권 확대 운동

(1) **자유주의 확대(19세기)**: 가톨릭교도 차별 철폐, 도시 중산층에게 참정권 부여(1832)

(2) **차티스트 운동**: 노동자들이 보통 선거권 요구

요구가 즉각 수용되지는 않았지만, 이후 지속적으로 참정권이 확대되어 노동자 계층에게 선거권이 주어지고, 20세기 초에는 여성들에게도 선거권을 부여함

보충 차티스트 운동 당시 발표된 '인민 헌장'

- 21세 이상 남자의 보통 선거권 인정
- 인구 비례에 따른 평등 선거구 설정
- 유권자의 보호를 위해 비밀 투표 보장
- 매년 선거 실시
- 의원의 보수 지급
- 의원 출마자의 재산 자격 제한 폐지

4. 러시아의 개혁

(1) **데카브리스트의 봉기(1825)**: 전제 정치 타도, 입헌 군주제 실시 주장 → 실패

(2) **알렉산드르 2세의 개혁**: 크림 전쟁 패배 → 농노 해방령 발표, 지방 의회 설립 → 차르 암살 이후 전제 정치 강화

농노 해방령으로 4,000만 명이 넘는 농노가 자유인이 되었으나, 토지 분배에 따른 배상금 부담으로 농노의 생활은 나아지지 않음

5. 이탈리아의 통일

(1) **카보우르**: 사르데냐 왕국의 재상, 이탈리아의 북부·중부 통합

(2) **가리발디**: 이탈리아의 남부 장악 후 사르데냐 왕국에 바침 → 이탈리아 왕국 성립

(3) **이탈리아 통일**: 베네치아와 교황령 통합 → 이탈리아 통일 완성(1870)

6. 독일의 통일

(1) **비스마르크**: 프로이센의 재상, 철혈 정책을 내세워 독일 통일 추진

군사력의 증강과 전쟁을 통해 독일을 통일하고자 했던 비스마르크의 정책

(2) **독일 통일**: 비스마르크가 오스트리아, 프랑스와 전쟁에서 승리 → 독일 통일(1871)

보충 비스마르크의 의회 연설

독일이 착안해야 할 것은 프로이센의 자유주의가 아니라 그의 군비인 것입니다. …… 언론이나 다수결로 현재의 큰 문제가 해결되지 않습니다. …… 철(鐵)과 피(血)로써만 문제가 해결되는 것입니다.

7. 미국의 분열 극복과 발전

(1) **남북 전쟁**: 노예제에 반대하는 링컨이 대통령에 당선 → 남부의 연방 탈퇴 선언 → 남북 간 전쟁 발발 → 북부 승리

남부의 산업 구조는 노예 노동에 기반한 대농장을 중심으로 이루어진 반면, 북부는 자유로운 노동에 기반한 상공업이 발달했음

(2) **전후 미국의 발전**: 이민 급증, 대륙 횡단 철도 개통, 급속한 산업화 추진

보충 남북 전쟁 직전 남부와 북부의 입장 차이

구분	남부	북부
산업 구조	대농장	상공업
노예 제도	찬성	반대
무역 정책	자유 무역	보호 무역

8. 라틴 아메리카 국가들의 독립

16세기부터 에스파냐와 포르투갈의 지배와 수탈을 당했으나, 미국 독립 혁명과 프랑스 혁명의 영향, 나폴레옹 전쟁으로 인한 에스파냐의 간섭 약화 등으로 각지에서 독립운동이 일어남

아이티	흑인 노예 봉기 → 프랑스군 격퇴, 라틴 아메리카 최초로 독립, 공화국 수립
멕시코	에스파냐로부터 독립
남아메리카 북부	볼리바르 주도 → 베네수엘라, 콜롬비아, 에콰도르, 볼리비아 독립에 기여
남아메리카 남부	산마르틴 주도 → 아르헨티나, 칠레 독립에 기여
브라질	포르투갈 황태자를 국왕으로 추대 → 혁명 없이 독립

교과서 속 자료 & 개념

독일의 통일

교과서 137쪽

자료 해설

프로이센의 비스마르크는 무력의 중요성을 강조한 철혈 정책을 추진하며 독일을 통일하고자 하였다. 그는 강력한 군사력을 앞세워 오스트리아와의 전쟁에서 승리하였으며, 이어 독일 통일의 걸림돌이 되는 프랑스와 전쟁을 벌여 승리하였다. 그 결과 프로이센은 알자스와 로렌 지방을 획득하였을 뿐 아니라 거액의 배상금을 받게 되었다. 1871년 1월에 프랑스 베르사유 궁전에서 프로이센 국왕 빌헬름 1세가 독일 제국의 황제로 즉위하면서 통일이 완성되었다.

남북 전쟁과 노예 해방

교과서 138쪽

게티스버그에서 연설하는 링컨(1863)

자료 해설

미국의 제16대 대통령인 링컨은 남북 전쟁에서 북부를 이끌었다. 그의 노예 해방 선언을 계기로 전세는 북부에 유리하게 전개되었으며, 결국 전쟁은 북부의 승리로 끝났다. 링컨은 남북 전쟁 최대 격전지였던 게티스버그에서 전몰 장병을 애도하며 유명한 연설을 했는데, 특히 '국민의, 국민을 위한, 국민에 의한 정부'라는 표현은 많은 이에게 감명을 주었다.

개념 꿀꺽

1. 빈칸에 알맞은 말을 쓰시오.

(1) 1773년 식민지인들이 영국 동인도 회사의 차를 바다에 내던진 (　　　)이/가 일어났다.

(2) 파리 시민들이 국왕 권력의 상징인 (　　　)을/를 습격하면서 프랑스 혁명이 본격화되었다.

(3) 비스마르크는 무력의 중요성을 강조하며 (　　　)을/를 추진하였다.

2. 다음 내용이 옳으면 ○표, 틀리면 ×표 하시오.

(1) 영국은 재정난을 해결하고자 북아메리카 식민지에 인지세를 부과하였다. (　　　)

(2) 프랑스 혁명 당시 국민 의회의 주도로 보통 선거를 규정한 헌법이 제정되었다. (　　　)

(3) 영국의 노동자들은 선거권 확대를 요구하며 차티스트 운동을 전개하였다. (　　　)

(4) 가리발디는 의용군을 이끌고 독일 통일을 주도하였다. (　　　)

정답
1. (1) 보스턴 차 사건 (2) 바스티유 감옥 (3) 철혈 정책
2. (1) ○ (2) × (3) ○ (4) ×

기초 튼튼 기본문제

단답형

01 (가)에 들어갈 알맞은 말을 쓰시오.

> 과학의 발달은 인간과 사회를 보는 방식에도 영향을 끼쳤다. 자연법사상이 발전하면서 홉스와 로크는 국가와 사회가 개인들의 합의와 계약에 근거한다는 (가) 을/를 주장하였다.

( )

02 (가)에 들어갈 말로 옳은 것은?

> 수행 평가 보고서
>
> ○학년 ○반 ○○번 ○○○
>
> • 주제 : (가) 의 주요 사건
> • 목차
> 1. 보스턴 차 사건
> 2. 대륙 회의의 개최와 독립 선언서 발표
> 3. 요크타운 전투의 승리

① 명예혁명 ② 산업 혁명
③ 프랑스 혁명 ④ 차티스트 운동
⑤ 미국 독립 혁명

03 (가)에 들어갈 말로 옳은 것은?

> 삼부회에서 제3 신분(평민) 대표들은 자신들이 국민의 대표임을 주장하였으나 받아들여지지 않았다. 이들은 (가) 을/를 구성한 후 베르사유 궁전의 테니스 코트에 모여 헌법 제정을 요구하였다.

① 국민 공회 ② 국민 의회 ③ 연방 정부
④ 통령 정부 ⑤ 총재 정부

04 (가)에 들어갈 내용으로 옳은 것은?

> 프랑스 혁명 연표
>
> • 1789. 5. 5. 삼부회 소집, 혁명의 시작
> • 1789. 7. 14. 바스티유 감옥 함락
> • 1789. 8. 4. (가)
> • 1789. 8. 26. 「인권 선언」 발표
> • 1792. 9. 21. 국민 공회 수립, 군주제 폐지

① 총재 정부 수립 ② 봉건제 폐지 선언
③ 루이 16세 처형 ④ 나폴레옹의 쿠데타
⑤ 로베스피에르 몰락

중요

05 다음과 관련된 탐구 활동으로 가장 적절한 것은?

> 나는 물가를 안정시켜 국민들의 생활을 개선하고 성공적으로 혁명전쟁을 수행하였다. 또한 위기를 극복하기 위해 혁명 재판소를 세우고 반혁명 세력을 무자비하게 처형할 수밖에 없었다.

① 2월 혁명의 원인을 조사한다.
② 권리 장전의 내용을 살펴본다.
③ 차티스트 운동의 결과를 찾아본다.
④ 로베스피에르의 삶에 대해 알아본다.
⑤ 미국 독립 선언서의 내용을 분석한다.

06 (가)에 들어갈 말로 옳은 것은?

> 혁명 전의 프랑스인은 신민으로서 왕과 교회에 충성하였고, 신분에 따라 차등적인 특권을 누렸다. 그러나 혁명을 계기로 프랑스인은 모두 법 앞에 평등해졌으며, 주권자로서 권리를 행사하고 병역과 납세 등의 부담 의무를 지게 되었다. 이로써 프랑스는 (가) 로 새롭게 탄생하였다.

① 고대 국가 ② 국민 국가 ③ 봉건 국가
④ 연방 국가 ⑤ 중앙 집권 국가

07 밑줄 친 '그'에 해당하는 인물로 옳은 것은?

그의 시대에 프랑스군이 유럽을 제패하면서 혁명 이념이 전파될 수 있었지.
하지만 그의 군대는 저항하는 주민들을 학살하는 등 반감을 불러일으켜 민족주의 운동을 촉발시키기도 했어.

① 가리발디 ② 나폴레옹 ③ 카보우르
④ 비스마르크 ⑤ 메테르니히

중요
08 다음 인물에 대한 설명으로 옳은 것은?

유럽의 상태를 프랑스 혁명 이전으로 되돌리고, 세력 균형을 이루어 열강들 사이의 전쟁을 막을 것이다.

① 빈 체제를 주도하였다.
② 철혈 정책을 추진하였다.
③ 프랑스의 황제로 즉위하였다.
④ 이탈리아의 독립에 공헌하였다.
⑤ 러시아 원정에서 패배하여 몰락하였다.

09 (가)에 들어갈 알맞은 말을 쓰시오.

1830년 프랑스에서는 샤를 10세를 몰아내고 입헌 군주정을 수립한 (가) 이/가 전개되었다. 1848년에는 파리의 노동자와 시민들을 중심으로 선거권 확대를 요구하는 2월 혁명이 일어났다.

( )

10 다음과 관련 있는 사건으로 옳은 것은?

• 21세 이상 남자의 보통 선거권 인정
• 인구 비례에 따른 평등 선거구 설정
• 유권자의 보호를 위해 비밀 투표 보장
• 의원의 보수 지급
• 의원 출마자의 재산 자격 제한 폐지

① 르네상스 ② 명예혁명
③ 재정복 운동 ④ 차티스트 운동
⑤ 데카브리스트의 봉기

11 다음 설명에 해당하는 국가로 옳은 것은?

19세기 중엽까지 심하게 분열되어 있었으나, 나폴레옹의 침공을 계기로 민족의식이 성장하였다. 이후 사르데냐의 재상 카보우르와 의용군을 이끈 가리발디를 중심으로 통일 운동이 전개되었다.

① 독일 ② 미국 ③ 브라질
④ 러시아 ⑤ 이탈리아

12 지도와 관련 있는 것만을 〈보기〉에서 고른 것은?

보기
ㄱ. 링컨 ㄴ. 철혈 정책
ㄷ. 비스마르크 ㄹ. 대륙 봉쇄령

① ㄱ, ㄴ ② ㄱ, ㄷ ③ ㄴ, ㄷ
④ ㄴ, ㄹ ⑤ ㄷ, ㄹ

실력 쑥쑥 | 실전문제

01 다음 사건이 일어나게 된 배경으로 옳은 것은?

> 1773년 일부 식민지인들이 보스턴항에 정박해 있던 영국 동인도 회사의 배를 습격하여 차를 바다에 내던져 버렸다.

① 나폴레옹이 대륙 봉쇄령을 발표하였다.
② 국왕이 국민 의회의 해산을 시도하였다.
③ 식민지군이 요크타운 전투에서 승리하였다.
④ 식민지 대표들이 독립 선언서를 발표하였다.
⑤ 영국이 식민지에 인지세, 차세 등을 부과하였다.

중요

02 다음 사건이 일어난 시기를 연표에서 옳게 고른 것은?

파리 민중이 봉기하여 국왕 권력의 상징이던 바스티유 감옥을 습격하였다.

삼부회 소집		인권 선언 발표		국민 공회 수립		루이 16세 처형		총재 정부 수립		나폴레옹의 쿠데타
	(가)		(나)		(다)		(라)		(마)	

① (가) ② (나) ③ (다)
④ (라) ⑤ (마)

03 다음 자료에 대한 설명으로 옳은 것은?

> 제1조 인간은 자유롭게, 그리고 평등한 권리를 갖고 태어났다.
> 제2조 모든 정치적 결합의 목적은 그 무엇도 침해할 수 없는 인간의 자연권을 보전하는 데 있다.
> 제3조 모든 주권의 원천은 본래 국민에게 있다. 어떤 개인이나 단체도 명백히 국민에게서 나오지 않은 권위를 행사할 수 없다.

① 명예혁명의 과정에서 발표되었다.
② 미국 독립 혁명에 영향을 주었다.
③ 개인의 재산권을 인정하지 않았다.
④ 프랑스 혁명의 기본 이념을 담고 있다.
⑤ 차티스트 운동의 요구 사항을 반영하였다.

04 밑줄 친 '그'에 대한 설명으로 옳은 것만을 〈보기〉에서 고른 것은?

> 1804년 그는 대관식을 올리고 프랑스의 황제가 되었고, 교회의 통제를 받지 않는다는 점을 분명히 하고자 교황에게 관을 받아서 스스로 자기 머리에 쓰고, 아내 조세핀에게 직접 관을 씌워 주었다.

보기
ㄱ. 권리 장전을 승인하였다.
ㄴ. 총재 정부를 무너뜨렸다.
ㄷ. 노예 해방령을 발표하였다.
ㄹ. 법전을 편찬하여 법률 체계를 정비하였다.

① ㄱ, ㄴ ② ㄱ, ㄷ ③ ㄴ, ㄷ
④ ㄴ, ㄹ ⑤ ㄷ, ㄹ

05 (가) 시기 러시아의 상황에 대한 설명으로 옳은 것만을 〈보기〉에서 고른 것은?

크림 전쟁 패배 ➜ (가) ➜ 알렉산드르 2세 암살

보기

ㄱ. 지방 의회가 설립되었다.
ㄴ. 농노 해방령이 발표되었다.
ㄷ. 차티스트 운동이 전개되었다.
ㄹ. 데카브리스트의 봉기가 일어났다.

① ㄱ, ㄴ ② ㄱ, ㄷ ③ ㄴ, ㄷ
④ ㄴ, ㄹ ⑤ ㄷ, ㄹ

06 다음을 발표한 인물에 대한 설명으로 옳은 것은?

> 언론이나 다수결로 현재의 큰 문제가 해결되지 않습니다. …… 철(鐵)과 피(血)로써만 문제가 해결되는 것입니다.

① 사르데냐 왕국의 수상이었다.
② 베네치아와 교황령을 병합하였다.
③ 프랑스와 군사 동맹을 체결하였다.
④ 가리발디의 도움으로 통일을 완성하였다.
⑤ 오스트리아, 프랑스와의 전쟁을 주도하였다.

07 라틴 아메리카 국가들의 독립에 대한 설명으로 옳지 않은 것은?

① 멕시코 – 에스파냐로부터 독립하였다.
② 칠레 – 산마르틴이 독립운동을 주도하였다.
③ 볼리비아 – 볼리바르가 독립 과정에서 활약하였다.
④ 브라질 – 흑인 노예들이 봉기하여 공화국을 수립하였다.
⑤ 아이티 – 라틴 아메리카 국가 중 가장 먼저 독립을 쟁취하였다.

서술형

08 다음은 프랑스 혁명 이전의 사회 모습을 풍자한 그림이다. 그림을 토대로 프랑스 혁명이 일어난 원인을 서술하시오.

09 (가), (나) 사건의 공통점을 두 가지 서술하시오.

> (가) 프랑스의 2월 혁명
> (나) 영국의 차티스트 운동

10 다음 상황이 발생하게 된 원인을 남부와 북부의 산업 구조와 관련하여 서술하시오.

> 노예제에 반대하는 링컨이 미국의 대통령이 되자, 노예제에 찬성하던 남부는 분리를 선언하였다. 이후 남부와 북부 간에 전쟁이 벌어졌다.

유럽의 산업화와 제국주의

교과서 140~149쪽

1 산업 혁명과 자본주의의 발전

1. 영국에서 시작된 산업 혁명

(1) **산업 혁명의 의미**: 기계의 발명과 기술 혁신 → 생산 방식이 가내 수공업에서 공장제 기계 공업으로 바뀌면서 나타난 산업상의 큰 변화

제품의 대량 생산이 가능해짐

(2) **영국에서 산업 혁명이 시작된 이유**

	영국	
모직물 공업 발달: 자본과 기술의 축적		**풍부한 지하자원**: 석탄·철 등이 풍부하여 공업 발전에 유리
해외 식민지 건설: 광대한 국외 시장 확보		**풍부한 노동력**: 인클로저 운동 이후 토지 잃은 농민이 도시로 유입

(3) **영국의 면직물 공업 발달**: 방적기와 방직기 발명, 와트의 증기 기관을 기계 동력으로 사용 → 공장제 기계 공업 발달

방적기는 양털이나 목화에서 실을 뽑는 기계, 방직기는 실을 이용해 옷감을 짜는 기계를 말함

2. 산업 혁명의 확산

교통수단의 발달로 석탄 산지와 공업 단지 사이의 원료 수송이 빠르고 효과적으로 이루어졌으며, 이는 산업 혁명을 가속화시킴

(1) **산업의 확대**: 기계·제철·석탄 산업 등이 급속하게 발전 → 교통수단 발달(스티븐슨의 증기 기관차, 풀턴의 증기선 등), 통신 수단 발달(모스의 유선 전신 등)

(2) **산업화의 확산**: 19세기에 세계 각국으로 확산 → 프랑스(섬유 공업 중심), 독일(제철 공업 중심), 미국(남북 전쟁 이후 산업화 진전), 러시아, 일본 등

3. 산업 혁명과 사회 문제

(1) **산업 사회로의 전환**

영국 맨체스터의 경우, 1760년에 4만 명 남짓이던 인구가 1850년경에는 30만 명 정도로 증가함

① 도시화: 농촌에서 공장 지대와 대도시로 인구 이동

② 자본주의 경제 체제 형성: 자본가와 노동자 간의 관계 형성, 생산과 소비가 시장에 의해 결정

③ 생활의 변화: 대량 생산, 교통수단 발달 → 풍부하고 편리해진 인간 생활

(2) **사회 문제의 발생**

구분	내용
노동 문제	빈부 격차, 장시간 노동과 낮은 임금, 여성과 아동의 노동 착취 등
도시 문제	급격한 도시화에 따른 주택 및 위생 시설 부족 → 노동자들이 각종 전염병과 범죄에 노출

4. 사회 문제 해결을 위한 노력

기계 도입 이후 실업자가 된 노동자들이 주도한 운동으로, 가공의 인물 '네드 러드'가 지도자로 알려졌기 때문에 러다이트 운동이라고 불림

(1) **기계 파괴 운동(러다이트 운동)**: 노동자들이 공장의 기계가 자신들의 일자리를 빼앗는다고 생각하여 기계 파괴

(2) **노동조합 결성**: 근로 조건 개선과 노동자의 지위 향상 목적

(3) **사회주의 사상의 등장**

스코틀랜드에 뉴 라나크, 미국에 뉴 하모니라는 공동체를 건설하고 자본가와 노동자의 타협과 협동을 통한 이상 사회 건설을 시도함

구분	내용
공상적 사회주의(초기 사회주의)	오언이 빈부 격차 없는 이상 사회 건설 주장
과학적 사회주의	마르크스·엥겔스가 노동자의 단결을 통한 자본가 계급 타도, 새로운 사회의 건설 주장

보충 인클로저 운동

모직물 공업의 발달로 양모 수요가 급증하자 지주들이 농경지에 울타리를 쳐서 양 방목장으로 바꾸었다(제1차 인클로저 운동). 또한 산업 혁명으로 곡물 가격이 오르자 자본가들이 소농민의 토지를 빼앗아 대농장을 경영하였다(제2차 인클로저 운동).
두 차례 인클로저 운동으로 토지를 잃은 농민들이 도시로 이동하면서 도시에는 노동력이 풍부해졌다.

보충 제니 방적기

1764년 하그리브스가 만든 것으로, 동시에 8개의 추를 움직여서 많은 실을 뽑아낼 수 있도록 설계되었다.

증기 기관차

스티븐슨이 개발한 증기 기관차 로코모션호는 최초의 철도 노선인 영국 스톡턴~달링턴 구간을 운행하였다. 이후 1830년에 개통된 리버풀~맨체스터 구간에서도 스티븐슨과 그의 아들이 공동으로 개발한 로켓호라는 증기 기관차가 활용되었다.

보충 공장법(1833년 제정)

- 9세 이하 아동의 노동 전면 금지(견직 공장은 예외)
- 9~13세 아동의 노동은 하루 9시간 이내로 제한
- 13~18세 아동의 노동은 하루 12시간 이내로 제한
- 아동의 야간 노동 금지
- 「공장법」 준수 여부를 감독할 감독관 4명 임명

교과서 속 자료 & 개념

영국의 산업 혁명

교과서 141쪽

영국 런던 박람회(1851)

〔자료 해설〕

1851년 런던 수정궁에서 세계 최초의 박람회가 열렸다. 런던 박람회는 전 세계의 산업 제품을 전시하는 자리였으나, 영국 제품이 전시장의 절반을 차지하였다. 철과 유리로 만들어진 거대한 수정궁은 영국의 높은 건축 기술을 보여 주었고, 이곳에 전시된 새로운 기계들은 각국의 참관인들을 놀라게 하였다. 이는 산업 혁명의 성과와 함께 당시 영국이 '세계의 공장'이라는 사실을 세계에 과시할 수 있는 기회였다.

산업 혁명과 빈부 격차의 심화

교과서 142쪽

에든버러 교회 목사의 증언(1836)

하루는 내가 일곱 집을 방문했는데, 침대를 가진 집은 하나도 없었고, 그중 몇몇 집은 짚 더미조차 갖고 있지 않았다. 여든 살 된 노인들이 마룻바닥에서 대부분 낮에 입던 옷차림 그대로 자고 있었다. 한 지하실 방에서는 스코틀랜드의 서로 다른 지역에서 온 두 가족을 만났다. 그 도시를 떠난 직후 두 아이가 죽었고, …… 셋째 아이가 죽어가고 있었다. 가족 모두 한구석에 더러운 짚 더미를 안고 누워 있었다. 그 지하실에는 두 가족 이외에 당나귀가 한 마리 살고 있었는데, 지하실은 너무 어두워 낮에도 사람을 구별하기가 어려웠다.

– 프리드리히 엥겔스, 『영국 노동자 계급의 상태』

〔자료 해설〕

산업 혁명으로 인해 급격한 도시화가 진행되면서 노동 문제와 사회 문제가 발생하였다. 여성과 어린이들은 가혹한 노동 착취를 당했으며, 당시 런던의 노동자들은 한 방에 6~8명이 거주하는 것이 보통이었다. 또한 상하수도와 위생 시설이 제대로 갖추어지지 않아 길거리에 각종 오물과 쓰레기가 넘쳐 흘렀다. 노동자 계급의 비참한 현실과는 달리 자본가 계층의 생활은 점점 더 풍요로워졌으며, 이러한 빈부 격차는 사회주의 사상이 등장하는 배경이 되었다.

마르크스와 엥겔스의 사회주의 사상

교과서 144쪽

마르크스(1818~1883)

엥겔스(1820~1895)

〔자료 해설〕

마르크스는 1848년 2월 혁명 직전에 엥겔스와 공동으로 『공산당 선언』을 발표하였다. 여기에서 마르크스는 노동자들이 가난에 빠진 원인을 설명하고, 노동자들이 처한 상황을 개선하기 위해서는 혁명이 필요하다고 강조하였다. 그는 노동자들이 단결하여 자본가 계급을 타도하고 새로운 사회를 건설할 것을 주장하며 "만국의 노동자여, 단결하라!"라고 서술하였다. 이러한 주장은 노동자와 지식인들의 지지를 받았으며, 유럽 여러 나라의 사회주의 운동에 영향을 주었다.

보충 제국주의 풍자화

자본가가 식민지 원주민의 입에 술을 붓는 동안 영국군 병사는 마지막 동전 하나까지 쥐어짜고 있다. 그 옆에서 선교사는 신의 뜻이라고 설교하고 있다.

보충 스펜서의 사회 진화론

- 사회는 단순한 상태에서 복잡한 상태로 진화하며, 더 발달된 사회가 덜 발달된 사회를 지배하는 적자생존의 원칙도 적용된다.
- 문명인이 보여 주는 능력의 범위가 더욱 넓고 다양하다는 점에서 판단하건대, 문명인은 미개인보다 더욱 복잡하고 정교한 신경을 가졌다고 추론할 수 있다.

보충 제국주의의 정당화

백인의 책무를 다하라.
야만적인 전쟁을 평화로 바꾸고
기아로 허기진 입들을 먹이기 위해
질병이 사라지도록 하기 위해
그리고 네가 너의 목적을 달성할 때쯤
너의 목적이 타인들을 위한 목적이 이루어질 때쯤
이교도들의 나태함과 어리석음을 경계하라
너의 모든 희망이 수포로 돌아갈지 모른다.
– 키플링, 「백인의 짐」

키플링은 백인이 미개한 인종을 문명화로 이끌어야 한다며 백인 우월주의를 정당화하였다.

파쇼다 사건

1898년 영국과 프랑스가 수단의 파쇼다에서 충돌한 사건이다. 파쇼다에 먼저 도착한 프랑스군이 국기를 게양하자, 영국군이 철수를 요구하면서 위기감이 높아졌다. 프랑스의 양보로 전쟁까지 이어지지는 않았다.

2 제국주의 침략과 세계 분할

1. 제국주의의 등장

(1) **제국주의의 의미**: 19세기 후반부터 서양 열강이 군사적인 힘과 경제력을 앞세워 추진한 대외 팽창 정책 ┌ 유럽보다 산업화가 뒤처진 아시아, 아프리카의 나라들을 식민 지배하는 형태로 추진됨

(2) **제국주의가 등장한 이유**

① 독점 자본주의: 소수의 거대 기업이 자본을 집중시켜 국내 시장 독점

② 새로운 상품 판매 시장의 필요성: 공업 발달과 생산의 증가 → 국내에서 상품을 모두 소비할 수 없게 됨 → 상품을 수출할 수 있는 국외 시장 개척의 필요성 대두

③ 원료 공급지의 필요성: 상품의 대량 생산에 필요한 값싼 원료 공급지가 필요해짐

(3) **사회 진화론과 제국주의**

사회 진화론	스펜서 등이 주장, 다윈의 생물학적 진화론을 인간 사회에 적용하여 적자생존의 원칙을 주장함
백인 우월주의	아시아 · 아프리카 주민들이 미개하다고 주장함으로써 제국주의 국가의 식민 지배를 정당화함

2. 제국주의 열강의 아프리카 침략

(1) **탐험가 및 선교사들의 활동**: 리빙스턴, 스탠리 등의 탐험가와 선교사들이 유럽에 아프리카 내륙의 지하자원 소개 → 유럽 열강의 침략 본격화

(2) **영국과 프랑스의 아프리카 침략** ┌ 세로로 건너간다는 의미로 아프리카 대륙의 식민지를 남북으로 연결하려는 시도임

영국	종단 정책: 카이로~케이프타운 식민지 연결 시도
프랑스	횡단 정책: 알제리~마다가스카르섬 식민지 연결 시도
파쇼다 사건	영국의 종단 정책과 프랑스의 횡단 정책이 파쇼다에서 충돌(1898)

└ 가로로 건너간다는 의미로 아프리카 대륙의 식민지를 동서로 연결하려는 시도임

(3) **기타 열강의 아프리카 분할**

벨기에	콩고 소유 선언 → 유럽 열강의 아프리카 분할 경쟁 촉진
독일	프랑스와 모로코를 둘러싸고 두 차례 대립(제1·2차 모로코 위기) ┌ 1905년, 1911년 두 차례 충돌함

(4) **20세기 초의 아프리카**: 대륙 전체의 식민지화(라이베리아, 에티오피아 제외)
└ 서양 열강은 사탕수수, 목화 등의 농장 경영, 광산 개발 등에 원주민을 동원하여 가혹하게 수탈하였고, 원주민의 반발을 탄압하는 과정에서 집단 학살을 자행하기도 함

3. 제국주의 열강의 아시아·태평양 침략

(1) **열강의 아시아 침략**

포르투갈	동남아시아에 진출하여 향신료 무역 독점
에스파냐	필리핀 지배
영국	• 동인도 회사를 앞세워 인도 진출 → 플라시 전투에서 프랑스 격퇴 후 인도 식민지화 • 싱가포르, 말레이반도, 미얀마 등지로 세력 확대 • 아편 전쟁(1842) 이후 중국 침략
프랑스	청프 전쟁 승리 → 베트남과 캄보디아 등 인도차이나반도 차지
네덜란드	동인도 회사를 앞세워 포르투갈을 밀어내고 자와섬 장악 → 인도네시아 식민지화

(2) **열강의 태평양 분할**

영국	오스트레일리아, 뉴질랜드 식민지화
미국	에스파냐와의 전쟁 후 필리핀 식민지화, 쿠바를 보호국으로 삼은 후 괌과 하와이 차지

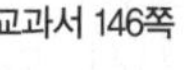

교과서 속 자료 & 개념

영국의 제국주의

교과서 146쪽

세실 존 로즈

나는 어제 런던 이스트엔드의 실업자 집회에 가서 "빵을 달라."라는 절절한 연설만을 듣고 문득 제국주의의 중요성을 깨달았다. 우리는 영국의 4천만 국민을 피비린내 나는 내란으로부터 지키고, 과잉 인구를 수용하기 위해 새로운 영토를 개척해야만 한다. 그들이 공장이나 광산에서 생산하는 상품을 위해 새로운 판로를 만들어 내야만 한다. …… 당신이 내란을 피하려고 한다면 당신은 제국주의자가 되어야 한다. 나는 우리가 세계에서 가장 우수한 인종이며, 따라서 우리가 세계에 많이 거주할수록 인류에 좋다고 주장한다.

– 세실 로즈, 『유언집』

자료 해설

영국의 제국주의자인 세실 존 로즈(1853~1902)는 아프리카에서 다이아몬드 채굴 사업에 뛰어들어 막대한 부를 획득하였고, 이후 케이프주 식민지 총독의 자리에까지 올랐다. 그는 산업 혁명 이후 발생한 각종 사회 문제들을 해결하기 위해서는 해외 식민지의 확보가 필수적이라고 주장하였다. 또한 우수한 영국인이 세계를 장악해야 한다는 인종주의를 바탕으로 자신의 논리를 정당화하였다.

제국주의 열강의 아프리카 분할

교과서 147쪽

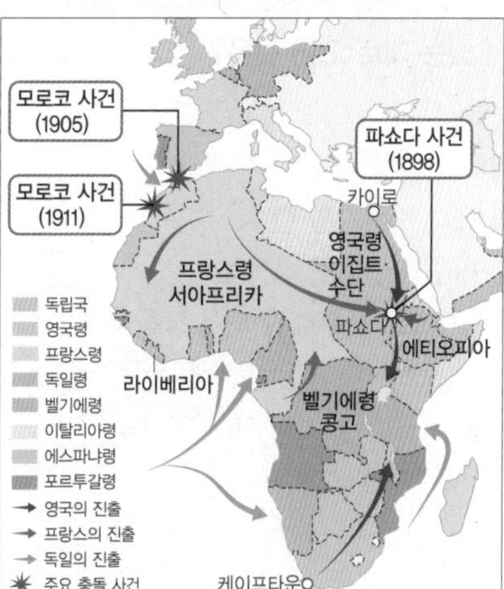

자료 해설

영국과 프랑스의 아프리카 침략이 이어지는 가운데, 벨기에가 콩고 점유를 선언하면서 식민지 획득 경쟁이 격화되었다. 아프리카 문제를 논의한 1884년 베를린 회의에서 '먼저 점령하여 지배권을 획득한 나라'에 대한 선점권이 인정되자, 열강들은 본격적으로 아프리카 분할에 뛰어들었다. 이후 영국과 프랑스는 파쇼다에서 충돌하였고(1898), 독일은 모로코를 두고 프랑스와 대립하기도 하였다(제1 · 2차 모로코 위기).

개념 꿀꺽

1. 다음 괄호 안의 내용 중 옳은 것에 ○표 하시오.

(1) 기계로 인해 실업의 위기에 처한 노동자들이 (러다이트 운동, 인클로저 운동)을 전개하였다.

(2) 아프리카에서 식민지 경쟁을 벌이던 영국과 프랑스는 (모로코, 파쇼다)에서 충돌하였다.

(3) 네덜란드는 동인도 회사를 앞세워 자와섬을 장악하고 (인도, 인도네시아)를 식민 지배하였다.

2. 다음을 관련 있는 내용끼리 서로 연결하시오.

(1) 아프리카 종단 정책 •	• ㉠ 공산당 선언
(2) 마르크스와 엥겔스 •	• ㉡ 증기 기관차
(3) 사회 진화론 •	• ㉢ 제국주의
(4) 스티븐슨 •	• ㉣ 영국

정답
1. (1) 러다이트 운동 (2) 파쇼다 (3) 인도네시아
2. (1) ㉣ (2) ㉠ (3) ㉢ (4) ㉡

기초 튼튼 | 기본문제

중요

01 영국에서 산업 혁명이 처음 시작된 배경으로 적절한 것만을 <보기>에서 있는 대로 고른 것은?

보기
ㄱ. 광대한 해외 식민지 소유
ㄴ. 석탄과 철 등의 지하자원 풍부
ㄷ. 남북 전쟁 이후의 급격한 산업화
ㄹ. 인클로저 운동으로 풍부해진 도시 노동력

① ㄱ, ㄴ ② ㄷ, ㄹ ③ ㄱ, ㄴ, ㄹ
④ ㄴ, ㄷ, ㄹ ⑤ ㄱ, ㄴ, ㄷ, ㄹ

단답형

02 (가)에 들어갈 알맞은 말을 쓰시오.

(가) 은/는 18세기 말 영국의 면직물 공업에서부터 시작된 산업상의 큰 변화이다. 면직물을 대량으로 생산하는 데 필요한 방적기와 방직기가 발명되었고, 증기 기관이 새로운 동력으로 사용되었다.

( )

03 (가)에 들어갈 인물로 옳은 것은?

(가) 은/는 기존의 것보다 속도가 빠른 증기 기관차를 개발하였다. 그가 개발한 로코모션호는 1825년 최초의 철도 노선인 영국 스톡턴~달링턴 구간에 활용되었다.

① 모스 ② 풀턴 ③ 엥겔스
④ 스티븐슨 ⑤ 하그리브스

중요

04 다음 기계들이 보급되면서 나타난 사회 현상으로 옳지 않은 것은?

제니 방적기 / 와트의 증기 기관

① 노동 문제가 발생하였다.
② 사회주의 사상이 등장하였다.
③ 공장제 기계 공업이 발달하였다.
④ 도시의 위생 시설이 부족해졌다.
⑤ 도시 인구가 점차 농촌으로 이동하였다.

05 (가)에 들어갈 말로 옳은 것은?

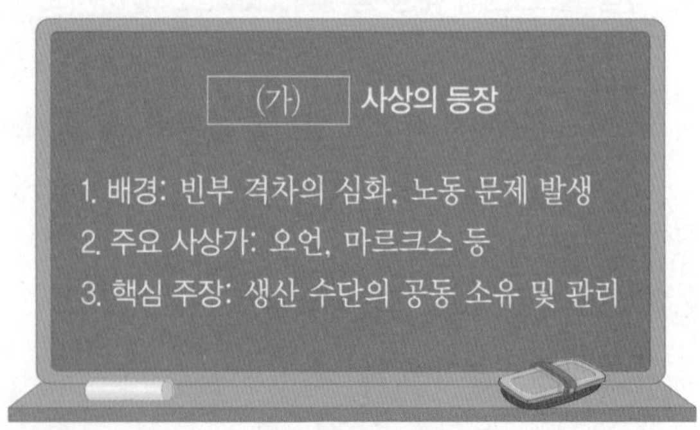

(가) 사상의 등장
1. 배경: 빈부 격차의 심화, 노동 문제 발생
2. 주요 사상가: 오언, 마르크스 등
3. 핵심 주장: 생산 수단의 공동 소유 및 관리

① 계몽주의 ② 민주주의 ③ 사회주의
④ 자유주의 ⑤ 중상주의

06 다음과 같은 현상이 나타나게 된 배경으로 옳은 것만을 〈보기〉에서 고른 것은?

19세기 들어 서양 열강은 군사적인 힘과 경제력을 앞세워 대외 팽창 정책을 추진하였다.

보기

ㄱ. 신항로 개척에 대한 욕구
ㄴ. 소수의 거대 기업이 국내 시장 독점
ㄷ. 상품 판매를 위한 새로운 시장의 필요
ㄹ. 중상주의 정책을 통한 절대 왕정의 발전

① ㄱ, ㄴ ② ㄱ, ㄷ ③ ㄴ, ㄷ
④ ㄴ, ㄹ ⑤ ㄷ, ㄹ

단답형

07 다음에서 설명하는 이론을 쓰시오.

다윈이 주장한 생물학적 진화론을 이용하여 인간 사회 변화의 모습을 설명하려고 하였다. 스펜서가 처음으로 사용하였으며, 인간 사회에도 생존 경쟁과 적자생존의 원칙이 적용된다는 이론이다.

( )

08 (가)에 들어갈 인물로 옳은 것은?

영국의 대표적인 제국주의자인 (가) 이/가 카이로와 케이프타운을 연결한 전신선을 들고 서 있는 모습이다.

① 스탠리 ② 키플링 ③ 리빙스턴
④ 세실 로즈 ⑤ 아크라이트

09 (가)에 대한 설명으로 옳은 것은?

이 그림은 (가) 을/를 풍자한 것이다. 할머니 가면을 쓴 늑대가 빨간 모자 소녀가 들고 있는 파이를 노리고 있는 모습이다.

① 영국과 벨기에가 대립하였다.
② 아편 무역과 관련된 전쟁이었다.
③ 미국의 요크타운에서 발생하였다.
④ 모로코의 지배권을 두고 경쟁하였다.
⑤ 아프리카 종단 정책과 횡단 정책이 충돌하였다.

10 다음에서 설명하는 국가로 옳은 것은?

- 아프리카의 알제리로부터 마다가스카르섬을 연결하는 횡단 정책을 추진하였다.
- 독일과 모로코를 둘러싸고 두 차례 대립하였다.

① 영국 ② 벨기에 ③ 프랑스
④ 네덜란드 ⑤ 이탈리아

중요

11 다음 중 옳지 않은 것은?

〈제국주의 열강의 아시아·태평양 침략〉

- 네덜란드: 인도네시아 대부분을 식민지화 ······· (가)
- 포르투갈: 네덜란드를 밀어내고 자와섬 장악 ··· (나)
- 영국: 동인도 회사를 앞세워 인도 진출 ·········· (다)
- 프랑스: 인도차이나반도로 세력 확대 ············ (라)
- 미국: 에스파냐와의 전쟁을 통해 필리핀 차지 ·· (마)

① (가) ② (나) ③ (다)
④ (라) ⑤ (마)

실력 쑥쑥 | 실전문제

01 다음과 관련된 탐구 주제로 가장 적절한 것은?

> • 하그리브스의 제니 방적기 발명(1764)
> • 아크라이트의 수력 방적기 발명(1768)
> • 뮬 방적기의 발명(1779)

① 석탄 산업의 발달
② 제철 산업의 발달
③ 통신 수단의 발달
④ 면직물 공업의 발달
⑤ 모직물 공업의 발달

고난도

02 선생님의 질문에 대한 학생의 답변으로 옳은 것만을 〈보기〉에서 고른 것은?

이것은 최초로 운행에 성공한 증기 기관차의 모습입니다. 19세기에 이루어진 교통수단의 발달은 어떤 변화를 가져왔을까요?

보기
> 갑: 가내 수공업이 확산되었어요.
> 을: 신항로의 개척이 이루어졌어요.
> 병: 산업 혁명이 점차 확산되었어요.
> 정: 시장이 확대되고 교역량이 증가했어요.

① 갑, 을 ② 갑, 병 ③ 을, 병
④ 을, 정 ⑤ 병, 정

03 밑줄 친 '사회 문제'에 해당하지 않는 것은?

> 산업 혁명으로 인해 인간의 생활은 풍요롭고 편리해졌지만, 동시에 다양한 사회 문제가 발생하였다.

① 아동 노동 문제 ② 빈부 격차의 확대
③ 도시의 환경 오염 ④ 위생 시설의 부족
⑤ 인클로저 운동의 발생

중요

04 (가), (나) 사상에 대한 설명으로 옳지 않은 것은?

> (가) 협동과 빈부 격차가 없는 이상적인 공동체의 건설을 주장하였다.
> (나) 노동자들이 단결하여 자본가 계급을 타도하고 새로운 사회를 건설해야 한다고 주장하였다.

① (가)의 대표적 사상가는 오언이다.
② (나)는 초기 사회주의 사상이다.
③ (나)의 대표적 사상가는 마르크스이다.
④ (가), (나)는 자본주의 체제를 비판하였다.
⑤ (가), (나)는 생산 수단을 자본가가 독점하는 것에 반대하였다.

05 그림이 풍자하고 있는 사상에 대한 설명으로 옳은 것만을 〈보기〉에서 고른 것은?

보기
> ㄱ. 프랑스 혁명의 원인이 되었다.
> ㄴ. 사회 진화론을 통해 정당화되었다.
> ㄷ. 19세기에 유럽을 중심으로 등장하였다.
> ㄹ. 사회주의 경제의 발전을 배경으로 등장하였다.

① ㄱ, ㄴ ② ㄱ, ㄷ ③ ㄴ, ㄷ
④ ㄴ, ㄹ ⑤ ㄷ, ㄹ

고난도

06 (가), (나) 국가에 대한 설명으로 옳은 것은?

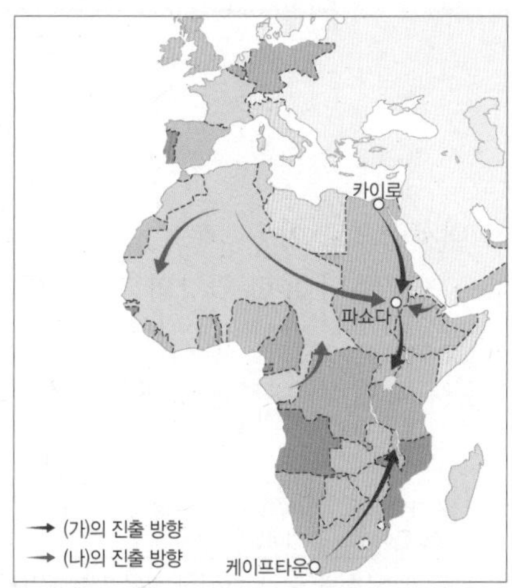

제국주의 열강의 아프리카 분할

① (가) – 아프리카 횡단 정책을 추진하였다.
② (가) – 오스트레일리아와 뉴질랜드를 점령하였다.
③ (나) – 콩고 점유를 선언하였다.
④ (나) – 인도네시아 대부분을 식민지화하였다.
⑤ (가), (나) – 모로코를 둘러싸고 서로 대립하였다.

07 제국주의 열강의 식민 지배를 받지 않은 아프리카의 국가들만을 〈보기〉에서 고른 것은?

보기
ㄱ. 이집트　　ㄴ. 나미비아
ㄷ. 라이베리아　　ㄹ. 에티오피아

① ㄱ, ㄴ　② ㄱ, ㄷ　③ ㄴ, ㄷ
④ ㄴ, ㄹ　⑤ ㄷ, ㄹ

08 (가)에 들어갈 국가로 옳은 것은?

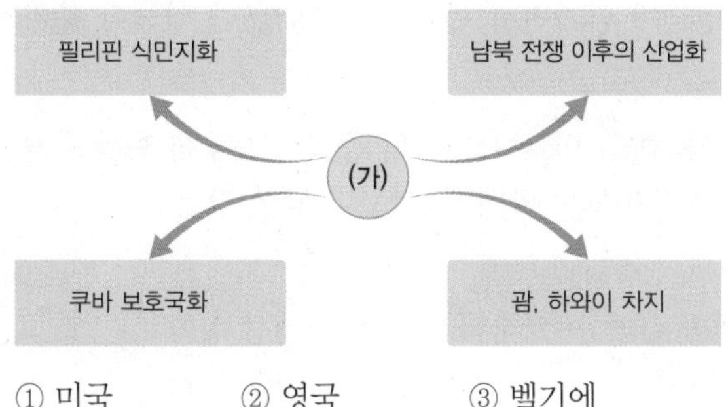

① 미국　② 영국　③ 벨기에
④ 프랑스　⑤ 에스파냐

서술형

09 다음 가상 일기에 나타난 사회 문제를 해결하고자 노동자들이 전개한 노력을 두 가지 서술하시오.

18○○년 ○월○일

나는 오늘도 새벽 다섯 시부터 저녁 아홉 시까지 공장에서 일했다. 식사 시간은 단 15분에 불과했고, 감독관이 휘두른 허리띠에 맞아 다리에는 상처가 났다. 옆 자리에서 일하던 친한 동료는 오늘 해고 통보를 받았다면서 나에게 작별 인사를 했다. 기계가 늘어나면서 동료들이 하나 둘씩 공장을 떠나고 있는데, 나는 과연 언제까지 일할 수 있을지 걱정이다.

10 (가), (나)에서 공통적으로 드러나는 사상을 쓰고, 이 사상이 제국주의에 미친 영향을 서술하시오.

(가) 백인의 책무를 다하라.
야만적인 전쟁을 평화로 바꾸고
기아로 허기진 입들을 먹이기 위해
질병이 사라지도록 하기 위해
– 키플링, 「백인의 짐」

(나)

1807년의 P사 비누 광고

3

Ⅳ. 제국주의 침략과 국민 국가 건설 운동

서아시아와 인도의 국민 국가 건설 운동

교과서 150~161쪽

보충 청년 튀르크당

탄지마트 실패 이후 전제 정치가 강화되자, 젊은 장교와 지식인들을 중심으로 청년 튀르크당이 결성되었다. 사진은 청년 튀르크당의 행진 모습으로, 가두 행진 깃발에는 '규율, 정의, 질서, 헌법 만세'라고 적혀 있다.

보충 와하브 운동과 사우디아라비아

와하브 운동가들이 사우드 가문과 연합하여 사우디 왕국을 건설하였으나, 곧 오스만 제국에 의해 멸망하였다. 이후 20세기에 들어와 다시 와하브 운동이 전개되며 아라비아반도가 통합되었고, 사우디아라비아 왕국도 부활하였다(1932).

담배 불매 운동

1890년 카자르 왕조의 국왕이 근대화에 필요한 자금 마련을 내세워 영국 상인에게 담배 판매 독점권을 주었다. 이에 이란의 개혁가인 알 아프가니를 중심으로 담배 불매 운동이 전개되었다.

보충 영국과 러시아의 이란 침략

이란은 입헌 혁명을 통해 입헌 군주제 헌법을 제정하고 의회를 구성하였다. 그러나 러시아가 영국의 묵인 속에 이란을 침략하여 입헌파를 학살하면서 혁명은 좌절되었다. 이후 러시아는 이란 북부 지방을, 영국은 이란 남부 지방을 각각 점령하였다.

1 오스만 제국의 국민 국가 건설 운동

1. 오스만 제국의 쇠퇴

(1) 배경

① 신항로 개척 → 무역의 중심이 지중해에서 대서양으로 이동

② 동서양을 연결하는 지리적 요충지에 위치 → 제국주의 유럽 열강의 간섭 심화

③ 러시아의 남하 정책 → 열강의 대립 격화

(2) **결과**: 그리스의 독립, 이집트의 자치권 획득 등 → 유럽 내 대부분의 영토 상실

2. 오스만 제국의 개혁

(1) **탄지마트(1839~1876)**

군대 조직을 서양식으로 대폭 개혁하고 비이슬람 교도들에게도 군 입대를 의무화함

구분	
내용	유럽을 모델로 부국강병 추구 → 행정·과세 제도 개편, 철도 도입, 유럽식 교육 시행, 군대 조직의 근대화, 헌법 제정을 통한 입헌 정치 시도 등
결과	보수 세력의 반대와 유럽 열강의 간섭으로 실패

(2) **청년 튀르크당의 입헌 혁명**

러시아와의 전쟁에서 패배한 이후 술탄이 전제 정치 부활을 시도하자 젊은 장교들이 무력 혁명을 통해 이를 막고자 함

구분	
내용	청년 튀르크당 조직 → 무력 혁명(헌법 부활 및 입헌 군주제 수립, 1908) → 여성 차별 철폐, 언론 자유 보장, 경제 및 교육 개혁 등
한계	소수 민족 억압, 극단적인 튀르크 민족주의 → 아랍 민족주의 자극

3. 오스만 제국의 붕괴와 튀르키예 공화국의 수립

독일, 오스트리아, 이탈리아로 구성된 3국 동맹 측에 참전

(1) **오스만 제국의 붕괴**: 제1차 세계 대전에 동맹국으로 참전하였으나 패전 → 연합국의 이스탄불 점령 후 제국 내에서 크고 작은 독립운동 전개

(2) **튀르키예 공화국의 수립**: 무스타파 케말이 앙카라에서 국민 의회 소집 → 선거를 통한 새 정부 구성 → 그리스와 영국의 침략 격퇴 → 튀르키예 공화국 수립(1923)

(3) **무스타파 케말의 개혁**: 술탄제 폐지, 여성 복장의 자유, 일부일처제, 언어 개혁 등

튀르크어를 표기하기 어려운 아랍 문자를 라틴 문자로 대체하고, 아랍어에서 유래한 단어들을 없애 튀르크 의식을 민족 강화함

2 북아프리카와 서아시아의 대응

1. 이집트의 근대화 운동

오스만 제국이 임명한 이집트의 총독이었으나, 오스만 제국의 군대를 물리치고 이집트의 자치권을 획득하여 사실상 독립을 확보함

(1) **무함마드 알리의 개혁**: 오스만 제국으로부터 자치권 획득(1805) → 근대식 군대 창설, 공교육 제도 수립, 농업 및 산업 육성

(2) **수에즈 운하 건설(1869)**: 지중해와 홍해 연결 시도 → 운하 건설 및 근대화 과정에서 재정난 발생 → 운하 운영권을 영국에 넘기면서 민중 봉기 발생 → 영국이 봉기 진압, 이집트 보호국화

2. 와하브 운동 : 이븐 압둘 와하브가 주도, 이슬람 본래의 종교적 순수성 회복 주장 → 오스만 제국에 반대하는 아랍 민족 운동으로 확대 → 사우디 왕국 건설

3. 이란의 민족 운동

1779년부터 1925년까지 이란을 지배하던 왕조

(1) **배경**: 카자르 왕조의 근대화 개혁 실패 → 영국과 러시아의 간섭 심화

(2) **내용**: 담배 불매 운동, 입헌 혁명 등

(3) **결과**: 영국과 러시아의 무력 개입으로 좌절 → 영국과 러시아가 이란 영토를 분할 지배

교과서 속 자료 & 개념

탄지마트 시기의 개혁

교과서 151쪽

- 오스만 시민의 생명·명예·재산에 대한 보장(1839)
- 최초의 제국 우편국 도입(1840)
- 노예제와 노예 무역 폐지(1847)
- 최초의 근대식 대학 설립(1848)
- 비이슬람교도의 군 복무 허용(1856)
- 종교·종족과 무관하게 동등한 오스만 시민권을 부여하는 국적법 도입(1869)

미드하트 파샤 (1822~1883)

자료 해설

탄지마트는 아랍어로 '개혁, 개선'이라는 뜻이며 '은혜 개혁'으로도 불린다. 오스만 제국의 대내외적인 위기를 극복하기 위해 유럽의 근대화를 모델로 추진되었다. 그러나 술탄과 기득권을 가진 관료층의 반대에 부딪혀 개혁은 점차 지지부진해졌다. 이러한 상황에서 미드하트 파샤를 비롯한 개혁가들이 권력을 잡아 의회 제도를 수립하고 근대식 헌법(미드하트 헌법, 1876)을 제정하였다. 그러나 이러한 시도는 결국 보수 세력과 유럽 열강의 방해로 실패하였다.

튀르키예 독립 전쟁

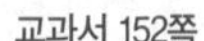

교과서 152쪽

자료 해설

제1차 세계 대전 패전 이후 연합국이 이스탄불을 점령하자, 제국 곳곳에서 독립운동이 전개되었다. 이때 튀르키예의 독립 전쟁을 주도한 인물이 무스타파 케말(1881~1938)이다. 그는 제1차 세계 대전 당시 갈리폴리 전투를 승리로 이끌면서 전쟁 영웅이 되었으며, 이러한 활약으로 인해 '파샤(지도자라는 뜻)'로 불렸다. 그는 몰락한 오스만 제국을 부정하고 앙카라에서 새 정부를 구성한 후, 이를 저지하려는 주변국의 침략을 막아내면서 국민들의 지지를 얻었다. 결국 무스타파 케말은 술탄제를 폐지하고 튀르키예 공화국을 수립(1923)하는 데 성공하였으며, 선거를 통해 초대 대통령에 취임하였다.

수에즈 운하의 건설

교과서 153쪽

— 운하 개통 전(1850)
— 운하 개통 후(1900)
유럽
수에즈 운하
인도
아프리카

수에즈 운하 개통 전후의 무역로

수에즈 운하 개통식(1869)

자료 해설

수에즈 운하는 지중해와 홍해를 연결하는 세계 최대 규모의 운하이다. 1854년 이집트의 태수였던 사이드 파샤가 프랑스에 수에즈 운하 건설권을 주면서 공사가 시작되었다. 그러나 영국이 자국 무역 보호와 프랑스 견제를 목적으로 공사를 반대하였고, 일정이 지연되면서 1869년에 이르러서야 개통되었다. 운하의 개통으로 런던과 인도 뭄바이 간의 항로는 거의 절반 가까이 단축되었으나, 이집트 정부는 막대한 재정난에 시달리게 되었다. 결국 이집트는 운하의 운영권을 영국에 판매하였으며, 이후 영국은 이집트를 보호국으로 만들었다.

3 영국의 인도 침략과 반영 민족 운동

1. 영국의 인도 장악

(1) 무굴 제국의 쇠퇴

무굴 제국	16세기 초 중앙아시아에서 성장한 이슬람 세력이 북인도 지역에서 건국 → 17세기에 인도 대부분 차지
쇠퇴	비이슬람교도 차별 정책 시행으로 불만 폭발 → 18세기 이후 지역 세력들이 독립적으로 성장

(2) 플라시 전투(1757): 동인도 회사를 통해 세력을 확대하던 영국이 무역 경쟁국인 프랑스 격퇴 → 영국이 벵골 지역 장악, 본격적인 인도 침략의 발판 마련

(3) 세포이의 항쟁

새로 지급된 탄약 봉지에 소와 돼지의 기름이 발라져 있다는 소문이 퍼지자, 돼지를 금기시하는 무슬림과 소를 신성시하는 힌두교도들이 모두 탄약 봉지 사용을 거부하며 저항함

배경	영국의 식민지 수탈 및 종교, 문화적 간섭
전개	세포이를 중심으로 봉기(1857) → 전국적 확대, 다양한 세력 참여 → 힘 있는 지방 세력의 비협조, 영국군의 무력 진압으로 실패
결과	동인도 회사 폐지 → 영국 국왕의 인도 직접 통치(1877)

영국령 인도 제국이 수립되어 영국 국왕이 인도 제국의 황제를 겸하게 됨

2. 인도 국민 회의의 성립과 반영 운동의 전개

(1) 인도 국민 회의: 서양식 교육을 받은 인도의 지식인 계층을 중심으로 결성(1885) → 초기에는 영국의 지배권을 인정하면서 정치적 권리 확대 주장

영국은 통치 과정에서 지식인 계층의 협력을 얻기 위해 인도 국민 회의의 창설을 지원하였음

(2) 인도 국민 회의의 반영 운동

배경	영국의 벵골 분할령(1905) 발표
전개	급진파가 인도 국민 회의 장악 → 국산품 애용(스와데시) 및 외국 상품 불매, 인도인의 자치(스와라지), 국민 교육 등을 주장하며 반영 운동 주도 (콜카타 대회(1906)에서 채택됨)
결과	영국이 벵골 분할령 취소(1911), 인도인에게 명목상의 자치 허용(영국의 분리 통치 지속)

동인도 회사

16~17세기 영국·프랑스·네덜란드 등이 설립한 회사로 정부로부터 아시아 무역에 대한 독점권을 허가받았다. 독자적인 군대를 보유하고, 전쟁을 통해 세력을 확장하는 등 사실상 국가를 대신해 식민지 확대에 나섰다.

세포이

영국 동인도 회사에 고용된 인도인 병사들을 말한다.

보충 벵골 분할령(1905)

영국은 벵골 지역을 힌두교도가 많은 서벵골과 무슬림이 많은 동벵골로 분할하려 하였다. 이는 종교 간의 갈등을 부추겨 인도의 민족 운동 세력을 분열시키려는 목적이었다. 벵골 분할령을 철회한 후에도 영국은 두 종교에 대한 분리 통치 정책을 유지하였으며, 이는 결국 독립 과정에서 인도(힌두교도)와 파키스탄(무슬림)이 분리되는 결과를 낳았다.

4 인도의 국민 국가 건설 운동

1. 불복종 운동의 전개

(1) 배경: 영국이 제1차 세계 대전 당시 인도의 협조를 구하기 위해 자치권 부여 약속 → 전후 「로울라트법」 시행, 암리차르의 민간인 학살(1919) 등으로 오히려 탄압 → 인도의 반감 고조

영국군이 인도 북부의 암리차르에서 시위대를 향해 무차별 총격을 가함

(2) 전개

간디	인도 국민 회의를 중심으로 비폭력·불복종 운동 전개, 소금 행진(1930)
네루	완전한 독립을 위해 급진적인 독립 투쟁 추구

(3) 결과: 영국이 지방 정부의 자치권 인정(1935) → 네루가 이끈 인도 국민 회의를 중심으로 지방 정부 구성

2. 국민 국가를 향한 인도인의 저항

(1) 배경: 제2차 세계 대전 발발 → 영국이 인도인들의 의사를 무시한 채 일방적으로 인도의 참전 선언

(2) 전개: 인도 국민 회의가 집권한 지방 정부에서 사퇴하여 영국의 조치에 항의, 간디가 인도에서 영국이 즉시 물러날 것을 주장하는 인도 철수 운동 전개(1942)

「로울라트법」

인도인을 재판 없이 감옥에 가둘 수 있도록 한 법이다.

소금 행진(1930)

영국이 소금법을 만들어 인도인의 소금 생산을 금지하자, 간디는 25일 동안 약 390 km를 행진하여 직접 소금을 만들었다. 영국은 간디를 포함하여 행진에 참여하는 사람들을 체포하였으며, 영국의 탄압에 반발하는 시위가 전국으로 확산되었다.

교과서 속 자료 & 개념

인도의 민족 운동

교과서 157쪽

불복종 운동의 주요 내용
- 작위와 상장 · 훈장 반납, 관직 사퇴
- 정부가 주관하는 접견과 공식 행사 참석 거부
- 지방 의회 선거 거부
- 식민 정부 법정의 재판 거부
- 국공립 학교 학생 자퇴, 교사 사직
- 토지세 납부 거부, 외국 상품 불매 운동 등

자료 해설

'마하트마(위대한 영혼)'로 칭송받는 인도의 민족 지도자 간디는 영국 정부에 저항하는 비폭력·불복종 운동을 이끌었다. 그는 영국이 지배하고 있는 인도 정부에 참여하지 말 것을 호소하였으며, 평화적인 방법으로 영국의 법률과 명령에 저항할 것을 주장하였다. 또한 '인도를 가난하게 만드는 것은 영국 상품과 영국산 면직물'이라는 신념으로 많은 사람 앞에서 물레로 직접 옷을 짜 입기도 하였다. 이러한 간디의 노력으로 불복종 운동은 더욱 확산되었다.

동남아시아의 민족 운동

교과서 159쪽

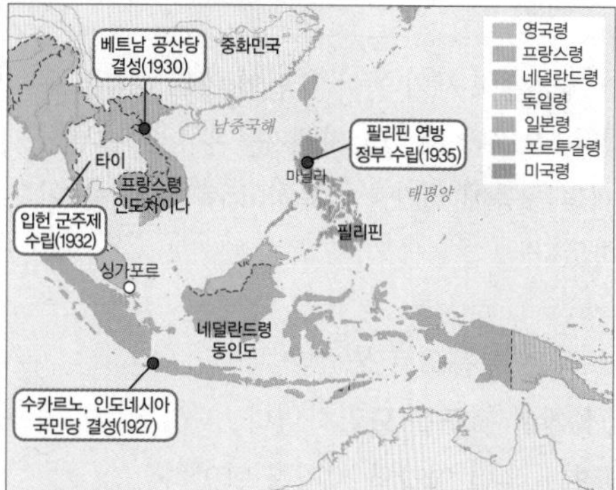

자료 해설

동남아시아의 민족 운동은 식민 지배의 피해에 저항하는 움직임에서 시작되어, 1920년대 이후에는 독립적인 국민 국가를 수립하려는 노력으로 발전하였다.

시암 (타이)	• 라마 5세(쭐랄롱꼰)의 개혁, 영국과 프랑스의 세력 균형 → 동남아시아에서 유일하게 독립 유지 • 청년 장교들의 혁명(1932) → 입헌 군주제 도입
인도네시아	수카르노, 인도네시아 국민당 결성(1927) → 네덜란드의 식민 지배에 저항
베트남	호찌민, 베트남 공산당 결성(1930) → 프랑스 제국주의에 저항

개념 꿀꺽

1. 빈칸에 알맞은 말을 쓰시오.

(1) 오스만 제국은 (   )(이)라고 불린 개혁을 통해 유럽식 부국강병을 추진하였다.

(2) 영국은 (   )에서 프랑스를 물리치고 벵골 지역을 장악하였다.

(3) 인도 국민 회의는 (   )의 시행을 계기로 본격적인 반영 운동을 전개하였다.

2. 다음 설명에 해당하는 인물을 〈보기〉에서 고르시오.

보기

㉠ 네루　　㉡ 무스타파 케말　　㉢ 이븐 압둘 와하브

(1) 튀르키예 독립 전쟁을 이끌고 튀르키예 공화국의 초대 대통령이 되었다. (   )

(2) 인도의 완전한 독립을 목표로 급진적인 투쟁을 추구하였다. (   )

(3) 이슬람교의 종교적 순수성 회복을 강조하며 아랍인의 민족 의식을 일깨웠다. (   )

정답
1. (1) 탄지마트 (2) 플라시 전투 (3) 벵골 분할령
2. (1) ㉡ (2) ㉠ (3) ㉢

기초 튼튼 | 기본문제

중요

01 밑줄 친 '개혁'에 대한 설명으로 옳지 않은 것은?

> 오스만 제국은 19세기 들어 유럽의 영토 대부분을 상실하였다. 오스만 제국의 지배자들은 1839년부터 실시된 개혁을 통해 위기를 극복하고 부국강병을 이루고자 하였다.

① 탄지마트라는 이름으로 불렸다.
② 개혁 과정에서 철도를 도입하였다.
③ 보수 세력과 유럽 열강의 지지를 받았다.
④ 헌법 제정을 통한 입헌 정치를 시도하였다.
⑤ 군 조직을 서양식으로 개혁하여 군대를 근대화하였다.

단답형

02 (가)에 들어갈 알맞은 말을 쓰시오.

> 러시아와의 전쟁에서 패배한 이후 오스만 제국의 술탄이 전제 정치를 강화하자, 젊은 장교와 관료 및 지식인을 중심으로 (가) 이/가 조직되었다. 이들은 무력 혁명을 통해 헌법의 부활과 입헌 군주제의 도입을 시도하였다.

( )

03 밑줄 친 '그'에 대한 설명으로 옳은 것은?

> 그는 갈리폴리 전투를 승리로 이끌면서 전쟁 영웅이 되었으며, 이러한 활약으로 인해 지도자라는 뜻의 '파샤'로 불렸다. 그는 제1차 세계 대전에서의 패배로 몰락한 오스만 제국을 부정하고 앙카라에서 새 정부를 구성하였다.

① 로울라트법을 시행하였다.
② 담배 불매 운동을 전개하였다.
③ 수에즈 운하의 건설을 주도하였다.
④ 술탄 중심의 전제 정치를 실시하였다.
⑤ 튀르키예 공화국의 초대 대통령이 되었다.

04 (가)에 들어갈 인물로 옳은 것은?

(가)
검색
지식 검색
• 이름: (가)
• 생몰 연도: 1769~1849
• 인물 설명: 오스만 제국의 총독으로 이집트에 파견되었다. 1805년 오스만 제국의 군대를 물리치고 자치권을 획득함으로써 사실상 이집트를 독립시켰다.

① 간디　② 네루
③ 무스타파 케말　④ 무함마드 알리
⑤ 미드하트 파샤

05 다음에서 설명하는 민족 운동으로 옳은 것은?

> 이슬람교의 종교적 순수성을 강조한 개혁 운동으로, 무함마드의 가르침으로 돌아갈 것을 주장하였다.

① 탄지마트　② 불복종 운동
③ 와하브 운동　④ 스와데시 운동
⑤ 청년 튀르크당의 혁명

06 (가)에 들어갈 국가로 옳은 것은?

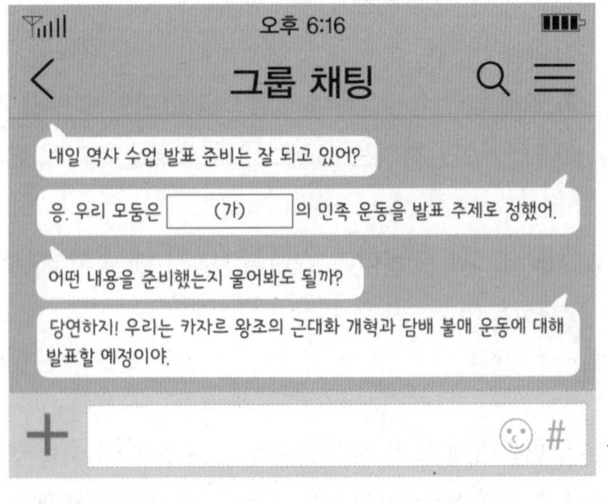

오후 6:16
그룹 채팅
내일 역사 수업 발표 준비는 잘 되고 있어?
응. 우리 모둠은 (가) 의 민족 운동을 발표 주제로 정했어.
어떤 내용을 준비했는지 물어봐도 될까?
당연하지! 우리는 카자르 왕조의 근대화 개혁과 담배 불매 운동에 대해 발표할 예정이야.

① 이란　② 인도　③ 이집트
④ 튀르키예　⑤ 사우디아라비아

단답형

07 다음에서 설명하는 것을 쓰시오.

영국, 프랑스, 네덜란드 등의 유럽 국가가 설립한 회사로 정부로부터 아시아 무역에 대한 독점권을 허가받았다. 독자적인 군대를 보유하고 전쟁을 통해 세력을 확장하는 등 사실상 국가를 대신해 식민지 확대에 나섰다.

(　　　　　　)

08 다음 가상 대화와 관련된 사건으로 옳은 것은?

① 세포이 항쟁　② 플라시 전투
③ 스와데시 운동　④ 암리차르 학살
⑤ 담배 불매 운동

중요

09 밑줄 친 '이 단체'에 대한 설명으로 옳은 것은?

인도인에 대한 차별이 심해지자, 인도의 지식인 계층은 인도인을 대표하는 정치 기구를 만들고자 하였다. 영국은 지식인 계층의 협력을 얻기 위해 이 단체의 결성을 지원하였다.

① 벵골 분할령을 지지하였다.
② 스와데시 운동을 주도하였다.
③ 세포이의 항쟁을 지원하였다.
④ 결성 초기부터 급진파가 주도하였다.
⑤ 극단적인 튀르크 민족주의를 내세웠다.

10 (가) 운동을 주도한 인물로 옳은 것은?

(가) 운동의 주요 내용

- 작위와 상장·훈장 반납, 관직 사퇴
- 정부가 주관하는 접견과 공식 행사 참석 거부
- 국공립 학교 학생 자퇴, 교사 사직
- 토지세 납부 거부, 외국 상품 불매 운동 등

① 간디　② 레자 칸　③ 수카르노
④ 알 아프가니　⑤ 이븐 압둘 와하브

11 (가)에 들어갈 내용으로 적절한 것은?

친구야 안녕? 나는 지금 인도를 여행하고 있어. 어제는 '인디아 게이트'에 다녀왔는데, 제1차 세계 대전에서 전사한 인도인 병사들을 추모하기 위해 만들었대. 인도인들은 전쟁이 끝나면 자치권을 주겠다는 영국의 약속을 믿고 전쟁에 협력했는데, 전쟁이 끝나자 영국은 오히려 (가) 하는 등 다양한 정책으로 인도인들을 탄압했대. 앞으로도 인상적인 여행지가 있으면 또 소개할게.

① 로울라트법을 시행
② 벵골 분할령을 발표
③ 세포이의 항쟁을 진압
④ 아랍어의 사용을 금지
⑤ 차르의 전제 정치를 강화

12 (가)에 들어갈 국가로 옳은 것은?

1930년 호찌민을 중심으로 (가) 공산당이 결성되어 프랑스 제국주의에 저항하였다.

① 타이　② 미얀마　③ 베트남
④ 필리핀　⑤ 인도네시아

실력 쑥쑥 | 실전문제

[01 ~ 02] 다음 지도를 보고 물음에 답하시오.

01 오스만 제국의 영토가 지도와 같이 축소된 원인으로 옳지 않은 것은?

① 그리스의 독립
② 신항로의 개척
③ 플라시 전투의 패배
④ 러시아의 남하 정책
⑤ 이집트의 자치권 획득

중요

02 오스만 제국에서 추진된 개혁으로 옳은 것만을 〈보기〉에서 고른 것은?

보기

ㄱ. 탄지마트
ㄴ. 담배 불매 운동
ㄷ. 로울라트법 시행
ㄹ. 청년 튀르크당의 혁명

① ㄱ, ㄴ ② ㄱ, ㄹ ③ ㄴ, ㄷ
④ ㄴ, ㄹ ⑤ ㄷ, ㄹ

03 다음 설명에 해당하는 인물로 옳은 것은?

- 앙카라에서 국민 의회를 소집하고 독립 전쟁 주도
- 일부일처제 확립, 남녀평등 교육 시행
- 서양식 문자 도입과 언어 개혁 실시

① 수카르노 ② 라마 5세
③ 로베스피에르 ④ 미드하트 파샤
⑤ 무스타파 케말

04 다음은 19세기 열강의 이란 침략을 나타낸 지도이다. (가), (나) 국가를 옳게 짝지은 것은?

	(가)	(나)		(가)	(나)
①	영국	러시아	②	영국	프랑스
③	러시아	영국	④	러시아	프랑스
⑤	프랑스	영국			

05 (가)에 들어갈 내용으로 가장 적절한 것은?

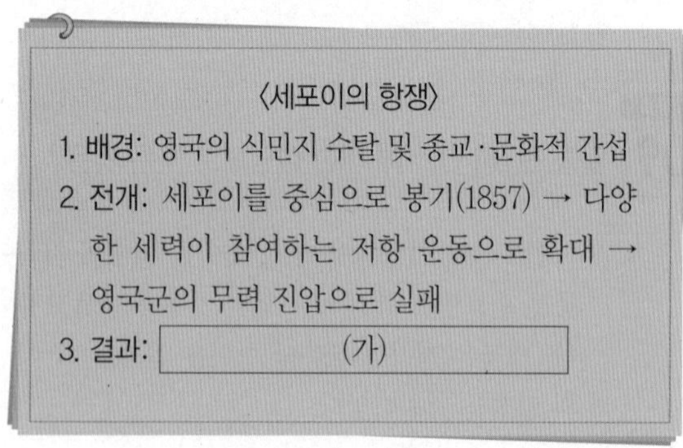
〈세포이의 항쟁〉
1. 배경: 영국의 식민지 수탈 및 종교·문화적 간섭
2. 전개: 세포이를 중심으로 봉기(1857) → 다양한 세력이 참여하는 저항 운동으로 확대 → 영국군의 무력 진압으로 실패
3. 결과: (가)

① 동인도 회사의 설립
② 플라시 전투의 발발
③ 무굴 제국의 영토 확장
④ 영국령 인도 제국의 수립
⑤ 인도인의 완전한 자치 허용

06 (가) 인물에 대한 설명으로 옳은 것만을 <보기>에서 있는 대로 고른 것은?

지폐에 새겨진 인물은 인도의 민족 운동 지도자 (가) 입니다. 그는 위대한 영혼이라는 의미의 '마하트마'로 불립니다.

보기
ㄱ. 소금 행진을 주도하였다.
ㄴ. 평화적인 방법의 불복종 운동을 강조하였다.
ㄷ. 사회주의 사상을 바탕으로 급진적인 투쟁을 추구하였다.
ㄹ. 제2차 세계 대전이 발발하자 인도 철수 운동을 전개하였다.

① ㄱ, ㄴ ② ㄷ, ㄹ ③ ㄱ, ㄴ, ㄹ
④ ㄴ, ㄷ, ㄹ ⑤ ㄱ, ㄴ, ㄷ, ㄹ

고난도

07 다음 설명에 해당하는 국가로 옳은 것은?

• 영국과 프랑스의 세력 균형으로 동남아시아에서 유일하게 독립을 유지하였다.
• 1932년 청년 장교들이 중심이 된 혁명이 일어나 입헌 군주제를 도입하였다.

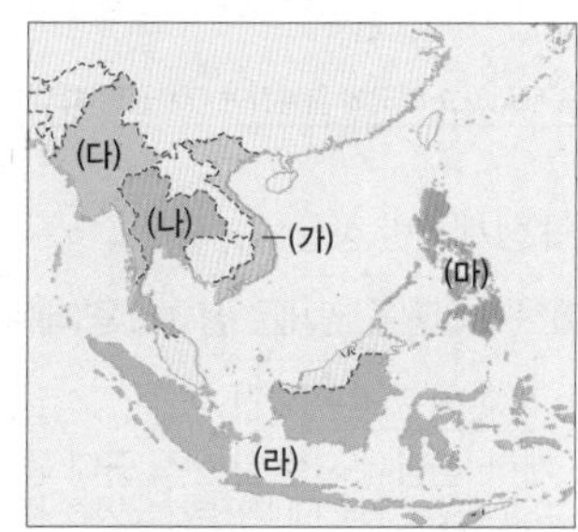

① (가) ② (나) ③ (다)
④ (라) ⑤ (마)

서술형

08 수에즈 운하의 건설이 이집트에 끼친 영향을 두 가지 서술하시오.

09 (가) 국가가 수립되는 데 영향을 준 아랍 민족 운동을 쓰고, 그 내용을 서술하시오.

가 의 국기

10 지도에 나타난 영국의 인도 통치 정책을 쓰고, 이러한 정책을 실시한 목적을 서술하시오.

4 동아시아의 국민 국가 건설 운동

Ⅳ. 제국주의 침략과 국민 국가 건설 운동

교과서 162~171쪽

보충 청과 영국 간의 무역 변화

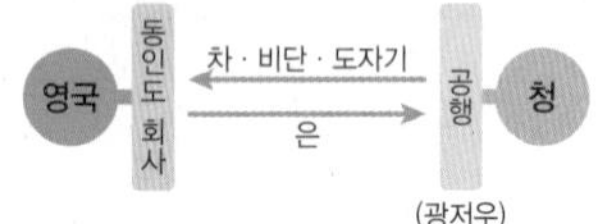

초기 무역(17~18세기)

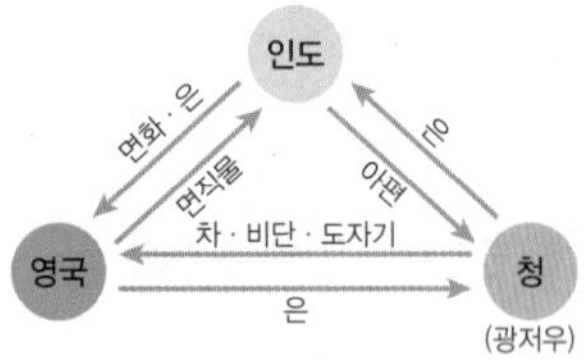

삼각 무역(19세기)

1 개항과 불평등 조약의 체결

1. 청의 개항

(1) 영국의 삼각 무역

① 배경: 영국의 중국산 차 대량 수입 → 영국의 은이 중국으로 대량 유출 → 영국이 무역 적자 해결을 위해 인도산 아편을 중국에 밀수출

② 결과: 청의 아편 중독자 증가, 은의 대량 유출 → 사회 문제와 재정 위기 발생

(2) 아편 전쟁의 발발

(임칙서: 청의 관리로 광저우에 파견되어 영국 상인들의 아편을 몰수하는 등 아편 문제에 강경 대응함)

구분	제1차 아편 전쟁(1840)	제2차 아편 전쟁(1856~1860)
과정	청이 임칙서를 보내 아편 단속 → 영국이 재산권 침해를 구실로 침략 → 청의 패배	애로호 사건 → 영국이 프랑스와 연합하여 청 침략 → 영국과 프랑스가 베이징 점령
결과	난징 조약(1842) 체결 (5개 항구 개항, 홍콩 할양, 배상금 지불 등)	베이징 조약(1860) 체결 (외국 공사의 베이징 주재 인정, 크리스트교 선교 허용, 아편 무역 합법화 등)

2. 일본의 개항

(1) 배경: 에도 막부의 쇄국 정책 → 미국이 페리 함대를 앞세워 개항 요구

(쇄국 정책: 나가사키를 개방하여 네덜란드 상인에게만 제한적 무역을 허용함)
(페리 함대: 에도 앞바다에서 무력 시위를 하며 개항을 요구함(포함 외교))

(2) 결과: 미일 화친 조약(1854), 미일 수호 통상 조약(1858) 체결

3. 조선의 개항: 운요호 사건 → 조일 수호 조규(강화도 조약, 1876) 체결

(3개 항구 개항, 일본의 해안 측량 허가, 영사 재판권 인정)

애로호 사건

1856년 광저우에서 애로호의 중국인 승무원이 해적 혐의로 체포되었다. 영국은 이 과정에서 청의 관리가 애로호에 걸려 있던 자국 국기를 모독하였다고 주장하였으며, 이를 구실로 제2차 아편 전쟁을 일으켰다.

2 근대화 개혁의 시도

1. 청의 근대화 개혁

(1) 양무운동

(1860년대부터 약 30년간 진행되면서 다양한 성과를 거두었으나, 청 조정의 지휘력 없이 개별 지방관들이 분산적으로 시행하는 한계가 있음)

배경	제 1·2차 아편 전쟁에서 서양 무기의 우수성 확인
내용	• 증국번, 이홍장 등의 지방 관료 중심 • 청의 제도와 문화를 유지하면서 서양의 기술 도입 추진 → 무기 공장 설립, 산업 진흥 시도

('중체서용'의 입장에서 개혁 추구)

(2) 변법자강 운동

배경	청일 전쟁의 패배로 양무운동의 한계 노출
전개	• 캉유웨이, 량치차오 등의 지식인들이 정치 제도를 포함한 더 넓은 범위의 개혁(변법) 주장 • 상공업 육성, 신식 군대 양성, 근대 교육 확대 등을 목표로 개혁 추진(무술변법)
결과	서태후를 중심으로 한 보수파의 반발로 실패

보충 금릉 기기국

양무운동의 일환으로 난징에 설치된 근대적 무기 공장이다. 대포와 화약을 생산하였다.

2. 일본의 메이지 유신

(굴욕적인 개항 조약 체결: 천황의 조약 체결 반대 의견을 무시하고 미국에 굴복하여 무사들의 지지를 상실함)

배경	• 막부의 굴욕적인 개항 조약 체결 • 상품 경제의 발달로 인한 하급 무사들의 생계 기반 상실
경과	하급 무사들을 중심으로 막부 타도 → 메이지 천황을 앞세운 정부 수립(메이지 유신, 1868)
내용	• 중앙 집권적 통치 체제 확립: 폐번치현, 각 현에 지방관 파견 • 부국강병 정책: 토지 제도와 조세 제도 개혁, 징병제 시행 및 신식 군대 육성, 신식 공장 설립 • 서구 문물 도입: 신식 학교 설립, 유학생 파견 등

(폐번치현: 번을 폐지하고 현을 설치함 — 에도 시대까지의 봉건제는 사라지고 메이지 시대의 중앙 집권적 체제로 개편됨)

3. 조선의 근대화 개혁 시도: 임오군란(1882), 갑신정변(1884), 갑오개혁(1894) 추진

교과서 속 자료 & 개념

삼각 무역(19세기)

교과서 162쪽

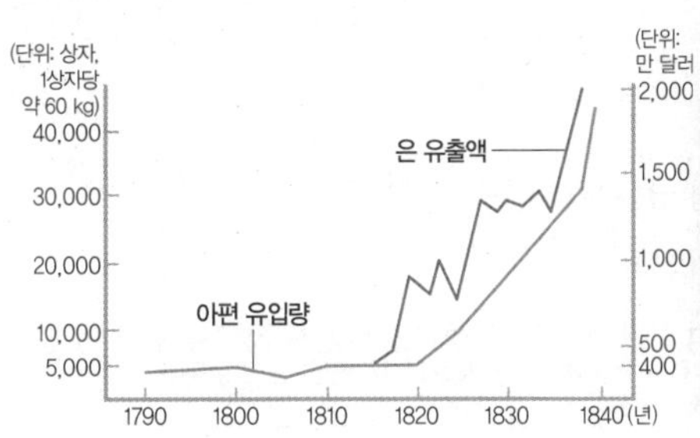

청의 은 유출액과 아편 유입량

아편 중독자

자료 해설

영국은 중국산 차를 대량으로 수입하는 과정에서 은 유출과 무역 적자가 심화되자, 19세기 초부터 인도산 아편을 중국에 밀수출함으로써 이 문제를 해결하려 하였다. 이로 인해 청의 아편 유입량이 크게 증가하였으며, 은 유출액도 급증하였다. 결국 청은 아편 중독으로 인한 사회 문제를 해결하기 위해 아편 단속을 시작하였으며, 이는 제1차 아편 전쟁의 원인이 되었다.

동아시아 각국의 개항

교과서 163쪽

구분	조약	내용
청(중국)	난징 조약(1842)	광저우·상하이 등 5개 항구 개항, 영국에 홍콩 할양, 공행 무역 폐지, 영사 재판권 인정, 관세 자주권 부정 등
일본	미일 수호 통상 조약(1858)	나가사키·니가타 등 개항, 영사 재판권 인정, 관세 자주권 부정 등
조선	조일 수호 조규(1876)	부산·인천 등 3개 항구 개항, 일본의 해안 측량 허가, 영사 재판권 인정 등

자료 해설

중국은 영국과의 아편 전쟁, 일본은 미국 페리 함대의 무력 시위, 조선은 일본이 일으킨 운요호 사건을 계기로 개항하였다. 개항 과정에서 동아시아 삼국이 체결한 조약은 모두 불평등 조약으로 영사 재판권, 관세 자주권의 부정 등을 포함하고 있었다. 동아시아 삼국은 개항을 통해 조약 형태로 세계 자본주의 체제에 편입되었으나, 준비되지 않은 상태에서 외세에 의해 강제로 개항되면서 많은 어려움을 겪었다.

메이지 유신

교과서 165쪽

이와쿠라 사절단

폐번치현의 조서 공포

자료 해설

일본 메이지 정부는 다이묘의 영지인 번을 폐지하고 현을 설치하였으며(폐번치현), 현에는 지방관을 파견하였다. 또 서양과 맺은 불평등 조약을 개정하고, 서구의 문물을 배워 올 목적으로 이와쿠라 사절단을 파견하였다. 이와쿠라 사절단은 1871년 12월에 요코하마를 출발하여 약 21개월 동안 미국과 유럽 국가들(영국, 프랑스, 러시아, 프로이센 등)을 방문하고 돌아왔다. 조약 개정이라는 목표는 달성하지 못했지만, 이들이 배워 온 서구 제도와 문물에 대한 지식은 향후 일본의 근대화 정책에 큰 영향을 끼쳤다.

3 국민 국가 건설의 노력

1. 중국의 근대 국민 국가 수립

(1) **신해혁명(1911)**

배경	만주족의 지배에 대한 회의론 확산 → 공화국을 수립하려는 움직임 등장
중심 인물	쑨원 → 중국 동맹회 결성(1905), 삼민주의 제창
내용	우창에서 신식 군대 봉기 → 혁명의 전국적 확산 → 난징에 중화민국 임시 정부 수립(1912), 쑨원이 임시 대총통에 취임 (우창에서 신식 군대 봉기: 청 정부가 민간 철도 국유화 조치를 발표하자 격렬한 반대 운동이 일어났으며, 이는 우창에서 신식 군대 봉기로 이어짐)

(2) **위안스카이의 통치**: 쑨원이 위안스카이에게 임시 대총통 지위 양보(1912) → 위안스카이가 의회를 해산하고 황제 등극 시도 → 군벌들이 여러 지역을 나누어 통치

(3) **국민 혁명(1924~1927)**: 제1차 국공 합작(제국주의와 군벌 정부 타도 목적)

(제1차 국공 합작: 1927년에 제1차 국공 합작이 깨지면서 중국 국민당과 중국 공산당이 대립하게 되었으며 국공 내전으로 이어짐)

(4) **국공 내전과 중화 인민 공화국의 수립**

배경	중국 국민당(국민 정부 수립, 도시를 중심으로 근대화 추진)이 중국 공산당(농촌 중심)과 대립
결과	중국 공산당이 내전에서 승리 → 중화 인민 공화국 수립, 국민 정부는 타이완으로 후퇴(1949)

2. 일본의 근대 국가 수립

(1) **자유 민권 운동**: 메이지 정부의 독단적 의사 결정 비판, 헌법 제정과 의회 개설 요구

(2) **근대 국가의 수립**: 대일본 제국 헌법(1889) 제정, 제국 의회 개설(1890)

(대일본 제국 헌법: 메이지 헌법이라고도 함. 천황이 강력한 권한을 가지는 천황제 국가를 지향하였으며, 일본이 제2차 세계 대전에서 패배하여 새로운 헌법이 제정(1946)될 때까지 지속됨)

3. 대한 제국의 개혁 : 대한 제국 수립(1897) 이후 광무개혁 추진 → 일본이 러일 전쟁 승리 후 한반도에 영향력 확대 → 일본의 식민지로 전락(1910)

(광무개혁: 여러 방면에서 성과를 냈으나, 민권보다 황제권 강화에 치우쳤다는 한계가 있음)

4 제국주의에 맞선 투쟁

1. 일본의 제국주의적 침략

청일 전쟁(1894~1895) (한반도를 두고 청과 일본이 경쟁)	• 전개: 동학 농민 운동을 빌미로 일본군이 청군 기습, 전쟁 발발 → 일본 승리 (1894년 조선에서 동학 농민 운동이 일어나자, 조선 정부가 청에 도움 요청 → 청군이 조선에 상륙하자 일본군도 뒤따라 조선에 상륙하여 전쟁을 도발함) • 결과: 시모노세키 조약 → 일본이 랴오둥반도와 타이완, 거액의 배상금 등 획득
삼국 간섭(1895)	러시아, 독일, 프랑스의 압력 → 일본이 청에 랴오둥반도 반환
러일 전쟁(1904~1905)	일본 승리 → 일본이 한반도에서 독점적 지위 확립, 랴오둥반도 차지
중일 전쟁	대공황 이후 일본 내 군국주의 확산 → 만주 사변(1931) → 중일 전쟁(1937)

2. 청과 조선 민중의 저항

(1) **의화단 운동(1898~1900)**: 청을 도와 외세를 몰아내자는 구호를 내걸고 교회와 외국인 습격 → 영국과 일본 등 8개국 열강이 연합군 조직, 의화단 운동 진압

("부청멸양"의 구호로 일어난 반크리스트교 운동)

(2) **동학 농민 운동(1894)**: 사회 개혁을 요구하면서 시작 → 청일 전쟁으로 일본의 내정 간섭이 심해지자 반외세 투쟁으로 확대 → 일본군과 관군의 진압으로 실패, 갑오개혁의 계기

3. 3·1 운동과 5·4 운동의 전개

(1) **3·1 운동(1919)**: 일본의 식민 지배에 저항 → 한국에서 전국적 만세 운동 전개

(2) **5·4 운동(1919)**: 파리 강화 회의에서 열강이 산둥반도에 대한 독일의 권리를 일본에 넘겨줌 → 중국에서 전국적인 저항 운동 전개 → 정부가 베르사유 조약에 서명하지 않음

4. 중국 국민당과 중국 공산당의 저항: 제1차 국공 합작 → 국민 혁명 → 시안 사건(1936) → 제2차 국공 합작

(제2차 국공 합작: 국민당과 공산당이 공동으로 일본 제국주의에 저항함)

5. 중국과 한국의 공동 항일 전선: 동북 항일 연군, 조선 의용군, 한국 광복군 등

(동북 항일 연군: 조선인 공산주의자들이 다수 포함됨 / 조선 의용군: 중국 공산당이 지원 / 한국 광복군: 중국 국민당이 지원)

삼민주의

쑨원이 내세운 혁명 사상으로 만주족과 외세를 몰아내자는 '민족주의', 공화국을 설립하고 민권을 수립하자는 '민권주의', 토지의 권리를 평균화하자는 '민생주의'로 요약된다.

보충 위안스카이

청의 군인이자 실권자로 신해혁명이 일어나자 청 황제로부터 혁명의 진압을 명령받았다. 그러나 그는 쑨원과 협상을 벌여 황제를 퇴위시키고 청을 멸망시켰다.

의화단

종교 활동과 함께 의화권(義和拳)이라는 무술을 연마하던 비밀 결사였다. 열강의 침략으로 민중의 경제생활이 더욱 어려워지자 교회를 파괴하고 외국인을 습격하였다.

보충 3·1 운동에 대한 중국 지식인의 반응

> "이번 조선의 독립운동은 위대하고 간절하며 비장한 동시에 명료하고 정확한 관념을 갖추어, 민의를 사용하되 무력을 사용하지 않음으로써 세계 혁명사의 신기원을 열었다. …… 조선인과 비교하면 우리는 진정으로 부끄러워서 몸 둘 바를 모르겠다!"
>
> – 천두슈(1879~1942)

천두슈는 3·1 운동을 높이 평가하면서 중국인들도 단결하여 제국주의에 맞서자고 호소하였다. 이는 5·4 운동이 일어나는 데 영향을 끼쳤다.

시안 사건

1936년 12월, 공산당 토벌 임무를 수행하던 장쉐량이 시안에서 국민 정부의 수장인 장제스를 잡아 가둔 사건이다. 이 사건을 계기로 제2차 국공 합작이 결성되어 국공 양당은 협력하여 일본의 대륙 진출에 저항하였다.

교과서 속 자료 & 개념

청과 메이지 정부의 입헌 비교
교과서 167쪽

대일본 제국 헌법(1889)

제1조 대일본 제국은 만세일계(萬世一系)의 천황이 통치한다.
제3조 천황은 신성하여 침범할 수 없다.
제4조 천황은 국가의 원수이며, 통치권을 총괄하고, 이 헌법의 조항에 따라 이를 행한다.
제5조 천황은 제국 의회의 동의를 얻어 입법권을 행한다.

흠정 헌법 대강(1908)

1. 대청 황제는 대청 제국을 통치하며, 만세일계로 영원히 존중하여 떠받든다.
2. 황제는 신성하고 존엄하며 침범할 수 없다.
3. 법률은 의회의 의결을 거치더라도 황제의 명령에 의해 비준·반포되지 않으면 실행할 수 없다.

〔자료 해설〕

변법자강 운동이 실패한 이후 청에서는 1901년부터 신정 개혁이 시행되었다. 1905년 일본이 러일 전쟁에서 승리하자 입헌을 요구하는 움직임이 중국 안팎으로 확대되었으며, 청 정부가 이를 수용하여 흠정 헌법 대강을 반포하였다. 흠정 헌법 대강은 메이지 헌법의 내용을 참고하여 만들어졌으나, 황제의 권한만이 강조되고 의회와 국민의 민주적 권리는 보장되지 않았다는 한계가 있다.

일본의 대륙 침략
교과서 168쪽

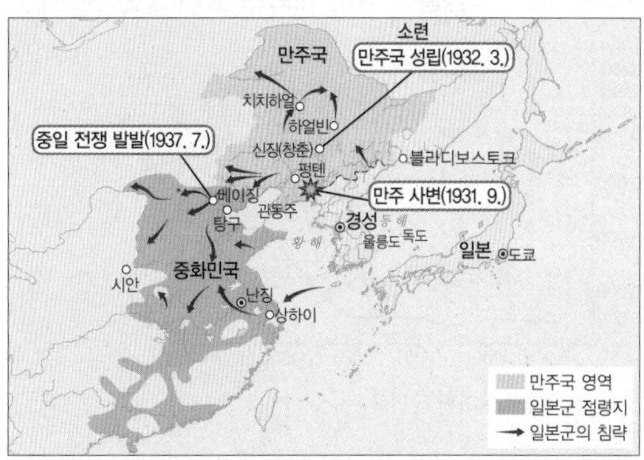

〔자료 해설〕

1929년에 시작된 대공황은 일본 경제에도 큰 충격을 주었다. 위기 상황에서 군부의 주도로 군국주의 정책이 추진되었으며, 침략 전쟁을 통해 해외 식민지를 확장하고자 하였다. 1931년 일본은 만주의 군벌 세력이 일본의 철도를 폭파시켰다고 주장하며 만주를 점령하였고(만주 사변), 괴뢰 정권인 만주국을 세워 청의 마지막 황제를 만주국의 황제 자리에 앉혔다(1932). 이어 중국 국민당의 군대가 먼저 일본군을 향해 발포하였다고 주장하며 본격적인 중국 침략을 시작하였다(중일 전쟁, 1937). 이후 일본은 동남아시아를 침략하고 하와이를 습격하여 전쟁을 태평양으로 확대하였다.

개념 꿀꺽

1. 빈칸에 알맞은 말을 쓰시오.

(1) 제1차 아편 전쟁에서 패배한 청은 영국과 (   )을/를 체결하였다.
(2) 일본은 1868년 (   )을/를 통해 천황 중심의 정부를 구성하고 근대화를 추진하였다.
(3) 중국에서는 1911년에 (   )이/가 일어나 중화민국 임시 정부가 수립되었다.
(4) 청일 전쟁에서 승리한 일본은 (   )을/를 맺어 랴오둥반도와 타이완을 차지하였다.

2. 다음 내용이 옳으면 ○표, 틀리면 ×표 하시오.

(1) 청일 전쟁 이후 캉유웨이·량치차오 등을 중심으로 양무운동이 전개되었다. (   )
(2) 일본에서는 헌법 제정과 의회 개설을 요구하는 자유 민권 운동이 전개되었다. (   )
(3) 의화단은 청을 도와 외세를 몰아내자는 구호를 내걸고 교회와 외국인을 습격하였다. (   )

정답
1. (1) 난징 조약 (2) 메이지 유신 (3) 신해혁명 (4) 시모노세키 조약
2. (1) × (2) ○ (3) ○

기초 튼튼 | 기본문제

중요

01 그래프를 보고 학생들이 나눈 대화로 옳지 않은 것은?

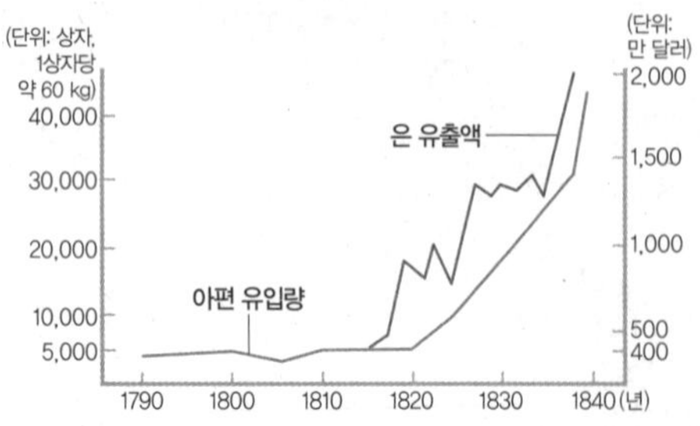

청의 은 유출액과 아편 유입량

① 진무: 영국이 주도한 삼각 무역의 영향이 나타나 있어.
② 경일: 이러한 상황은 결국 제1차 아편 전쟁으로 이어졌어.
③ 문혁: 이 기간 동안 영국의 무역 적자는 점점 커졌을 거야.
④ 주현: 청은 아편 유입량을 줄이기 위해 아편을 단속하였어.
⑤ 찬석: 청의 은 유출액이 늘어난 것은 영국이 인도산 아편을 청에 밀수출했기 때문이야.

단답형

02 다음 내용이 포함된 조약을 쓰시오.

- 상하이 등 5개 항구 개항
- 영국에 홍콩 할양
- 공행 무역 폐지

( )

03 (가)에 들어갈 근대화 운동으로 옳은 것은?

청은 제 1·2차 아편 전쟁에서 서양 무기의 우수성을 확인하였다. 이에 청에서는 본국의 제도와 문화는 유지하면서 서양의 기술을 도입하여 부국강병을 이루자는 (가) 을/를 추진하였다.

① 갑신정변 ② 국민 혁명 ③ 양무운동
④ 신정 개혁 ⑤ 변법자강 운동

04 (가), (나)에 들어갈 말을 옳게 짝지은 것은?

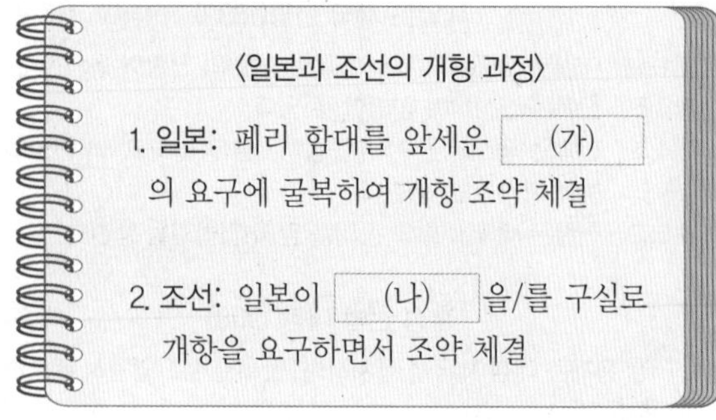

〈일본과 조선의 개항 과정〉

1. 일본: 페리 함대를 앞세운 (가) 의 요구에 굴복하여 개항 조약 체결
2. 조선: 일본이 (나) 을/를 구실로 개항을 요구하면서 조약 체결

	(가)	(나)		(가)	(나)
①	영국	애로호 사건	②	영국	운요호 사건
③	미국	운요호 사건	④	미국	애로호 사건
⑤	러시아	청일 전쟁			

[05 ~ 06] 다음을 읽고 물음에 답하시오.

에도 막부는 천황을 무시하고 무리하게 개항 조약을 체결하면서 무사들의 지지를 상실하였다. 결국 1868년에 하급 무사들이 중심이 되어 막부를 무너뜨리고 천황 중심의 새 정부를 수립하였다. 이후 적극적인 개혁이 추진되어 일본을 근대 국가로 탈바꿈시켰다.

05 위에서 설명하고 있는 사건으로 옳은 것은?

① 갑신정변 ② 광무개혁
③ 무술변법 ④ 메이지 유신
⑤ 자유 민권 운동

중요

06 밑줄 친 '개혁'의 내용으로 옳은 것만을 〈보기〉에서 고른 것은?

보기
ㄱ. 징병제를 실시하였다.
ㄴ. 금릉 기기국을 설치하였다.
ㄷ. 번을 폐지하고 현을 설치하였다.
ㄹ. 나가사키에 한해 제한적인 무역을 허용하였다.

① ㄱ, ㄴ ② ㄱ, ㄷ ③ ㄴ, ㄷ
④ ㄴ, ㄹ ⑤ ㄷ, ㄹ

중요

07 (가)에 들어갈 인물로 옳은 것은?

(가) (1866~1925)
1905년에 중국 동맹회를 결성하고 삼민주의 이념을 바탕으로 혁명 운동을 이끌었다. 신해혁명이 일어나자 중화민국 초대 임시 대총통에 취임하였다.

① 쑨원 ② 임칙서 ③ 캉유웨이
④ 량치차오 ⑤ 위안스카이

08 다음 사건을 일어난 순서대로 옳게 나열한 것은?

(가) 청일 전쟁 발발 (나) 러일 전쟁 발발
(다) 동학 농민 운동 시작 (라) 시모노세키 조약 체결

① (가) – (나) – (다) – (라)
② (가) – (나) – (라) – (다)
③ (가) – (다) – (나) – (라)
④ (다) – (가) – (라) – (나)
⑤ (다) – (나) – (라) – (가)

09 밑줄 친 '조선의 독립운동'에 대한 설명으로 옳은 것은?

이번 조선의 독립운동은 위대하고 간절하며 비장한 동시에 명료하고 정확한 관념을 갖추어, 민의를 사용하되 무력을 사용하지 않음으로써 세계 혁명사의 신기원을 열었다. – 천두슈

① 의화단이 주도하였다.
② 5·4 운동에 영향을 주었다.
③ 8개국 연합군에 의해 진압되었다.
④ 에도 막부가 붕괴되는 결과를 가져왔다.
⑤ 청의 간섭에서 벗어나려는 근대화 운동이었다.

단답형

10 (가)에 들어갈 알맞은 말을 쓰시오.

1870년대 이후 일본에서는 메이지 정부의 독단적 의사 결정을 비판하고 헌법 제정과 의회 개설 등을 요구하는 (가) 이/가 전개되었다.

( )

11 (가)에 들어갈 제목으로 가장 적절한 것은?

역사신문

19○○년 ○월 ○○일

(가)

5·4 운동을 계기로 이루어진 중국 국민당과 중국 공산당의 협력이 뚜렷한 성과를 나타내고 있다. 중국 국민당의 장제스는 군벌 세력과 제국주의 타도를 목표로 전쟁을 선포하였고, 중국 공산당도 이에 적극 협력하겠다고 밝혔다.

① 광무개혁이 추진되다
② 국민 혁명이 시작되다
③ 청일 전쟁이 발발하다
④ 제2차 국공 합작이 전개되다
⑤ 중화민국 임시 정부가 수립되다

12 다음 사건의 결과로 옳은 것은?

장쉐량이 시안에서 국민 정부의 수장인 장제스를 잡아 가둔 뒤 내전의 중단을 요구하였다.

① 임오군란 발발 ② 5·4 운동 전개
③ 삼국 간섭 발생 ④ 변법자강 운동 추진
⑤ 제2차 국공 합작 결성

실력 쑥쑥 | 실전문제

[01 ~ 02] 다음 자료를 보고 물음에 답하시오.

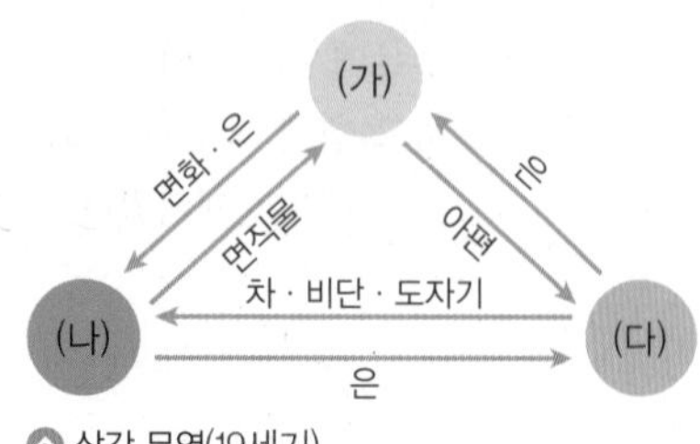

삼각 무역(19세기)

01 (가)~(다)에 해당하는 국가를 옳게 짝지은 것은?

	(가)	(나)	(다)
①	인도	영국	청
②	인도	청	영국
③	청	인도	영국
④	청	영국	인도
⑤	영국	인도	청

중요

02 위의 무역 관계가 가져온 변화로 옳지 않은 것은?

① 청의 아편 중독자가 늘어났다.
② 청의 국가 재정이 악화되었다.
③ 청의 은이 영국으로 유출되었다.
④ 인도산 아편의 수출량이 감소하였다.
⑤ 영국이 청과의 무역에서 흑자를 기록하였다.

03 다음 사건 이후에 나타난 상황으로 옳은 것은?

> 1856년 광저우에서 애로호의 승무원이 해적 혐의로 체포되었다. 영국은 이 과정에서 청의 관리가 자국 국기를 모독하였다고 주장하였다.

① 난징 조약이 체결되었다.
② 제1차 아편 전쟁이 전개되었다.
③ 외국 공사의 베이징 주재가 허용되었다.
④ 광저우와 상하이가 처음으로 개항되었다.
⑤ 임칙서가 광저우에서 아편을 단속하였다.

고난도

04 다음 근대화 운동에 대한 설명으로 옳은 것만을 〈보기〉에서 고른 것은?

> • 중심 인물: 캉유웨이, 량치차오 등
> • 목표: 의회 제도 도입을 포함한 정치 제도 개혁

보기
ㄱ. 양무운동의 원칙을 그대로 이어받았다.
ㄴ. 서태후 등 보수파의 반발로 실패하였다.
ㄷ. 청일 전쟁에서의 패배를 계기로 추진되었다.
ㄹ. 청을 도와 외세를 몰아내자는 구호를 내세웠다.

① ㄱ, ㄴ ② ㄱ, ㄷ ③ ㄴ, ㄷ
④ ㄴ, ㄹ ⑤ ㄷ, ㄹ

05 다음 사건에 대한 설명으로 옳은 것은?

> 재정난에 빠진 청 정부가 민간 철도를 국유화하겠다고 선언하자 민중들은 폭동을 일으켰다. 이를 계기로 우창에서 신식 군대가 봉기하였다.

① 청일 전쟁의 원인이 되었다.
② 중화민국의 수립으로 이어졌다.
③ 의화단을 중심으로 전개되었다.
④ 8개국 연합군에 의해 진압되었다.
⑤ 제국주의와 군벌 타도를 목표로 내세웠다.

06 (가)에 들어갈 인물로 옳은 것은?

① 임칙서 ② 천두슈 ③ 장제스
④ 캉유웨이 ⑤ 위안스카이

고난도+

07 **다음 헌법이 제정된 시기를 연표에서 옳게 고른 것은?**

> 제1조 대일본 제국은 만세일계의 천황이 통치한다.
> 제3조 천황은 신성하여 침범할 수 없다.
> 제4조 천황은 국가의 원수이며, 통치권을 총괄하고, 이 헌법의 조항에 따라 이를 행한다.
> 제5조 천황은 제국 의회의 동의를 얻어 입법권을 행한다.

1854		1858		1868		1876		1894		1904
	(가)		(나)		(다)		(라)		(마)	
미일 화친 조약		미일 수호 통상 조약		메이지 유신		조일 수호 조규		청일 전쟁 발발		러일 전쟁 발발

① (가) ② (나) ③ (다)
④ (라) ⑤ (마)

중요

08 **(가)~(마)에 대한 설명으로 옳지 않은 것은?**

> 19세기 말 (가)메이지 정부는 산업화를 추진하면서 해외 시장에 진출하고자 대외 침략에 나섰다. 한반도를 두고 청과 경쟁하던 일본은 (나)청일 전쟁을 일으켜 승리한 후 청과 (다)시모노세키 조약을 체결하였다. 이후 (라)삼국 간섭으로 인해 일본의 대외 팽창이 잠시 위축되었으나, 꾸준히 군비를 확장하던 일본은 러시아 군함을 기습 공격하여 (마)러일 전쟁을 일으켰다.

① (가) – 에도 막부를 무너뜨리고 수립되었다.
② (나) – 동학 농민 운동이 빌미가 되었다.
③ (다) – 청이 일본에 랴오둥반도를 할양하였다.
④ (라) – 러시아, 영국, 프랑스가 일본에 압력을 행사하였다.
⑤ (마) – 일본이 승리하여 한반도에 대한 독점적 지위를 확립하게 되었다.

서술형

09 **다음 조약들의 공통점을 조건에 맞게 서술하시오.**

> • 난징 조약 • 미일 화친 조약
> • 조일 수호 조규

※ 조건: 각 조약의 성격과 조약 체결의 계기가 된 사건의 공통점을 나누어 서술할 것

10 **다음과 같은 대외 팽창 정책이 추진된 배경을 당시 일본의 정치·경제적 상황과 연결지어 서술하시오.**

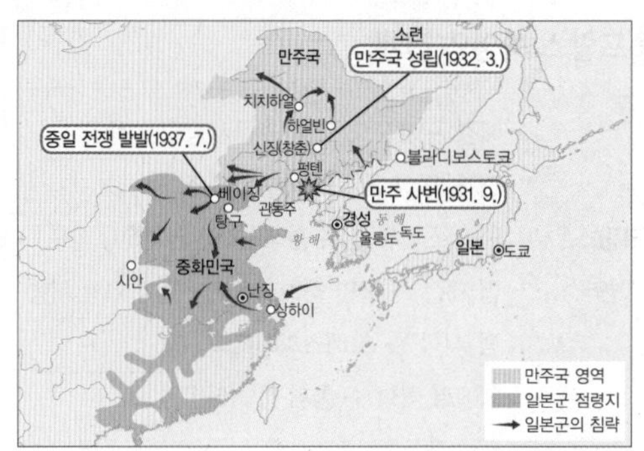

11 **밑줄 친 부분에 해당하는 예시를 두 가지 서술하시오.**

> 3·1 운동 이후 한국의 항일 투쟁은 주로 만주로 무대를 옮겨 진행되었다. 일본의 중국 침략이 본격화된 1930년대부터는 <u>한국의 독립운동 세력과 국공 양당의 협력</u>이 이루어지기도 하였다.

| 대단원 |
정리하기

1 유럽과 아메리카의 국민 국가 체제

1 미국 독립 혁명의 전개

배경	• 사회 계약설, 계몽사상의 영향 • 영국이 「인지세법」 등 실시
전개	보스턴 차 사건 → 대륙 회의 개최 → ① ____ 발표 → 독립 전쟁 시작 → 프랑스 등의 식민지 지원 → ② ____ 전투 승리
결과	• 북아메리카 식민지가 영국에서 독립 • 아메리카 합중국 수립

2 프랑스 혁명의 전개

프랑스 혁명	• 배경: 구제도의 모순, 계몽사상의 확산 • 전개: 루이 16세의 삼부회 소집 → ③ ____ 결성 → 바스티유 감옥 습격 → 「인권 선언」 발표 → 1791년 헌법 제정 → 국민 공회 수립 → 루이 16세 처형 → 혁명 전쟁 시작 → 로베스피에르의 ④ ____ → 로베스피에르 처형 → 총재 정부(5인) 수립
나폴레옹 시대	• 집권: 쿠데타로 통령 정부 수립 → 황제 즉위 • 정책: 유럽 대부분 제패, 프랑스 은행 설립, 법전 편찬 등 • 몰락: 러시아 원정에서 참패

3 자유주의와 민족주의의 확산

자유주의의 확산	• 빈 체제: 자유주의·민족주의 탄압 • 프랑스: 7월 혁명, 2월 혁명 • 영국: 차티스트 운동 • 러시아: 데카브리스트의 봉기, ⑤ ____ 의 개혁(농노 해방)
민족주의의 확산	• 이탈리아 통일: 카보우르, 가리발디 • 독일 통일: ⑥ ____ 의 철혈 정책 • 미국: 남북 전쟁 이후 산업 발달 • 라틴 아메리카: 프랑스 혁명의 이념 전파, 나폴레옹 전쟁으로 인한 혼란 → 여러 식민지가 독립

2 유럽의 산업화와 제국주의

1 산업 혁명과 자본주의의 발전

산업 혁명	기계 발명, 기술 혁신 → 가내 수공업에서 공장제 기계 공업으로 변화, 18세기 ⑦ ____ 에서 시작
영국에서 시작된 배경	자본과 기술 축적, 풍부한 지하자원, 광대한 해외 식민지 보유, 도시 노동력 풍부 등
전개	• 면직물 공업 발달: 방적기·방직기 개발 • 와트의 ⑧ ____ 개량 • 교통과 통신의 발달: 증기 기관차, 증기선, 유선 전신 등 • 산업 혁명의 확산: 프랑스, 독일, 미국, 러시아, 일본 등
사회 문제의 발생	• 도시 문제: 인구의 도시 집중 → 각종 공해와 위생 시설의 부족 • 노동 문제: 장시간 노동과 저임금, 여성 노동과 아동 노동 문제 등
사회 문제 해결을 위한 노력	• 노동 운동: 노동조합 결성, 노동자들이 기계를 파괴하는 ⑨ ____ 운동 • ⑩ ____ 사상의 등장: 오언, 마르크스 등

2 제국주의 침략과 세계 분할

배경	• 독점 자본주의 발달 → 원료 공급지, 상품 판매 시장의 필요 • 사상적 배경: ⑪ ____ (스펜서), 백인 우월주의
아프리카 분할	• 영국: 종단 정책 추진 • ⑫ ____ : 횡단 정책 추진 • 벨기에: 콩고 점령 • 열강의 충돌: ⑬ ____ 사건(영국과 프랑스), 제1·2차 모로코 위기(프랑스와 독일)
아시아·태평양 분할	• 영국: 인도·말레이반도 진출, 오스트레일리아·뉴질랜드 식민지화 • 프랑스: 인도차이나반도 차지 • 네덜란드: 인도네시아 식민지화 • 미국: 필리핀, 괌, 하와이 차지

3 서아시아와 인도의 국민 국가 건설 운동

1 오스만 제국의 국민 국가 건설 운동

오스만 제국의 개혁	• ⑭ [　　] : 유럽식 개혁 시도 • 청년 튀르크당: 입헌 혁명 → 실패
튀르키예 공화국의 수립	제1차 세계 대전에서 패전 → 연합국의 이스탄불 점령 → ⑮ [　　]이 독립 전쟁 주도 → 튀르키예 공화국 수립

2 북아프리카와 서아시아의 대응

이집트	• 무함마드 알리: 자치권 획득, 근대화 개혁 시도 • ⑯ [　　] 건설: 재정난 발생 → 영국의 보호국화
아랍 지역	⑰ [　　] 운동: 이슬람 본래의 순수성 회복 주장
이란	카자르 왕조의 개혁 실패 → 담배 불매 운동, 입헌 혁명

3 영국의 인도 침략과 반영 민족 운동

영국의 인도 장악	• 동인도 회사를 통한 세력 확대 • ⑱ [　　] : 프랑스에 승리 → 벵골 장악
⑲ [　　]의 항쟁	인도인 용병들이 영국의 지배에 저항 → 실패
인도 국민 회의의 반영 운동	• 배경: ⑳ [　　] 발표 • 전개: 국산품 애용(스와데시), 인도인의 자치 등 주장

4 인도의 국민 국가 건설 운동

불복종 운동	• 배경: 제1차 세계 대전 이후 「로울라트법」 시행, 암리차르 학살 등 • 전개: ㉑ [　　](평화적 불복종 운동, 소금 행진), 네루(급진적 투쟁) • 결과 : 지방 정부의 자치권 인정
국민 국가 수립 노력	• 배경: 제2차 세계 대전에서 영국이 일방적인 인도 참전 선언 • 전개: 인도 국민 회의의 인도 철수 운동

4 동아시아의 국민 국가 건설 운동

1 개항과 불평등 조약의 체결

청	• 제1차 아편 전쟁: 영국의 아편 밀수출 → 청의 아편 몰수 → 영국의 침략 → ㉒ [　　] 조약 • 제2차 아편 전쟁: ㉓ [　　] 사건 → 영국, 프랑스의 침략 → 베이징 조약
일본	미국 페리 함대의 위협 → 미일 화친 조약 체결
조선	운요호 사건 → 조일 수호 조규 체결

2 근대화 개혁의 시도

청	• ㉔ [　　] 운동: 서양 기술만 도입 시도 • 변법자강 운동: 캉유웨이 등이 폭넓은 개혁 시도
일본	㉕ [　　] 유신: 막부 타도 후 개혁 추진
조선	임오군란·갑신정변 실패, 갑오개혁 추진

3 국민 국가 건설의 노력

중국	우창 봉기를 계기로 중화민국 수립(㉖ [　　] 혁명) → 쑨원의 임시 대총통 취임 → 위안스카이의 통치 → 제1차 국공 합작 → 국공 내전과 중화 인민 공화국의 수립
일본	㉗ [　　] 운동 → 대일본 제국 헌법 제정, 제국 의회 개설
대한 제국	광무개혁 추진, 일본의 식민지로 전락

4 제국주의에 맞선 투쟁

일본의 제국주의 침략	청일 전쟁(1894~1895) → 삼국 간섭 → 러일 전쟁(1904) → 만주 사변(1931) → 중일 전쟁(1937)
민중의 저항	• ㉘ [　　] 운동: 청을 도와 외세를 몰아내자고 주장(청) • 3·1 운동(한국), 5·4 운동(중국)
국공 양당의 협력	㉙ [　　] 사건 → 제2차 국공 합작

자신만만 | 적중문제

01 유럽과 아메리카의 국민 국가 체제

01 다음 자료와 관련된 설명으로 옳은 것만을 〈보기〉에서 고른 것은?

> 제1조 의회의 동의 없이 국왕의 권위로 국왕에게 법을 중지하거나 법을 실행할 권력이 있다는 주장은 불법이다.
> 제5조 왕에게 청원하는 것은 신민의 권리이다. 그리고 그러한 청원에 대한 모든 투옥과 기소는 불법이다.
> 제6조 평화 시에 의회의 동의를 받지 않고 왕국 내에 상비군을 양성하거나 유지하는 것은 불법이다.

보기
ㄱ. 민주 공화정을 수립하였다.
ㄴ. 인지세법 시행에 반발하였다.
ㄷ. 입헌 정치의 토대를 마련하였다.
ㄹ. 메리와 윌리엄을 공동 왕으로 추대하였다.

① ㄱ, ㄴ ② ㄱ, ㄷ ③ ㄴ, ㄷ
④ ㄴ, ㄹ ⑤ ㄷ, ㄹ

02 다음은 프랑스 혁명의 흐름을 나타낸 것이다. (가) 시기의 사실로 옳은 것은?

삼부회 소집
↓
국민 의회 시기
↓
입법 의회 시기
↓
(가) 국민 공회 시기
↓
총재 정부 시기

① 루이 16세 처형 ② 봉건제 폐지 선언
③ 나폴레옹의 쿠데타 ④ 테니스 코트의 서약
⑤ 바스티유 감옥 습격

03 (가) 사건에 대한 설명으로 옳은 것만을 〈보기〉에서 고른 것은?

1848년에 파리의 노동자와 시민들이 일으킨 (가) 의 모습이다. 지도자 중 한 명인 라마르틴이 파리 시청 앞에서 연설하는 모습이 그려져 있다.

보기
ㄱ. 입헌 군주제를 수립시켰다.
ㄴ. 샤를 10세를 왕위에서 몰아냈다.
ㄷ. 빈 체제의 붕괴에 영향을 끼쳤다.
ㄹ. 공화정이 수립되는 결과를 가져왔다.

① ㄱ, ㄴ ② ㄱ, ㄷ ③ ㄴ, ㄷ
④ ㄴ, ㄹ ⑤ ㄷ, ㄹ

04 밑줄 친 '이 전쟁' 이후 미국의 상황으로 옳은 것은?

> <u>이 전쟁</u>에서 나의 주된 목적은 연방을 보전하는 것일 뿐, 노예제의 유지나 폐지가 아닙니다.
> – 링컨

① 대륙 회의가 개최되었다.
② 대륙 횡단 철도가 개통되었다.
③ 보스턴 차 사건이 발생하였다.
④ 미국 독립 선언서를 발표하였다.
⑤ 이민자가 줄어들고 산업이 쇠퇴하였다.

02 유럽의 산업화와 제국주의

05 (가)에 대한 설명으로 옳지 않은 것은?

> (가) 은/는 18세기 영국에서 시작되어 생산 방식과 산업 구조에 큰 변화를 가져왔다.

① 면직물 공업 분야에서 시작되었다.
② 석탄과 제철 산업의 쇠퇴를 가져왔다.
③ 노동 문제와 도시 문제의 원인이 되었다.
④ 교통과 통신 수단이 발전하는 계기가 되었다.
⑤ 증기 기관의 사용으로 대량 생산이 가능해졌다.

06 다음에서 설명하는 국가로 옳은 것은?

> • 네덜란드의 식민 지배를 받았다.
> • 수카르노의 주도로 식민 지배에 저항하였다.

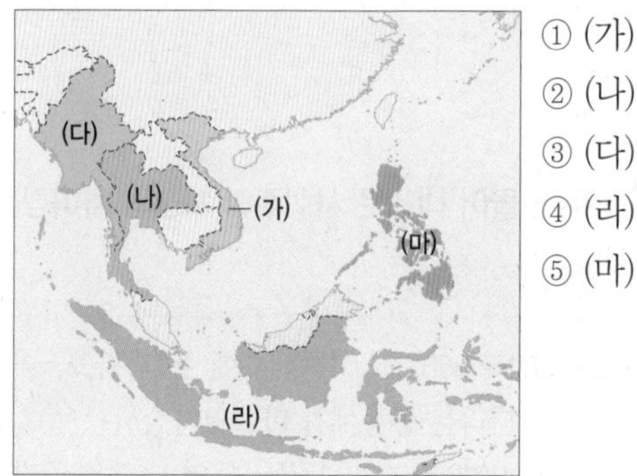

① (가)
② (나)
③ (다)
④ (라)
⑤ (마)

07 (가) 국가의 제국주의 침략 정책으로 옳은 것은?

> 나는 어제 런던 이스트엔드의 실업자 집회에 가서 "빵을 달라."라는 연설만을 듣고 문득 제국주의의 중요성을 깨달았다. 우리는 (가) 의 4천만 국민을 피비린내 나는 내란으로부터 지키고, 과잉 인구를 수용하기 위해 새로운 영토를 개척해야만 한다.
> – 세실 로즈, 『유언집』

① 타이완 점령　② 콩고 점유 선언
③ 필리핀 식민 지배　④ 괌과 하와이 차지
⑤ 카이로와 케이프타운 연결

03 서아시아와 인도의 국민 국가 건설 운동

08 (가) 운하에 대한 설명으로 옳지 않은 것은?

① 홍해와 지중해를 연결하였다.
② 이집트의 재정난을 초래하였다.
③ 무함마드 알리가 건설을 주도하였다.
④ 유럽과 인도 간의 항로를 단축시켰다.
⑤ 이집트가 영국의 보호국으로 전락하는 원인이 되었다.

09 (가), (나)에서 설명하는 국가를 옳게 짝지은 것은?

> (가) 카자르 왕조의 근대화 개혁 실패 이후 담배 불매 운동과 입헌 혁명이 전개되었다.
> (나) 대내외적 위기를 극복하고 부국강병을 이루기 위해 '탄지마트'라는 근대적 개혁을 단행하였다.

	(가)	(나)		(가)	(나)
①	수단	오스만 제국	②	이란	오스만 제국
③	이란	무굴 제국	④	이집트	무굴 제국
⑤	이집트	사우디아라비아			

10 영국의 인도 침략 과정에서 일어난 사건들을 순서대로 옳게 나열한 것은?

> ㄱ. 세포이의 항쟁
> ㄴ. 벵골 분할령 발표
> ㄷ. 영국령 인도 제국 수립
> ㄹ. 간디의 불복종 운동 전개

① ㄱ – ㄷ – ㄴ – ㄹ　② ㄱ – ㄹ – ㄷ – ㄴ
③ ㄴ – ㄱ – ㄷ – ㄹ　④ ㄷ – ㄱ – ㄹ – ㄴ
⑤ ㄷ – ㄴ – ㄹ – ㄱ

04 동아시아의 국민 국가 건설 운동

11 (가) 시기 일본의 상황에 대한 설명으로 옳은 것만을 〈보기〉에서 고른 것은?

보기

ㄱ. 대일본 제국 헌법이 제정되었다.
ㄴ. 미일 수호 통상 조약이 체결되었다.
ㄷ. 천황 중심의 새로운 정부가 수립되었다.
ㄹ. 삼국 간섭으로 랴오둥반도를 반환하였다.

① ㄱ, ㄴ ② ㄱ, ㄷ ③ ㄴ, ㄷ
④ ㄴ, ㄹ ⑤ ㄷ, ㄹ

12 (가) 단체의 구호로 가장 적절한 것은?

(가) 은/는 외국인을 습격하고 근대 문물을 파괴하였으며 베이징까지 진격하였으나, 8개국 연합군에 의해 진압되었다.

① 청을 도와 외세를 몰아내자.
② 파리 강화 회의의 결정에 반대한다.
③ 청 왕조를 무너뜨리고 공화국을 건설하자.
④ 메이지 정부의 독단적 의사 결정을 비판한다.
⑤ 제도와 문화를 유지하고 서양 기술을 도입하자.

13 다음 사건들을 일어난 순서대로 옳게 나열한 것은?

ㄱ. 난징 조약이 체결되었다.
ㄷ. 캉유웨이 등이 정치 제도를 포함한 폭넓은 범위의 개혁을 추진하였다.
ㄴ. 우창의 무장 봉기를 계기로 혁명이 일어났다.
ㄹ. 이홍장 등의 지방 관료를 중심으로 서양의 기술 도입을 통한 부국강병 정책이 추진되었다.

① ㄱ－ㄹ－ㄷ－ㄴ ② ㄴ－ㄱ－ㄷ－ㄹ
③ ㄴ－ㄹ－ㄱ－ㄷ ④ ㄷ－ㄴ－ㄱ－ㄹ
⑤ ㄹ－ㄱ－ㄴ－ㄷ

서술형

14 (가)에 들어갈 내용을 쓰고, (가)의 특징을 두 가지 서술하시오.

나폴레옹이 몰락한 뒤 유럽 국가의 대표들이 오스트리아 빈에 모여 회의를 여는 장면이다. 이 회의의 결과로 수립된 국제 질서를 (가) (이)라고 한다.

15 다음 두 인물이 내세운 사회주의 사상의 차이점을 서술하시오.

- 오언(1771~1858): 스코틀랜드에 뉴 라나크, 미국에 뉴 하모니라는 공동체를 만들었다.
- 마르크스(1818~1883): 노동자들의 단결을 주장하며 「공산당 선언」을 집필하였다.

16 쑨원이 주장한 삼민주의의 내용을 서술하시오.

최고난도 문제

01 (가)~(마) 국가의 독립에 관한 설명으로 옳은 것은?

① (가) – 라틴 아메리카에서 최초로 독립에 성공하였다.
② (나) – 에스파냐의 식민 지배로부터 독립하였다.
③ (다) – 볼리바르가 독립운동을 주도하였다.
④ (라) – 나폴레옹의 군대를 격파하고 공화국을 수립하였다.
⑤ (마) – 포르투갈의 황태자를 국왕으로 세우고 혁명 없이 독립하였다.

풀이비법
① 지도가 라틴 아메리카의 독립과 관련된 것임을 이해한다.
② (가)~(마) 국가가 어디인지 파악한다.
③ 각 국가와 독립운동에 대한 설명이 서로 옳게 연결된 것을 고른다.

02 (가)~(다) 국가에 대한 설명으로 옳은 것은?

> • 1851년 (가) 에서 세계 최초의 박람회가 개최되었다. 전 세계의 산업 제품을 전시하는 자리였으나, 당시 '세계의 공장'이라고 불리던 (가) 의 제품이 전시장의 절반을 차지하였다.
> • (나) 은/는 아프리카 분할 경쟁에 뛰어들어 오늘날의 나미비아, 탄자니아 일대를 식민지화하는 데 성공하였다. 헤레로족 등의 현지인들이 수탈과 학대를 참다못해 봉기를 일으키자 이들을 잔혹하게 학살하였다.
> • (다) 은/는 혁명을 통해 국민 국가로 재탄생하였다. (다) 의 국가(國歌)인 '라 마르세예즈'의 가사에는 국민들의 애착심과 충성심이 잘 나타나 있다.

① (가) – 아프리카 횡단 정책을 추진하였다.
② (나) – 인도차이나반도에 진출하였다.
③ (다) – 제1차 아편 전쟁에서의 승리로 홍콩을 할양받았다.
④ (가), (나) – 인도 벵골 지역의 지배권을 놓고 플라시 전투를 벌였다.
⑤ (나), (다) – 모로코의 지배권을 두고 서로 충돌하였다.

풀이비법
① 제시문의 내용을 통해 (가)~(다)에 해당하는 국가를 파악한다.
② (가)~(다) 국가와 해당 국가의 제국주의 팽창 정책에 대한 설명이 옳게 연결된 것을 고른다.

세계 대전과 사회 변동

이 단원의 **목차**

▼ 예르미타시 박물관(러시아 상트페테르부르크)

| 사진으로 맛보기 |

사진 속 건축물은 러시아 혁명의 중심 도시이자 러시아의 제2 도시인 상트페테르부르크에 위치한 예르미타시 박물관입니다. 원래 러시아 황제의 겨울 궁전이었으나, 현재는 방대한 미술 작품을 보유한 박물관으로 바뀌었습니다.

| 단원 열기 |

이 단원에서는 두 차례의 세계 대전과 두 전쟁 사이에 전개된 소련의 성립, 대공황의 발생, 파시즘의 등장을 전체적인 흐름 속에서 배웁니다.

제1차 세계 대전과 이후의 세계

교과서 178~185쪽

1 제1차 세계 대전

1. 제1차 세계 대전 직전의 유럽

(1) 제국주의 열강의 대립 심화

① 독일 빌헬름 2세의 팽창 정책 → 영국이 프랑스, 러시아와 협상을 맺어 독일에 대응

② 양대 동맹 체제의 대립: 3국 동맹(독일, 오스트리아·헝가리 제국, 이탈리아) vs 3국 협상(영국, 프랑스, 러시아)

보충 양대 동맹 체제

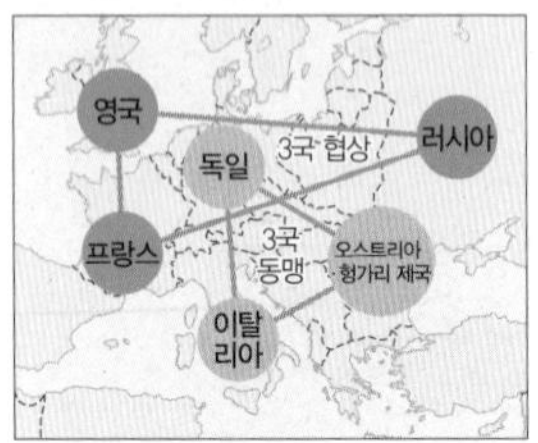

식민지 쟁탈전은 크게 두 세력의 대결로 압축되었다. 선발 제국주의 국가 영국을 중심으로 프랑스·러시아가 손을 잡았고, 뒤늦게 식민지 경쟁에 뛰어든 후발 제국주의 국가인 독일은 오스트리아·헝가리와 한편이 되었다.

(2) 발칸반도의 긴장 고조

① 오스만 제국의 영향력 약화 → 세르비아가 보스니아 헤르체고비나를 포함하는 민족 국가 건설 기대

② 오스트리아·헝가리 제국이 보스니아 헤르체고비나 합병 → 발칸반도의 긴장 고조

보충 발칸반도

발칸반도는 오랫동안 오스만 제국의 지배를 받았으며, 오스만 제국이 약화된 19세기에 곳곳에서 민족 운동이 일어났다. 그러나 워낙 많은 민족과 종교가 복잡하게 얽혀 있어서 갈등이 많아 '유럽의 화약고'라 불렸다.

2. 제1차 세계 대전(1914~1918)

(1) 발발: 사라예보 사건(1914) → 오스트리아·헝가리 제국이 세르비아에 선전 포고

- 사라예보 사건: 오스트리아·헝가리 제국이 세르비아의 민족 국가 완성을 가로막는다고 여긴 보스니아의 세르비아계 청년이 사라예보를 방문한 오스트리아·헝가리 제국의 황태자 부부를 암살함

(2) 전개 과정

① 전쟁의 확대: 협상국 측(연합국)과 동맹국 측이 잇따라 참전 → 제1차 세계 대전으로 확대

- 이탈리아는 협상국 측에, 오스만 제국은 동맹국 측에 참전함

② 독일군의 진격: 벨기에와 프랑스로 진격(서부 전선) → 러시아의 참전으로 병력 일부를 동부 전선에 배치 → 서부 전선 교착(참호전) → 전쟁의 장기화

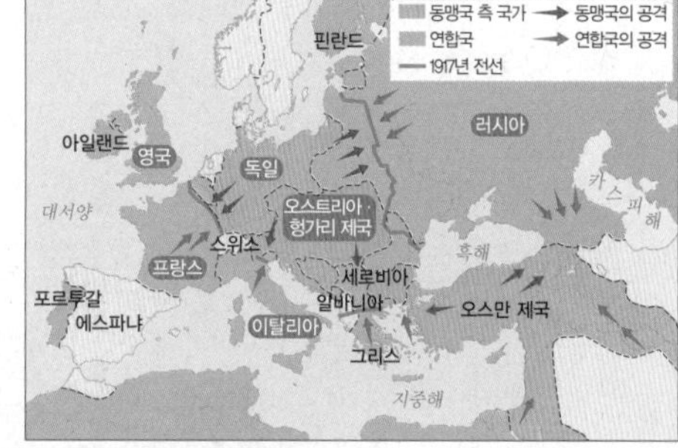

제1차 세계 대전의 전개 과정

③ 전세의 변화: 독일의 무제한 잠수함 작전을 계기로 미국이 연합국 편으로 참전(연합국 우세), 사회주의 혁명이 일어난 러시아가 독일과 단독으로 조약 체결 뒤 전선에서 이탈

- 무제한 잠수함 작전: 해군력에서 밀렸던 독일이 잠수함을 이용하여 군함은 물론 민간 상선까지 격침시킨 사건으로 당시 영국 배를 타고 있던 미국인들이 사망하면서 미국이 참전함

(3) 종결: 독일 킬 군항 수병들의 반란 → 빌헬름 2세 퇴위 → 새로 성립된 공화국 정부가 연합국과 정전에 합의

(4) 전쟁의 특징: 총력전, 참호전, 신무기의 등장(기관총, 탱크, 잠수함, 전투기, 독가스 등) → 군인뿐 아니라 민간인도 큰 피해

- 민간인도 큰 피해: 전사자 900만 명, 부상자 2,200만 명, 민간인 희생자 1,000만 명에 육박함

2 러시아 혁명

1. 혁명 이전의 러시아

(1) 사회 변화: 알렉산드르 2세의 개혁 이후 근대화와 산업화 진전 → 노동자층 성장, 자유주의·사회주의 사상 보급, 차르의 전제 정치 지속

(2) 피의 일요일 사건(1905년 혁명의 발단): 상트페테르부르크에서 일어난 대규모 평화 시위가 전국으로 확대 → 차르의 군대가 발포하여 수천 명의 사상자 발생, 차르 전제 정치에 대한 불만 고조

보충 피의 일요일 사건

러일 전쟁으로 러시아 경제가 심각한 어려움을 겪고 있는 가운데, 굶주린 노동자와 가족들이 '빵과 평화'를 외치며, 차르인 니콜라이 2세의 궁전으로 모여들었다. 평화적인 시위를 하는 군중들을 향해 차르의 군대가 발포하며 수천 명의 사상자가 발생하여 말 그대로 그날은 '피의 일요일'이 되었고, 러시아 국민들 사이에서는 차르의 전제 정치를 타도하자는 목소리가 높아졌다.

교과서 속 자료 & 개념

독일의 팽창 정책

교과서 178쪽

(자료 해설)

독일 황제 빌헬름 2세는 베를린-이스탄불(비잔티움)-바그다드를 연결하는 철도 건설을 추진하는 등 팽창 정책을 강화하였다. 이러한 독일 제국의 정책을 각 도시의 첫 글자를 따서 3B 정책이라 한다. 3B 정책은 이미 인도를 점령하고 아라비아반도 쪽으로 진출하고 있던 영국의 식민지 정책과 대립하였고, 두 세력 간의 긴장은 더욱 고조되었다.

제1차 세계 대전의 발발

교과서 179쪽

제1차 세계 대전 풍자화

(자료 해설)

세르비아인들은 발칸반도에 흩어져 있던 동족들을 모아 하나의 큰 나라를 세우려는 열망을 가지고 있었다. 당시 보스니아 헤르체고비나에는 많은 세르비아인이 살고 있었기 때문에 세르비아는 보스니아 헤르체고비나를 포함하는 민족 국가를 건설하고자 하였다. 그즈음 러시아는 발칸반도에 대한 영향력을 키우기 위해 세르비아를 지원하였다. 그런데 오스트리아·헝가리 제국이 보스니아 헤르체고비나를 자국의 영토로 편입하면서 세르비아와 오스트리아·헝가리 제국 사이에 긴장이 고조되었다. 이러한 상황에서 사라예보 사건이 일어나자 오스트리아·헝가리 제국이 세르비아에 선전 포고를 하였고, 동맹 관계에 따라 유럽 국가들이 참전하면서 제1차 세계 대전이 시작되었다.

제1차 세계 대전의 특징

교과서 180쪽

참호전

총력전

(자료 해설)

제1차 세계 대전에는 그동안 축적된 과학 기술을 바탕으로 만들어진 기관총, 탱크, 전투기 등의 신무기가 등장하였다. 신무기의 등장으로 돌격전을 할 수 없게 되자, 군인들은 땅을 파서 참호를 만들고 서로 대치하였다. 참호 속에서 웅크리고 대치하는 시간이 길어지면서 전쟁은 장기전으로 빠져들었다. 독일과 프랑스가 맞선 서부 전선 일부에서는 참호전이 5년간 계속되었으며, 참호전의 대치 상태를 타개하고자 독가스를 개발하여 사용하였다. 여성들은 군수품 생산을 위해 동원되었고, 전방과 후방을 가리지 않는 총력전이 전개되었다.

소비에트
'평의회'를 뜻하는 러시아어로, 공장, 작업장, 지역 등 단위에서 직접 선거로 뽑힌 대표들이 모인 자치 기구이다.

볼셰비키
러시아 사회 민주주의 노동당의 한 정치 분파로, 급진적 사회주의 혁명을 추구하던 레닌의 지도를 받았다.

강화 조약
전쟁 당사국이 합의하여 전쟁을 끝내기 위해 체결하는 조약으로 '평화 조약'이라고도 한다.

보충 레닌

사회주의 활동을 하다가 추방되어 오랜 망명 생활 끝에 러시아로 돌아온 레닌은 모든 권력을 소비에트가 갖는 '소비에트 공화국' 건설과, '전쟁 반대', '임시 정부 타도'를 외쳤다.

보충 윌슨의 14개조 평화 원칙

> **제5조** 모든 식민지 문제는 식민지 주민의 의사를 존중하여 공평무사하고 자유롭게 처리되도록 한다.

'민족 자결주의'로 널리 알려진 윌슨의 14개조 평화 원칙은 아시아 식민지 국가들에게도 커다란 희망을 안겨 주었다. 그러나 민족 자결주의는 승전국의 식민지에는 적용되지 않았다.

2. 러시아 혁명(1917)

2월 혁명	• 배경: 제1차 세계 대전의 장기화로 물자 부족 및 물가 상승 • 경과: 전쟁 중지, 식량 배급, 차르 타도를 외치는 봉기 → 노동자·병사 소비에트 결성 → 임시 정부 수립, 차르 퇴위
10월 혁명	• 배경: 임시 정부가 전쟁 지속, 혁명 세력의 요구를 받아들이지 않음 (혁명 세력은 토지 개혁을 원했으나 임시 정부는 이를 해결하지 않음) • 경과: 레닌과 볼셰비키가 전쟁의 즉각 중지, 임시 정부 폐지와 노동자·병사 소비에트의 권력 장악을 주장하며 무장봉기 → 임시 정부 타도

3. 소련의 성립

(1) 레닌의 통치

① 러시아의 상황: 동맹국들과 강화 조약을 맺고 전선에서 이탈 → 볼셰비키 정부가 반혁명 세력과 내전
(사회주의 혁명에 반대하는 귀족, 지주, 자본가들이 반혁명군을 만들어 격렬히 저항함)

② **사회주의 개혁**: 토지와 주요 산업 국유화 등 추진

③ **신경제 정책(NEP)**: 급격한 공산화로 경제적 혼란 → 자본주의적 요소를 일부 도입

④ **소련 수립(1922)**: 내전 수습 → 소비에트 러시아를 중심으로 주변 소비에트 정부를 묶어 소비에트 사회주의 공화국 연방(소련) 수립

(2) **스탈린의 통치**: 급격한 군비 확장과 중공업 육성책 실시, 신경제 정책 폐기, 전면적인 사회주의 경제 정책 추진, 반대파 숙청 → 세계적인 공업 국가로 성장, 정치적으로는 권위주의적 독재 체제 성립

3 제1차 세계 대전 이후의 세계

1. 베르사유 체제의 성립

(1) **파리 강화 회의(1919)**: 제1차 세계 대전의 전후 문제 처리와 평화 체제 마련 목적, 미국 대통령 윌슨이 제안한 14개조 평화 원칙에 기초하여 진행
(미국은 제1차 세계 대전을 거치면서 경제적·군사적으로 세계를 이끄는 최강국으로 떠오름)

(2) **베르사유 조약**: 연합국과 독일 간에 체결 → 베르사유 체제 성립

(3) **베르사유 체제**: 전쟁 방지, 민족 자결주의 구현, 세계 평화 확립을 목표로 제시
(각 민족은 정치적 운명을 스스로 결정할 권리가 있으며, 다른 민족의 간섭을 받을 수 없다는 것으로 레닌과 윌슨 등이 주장함)

2. 평화 구축을 위한 노력

(1) 국제 연맹 창설(1920)
(실제로는 전승국의 이익 수호, 패전국에 대한 보복, 사회주의 러시아에 대한 견제 등의 목표도 있었음)

① 창설 목적: 군비 축소, 각국의 독립과 영토 보전, 국제 분쟁의 평화적 해결 등 협의

② 한계: 미국 불참, 군사적 제재 수단 미비

(2) 평화 유지 노력

워싱턴 회의 (1921~1922)	• 중국과 태평양에 대한 열강의 이해관계 조정, 해군력 제한 목적 • 일본이 산둥반도에 대한 권익을 중국에 반환, 21개조 요구 중 일부 철회
로카르노 조약 (1925)	독일이 유럽의 일원으로 복귀 → 국제 연맹 가입
켈로그·브리앙 조약 (1928)	15개국이 분쟁 해결을 위한 전쟁이 불법임을 선언 → 소련이 배제되며 유럽의 국제 정치에서 고립

(3) 독일의 배상금 축소

① 배경: 베르사유 조약으로 부과된 막대한 배상금에 대한 독일인의 불만, 배상금 지급 불능에 대한 주변국의 불만 → 독일 루르 지방 침공 등 평화 위협

② 계획안 및 회의: 도스안(1924), 영안(1929), 로잔 회의(1932)

교과서 속 자료 & 개념

사회주의의 확산

교과서 182쪽

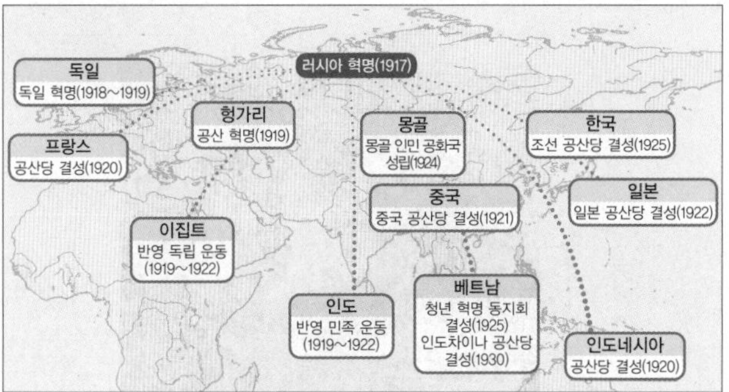

러시아 혁명의 영향과 사회주의의 확산

자료 해설

레닌은 각 나라의 사회주의자들을 연결하는 국제 공산당 조직인 코민테른을 조직하여 혁명의 세계화에 나섰다. 코민테른은 제국주의에 반대하는 노동 운동과 식민지 해방 운동을 지원하여 사회주의가 전 세계로 확산하는 데 큰 영향을 끼쳤다. 일제 강점기 우리나라에서도 코민테른의 지원을 받아 공산당이 결성되기도 하였다.

베르사유 체제의 한계

교과서 183쪽

베르사유 조약

제119조 독일은 해외 식민지에 관한 모든 권리와 소유권을 연합국과 그 협력국에 넘겨 준다.

제191조 독일에서 잠수함의 건조와 취득은 금지된다.

제235조 독일은 연합국과 그 협력국의 최종 청구액이 확정되기 전에, 우선 200억 마르크 금화에 상당하는 돈을 지불한다.

자료 해설

제1차 세계 대전이 끝나고 전후 문제 처리를 위해 열린 파리 강화 회의는 승전국이 패전국을 응징하는 성격을 띠었으며, 동맹국은 참여하지 못하였다. 베르사유 조약에 의해 독일은 해외 영토와 식민지를 모두 잃었고, 본토에서도 13%의 땅과 10%의 인구를 잃었다. 또 독일은 징병제를 폐지하고 공군과 잠수함을 보유할 수 없으며, 최소한의 육군만 둘 수 있게 되었다. 더불어 독일은 천문학적인 배상금을 연합국에 지급해야 했다. 그 결과 독일 국민은 베르사유 조약에 강한 불만을 갖게 되었다. 베르사유 조약에 의해 성립된 베르사유 체제는 전승국을 중심으로 한 세계 질서 재편으로 제2차 세계 대전의 배경이 되었다.

개념 꿀꺽

1. 빈칸에 알맞은 말을 쓰시오.

(1) (   ) 이후 오스트리아·헝가리 제국은 세르비아에 선전 포고를 하였고, 이후 여러 나라가 참전하면서 제1차 세계 대전으로 전쟁이 확대되었다.

(2) (   )이/가 이끄는 볼셰비키는 무장봉기를 통해 임시 정부를 무너뜨리고 10월 혁명에 성공하였다.

(3) 제1차 세계 대전이 끝난 뒤 연합국은 독일과 (   ) 조약을 체결하였다.

2. 다음 내용이 옳으면 ○표, 틀리면 ×표 하시오.

(1) 독일의 팽창 정책에 맞서 영국, 프랑스, 러시아는 3국 동맹을 결성하였다. (   )

(2) 제1차 세계 대전은 참호전과 총력전의 형태로 전개되었다. (   )

(3) 스탈린은 경제적 혼란을 극복하고자 신경제 정책을 시행하였다. (   )

(4) 파리 강화 회의는 독일의 배상금을 조정하기 위해 열린 국제회의이다. (   )

정답
1. (1) 사라예보 사건 (2) 레닌 (3) 베르사유
2. (1) × (2) ○ (3) × (4) ×

기초 튼튼 | 기본문제

단답형

01 (가)에 들어갈 알맞은 말을 쓰시오.

> 독일은 프랑스를 고립시키기 위해 오스트리아·헝가리 제국, 이탈리아와 함께 (가) 을/를 결성하였다.

(　　　　　)

02 (가), (나)에 들어갈 말을 옳게 짝지은 것은?

> • 독일의 (가) 은/는 베를린-이스탄불(비잔티움)-바그다드를 잇는 철도 건설을 추진하는 등 팽창 정책을 강화하였다.
> • 미국 대통령 (나) 은/는 14개조 평화 원칙을 제안하였고, 파리 강화 회의는 이 원칙에 기초해 진행되었다.

	(가)	(나)
①	비스마르크	윌슨
②	비스마르크	루스벨트
③	빌헬름 2세	윌슨
④	빌헬름 2세	루스벨트
⑤	히틀러	윌슨

03 (가)에 포함되는 국가만을 〈보기〉에서 고른 것은?

> 제1차 세계 대전 중반 미국이 (가) 편으로 참전하면서 독일은 전쟁 물자 동원에서 열세에 놓이게 되었다.

보기

ㄱ. 영국　　ㄴ. 오스만 제국
ㄷ. 프랑스　　ㄹ. 오스트리아·헝가리 제국

① ㄱ, ㄴ　② ㄱ, ㄷ　③ ㄴ, ㄷ
④ ㄴ, ㄹ　⑤ ㄷ, ㄹ

중요

04 밑줄 친 '사건'의 영향으로 가장 적절한 것은?

> 세르비아의 한 청년이 슬라브족의 해방을 내세우며 사라예보를 방문한 오스트리아·헝가리 제국의 황태자 부부를 암살하는 사건이 일어났다.

① 파시즘이 등장하였다.
② 제1차 세계 대전이 일어났다.
③ 독일이 폴란드를 침공하였다.
④ 러시아에서 혁명이 일어났다.
⑤ 독일이 팽창 정책을 추진하기 시작하였다.

05 밑줄 친 '이 전쟁'에 대한 설명으로 옳지 않은 것은?

> "날 놓아 줘, 날 내보내 줘, 밖으로 나갈 거야."
> 신병은 아무 말도 듣지 않고 마구 발버둥을 친다. …… 참호병이 도진 것이다. 여기서는 질식할 것 같은 느낌이라서 그는 밖으로 나가고 싶은 한 가지 충동밖에 알지 못한다. – 레마르크, 『서부 전선 이상 없다』
> 이 소설은 참호전이라는 새로운 방식이 도입된 이 전쟁에 독일군으로 자원입대한 열아홉 살 학생들이 겪은 전쟁의 참상을 그린 작품이다.

① 히틀러가 이끄는 나치당이 전쟁을 일으켰다.
② 전후방을 가리지 않는 총력전이 전개되었다.
③ 군수 공장 등의 인력은 여성으로 대체되었다.
④ 제국주의 열강의 식민지 경쟁에서 비롯되었다.
⑤ 기관총, 탱크, 독가스 등 신무기가 등장하였다.

06 다음 자료에서 설명하는 사건으로 옳은 것은?

러시아에서도 근대화와 산업화가 진전되었으나 차르는 전제 정치를 고수하였다. 1905년 1월 전제 정치와 굶주림에 시달리던 민중들이 상트페테르부르크에서 대규모 시위를 일으켰는데, 평화적인 시위를 하는 군중을 향해 차르의 군대가 발포하면서 수천 명의 사상자가 발생하였다.

① 시안 사건 ② 파쇼다 사건
③ 사라예보 사건 ④ 보스턴 차 사건
⑤ 피의 일요일 사건

단답형

07 (가)에 들어갈 알맞은 말을 쓰시오.

내전 중 레닌은 토지와 주요 산업을 국유화하는 등 사회주의 개혁을 추진하였다. 그러나 급격한 공산화에 따라 경제적 혼란이 야기되자 이를 극복하고자 자본주의적 요소를 일부 도입한 (가) 을/를 추진하였다.

(　　　　　)

08 밑줄 친 '그'에 해당하는 인물로 옳은 것은?

레닌의 뒤를 이어 집권한 그는 급격한 군비 확장과 중공업 육성책을 실시하였다. 동시에 정치 반대파와 적대 계급에 대한 대대적인 숙청을 감행하였다.

① 윌슨 ② 스탈린
③ 빌헬름 2세 ④ 니콜라이 2세
⑤ 알렉산드르 2세

09 (가), (나)에 들어갈 말을 옳게 짝지은 것은?

- 제1차 세계 대전이 끝나고 전후 문제 처리와 평화 체제를 마련하고자 (가) 이/가 열렸다.
- 베르사유 체제의 결과로 평화 체제 구축을 목표로 한 국제 기구인 (나) 이/가 창설되었다.

	(가)	(나)
①	워싱턴 회의	국제 연합
②	워싱턴 회의	국제 연맹
③	파리 강화 회의	국제 연합
④	파리 강화 회의	국제 연맹
⑤	파리 강화 회의	유럽 연합

10 다음 내용을 가진 조약으로 옳은 것은?

제119조 독일은 해외 식민지에 관한 모든 권리와 소유권을 연합국과 그 협력국에 넘겨 준다.
제235조 독일은 연합국과 그 협력국의 최종 청구액이 확정되기 전에, 우선 200억 마르크 금화에 상당하는 돈을 지불한다.

① 베르사유 조약 ② 로카르노 조약
③ 포츠머스 조약 ④ 켈로그·브리앙 조약
⑤ 시모노세키 조약

단답형

11 다음에서 설명하는 용어를 쓰시오.

각 민족은 정치적 운명을 스스로 결정할 권리가 있으며, 다른 민족의 간섭을 받을 수 없다는 것으로 레닌, 윌슨 등이 주장하였다.

(　　　　　)

실력 쑥쑥 | 실전문제

중요

01 지도에 표시된 전쟁에 대한 설명으로 옳지 않은 것은?

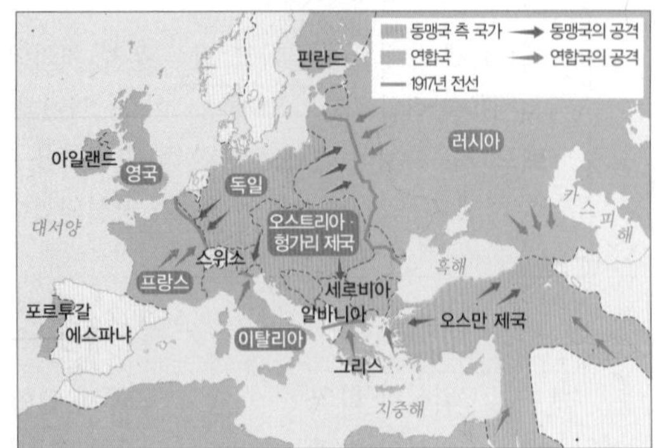

① 미국은 전쟁에 참전하지 않았다.
② 참호전으로 전쟁이 장기화되었다.
③ 여성 인력도 동원되는 총력전이었다.
④ 탱크, 잠수함 등 신무기가 도입되었다.
⑤ 군인뿐 아니라 민간인도 큰 피해를 입었다.

02 (가) 국가에 대한 설명으로 옳은 것만을 〈보기〉에서 고른 것은?

<table>
<tr><td rowspan="3">3국 동맹</td><td>(가)</td></tr>
<tr><td>오스트리아·헝가리 제국</td></tr>
<tr><td>이탈리아</td></tr>
</table>

보기
ㄱ. 무제한 잠수함 작전을 전개하였다.
ㄴ. 빌헬름 2세가 팽창 정책을 펼쳤다.
ㄷ. 황태자 부부가 사라예보에서 암살당하였다.
ㄹ. 차르의 전제 정치에 맞선 혁명이 일어났다.

① ㄱ, ㄴ ② ㄱ, ㄷ ③ ㄴ, ㄷ
④ ㄴ, ㄹ ⑤ ㄷ, ㄹ

03 (가) 시기에 전개된 역사적 사실로 옳은 것만을 〈보기〉에서 고른 것은?

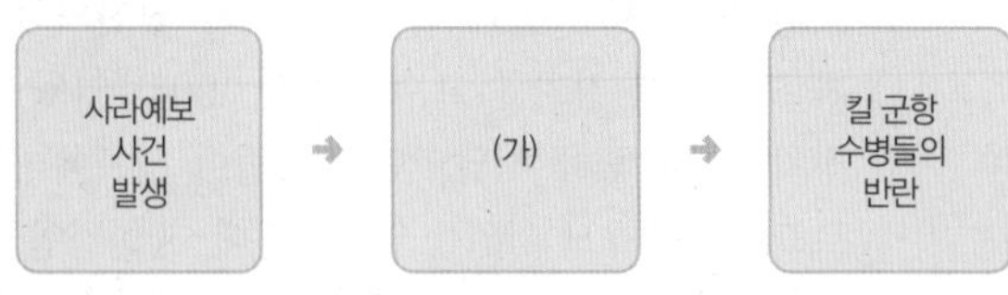

보기
ㄱ. 빌헬름 2세가 퇴위하였다.
ㄴ. 파리 강화 회의가 개최되었다.
ㄷ. 러시아에서 사회주의 혁명이 일어났다.
ㄹ. 독일이 무제한 잠수함 작전을 전개하였다.

① ㄱ, ㄴ ② ㄱ, ㄷ ③ ㄴ, ㄷ
④ ㄴ, ㄹ ⑤ ㄷ, ㄹ

중요

04 밑줄 친 '작전'이 초래한 결과로 가장 적절한 것은?

독일은 1917년 2월부터 영국과 서유럽으로 향하는 모든 배를 무차별 공격하는 작전을 전개하였다. 사진은 이 작전에 사용된 독일의 군함 U보트의 모습이다.

① 독일이 3B 정책을 추진하였다.
② 미국이 제1차 세계 대전에 참전하였다.
③ 러시아가 독일과 단독 강화 조약을 체결하였다.
④ 영국, 프랑스, 러시아가 3국 협상을 체결하였다.
⑤ 러시아가 군대를 동원하면서 서부 전선이 교착 상태에 빠졌다.

05 다음 사건들을 일어난 순서대로 바르게 나열한 것은?

ㄱ. 2월 혁명　　　　ㄴ. 소련 수립
ㄷ. 스탈린 집권　　　ㄹ. 피의 일요일 사건

① ㄱ－ㄴ－ㄷ－ㄹ　② ㄱ－ㄹ－ㄴ－ㄷ
③ ㄴ－ㄱ－ㄷ－ㄹ　④ ㄷ－ㄱ－ㄴ－ㄹ
⑤ ㄹ－ㄱ－ㄴ－ㄷ

고난도+

06 밑줄 친 '임시 정부'에 대한 설명으로 옳은 것은?

볼셰비키는 '전쟁을 즉각 중지하며 임시 정부를 폐지하고 노동자·병사 소비에트가 권력을 장악해야 한다.'고 주장하였다.

① 레닌이 주도하였다.
② 10월 혁명으로 붕괴되었다.
③ 토지와 주요 산업을 국유화하였다.
④ 피의 일요일 사건을 무력 진압하였다.
⑤ 독일 등 동맹국들과 강화 조약을 맺었다.

07 (가)에 들어갈 내용으로 가장 적절한 것은?

• 소단원명: (가)
• 학습 내용: 국제 연맹, 워싱턴 회의, 로카르노 조약, 켈로그·브리앙 조약, 영안, 도스안에 대해 알아본다.

① 소련이 세워지다
② 러시아 혁명이 일어나다
③ 제1차 세계 대전이 전개되다
④ 제국주의 열강의 대립이 심화되다
⑤ 평화 구축을 위한 노력이 이어지다

서술형

08 다음과 같은 피해 상황을 낳은 전쟁의 명칭을 쓰고, 이 전쟁의 특징을 두 가지 서술하시오.

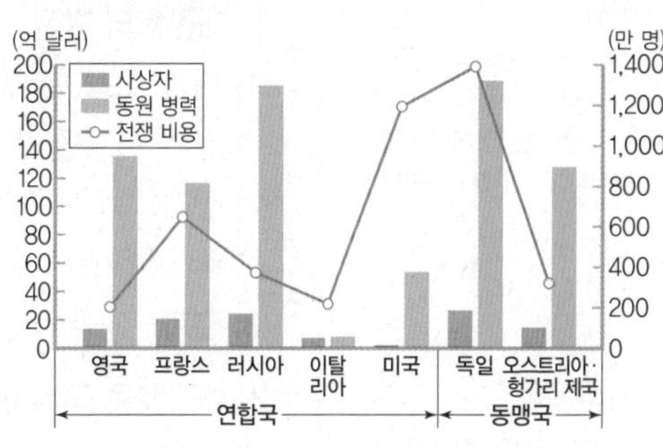

09 다음 원칙이 실제로 적용될 때 나타난 한계를 서술하시오.

〈윌슨의 14개조 평화 원칙〉
5조　모든 식민지 문제는 식민지 주민의 의사를 존중하여 공평무사하고 자유롭게 처리되도록 한다.

10 다음을 읽고 베르사유 조약의 한계를 서술하시오.

제45조　독일은 자르 하류에 있는 탄광 지대의 절대적인 소유권 및 독점 채굴권을 프랑스에 넘겨 준다.
제235조　독일은 연합국과 그 협력국의 최종 청구액이 확정되기 전에, 우선 200억 마르크 금화에 상당하는 돈을 지불한다.

V. 세계 대전과 사회 변동

2 파시즘의 등장과 제2차 세계 대전

교과서 186~195쪽

1 대공황

1. 대공황의 발생

(1) **배경**: 1920년대 미국은 세계 최대의 공업국으로 경제 호황을 누림 → 기업들의 과잉 생산과 사람들이 무리하게 주식에 투자함 → 생산물이 시장에서 소비되지 못하고 쌓임

제1차 세계 대전 당시 미국은 유럽에 군수 물자를 팔아 큰 이득을 보았고, 전쟁 후에는 유럽의 재건에 막대한 지원과 투자를 함으로써 미국은 빌려준 돈이 많은 채권국이 됨

(2) **전개**: 뉴욕 증권 거래소의 주가 폭락(1929. 10.) → 기업, 은행, 투자자의 타격 → 미국 금융권이 유럽, 아시아에 빌려준 자본 회수 → 전 세계로 대공황 확산

(3) **결과**: 산업 생산의 위축, 기업 파산 속출, 실업자 증가

2. 대공황을 극복하기 위한 각국의 대응

(1) **미국**: 루스벨트 대통령의 뉴딜 정책

① 자유방임주의 포기 → 정부가 적극적으로 경제 활동에 개입

자유방임주의: 국가의 개입을 배제하고 개인의 경제 활동 자유를 최대한 보장하려는 경제 사상

② 정부가 농업과 공업 분야 생산량 조절, 대규모 공공사업 실시 → 실업자 감소

③ 노동자의 권익 보호, 사회 보장 제도 마련 → 경제적·사회적 안정

(2) **영국**

① 무역 흑자 증대 정책: 높은 관세로 수입 억제, 영국이 금 본위제 탈피로 파운드화 가치를 떨어뜨려 자국 상품의 가격 경쟁력 상승 시도 → 국제 무역 교역량 감소로 효과 없음

② 경제 블록 형성: 본국과 식민지를 하나의 블록으로 묶어 그 안에서 교역

경제 블록: 영국은 파운드 블록, 프랑스는 프랑 블록을 형성함

(3) **이탈리아, 독일, 일본**: 경제 기반이 약하고 식민지가 적음 → 대외 팽창 추진

2 파시즘과 군국주의

1. 파시즘

파시즘: 이탈리아어 파쇼(fascio)에서 유래한 말로, 파쇼는 '결속' 또는 '단결'을 뜻함

(1) **특징**: 국가 지상주의, 군국주의, 일당 독재, 언론과 사상의 통제 등

(2) **등장 시기**: 대공황 이후

2. 이탈리아의 파시즘

(1) **배경**: 제1차 세계 대전 이후 물가 폭등, 실업자 증가 → 사회주의 사상 확산, 노동 운동, 농민 운동 전개

(2) **성립**: 무솔리니가 파시스트당 결성 → '검은 셔츠단'을 이끌고 로마 진군(1922) → 파시스트 일당 독재 체제 구축 → 대공황 발생 → 국가 지상주의, 군국주의 강화

검은 셔츠단: 무솔리니가 이끈 격렬한 파시스트 단체로, 유니폼으로 검은 셔츠를 입고 다녀서 붙은 이름임

로마 진군: 무솔리니와 검은 셔츠단이 일으킨 쿠데타로, 이를 통해 무솔리니와 파시스트당은 권력을 장악함

3. 독일의 파시즘

(1) **배경**: 제1차 세계 대전 이후 막대한 배상금 부담으로 불만 고조 → 도스안, 로카르노 조약으로 안정 → 대공황 발생 → 공산주의·파시즘 같은 급진적인 정치 세력 등장

(2) **히틀러의 나치당**: 독일 민족주의, 반유대주의, 반공주의 강조 → 선거를 통해 제1당이 되고(1932) 히틀러는 총통이 됨

반공주의: 공산주의에 반대하는 정치 이념

4. 일본의 군국주의

(1) **배경**: 제1차 세계 대전 이후 경제적 호황과 민주주의 확대 → 대공황으로 군국주의 확산

(2) **군국주의 침략**: 새로운 시장을 확보해 대공황을 극복하고자 대외 침략

① 만주 사변(1931): 만주 장악, 만주국 수립 → 국제 연맹 탈퇴

② 군부가 쿠데타를 일으켜 실권 장악(1932) → 군국주의 심화

만주국: 일본이 청의 황제였던 푸이를 집정 자리에 앉히고 수립한 괴뢰국임

금 본위제
가장 안정적이라고 평가받는 금을 통해 각국 통화의 가치를 보장하는 제도로, 안정적인 국제 무역을 위해 19세기에 영국이 확립하였다.

국가 지상주의
국가의 유지와 발전을 최고의 가치로 두고 국가를 위하여 수단과 방법을 가리지 않아야 한다고 보는 이념이다.

군국주의
국가의 가장 중요한 목적을 군사력에 두고, 전쟁 준비를 위한 정책을 최상위에 두려는 정치 체제이다.

보충 히틀러의 반유대주의

> 이 세상에서 순수하지 않은 모든 인종은 쓸모없는 것이다. …… 유대인들은 인종적으로 개인을 감염시켜, 인종적 순수성을 없애려는 체계적 시도를 하고 있다. …… 유대인들은 자신들의 세계 경제 금융의 멍에 아래, 독일 민족 지식인들을 파괴하고 독일 노동을 착취하는 것이다.
>
> – 히틀러, 『나의 투쟁』

히틀러는 독일인의 순수성과 우월성을 강조하는 극단적 인종주의를 내세웠다. 한편 유대인을 가장 열등한 민족으로 꼽으며 반유대주의를 노골적으로 외쳤다. 당시 유대인들은 국가가 없이 유럽 전역에 흩어져서 살고 있었는데, 일찍이 금융업에 뛰어들어 독일 부의 상당 부분을 차지하고 있었기에 비교적 쉽게 질투와 증오의 대상이 되었다.

대공황

교과서 186쪽

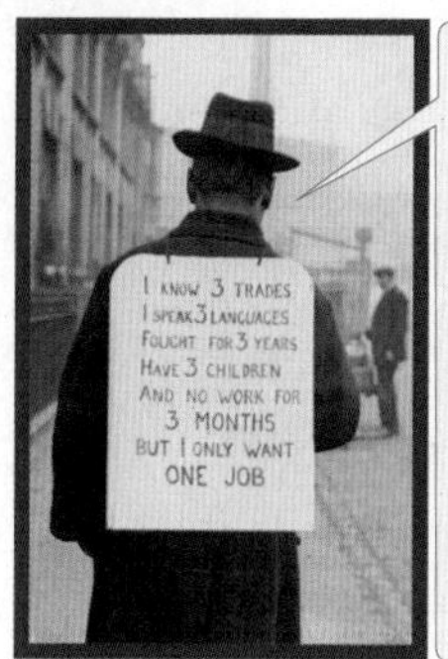

나는 세 종류의 일을 할 줄 알고, 세 개의 언어를 구사하고 3년간 전쟁에 참여하였으며, 세 자녀가 있습니다. 그러나 제가 원하는 건 오직 하나의 일자리입니다.

대공황 당시 실업자의 모습

(%) 30 25 20 15 10 5 0

독일 / 미국 / 영국

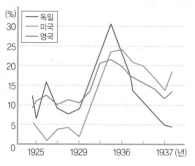

1925 1929 1936 1937 (년)

1920~1930년대 세계 주요 국가 실업률

자료 해설

1928년 10월 24일 '검은 목요일', 주가가 곤두박질쳤다. 한 달 안에 주가는 37%가 하락하였다. 주가가 폭락하자 기업과 은행이 연달아 무너졌다. 기업이 무너지자 실업은 늘어나고 소비가 줄어드는 악순환이 계속되었다. 1933년 미국에서는 1,300만 명이 실직자인 것으로 집계되었는데, 이는 미국 국민 4명 중 1명에 해당하는 수치였다. 거리에는 일자리를 구하러 나온 사람들이 곳곳에 있었고, 정부가 무료로 나누어 주는 빵 한 조각으로 허기를 달래려는 사람들의 줄이 길게 이어졌다.

뉴딜 정책

교과서 187쪽

「농업 조정법」

주요 농산물의 과잉 생산 제한, 농민에게 보조금 지급

「국가 산업 부흥법」

산업 부문의 생산 조절, 최저 가격과 노동 시간 규정

「사회 보장법」

노인·유족·실업자에게 수당 지급, 의료 서비스 지원 등 공공 부조 체제 시행

「테네시강 유역 개발 공사법」

초대형 댐을 건설하여 인력 고용, 완공 이후 홍수 조절, 수력 발전 등 기여

테네시강 유역 개발 공사(TVA)

자료 해설

대공황이 일어난 뒤 새로 미국 대통령에 당선된 루스벨트는 뉴딜 정책을 추진하였다. 뉴딜은 '새로운 처방'이라는 뜻으로, 경제 위기를 극복하기 위해 국가가 경제 활동에 적극적으로 관여하는 것을 의미한다. 이것은 국가의 개입을 배제하던 기존의 자유 방임주의에서 벗어나 국가가 경제에 적극적으로 개입해야 한다고 주장한 케인스의 의견을 따른 것이다. 미국 정부는 테네시강 유역에 초대형 댐을 건설하는 등 대규모 공공사업을 벌여 일자리를 만들어 실업자를 줄여 나갔고, 노동자의 권익을 보장하고 각종 사회 보장 제도를 마련하였다. 또 농업과 공업 분야의 생산량을 조정함으로써 과잉 생산을 막으려 하였다.

이탈리아의 파시즘

교과서 188쪽

정치 참여 세력의 확대

파시스트의 국가 개념은 모든 것을 포괄하며, 국가를 떠나서는 인간과 영혼의 가치도 존재하지 않는다. …… 국민이 국가를 발생시키는 것이 아니라 국가가 국민을 창조한다. …… 파시즘은 영구 평화의 가능성을 믿지 않는다. …… 오직 전쟁만이 인간의 힘을 최고조에 이르게 하고 이에 직면할 용기를 가진 국민에게 고귀함을 부여한다.

– 무솔리니, 『파시즘 독트린』

독트린: 국가의 대표가 국제 사회에 내세우는 한 나라의 정책상의 원칙

자료 해설

파시즘의 가장 중요한 특징은 국가를 절대적 우위에 둔다는 것이다. 개인의 뜻보다는 국가를 중요시하고, 군사적 가치관과 전투 및 정복을 찬양하며, 국가를 상징하는 카리스마적인 지도자에게 완전히 복종한다. 대공황이 일어나자 경제 기반이 약하고 식민지가 적거나 없었던 이탈리아, 독일, 일본은 자기들도 경제 블록을 만들고자 주변국들을 침략하였다.

3 제2차 세계 대전

1. 제2차 세계 대전의 발발

(1) **독일의 재무장**: 히틀러가 베르사유 체제 전면 부정, 재무장 시작, 국제 연맹 탈퇴

(2) **추축국 형성**: 독일, 이탈리아, 일본이 방공 협정을 맺으며 추축국 형성 → 대외 침략 본격화

이탈리아는 에티오피아를 침략하였고(1935), 일본은 만주 사변(1931) 이후 중일 전쟁(1937)을 일으킴

(3) **독일의 팽창**: 독일이 오스트리아 강제 합병 후 체코슬로바키아의 수데텐란트 지방 요구 → 영국과 프랑스가 공산주의의 확산을 막고자 독일의 요구 수용 → 독일이 체코슬로바키아 전 국토 병합, 폴란드의 단치히 요구 → 소련과 독일이 불가침 조약 체결(독소 불가침 조약, 1939)

영국과 프랑스는 나치 독일이 소련을 봉쇄하는 데 도움이 될지 모른다는 생각에 나치의 요구를 들어 줌

(4) **제2차 세계 대전 발발**: 독일이 폴란드 기습 침공 → 영국과 프랑스가 독일에 선전 포고 → 제2차 세계 대전 시작(1939)

2. 제2차 세계 대전의 확대

주요 전쟁 물자인 철광석이 매장되어 있음

(1) **독일의 침략 확대**: 북유럽 장악 → 프랑스 침공(1940) → 프랑스 항복 → 발칸반도를 점령하며 영국을 제외한 전 유럽 장악(1941) → 불가침 조약을 어기고 소련 침공(1941. 6.) → 소련이 연합국으로 참전

(2) **이탈리아의 침략**: 지중해를 장악하고자 독일 측에 가담하여 그리스와 북부 아프리카 침공

일본은 아시아 각지를 침략하면서 대동아 공영권이라는 침략 논리를 내세움

(3) **일본의 침략**: 중일 전쟁(1937) 장기화 → 원유와 자원 확보 위해 동남아시아 침략, 남태평양으로 세력 확대 → 미국이 일본에 석유와 전쟁 물자 수출 금지 → 일본이 하와이 진주만의 미군 기지를 기습 공격하여 태평양 전쟁 발발(1941) → 미국이 연합국으로 참전하며 전쟁이 전 세계로 확대

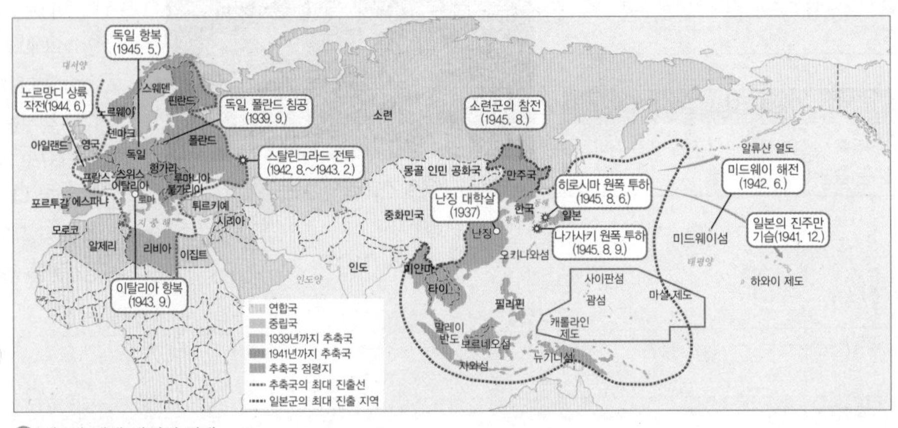

제2차 세계 대전의 전개

3. 제2차 세계 대전의 종결

(1) **연합국의 반격과 승리**

① 전세 역전: 미국의 미드웨이 해전 승리(1942), 소련의 스탈린그라드 전투 승리 → 무솔리니 몰락, 이탈리아 항복(1943) → 연합국의 노르망디 상륙 작전 성공(1944) → 파리 회복 → 연합군의 베를린 진격, 독일의 무조건 항복(1945. 5.)

② 전쟁 종결: 히로시마와 나가사키에 원자 폭탄 투하, 소련군이 만주로 진격 → 일본의 무조건 항복(1945. 8.)

(2) **연합국의 승리 결과**: 파시즘과 제국주의 몰락, 영국과 프랑스 대신 세계 질서의 새로운 중심축으로 미국과 소련 등장

추축국

'추축'은 어떤 사물이나 움직임의 중심이 되는 중요한 부분을 의미한다. 독일, 일본, 이탈리아가 추축국 동맹을 결성하였다(1937).

방공 협정

1936년에 독일, 이탈리아, 일본이 맺은 협정으로 협정의 주된 목적은 공산주의 소련에 대한 방위 수단을 협의하는 것이었다.

보충 미드웨이 해전

일본은 하와이 진주만 공습 이후 하와이에서 가깝고 전략적으로 중요한 미드웨이섬을 점령하려고 해군을 보냈는데, 미군이 미리 암호를 해독하여 일본군의 작전을 알고 대응하여 일본이 패배한 사건이다. 이후 태평양 전쟁에서 미군이 우위를 차지하게 되었다.

보충 스탈린그라드 전투

독일이 독소 불가침 조약을 깨고 소련을 기습 침략하면서 소련은 초반에 엄청난 피해를 입었다. 그러나 1942년 여름부터 다음해 2월까지 스탈린그라드에서 약 6개월 동안 치열한 전투를 벌인 결과 독일군이 패배하여 후퇴하면서 전세가 연합국에 유리하게 바뀌었다.

교과서 속 자료 & 개념

제2차 세계 대전의 전개

교과서 192쪽

노르망디 상륙 작전

(자료 해설)

연합국이 펼친 노르망디 상륙 작전은 제2차 세계 대전에서 연합군이 독일의 히틀러에게 큰 타격을 준 군사 작전이다. 이 작전은 육해공군을 망라하여 함선 1,200척, 수송선 804척과 15만 명의 대병력을 동원한 '지상 최대의 작전'이었다. 프랑스 북부의 노르망디 해안은 당시 독일이 점령하고 있었는데, 연합국은 마치 다른 해안에 상륙 작전을 펼칠 것처럼 꾸며 독일군의 주의를 돌린 다음 상륙에 성공하였다. 연합군은 소련과의 전투에서 연이어 패배하고 있던 독일의 후방을 들이치면서 승기를 잡아 전세를 역전시켰고, 파리 및 유럽 여러 지역은 해방되었다.

제2차 세계 대전 당시 청소년의 삶

교과서 194쪽

히틀러 유겐트 가입 선서

나는 조국의 구원자인 아돌프 히틀러에게 나의 모든 힘을 바칠 것을 맹세합니다. 그를 위해 기꺼이 생명을 바치고자 하오니…….

(자료 해설)

히틀러 유겐트는 제2차 세계 대전 당시 히틀러가 만든 것으로 10대 청소년들로 구성된 전국적인 청소년 조직이었다. 독일 소년들은 열 번째 생일을 맞으면 관청에 등록하고, 순수한 독일 계통 아리아인인지에 대해 조사를 받았다. 조사 결과 인정을 받으면 히틀러 유겐트에 가입하여 18세까지 활동하였다. 이들은 엄격한 스파르타식 생활을 하며 나치즘을 주입받았고, 무기를 들고 전쟁에 나가기도 하였다. 모든 일상이 전쟁과 관련되어 청소년의 삶은 규격화되고, 개개인의 가치관이나 권리를 보호받지 못하였다. 파시즘의 광기는 이렇게 어린 청소년들에게까지 깊은 상처를 남겼다.

개념 꿀꺽

1. 빈칸에 알맞은 말을 쓰시오.

(1) 루스벨트 대통령은 대공황의 위기를 극복하고자 전통 자본주의의 자유방임주의 경제 원칙을 포기하고 (   )을/를 시행하였다.

(2) 대공황 이후 유럽에서는 민주주의가 쇠퇴하고 (   )와/과 같은 권위주의적 정치 체제가 등장하였다.

(3) 일본은 하와이 진주만의 미군 기지를 기습 공격하여 (   )을/를 일으켰다.

2. 다음 내용이 옳으면 ○표, 틀리면 ×표 하시오.

(1) 이탈리아, 독일, 일본은 경제 블록을 만들어 대공황을 극복해 나갔다. (   )

(2) 무솔리니는 파시스트당을 결성하고 로마 진군을 단행하였다. (   )

(3) 히틀러의 나치당은 독일 민족주의, 반유대주의 및 반공주의를 내세웠다. (   )

(4) 노르망디 상륙 작전 이후 전쟁은 급격하게 독일군에 유리하게 전개되었다. (   )

정답
1. (1) 뉴딜 정책 (2) 파시즘 (3) 태평양 전쟁
2. (1) × (2) ○ (3) ○ (4) ×

기초 튼튼 | 기본문제

단답형

01 다음 내용을 포괄하는 정책의 명칭을 쓰시오.

- 농업 조정법: 주요 농산물의 과잉 생산 제한, 농민에게 보조금 지급
- 국가 산업 부흥법: 산업 부문의 생산 조절, 최저 가격과 노동 시간 규정
- 사회 보장법: 노인·유족·실업자에게 수당 지급, 의료 서비스 지원 등 공공 부조 체제 시행
- 테네시강 유역 개발 공사법: 초대형 댐을 건설하여 인력 고용, 완공 이후 홍수 조절, 수력 발전 등 기여

(   )

02 (가)에 들어갈 국가로 옳은 것만을 〈보기〉에서 고른 것은?

(가) 은/는 대공황에서 벗어나기 위하여 본국과 식민지를 하나의 블록으로 묶고, 본국에서 너무 많이 생산된 물건을 식민지에 떠넘겼다. 그래서 식민지 민중들은 대공황의 고통을 이중으로 겪어야 했다.

보기

ㄱ. 영국　　ㄴ. 프랑스
ㄷ. 소련　　ㄹ. 이탈리아

① ㄱ, ㄴ　② ㄱ, ㄷ　③ ㄴ, ㄷ
④ ㄴ, ㄹ　⑤ ㄷ, ㄹ

단답형

03 밑줄 친 '그'가 누구인지 쓰시오.

제1차 세계 대전 이후 이탈리아는 여러 혼란을 겪고 있었다. 이러한 상황에서 그는 파시스트당을 결성하였고, 로마 진군을 통해 총리가 되어 독재 체제를 구축하였다.

(   )

중요

04 다음과 같은 경제 블록이 등장하게 된 배경으로 옳은 것은?

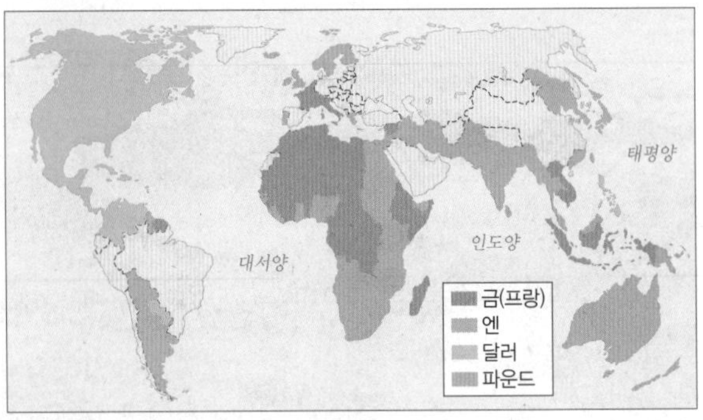

① 대공황 발생
② 소련의 성립
③ 파시즘 출현
④ 제국주의의 등장
⑤ 절대 왕정의 성립

05 다음을 주장한 인물에 대한 설명으로 옳은 것만을 〈보기〉에서 고른 것은?

이 세상에서 순수하지 않은 모든 인종은 쓸모없는 것이다. …… 가장 최고의 순수한 인종적 요소를 배양하는 데 헌신하는 국가는 어느 날 세계를 제패하는 국가가 되어 있을 것이다. －『나의 투쟁』

보기

ㄱ. 사유 재산제를 폐지하려 하였다.
ㄴ. 국가와 민족의 이익을 절대적 우위에 두었다.
ㄷ. 노동자의 권리를 확대하여 경제 위기를 극복하려 하였다.
ㄹ. 대공황 이후 경제적 위기를 대외 침략으로 극복하려 하였다.

① ㄱ, ㄴ　② ㄱ, ㄷ　③ ㄴ, ㄷ
④ ㄴ, ㄹ　⑤ ㄷ, ㄹ

06 다음의 사건들을 일어난 순서대로 바르게 나열한 것은?

ㄱ. 로마 진군	ㄴ. 파시스트당 결성
ㄷ. 대공황 발생	ㄹ. 파시스트 독재 시작

① ㄱ - ㄴ - ㄷ - ㄹ
② ㄱ - ㄹ - ㄴ - ㄷ
③ ㄴ - ㄱ - ㄹ - ㄷ
④ ㄷ - ㄱ - ㄴ - ㄹ
⑤ ㄷ - ㄴ - ㄹ - ㄱ

단답형

07 (가)에 들어갈 알맞은 말을 쓰시오.

독일, 이탈리아, 일본은 3국 간의 방공 협정을 체결하여 (가) 동맹(1937)을 결성하였다.

(　　　　　)

08 밑줄 친 '침략 정책'에 해당하지 않는 것은?

일본은 새로운 시장을 확보해 대공황을 극복하고자 대외 침략 정책을 확대하였다.

① 만주 사변을 일으켰다.
② 러일 전쟁을 일으켰다.
③ 군국주의를 강화하였다.
④ 중일 전쟁을 시작하였다.
⑤ 국제 연맹을 탈퇴하였다.

중요

09 밑줄 친 '이 전쟁' 중에 있었던 일로 옳은 것만을 〈보기〉에서 고른 것은?

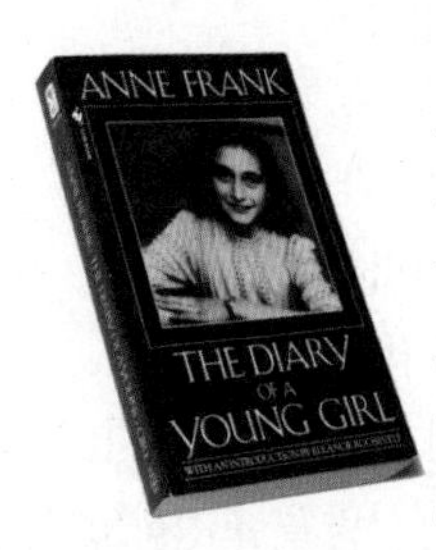

독일 태생의 유대인인 안네 프랑크는 이 전쟁 기간 중 16세의 나이로 수용소에서 숨졌다. 네덜란드에 숨어 지내는 동안 쓴 『안네의 일기』는 1947년 첫 출간되어 지금까지도 여러 나라에서 읽히고 있다.

보기
ㄱ. 러시아 혁명이 일어났다.
ㄴ. 독일이 소련을 침공하였다.
ㄷ. 히로시마에 원자 폭탄이 투하되었다.
ㄹ. 독일 킬 군항 수병들의 반란이 일어났다.

① ㄱ, ㄴ　② ㄱ, ㄷ　③ ㄴ, ㄷ
④ ㄴ, ㄹ　⑤ ㄷ, ㄹ

10 (가) 시기에 전개된 사실로 옳은 것만을 〈보기〉에서 고른 것은?

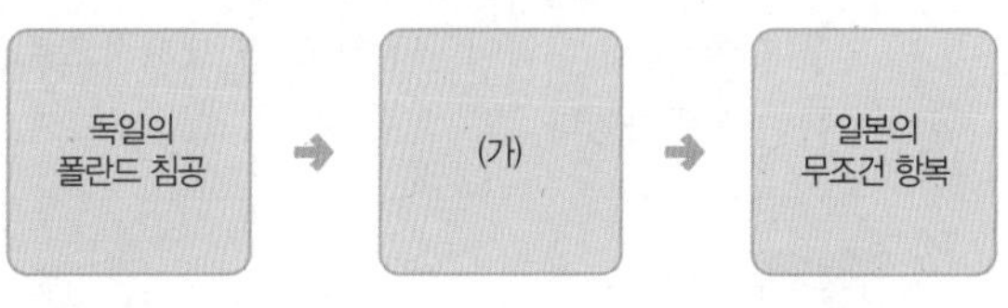

보기
ㄱ. 중일 전쟁 시작
ㄴ. 추축국 동맹 결성
ㄷ. 태평양 전쟁 발발
ㄹ. 노르망디 상륙 작전 성공

① ㄱ, ㄴ　② ㄱ, ㄷ　③ ㄴ, ㄷ
④ ㄴ, ㄹ　⑤ ㄷ, ㄹ

실력 쑥쑥 | 실전문제

01 밑줄 친 '이 정책'에 대한 설명으로 옳지 않은 것은?

> 미국 대통령 루스벨트는 대공황의 위기를 극복하고자 이 정책을 실시하였다.

① 대규모 공공사업을 벌였다.
② 사회 보장 제도를 마련하였다.
③ 경제학자 케인스의 주장을 받아들였다.
④ 자유방임주의 경제 원칙을 강화하였다.
⑤ 농업과 공업 분야의 생산량을 조정하였다.

고난도

02 밑줄 친 '영향'에 대한 여러 나라의 대응으로 옳은 것만을 〈보기〉에서 고른 것은?

> 1929년 10월, 미국 뉴욕의 증권 거래소에서 주가가 폭락하면서 연이어 수많은 은행과 기업이 도산하고 실업자가 늘어났다. 이는 세계 경제에도 큰 영향을 미쳐 국제 무역이 급감하고 전 세계적으로 실업률이 폭증하였다.

보기

ㄱ. 영국 – 파운드 블록을 형성하였다.
ㄴ. 프랑스 – 주변국을 침략하기 시작하였다.
ㄷ. 독일 – 히틀러의 나치당이 재무장을 선언하였다.
ㄹ. 이탈리아 – 무솔리니의 파시스트당이 정권을 잡았다.

① ㄱ, ㄴ　② ㄱ, ㄷ　③ ㄴ, ㄷ
④ ㄴ, ㄹ　⑤ ㄷ, ㄹ

03 다음 내용을 주장한 인물로 옳은 것은?

> 이 세상에서 순수하지 않은 모든 인종은 쓸모없는 것이다. …… 유대인들은 인종적으로 개인을 감염시켜, 인종적 순수성을 없애려는 체계적 시도를 하고 있다. …… 유대인들의 세계 경제 금융의 명에 아래, 독일 민족 지식인들을 파괴하고 독일 노동을 착취하는 것이다.

① 레닌　② 스탈린　③ 히틀러
④ 루스벨트　⑤ 무솔리니

04 (가)에 들어갈 나라로 옳은 것은?

> 이 그림은 독일과 (가) 의 불가침 조약을 풍자한 것이다. 서로를 강하게 비방하던 두 당사자가 손을 잡고 불가침 조약을 체결하여 세계를 놀라게 하였다.

① 미국　② 소련　③ 영국
④ 일본　⑤ 프랑스

05 밑줄 친 '이 전쟁' 중에 있었던 사실로 옳은 것은?

> 노벨 문학상 수상자인 귄터 그라스의 대표작 『양철북』은 나치가 집권하던 시기의 독일 사회를 풍자하고, 폴란드 침공으로 시작된 이 전쟁의 참상을 탁월하게 묘사했다는 평가를 받는다.

① 일본이 태평양 전쟁을 일으켰다.
② 독일이 국제 연맹을 탈퇴하였다.
③ 독일이 무제한 잠수함 작전을 전개하였다.
④ 오스만 제국이 동맹국 측으로 참전하였다.
⑤ 러시아가 동맹국과 단독 강화 조약을 체결하였다.

고난도

06 다음의 사건들을 일어난 순서대로 바르게 나열한 것은?

ㄱ. 독소 불가침 조약 체결
ㄴ. 독일의 폴란드 기습 침공
ㄷ. 독일의 오스트리아 강제 합병
ㄹ. 독일의 수데텐란트 지방 요구

① ㄱ – ㄴ – ㄷ – ㄹ
② ㄱ – ㄹ – ㄴ – ㄷ
③ ㄴ – ㄱ – ㄷ – ㄹ
④ ㄷ – ㄱ – ㄴ – ㄹ
⑤ ㄷ – ㄹ – ㄱ – ㄴ

고난도

07 (가) 시기에 일어난 사실로 옳은 것만을 〈보기〉에서 고른 것은?

진주만 공습

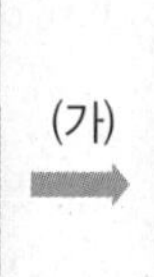

일본에 원자 폭탄 투하

보기

ㄱ. 독일의 소련 침공
ㄴ. 독일군의 파리 입성
ㄷ. 노르망디 상륙 작전
ㄹ. 연합군의 베를린 점령

① ㄱ, ㄴ ② ㄱ, ㄷ ③ ㄴ, ㄷ
④ ㄴ, ㄹ ⑤ ㄷ, ㄹ

서술형

08 (가)에 들어갈 알맞은 용어를 쓰고, (가)가 발생한 근본적인 원인을 서술하시오.

1929년 미국 뉴욕의 증권 거래소에서 주가가 폭락하면서 수많은 은행과 기업이 도산하고 실업자가 속출하였다. 미국의 경기 침체는 곧 유럽을 비롯한 세계 경제로 확산하여 국제 무역이 급감하고 전 세계적으로 실업률이 치솟는 (가) (으)로 이어졌다.

09 무솔리니와 히틀러의 주장에 어떠한 공통점이 있는지 서술하시오.

- 무솔리니: 파시스트의 국가 개념은 모든 것을 포괄하며 국가를 떠나서는 인간과 영혼의 가치도 존재하지 않는다.
- 히틀러: 우리는 이 민족이 오직 민족으로서만 존속할 수 있으며, 개인이나 정당 등의 집합으로서는 존속할 수 없다는 확신을 이 민족에게 심어주었던 것입니다.

10 밑줄 친 '국가들'에 해당하는 세 국가를 쓰고, (가)에 들어갈 적절한 내용을 서술하시오.

미국은 대공황의 위기를 극복하고자 뉴딜 정책을 시행하였다. 영국과 프랑스 등 식민지 보유국들은 본국과 식민지를 하나의 경제 블록으로 만들어 대공황에 대응하였다. 한편 국내 산업 기반이 약하고 넓은 식민지를 갖지 못하였던 국가들은 (가) .

V. 세계 대전과 사회 변동

민주주의의 확산 ~ 인권 회복과 평화 확산을 위한 노력

교과서 196~209쪽

제정

황제나 왕이 다스리는 전제 군주정의 정치 형태를 말한다.

공화정

제정 등 군주정에 상대되는 개념으로 국정에 참여하는 대표자는 국민의 투표로 선출된다. 현대의 공화정은 신분과 같은 출생에 따른 차별을 부정하고, 국민 주권·자유·평등·민주주의를 기본 원리로 삼고 있다.

보충 영국의 선거권 확대 과정

1차 (1832)	산업 자본가와 중산층 국민 대비 유권자 비율 4.3%
2차 (1867)	도시 노동자와 소시민 국민 대비 유권자 비율 9%
3차 (1884)	소작농 및 농업 광산 노동자 국민 대비 유권자 비율 19%
4차 (1918)	남자 21세 이상, 여자 30세 이상 국민 대비 유권자 비율 46%
5차 (1928)	만 21세 이상 남녀 보통 선거 국민 대비 유권자 비율 62%
6차 (1970)	만 18세 이상 남녀 보통 선거

보충 「수권법」

법률을 제정하는 권한은 원래 의회가 갖지만 이러한 입법권을 행정부에 넘긴 법률이다. 「수권법」 제정으로 바이마르 헌법 체제는 사실상 무너지고 나치에 의한 독재가 시작되었다.

1 공화정의 확산

1. 독일의 공화국 수립

(1) **배경**: 전쟁에 참가한 사람들의 권리 요구, 민주주의 실현을 통한 전쟁 방지 추구 → 제1차 세계 대전 이후 민주주의 제도 발전

(2) **바이마르 공화국 수립**: 제1차 세계 대전 막바지에 독일에서 혁명 전개 → 독일 제국 붕괴 → 보통 선거로 국회 구성 → 바이마르 헌법 공포(1919. 8.), 바이마르 공화국 출범

(3) **바이마르 헌법의 특징**: 당시로서는 매우 민주적인 헌법(남녀 보통·직접 선거, 내각제 규정, 노동자의 단결권과 단체 교섭권 인정)

20세 이상 남녀는 누구나 선거에 참여할 수 있음

(4) **바이마르 공화국의 상황**: 패전으로 정치 불안, 극심한 인플레이션 지속 → 화폐 개혁과 차관 도입 → 1920년대 후반 전쟁 이전 수준으로 경제 회복, 정치 안정

2. 민주주의의 확산

제1차 세계 대전 당시 연합군은 전쟁의 목적을 민주주의를 위한 세계 안전으로 규정하였는데, 연합국이 승전하면서 제정이 무너지고 공화정이 확산됨

(1) **오스만 제국**: 제정 붕괴 → 튀르키예 공화국 수립

(2) **패전국의 식민지**: 민족 자결주의 원칙에 따라 독립 → 대부분 공화정 채택

(3) **핀란드 등**: 러시아 혁명 이후 러시아에서 독립한 대부분의 나라가 공화정 채택

2 민주주의의 발전

1. 노동자의 권리 확대

재산에 따른 선거권 제한이 사라짐

(1) **선거권 확대**: 제1차 세계 대전에서 광범위한 전쟁 참여(군인, 무기, 전쟁 물자 생산 등)로 노동자의 사회적 지위 향상 → 모든 성년 남자에게 선거권 부여

(2) **노동자의 권리 확대**: 영국, 프랑스, 스웨덴 등에서 노동자 기반 정당 등장

① 영국: 노동당 집권, 실업 보험 등 도입

② 미국: 뉴딜 정책 시기에 최저 임금제를 비롯한 노동자의 권리를 법으로 보장

③ 소비에트 러시아: 8시간 노동제 확립 → 유럽으로 확대

2. 여성의 참정권 요구

(1) **배경**: 제1차 세계 대전 당시 여성의 활약(간호 인력, 후방에서 물자 공급 등)

(2) **여성의 참정권 획득**

① 영국: 제1차 세계 대전 직후 일정한 재산 자격을 갖춘 30세 이상 여성의 참정권 인정 → 21세 이상 모든 성인 남녀에게 선거권 부여(1928)

② 소련, 미국: 소비에트 러시아는 1917년, 미국은 1920년에 여성의 선거권 인정

③ 아시아·아프리카: 제2차 세계 대전 이후 독립, 민주주의 도입 → 여성 참정권 인정

3. 민주주의의 위기: 파시즘의 확산과 의회 민주주의의 위기

(1) **이탈리아의 파시스트당**: 언론·출판의 자유 박탈, 파시스트당 이외의 모든 정당 금지, 노동조합 해산

나치 정권 수립 직후 국회 의사당 건물이 불타는 일이 발생하자, 나치는 이 사건을 공산주의자의 소행으로 보고 반대파를 탄압함

(2) **독일의 나치당**: 의사당 방화 사건(1933)을 계기로 언론·집회·결사의 자유 제한, 「수권법」 제정, 나치 이외의 정당 금지, 노동조합 해산, 검열·도청 강화

(3) **파시즘 확산에 대한 저항**: 파시즘에 반대하는 다양한 세력이 연합하여 인민 전선 형성, 프랑스 인민 전선의 총선 승리(1936)

파시즘에 반대하는 모든 사람이 서로 뭉치자는 취지로 조직한 반파시즘 연합. 에스파냐에서는 인민 전선 정부가 들어서서 강력한 개혁을 추진하였는데, 이에 반대하는 지주, 군부가 프랑코 장군을 지원하여 쿠데타가 일어나 긴 내전 끝에 결국 파시즘 정권이 들어섬

교과서 속 **자료 & 개념**

바이마르 헌법

교과서 196쪽

제1조 독일은 공화국이다. 국가 권력은 국민으로부터 나온다.

제109조 모든 독일 인민은 법률 앞에 평등하다. 남녀는 동일한 권리를 가지며 의무를 진다. 출생 또는 신분에 의한 특권 또는 불이익은 폐지한다.

제159조 노동 조건의 유지 및 개선을 위한 단체를 만들 자유는 모든 사람과 직업에 보장된다.

바이마르 헌법 제정 의회(1919)

자료 해설

제2차 세계 대전의 끝 무렵인 1918년 독일 제국은 무너졌고, 임시 정부가 수립되었다. 다음 해에는 보통 선거를 통해 국회를 구성하고 바이마르 헌법을 제정하였다. 바이마르 헌법은 당시 가장 민주적인 헌법으로 알려졌는데, 국민 주권을 명시하였고 노동자의 권리와 생존권을 보장하여 20세기 헌법의 모범이 되었다. 그러나 '독일의 안전이 위협받을 때는 대통령이 기본권의 전부를 무효로 할 수 있다.'라는 조항을 두어 이후 나치 독재로 나아가는 길을 열어 준 한계도 있다.

튀르키예 공화국 수립

교과서 197쪽

튀르키예 공화국 수립 기념일 행사

자료 해설

제1차 세계 대전 패전국에 속하는 오스만 제국은 전쟁 후 많은 영토를 잃고 유럽 열강의 간섭을 받게 되었다. 이러한 상황에서 무스타파 케말의 지도 아래 청년 장교들이 술탄 정부를 타도하고 튀르키예 공화국을 수립하였다(1923). 튀르키예 공화국의 초대 대통령에 취임한 무스타파 케말은 정치와 종교를 분리시키고, 서양 문물을 수용하여 로마자를 도입하였다. 또 신식 교육 제도를 시행하였으며, 여성들의 참정권을 인정하는 등 근대화를 추진하였다. 이에 그는 튀르키예 의회로부터 튀르키예인의 아버지라는 뜻인 '아타튀르크'라는 칭호를 받았다.

파시즘의 확산(무솔리니와 히틀러)

교과서 200쪽

민주주의는 계급 투쟁을 부추기고 국민에게 공론을 일삼게 하여 수없이 많은 당파로 분열하는, 역사적으로 낡은 것입니다. 우리는 강력한 지도자 밑에서 정열적으로 행동해야 합니다.

우리는 의회주의라는 광기에 맞서 싸우는 방법을 가르치고 권위와 명령의 필요성을 깨닫게 하여 우리 민족을 의회주의의 어리석음으로부터 떼어 놓을 것입니다.

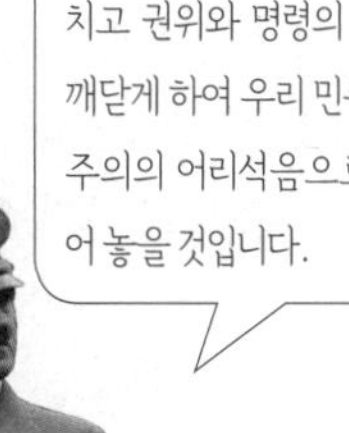

무솔리니 / 히틀러

자료 해설

제1차 세계 대전의 승전국이었지만 별다른 혜택을 받지 못해 불만이 높았던 이탈리아에서는 일찍이 무솔리니의 파시스트당이 정권을 잡았다(1922). 히틀러의 나치당은 대공황 이후 사회 혼란을 틈타 점차 세력을 키우다가 의사당 방화 사건이 일어나자 그것을 공산당의 책임으로 돌려 공산당 의원들을 추방하고 의회의 과반수를 획득하였다. 이들은 모두 사회 불안을 극복하고 국가를 발전시키기 위해서는 민주주의를 대신할 강력한 정치 조직이 필요하다고 주장하였으며, 결국 독재 정권을 수립하였다.

3 전쟁의 피해

보충 난징 대학살

중일 전쟁 초반 당시 중국의 수도였던 난징을 점령한 일본군 사령부는 모든 포로를 죽이라는 명령을 내렸다. 식량 부족 문제를 해결하고 혹시 모를 중국인들의 보복을 사전에 차단하려는 목적이었다. 이 명령에 따라 일본군은 비무장 중국인들을 마구잡이로 죽였고, 그 결과 30만 명이 넘는 사람이 목숨을 잃은 것으로 추정된다.

1. 제2차 세계 대전의 피해

(1) **막대한 인명 피해**: 약 5,500만 명의 희생자 발생(제1차 세계 대전의 3~6배)

(2) **수많은 전쟁 범죄**: 민간인 학살, 대량 학살, 조직적 전쟁 범죄 등 인권 침해 심각 → 전쟁의 재발 방지를 위한 방안 고민

(3) **수많은 도시와 기반 시설 파괴**: 대규모 공중 폭격 등의 영향

2. 대량 학살: 민간인 희생자 수가 군인의 2배 이상

(1) **나치의 유대인 학살(홀로코스트)**: 아우슈비츠 등 강제 수용소에서 유대인 학살

(2) **난징 대학살**: 일본이 난징에서 수십만 명의 민간인 학살

(3) **대규모 공중 폭격**: 바르샤바, 베를린, 런던, 드레스덴 등지에서 많은 민간인 사망

3. 심각한 인권 침해

(1) **강제 이주나 추방**: 소련의 소수 민족 강제 이주, 독일의 폴란드인 추방, 연합국의 독일인 추방 등

소련의 스탈린은 1937년부터 연해주 등지에 살고 있던 한인들을 카자흐스탄 등 중앙아시아 지역으로 강제 이주시켰으며, 그 과정에서 많은 사람이 희생당함

(2) **식민지 인적·물적 자원 수탈**

① 일본의 전쟁 동원: 국가 총동원령 제정(1938) → 국민 징용령, 징병제를 통해 식민지인을 노동자와 군인으로 동원

② 일본군 '위안부': 강제 동원 후 인권 유린

2011년 12월 제1000차 수요 시위에서 제막된 평화의 소녀상

수요 시위는 전쟁 범죄 인정, 진상 규명, 공식 사죄, 법적 배상, 전범자 처벌, 역사 교과서에 기록, 추모비와 사료관 건립을 일본 정부에 요구하며 매주 수요일 정오에 일본 대사관 앞에서 시위를 이어가고 있음

보충 드레스덴 폭격

독일 동부의 도시 드레스덴에는 1945년 2월 연합군의 공중 폭격이 진행되었는데, 그 결과 히로시마 원폭 희생자보다 많은 사람이 희생되었다.

4 평화를 위한 노력

1. 국제 연합(UN) 창설

(1) **배경**: 국제 연맹의 한계(국제 분쟁을 제재할 효과적 수단 미비, 미국의 불참 등)

(2) **창설**: 제2차 세계 대전 중인 1941년 대서양 헌장 발표(국제 연합 창설의 기초 마련) → 1945년 샌프란시스코 회의(국제 연합 창설 결정)

제2차 세계 대전 중 미국의 루스벨트 대통령과 영국의 처칠이 대서양 바다 위 군함에서 만나 전후 처리에 대한 기본 방침을 발표함

(3) **국제 연합의 특징**: 평화와 안전 유지 및 국제 우호 증진이 목표, 안전 보장 이사회의 결의가 총회의 결의보다 우선, 국제 분쟁에 개입할 제재 수단 보유

2. 평화의 모색

(1) **전범 재판**: 전쟁 범죄자 처벌 목적

① 뉘른베르크 국제 군사 재판: 나치의 만행 심판, '인도에 반한 죄' 적용

② 극동 국제 군사 재판(도쿄 재판): 일본 총리 도조 히데키 등 전쟁 주범 7명에게 사형 선고, 천황의 죄를 묻지 않았고 731부대의 생체 실험과 같은 범죄를 제대로 밝히지 않은 한계가 있음

뉘른베르크 국제 군사 재판

보충 인도에 반한 죄

> 인도에 반한 죄는 전쟁 전이나 전쟁 중에 민간인을 대상으로 한 모든 비인간적 행위를 일컫는다. 여기에 민간인을 살해·집단 학살하고 노예화하고 강제 이송하거나, 정치·인종 또는 종교를 이유로 박해하는 행위가 포함된다.
>
> – 국제 군사 재판소 조례

1945년 뉘른베르크에서 열린 군사 재판에서 '인도에 반한 죄'라는 개념이 최초로 등장하였다.

(2) **국제 연합을 통한 노력**

① 국제 연합 헌장(1945): 국제 연합의 목적은 인권과 자유의 신장에 있음을 밝힘

② 「세계 인권 선언」 채택(1948): 모든 국가와 국민이 성취해야 할 기본적 인권, 인간의 존엄성과 가치, 남녀의 동등한 권리 제시

교과서 속 자료 & 개념

홀로코스트
교과서 203쪽

아우슈비츠 수용소(폴란드 오시비엥침)

자료 해설

홀로코스트는 나치에 의해 일어난 유대인 대학살을 의미한다. 소련을 침공한 히틀러는 유럽에 거주하는 모든 유대인을 체계적으로 학살하라는 명령을 내렸는데, 이 명령에 따라 곧 폴란드와 여러 곳에 강제 수용소가 세워지고 유대인들이 유럽 전역에서 이송되었다. 가장 악명이 높은 곳은 아우슈비츠 수용소였다. 나치에 의해 학살된 유대인의 총인원은 600만이 넘는 것으로 추정되고 있으며, 이러한 끔찍한 학살에는 나치의 극단적인 인종주의가 자리 잡고 있었다.

국제 연합 헌장
교과서 205쪽

- **제1조(목적)** 국제 연합은 국제 평화와 안전을 유지한다. …… 평화를 깨뜨리는 국제적 분쟁을 평화적 수단과 정의, 국제법의 원칙에 따라 해결한다.
- **제24조(안전 보장 이사회)** 국제 연합의 신속하고 효과적인 조치를 확보하기 위하여 …… 국제 평화와 안전의 유지를 위한 일차적 책임을 안전 보장 이사회에 부여한다.
- **제42조(평화에 대한 위협, 평화의 파괴 및 침략 행위에 관한 조치)** 안전 보장 이사회는 …… 국제 평화와 안전의 유지 또는 회복에 필요한 육·해·공군에 의한 조치를 위할 수 있다.

자료 해설

국제 연합은 제2차 세계 대전이 끝난 직후 전쟁 방지 및 평화 유지, 모든 분야에서 국제 우호 관계를 증진하려는 목적을 가지고 창설되었다. 주요 활동은 크게 평화 유지 활동, 군비 축소 활동, 국제 협력 활동으로 나뉜다. 특히 국제 평화와 안전 유지에 필요한 행동을 책임지는 핵심 기관인 안전 보장 이사회를 두었으며, 국제 연맹과는 달리 국제 분쟁을 무력으로 제재하기 위한 국제 연합군을 조직하였다. 그러나 상임 이사국인 미국, 영국, 프랑스, 러시아, 중국에게만 거부권을 주는 등 강대국 중심으로 운영하는 한계가 있다.

개념 꿀꺽

1. 빈칸에 알맞은 말을 쓰시오.

(1) 제1차 세계 대전 막바지에 독일 제국이 혁명으로 무너진 뒤, 새로운 헌법이 제정되면서 (　　　) 공화국이 출범하였다.

(2) 유럽의 각 나라에서는 파시즘에 반대하는 다양한 세력이 연합해 (　　　)을/를 형성하였다.

(3) 제2차 세계 대전이 끝난 뒤 평화와 안전 유지, 국제 우호 증진 등을 목표로 (　　　)이/가 창설되었다.

2. 다음 내용이 옳으면 ○표, 틀리면 ×표 하시오.

(1) 제1차 세계 대전 이후 유럽에서는 공화정이 무너지고 제정이 확산되었다. (　　　)

(2) 제1차 세계 대전 당시 여성들의 경제적·사회적 활동이 활발해지면서 전쟁이 끝난 뒤 여성의 참정권이 확대되었다. (　　　)

(3) 나치는 인종 차별 정책을 펼치고 홀로코스트를 자행하였다. (　　　)

(4) 국제 연합은 국제 분쟁을 무력으로 제재하기 위한 국제 연합군을 조직하였다. (　　　)

정답
1. (1) 바이마르 (2) 인민 전선 (3) 국제 연합
2. (1) × (2) ○ (3) ○ (4) ○

기초 튼튼 | 기본문제

단답형
01 (가)에 들어갈 알맞은 말을 쓰시오.

> 제1차 세계 대전이 끝나기 직전 독일에서는 제국이 무너지고 당시로서는 매우 민주적인 (가) 헌법이 제정되었다.

( )

02 (가)에 들어갈 내용으로 옳은 것만을 〈보기〉에서 고른 것은?

> 제1차 세계 대전 당시 연합군은 이 전쟁의 목적을 민주주의를 위한 세계의 안전 확보로 규정하였다. 연합군의 승리로 전쟁이 끝나면서 유럽에서는 (가).

보기
ㄱ. 오스만 제국의 영토가 확대되었다.
ㄴ. 패전국의 식민지들이 독립하였다.
ㄷ. 제정이 보편적인 정치 체제로 자리 잡았다.
ㄹ. 러시아로부터 독립한 나라들이 공화정을 채택하였다.

① ㄱ, ㄴ ② ㄱ, ㄷ ③ ㄴ, ㄷ
④ ㄴ, ㄹ ⑤ ㄷ, ㄹ

단답형
03 (가)에 들어갈 알맞은 말을 쓰시오.

> 제1차 세계 대전에서 패배한 오스만 제국에서는 무스타파 케말의 지도하에 혁명이 일어나 제정이 무너지고 (가) 이/가 수립되었다.

( )

중요
04 다음 상황의 영향으로 나타난 변화로 옳지 않은 것은?

> 제1차 세계 대전 중에 노동자 계층은 직접 군인이 되거나 무기와 전쟁 물자를 생산하는 등 전쟁에 참여하면서 사회적 지위가 높아졌다.

① 차티스트 운동이 전개되었다.
② 영국에서 노동당이 정권을 잡았다.
③ 8시간 노동제가 점차 유럽으로 확산되었다.
④ 노동자를 기반으로 하는 정당이 등장하였다.
⑤ 재산에 따른 선거권 제한이 사라지기 시작하였다.

중요
05 다음 자료를 활용한 탐구 주제로 가장 적절한 것은?

여성의 권리를 위해 활동하던 에밀리 데이비슨이 왕의 말 앞으로 뛰어들어 사망하자, 장례식장에 수많은 여성이 모여 시위를 벌였다.

에멀린 팽크허스트는 여성 사회 정치 동맹을 결성하여 활동하였다. 그는 "인류의 절반이 자유롭지 못할 때 진정한 평화란 없다."라고 외쳤다.

① 공화정의 확산
② 파시즘의 등장
③ 민주주의의 위기
④ 노동자들의 권리 확대
⑤ 여성 참정권 확대 운동

06 밑줄 친 '그'에 해당하는 인물로 옳은 것은?

> 파시즘이 확대되면서 유럽의 민주주의는 위기에 처하게 되었다. 그가 이끄는 이탈리아의 파시스트당은 언론과 출판의 자유를 박탈하고 일당 독재 체제를 구축하였다.

① 스탈린　② 프랑코
③ 히틀러　④ 무솔리니
⑤ 루스벨트

단답형

07 (가)에 들어갈 알맞은 말을 쓰시오.

> 나치는 인종 차별 정책을 펼쳐 아우슈비츠를 비롯한 여러 곳에 정치범과 유대인들을 가둘 강제 수용소를 만들고, 이들을 가스실에서 학살하였는데, 이를 (가) (이)라고 한다.

(　　　　　)

08 (가) 국가가 일으킨 인권 침해에 해당하는 것만을 〈보기〉에서 고른 것은?

> (가) 은/는 난징에서 불과 두 달 사이에 수십만 명의 민간인들을 학살하는 난징 대학살을 자행하였다.

보기

ㄱ. 드레스덴을 폭격하여 수많은 희생자를 낳았다.
ㄴ. 국민 징용령으로 식민지인을 강제로 전쟁에 동원하였다.
ㄷ. 아시아 곳곳의 여성들을 일본군 '위안부'로 강제 동원하였다.
ㄹ. 블라디보스토크의 한국인들을 중앙아시아로 강제 이주시켰다.

① ㄱ, ㄴ　② ㄱ, ㄷ　③ ㄴ, ㄷ
④ ㄴ, ㄹ　⑤ ㄷ, ㄹ

중요

09 (가)에 대한 설명으로 옳은 것만을 〈보기〉에서 고른 것은?

> 1941년 발표된 대서양 헌장에서 (가) 창설의 기초가 마련되었고, 마침내 1945년 샌프란시스코 회의에서 (가) 의 창설이 결정되었다.

보기

ㄱ. 미국은 참여하지 않았다.
ㄴ. 평화와 안전 유지를 목표로 하였다.
ㄷ. 제1차 세계 대전이 끝난 직후 창립되었다.
ㄹ. 국제 분쟁에 개입할 수 있는 제재 수단을 보유하였다.

① ㄱ, ㄴ　② ㄱ, ㄷ　③ ㄴ, ㄷ
④ ㄴ, ㄹ　⑤ ㄷ, ㄹ

10 다음 재판에 대한 설명으로 옳지 않은 것은?

> 독일의 뉘른베르크에서 1945년 11월 20일부터 1946년 10월 1일까지 국제 군사 재판이 진행되었다.

① 침략 전쟁을 범죄로 간주하였다.
② 나치의 만행을 만천하에 드러냈다.
③ 전쟁 범죄자를 처벌하기 위한 재판이었다.
④ 천황은 재판에 넘기지 않은 한계가 있었다.
⑤ '인도에 반한 죄'라는 개념이 최초로 등장하였다.

단답형

11 (가)에 들어갈 알맞은 말을 쓰시오.

> 국제 연합에서 국제 평화와 안전을 유지하기 위한 일차적 책임은 (가) 에 부여한다. 또한 (가) 의 결의는 총회보다 우선한다.

(　　　　　)

실력 쑥쑥 | 실전문제

고난도

01 다음 헌법에 대한 설명으로 옳지 않은 것은?

> 제1조 독일은 공화국이다. 국가 권력은 국민으로부터 나온다.
> 제109조 모든 독일 인민은 법률 앞에 평등하다. 남녀는 동일한 권리를 가지며 의무를 진다. 출생 또는 신분에 의한 특권 또는 불이익은 폐지한다.
> 제159조 노동 조건의 유지 및 개선을 위한 단체를 만들 자유는 모든 사람과 직업에 보장된다.

① 바이마르 헌법이다.
② 노동자의 단결권을 인정하였다.
③ 남녀 보통 선거권을 규정하였다.
④ 우리나라 헌법에 영향을 미쳤다.
⑤ 제2차 세계 대전이 끝난 뒤 제정되었다.

중요

02 (가)에 들어갈 내용으로 옳은 것만을 〈보기〉에서 고른 것은?

> • 탐구 주제: 제1차 세계 대전 이후 민주주의의 확산과 발전
> • 탐구 내용: (가)

보기
ㄱ. 히틀러의 집권
ㄴ. 파시즘의 확산
ㄷ. 바이마르 헌법 제정
ㄹ. 튀르키예 공화국의 탄생

① ㄱ, ㄴ ② ㄱ, ㄷ ③ ㄴ, ㄷ
④ ㄴ, ㄹ ⑤ ㄷ, ㄹ

03 영국의 선거권 확대 과정과 관련된 사실들을 순서대로 바르게 나열한 것은?

> ㄱ. 차티스트 운동이 전개되었다.
> ㄴ. 제1차 세계 대전이 발발하였다.
> ㄷ. 만 21세 이상 남녀 보통 선거가 시작되었다.
> ㄹ. 21세 이상 모든 성년 남자에게 선거권이 부여되었다.

① ㄱ－ㄴ－ㄹ－ㄷ ② ㄱ－ㄹ－ㄴ－ㄷ
③ ㄴ－ㄱ－ㄹ－ㄷ ④ ㄷ－ㄱ－ㄴ－ㄹ
⑤ ㄷ－ㄴ－ㄹ－ㄱ

고난도

04 (가)에 들어갈 내용으로 옳은 것만을 〈보기〉에서 고른 것은?

> 독일의 나치당은 1933년에 발생한 의사당 방화 사건을 계기로 언론·집회·결사의 자유를 제한하고, (가)

보기
ㄱ. 수권법을 통과시켰다.
ㄴ. 바이마르 헌법을 제정하였다.
ㄷ. 나치 이외의 정당을 금지하였다.
ㄹ. 파시즘에 반대하는 인민 전선을 형성하였다.

① ㄱ, ㄴ ② ㄱ, ㄷ ③ ㄴ, ㄷ
④ ㄴ, ㄹ ⑤ ㄷ, ㄹ

05 다음과 관련 있는 전쟁으로 옳은 것은?

> • 홀로코스트 • 난징 대학살
> • 일본군 '위안부' 강제 동원

① 6·25 전쟁 ② 러시아 내전
③ 베트남 전쟁 ④ 제1차 세계 대전
⑤ 제2차 세계 대전

06 밑줄 친 '이들의 만행'으로 옳은 것은?

> 뉘른베르크에서 열린 국제 군사 재판에서는 주동자에게 사형이 선고되었고, 이들의 만행이 만천하에 드러났다.

① 난징 대학살
② 유대인 학살
③ 731부대 생체 실험
④ 일본군 '위안부' 강제 동원
⑤ 블라디보스토크 한인 강제 이주

07 (가)에 들어갈 내용으로 가장 적절한 것은?

> 1992년 미야자와 일본 총리의 방한을 계기로 (가) 문제를 해결하려는 수요 시위가 시작되었다.

① 징병제
② 홀로코스트
③ 국민 징용령
④ 난징 대학살
⑤ 일본군 '위안부'

08 밑줄 친 '이 기구'에 대한 설명으로 옳은 것은?

> 이 기구는 제2차 세계 대전 이후 평화 유지를 목적으로 창설되어 인권 존중, 환경 보전과 빈곤 퇴치, 분쟁의 평화적 해결을 위한 노력 등 세계 평화를 위해 활동하고 있다.

① 스위스 제네바에서 창설되었다.
② 미국, 소련 등 강대국은 참여하지 않았다.
③ 침략 행위에 대해 군사적 제재를 할 수 있었다.
④ 중요한 안건은 상임 이사국에서 다수결로 결정하였다.
⑤ 유럽에 사회주의가 확산하는 것을 막기 위해 설립되었다.

서술형

09 다음 자료와 같이 제2차 세계 대전에서 민간인 피해가 유독 컸던 이유를 서술하시오.

〈제2차 세계 대전 참전국 희생자 수〉

(단위: 천 명)

국가	군인	민간인	유대인
소련	8,600	16,000	1,000
독일	4,000	2,000	165
일본	1,950	680	–
중국	1,500	?	–
폴란드	300	5,700	3,000

10 (가)에 들어갈 적절한 내용을 서술하시오.

> 교사: 국제 연맹은 제1차 세계 대전 이후에 설립되었고, 국제 연합은 제2차 세계 대전 이후 창설되었습니다. 두 기구 모두 전쟁이 끝난 뒤 평화 유지와 전쟁 방지를 위해 만들어졌지요. 전쟁 억지력이라는 측면에서 국제 연맹과 국제 연합은 어떤 차이가 있을까요?
> 학생: (가)

11 밑줄 친 '극동 국제 군사 재판'의 한계점을 두 가지 서술하시오.

> 제2차 세계 대전이 끝난 후 전쟁 범죄자를 처벌하기 위해 도쿄에서 열린 극동 국제 군사 재판에서는 전쟁을 주도한 7명에게 사형이 선고되었다.

| 대단원 | 정리하기

1 제1차 세계 대전과 이후의 세계

1 제1차 세계 대전

배경	• ① (독일, 오스트리아·헝가리 제국, 이탈리아) vs 협상국(영국, 프랑스, 러시아)의 대립 • 발칸반도의 긴장 고조
전개	• 발발: ② → 오스트리아·헝가리 제국이 세르비아에 선전 포고 → 동맹국과 협상국의 참전 • 독일군의 진격: 벨기에와 프랑스로 진격(서부 전선) → 전쟁의 장기화(참호전 전개) • 전세 변화: 독일의 ③ 을 계기로 미국 참전, 러시아 혁명 발생 → 러시아는 독일과 단독 강화 조약 체결 • 종결: 독일 킬 군항 수병들의 반란 → 빌헬름 2세 퇴위 → 새로 성립된 공화국 정부가 휴전 조약 체결
특징	• ④ , 참호전, 신무기 등장(탱크, 잠수함, 독가스 등) • 민간인의 피해

2 러시아 혁명

혁명 이전	차르 전제 정치 → 피의 일요일 사건 → 무력 진압
러시아 혁명	• 2월 혁명: 제1차 세계 대전의 장기화 → 전쟁 중지, 식량 배급, 차르 타도를 외치는 봉기 발생 → 임시 정부 수립, 차르 퇴위 • 10월 혁명: 임시 정부가 전쟁 지속 → ⑤ 이 이끄는 볼셰비키의 혁명 → 소비에트 정부 수립
혁명 이후	• 레닌의 통치: 독일과 단독 강화 조약 체결, 사회주의 개혁(토지와 산업 국유화), ⑥ 추진, 소비에트 사회주의 공화국 연방(소련) 수립 • ⑦ 의 통치: 경제 개발 5개년 계획, 독재 체제 강화

3 제1차 세계 대전 이후의 세계

베르사유 체제	• 파리 강화 회의: 전쟁의 뒷수습, 미국 대통령 윌슨의 ⑧ 적용, 패전국에 대한 응징 • ⑨ : 전승국과 독일 간에 체결, 독일은 모든 식민지 상실, 막대한 배상금 지불
평화 구축 노력	• ⑩ 창설: 미국의 불참, 제재 수단 미비 • 평화 유지 노력: 워싱턴 회의, 로카르노 조약, 켈로그·브리앙 조약 • 독일 배상금 축소: 도스안, 영안, 로잔 회의

2 파시즘의 등장과 제2차 세계 대전

1 대공황

대공황의 전개	제1차 세계 대전 이후 과잉 생산과 투자, 소비 축소 → 미국 주가 폭락(1929) → 기업 파산, 실업자 속출 → 전 세계로 위기 확산
각국의 대응	• 미국: 루스벨트의 ⑪ • ⑫ : 거국 내각 구성, 파운드 블록 형성 • 프랑스: 인민 전선 내각, 프랑 블록 형성 • 이탈리아, 독일, ⑬ : 대외 침략

2 파시즘과 군국주의

이탈리아의 파시즘	• 배경: 제1차 세계 대전 이후 물가 폭등, 실업자 증가, 사회주의 확산 • 성립: ⑭ 가 파시스트당 결성 → 로마 진군(1922) → 일당 독재 체제 구축 → 대공황 발생
독일의 파시즘	• 배경: 막대한 배상금 지불에 대한 불만, 대공황 발생 • 성립: 히틀러의 ⑮ 성립(독일 민족주의, 반유대주의, 반공주의 강조)
일본의 군국주의	• 배경: 제1차 세계 대전 이후 호황과 민주주의 확대 → 대공황 • 성립: 1931년 ⑯ → 국제 연맹 탈퇴, 군부가 쿠데타로 실권 장악 → 군국주의 심화

3 제2차 세계 대전

발발	• 형성: 독일·이탈리아·일본의 3국 방공 협정(1937) • 독일의 팽창: 오스트리아 병합, 소련과 ⑰ ______ 체결 • 독일의 ⑱ ______ 침공(1939) → 영국과 프랑스의 대독 선전 포고 → 독일의 파리 점령
확대	• 독일: 독소 불가침 조약 파기 → ⑲ ______ 침공 • 일본: 동남아 침략, 하와이 진주만 기습 → ⑳ ______ 발발
종결	㉑ ______ 의 반격과 승리: 미국의 미드웨이 해전 승리, 소련의 스탈린그라드 전투 승리 → 이탈리아 항복 → ㉒ ______ 성공 → 독일 항복 → 일본에 원자 폭탄 투하, 소련의 대일전 참전 → 일본의 항복(전쟁 종결)

3 민주주의의 확산

1 공화정의 확산

바이마르 공화국	㉓ ______ : 당시로서는 매우 민주적인 헌법(남녀 보통·직접 선거, 노동자 권리 보장)
유럽 민주주의 확산	제정의 붕괴와 공화국의 확산: 오스트리아·헝가리 제국 → 오스트리아 공화국, 오스만 제국 → ㉔ ______

2 민주주의의 발전

노동자 권리 확대	제1차 세계 대전에서 노동자들이 군인, 물자 생산 등으로 참여 → 모든 성년 남자에게 선거권 부여
여성 참정권 확대	여성의 전쟁 참여 활발(간호 인력, 후방에서 물자 공급 등) → 유럽에서 대체로 제1차 세계 대전 후 여성에게 참정권 부여

민주주의의 위기	• 파시즘의 확산과 의회 민주주의의 위기 • 이탈리아의 ㉕ ______ : 언론과 출판의 자유 박탈, 파시스트당 이외의 모든 정당 금지, 노동조합 해산 • 독일 ㉖ ______ 의 나치당: ㉗ ______ 제정, 나치 이외의 정당 금지, 노동조합 해산, 검열·도청 강화 • 파시즘에 대한 저항: 인민 전선 형성

4 인권 회복과 평화 확산을 위한 노력

1 전쟁의 피해

대량 학살	• 전쟁 범죄, 공중 폭격 등 → 수많은 희생자 발생 • 대량 학살: 나치의 유대인 학살(㉘ ______), 일본 군부가 자행한 ㉙ ______ , 드레스덴 폭격 등 대규모 공중 폭격
심각한 인권 침해	• 강제 이주나 추방: 소련의 한인 강제 이주 • 식민지 수탈 강화: 국가 총동원령, 징용, 징병, 일본군 '위안부' 강제 동원

2 평화를 위한 노력

㉚ ______ 창설	• 창설: 대서양 헌장 발표 → 샌프란시스코 회의 • 특징: ㉛ ______ 의 결의가 총회의 결의보다 우선, 국제 분쟁에 개입할 제재 군사 보유
평화의 모색	• 전범 재판: ㉜ ______ 국제 군사 재판(나치의 만행 심판, '인도에 반한 죄' 적용), 극동 국제 군사 재판(㉝ ______): 일본 측 전쟁 주범 7명 사형 • 국제 연합 헌장: 국제 연합의 목적은 인권과 자유의 신장 • 「세계 인권 선언」 채택

자신만만 | 적중문제

01 제1차 세계 대전과 이후의 세계

01 19세기 후반에 형성된 다음 세력 구도에 대한 설명으로 옳은 것은?

3국 동맹 ↔ 3국 협상

① 파시즘 체제 성립으로 나타난 것이다.
② 사라예보 사건을 계기로 대립이 완화되었다.
③ 두 세력은 모로코와 발칸반도에서 충돌하였다.
④ 아시아가 크게 두 세력으로 나누어진 모습이다.
⑤ 각각 미국과 영국을 중심으로 세력을 형성하였다.

02 다음 그림이 풍자하는 전쟁 중에 전개된 역사적 사실로 옳은 것은?

① 만주 사변
② 미드웨이 해전
③ 스탈린그라드 전투
④ 노르망디 상륙 작전
⑤ 독일의 무제한 잠수함 작전

03 다음 원칙에 기초하여 진행된 회의의 결과로 옳은 것만을 〈보기〉에서 고른 것은?

> 제1조 강화 조약은 공개적으로 진행하며, 비밀 외교와 비밀 회담을 금지한다.
> 제5조 모든 식민지 문제는 식민지 주민의 의사를 존중하여 공평무사하고 자유롭게 처리되도록 한다.

보기
ㄱ. 국제 연합이 창설되었다.
ㄴ. 독일은 막대한 배상금을 요구받았다.
ㄷ. 패전국에는 철저한 보복이 가해졌다.
ㄹ. 러시아에서 사회주의 혁명이 일어났다.

① ㄱ, ㄴ ② ㄱ, ㄷ ③ ㄴ, ㄷ
④ ㄴ, ㄹ ⑤ ㄷ, ㄹ

02 파시즘의 등장과 제2차 세계 대전

04 다음 상황 이후 전개된 역사적 사실로 옳지 <u>않은</u> 것은?

> 1929년 10월 24일 '검은 목요일', 주가가 곤두박질쳤다. 그날 하루 1,400만 달러가 공중으로 날아갔다. 한 달 안에 주가는 37%가 하락했고, 1년 사이에 1,300여 개, 3년 동안에 5,000개 은행이 문을 닫았다. 기업과 공장들도 줄줄이 무너졌다. 일자리를 잃은 실업자들이 넘쳐 났고, 미국의 국민 총생산은 불과 몇 년 만에 반으로 줄어들었다.

① 루스벨트 대통령이 뉴딜 정책을 추진하였다.
② 이탈리아에서는 무솔리니가 정권을 장악하였다.
③ 프랑스는 사회당 주도로 인민 전선을 구성하였다.
④ 영국은 식민지를 묶어 파운드 블록을 형성하였다.
⑤ 일본은 군국주의를 추구하며 만주 사변을 일으켰다.

05 밑줄 친 '이 전쟁'에 대한 설명으로 옳은 것은?

> 나는 조국의 구원자인 아돌프 히틀러에게 나의 모든 힘을 바칠 것을 맹세합니다. 그를 위해 기꺼이 생명을 바치고자 하오니……
>
> 〈히틀러 유겐트와 가입 선서〉
>
> 히틀러 유겐트는 이 전쟁 당시 히틀러가 만든 청소년 조직으로, 이들은 엄격한 스파르타식 생활을 하며 나치즘을 주입받았고, 전쟁에 나가기도 하였다.

① 추축국의 도발로 시작되었다.
② 러시아 혁명의 발발에 영향을 주었다.
③ 국제 연맹이 창설되는 결과로 이어졌다.
④ 베르사유 체제가 성립되는 계기가 되었다.
⑤ 전쟁 중 독일이 무제한 잠수함 작전을 전개하였다.

06 (가)에 들어갈 내용으로 적절한 것만을 〈보기〉에서 고른 것은?

> • 탐구 주제: 제2차 세계 대전의 배경을 1930년대 국제 정세를 통해 찾아보기
> • 조사 내용: (가)

보기

ㄱ. 방공 협정의 내용
ㄴ. 독소 불가침 조약 체결 배경
ㄷ. 사라예보 사건 속에 담긴 대립 구도
ㄹ. 베를린-비잔티움-바그다드 철도 건설 추진 등 독일의 팽창 정책

① ㄱ, ㄴ ② ㄱ, ㄷ ③ ㄴ, ㄷ
④ ㄴ, ㄹ ⑤ ㄷ, ㄹ

고난도

07 다음 사실들을 일어난 순서대로 바르게 나열한 것은?

> ㄱ. 일본이 무조건 항복을 하였다.
> ㄴ. 이탈리아가 연합군에 항복하였다.
> ㄷ. 베를린이 함락되며 독일이 항복하였다.
> ㄹ. 미국이 일본에 원자 폭탄을 투하하였다.

① ㄱ-ㄴ-ㄹ-ㄷ ② ㄴ-ㄷ-ㄹ-ㄱ
③ ㄴ-ㄹ-ㄱ-ㄷ ④ ㄷ-ㄴ-ㄹ-ㄱ
⑤ ㄷ-ㄹ-ㄱ-ㄴ

03 민주주의의 확산

08 (가)에 들어갈 내용으로 가장 적절한 것은?

> 제1차 세계 대전은 참전한 나라의 인적·물적 자원을 총동원해서 싸운 총력전의 양상을 띠었다. 특히 후방의 군수 공장, 농장 등의 인력은 여성으로 대체되었다. 이에 따라 점차 여성의 지위가 향상되었고, 전쟁 이후 유럽에서는 (가)

① 참정권이 확대되었다.
② 신무기가 등장하였다.
③ 파시즘이 확산되었다.
④ 제국주의가 확산되었다.
⑤ 차티스트 운동이 전개되었다.

09 (가)에 들어갈 내용으로 옳지 않은 것은?

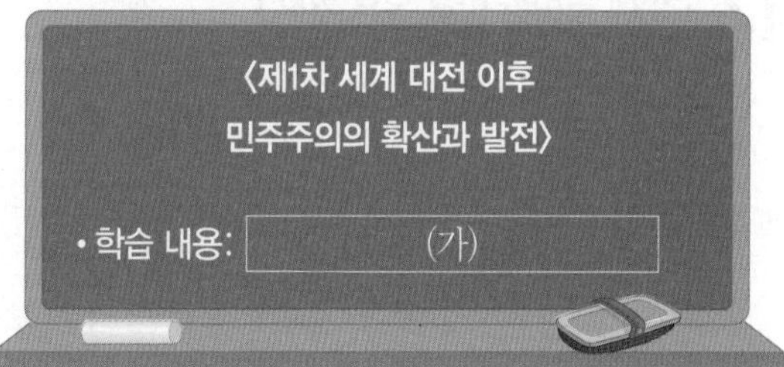

〈제1차 세계 대전 이후
민주주의의 확산과 발전〉
• 학습 내용: (가)

① 공화정의 확산 ② 수권법의 제정
③ 여성 참정권 획득 ④ 바이마르 헌법 제정
⑤ 노동자의 권리 확대

04 인권 회복과 평화 확산을 위한 노력

10 밑줄 친 '나치의 만행'에 해당하는 것은?

언젠가 이 끔찍한 전쟁이 끝나는 날도 오겠지. 유대인이 아니라 다시 사람이 되는 날이 언젠가 올 거야.

독일 태생의 유대인인 안네 프랑크는 16세의 나이에 수용소에서 숨졌다. 『안네의 일기』는 그가 나치의 만행을 피해 숨어 지내는 동안 쓴 것으로, 가족 중 유일한 생존자인 아버지에 의해 출판되었다.

① 홀로코스트
② 난징 대학살
③ 731부대 생체 실험
④ 일본군 '위안부' 강제 동원
⑤ 소수 민족 중앙아시아 강제 이주

11 (가)에 들어갈 도시로 옳은 것은?

제2차 세계 대전이 끝난 뒤 (가) 에서 열린 국제 군사 재판에서는 나치의 만행을 심판하였으며, '인도에 반한 죄'라는 개념이 최초로 등장하였다.

① 얄타 ② 포츠담 ③ 카이로
④ 뉘른베르크 ⑤ 샌프란시스코

12 (가)에 들어갈 말로 옳은 것은?

(가) 헌장
제24조 (가) 의 신속하고 효과적인 조치를 확보하기 위하여 …… 국제 평화와 안전의 유지를 위한 일차적 책임을 안전 보장 이사회에 부여한다.

① 국제 연맹 ② 국제 연합 ③ 유럽 연합
④ 3국 협상 ⑤ 추축국 동맹

서술형

13 다음 자료를 바탕으로 제1차 세계 대전 이후 여성들의 사회적 지위가 어떻게 변하였는지 서술하시오.

제1차 세계 대전은 참전한 나라의 인적·물적 자원을 총동원해서 싸운 총력전의 양상을 띠었다. 특히 후방의 군수 공장, 농장 등의 인력은 여성으로 대체되었다.

14 다음 상황을 극복하기 위해 미국의 루스벨트 대통령이 추진한 정책의 명칭과 정책의 구체적인 내용을 서술하시오.

1929년 대공황 발생 이후 미국에서는 4년간 공업 생산량이 반 이상 줄었고, 1,200만여 명이 실업자가 되었다. 그뿐만 아니라 농민의 수입도 60 % 가량 줄어들었다.

15 (가)에 들어갈 내용을 세 가지 서술하시오.

제2차 세계 대전 때는 특히 심각한 인권 침해가 여러 지역에서 발생하였다. 특히 식민지의 물자와 인력은 수탈의 대상이 되었는데, 일본은 1938년 국가 총동원령을 제정하여 물자를 수탈하였으며, 여러 측면에서 한국인의 인권을 유린하였다. 구체적으로는 (가)

최고난도 문제

01 **다음 글이 발표된 시기를 연표에서 옳게 고른 것은?**

> 임시 정부는 그들의 자본주의적 속성 때문에 의심할 여지 없이 이 제국주의 전쟁을 계속하려 들 것이다. …… 현재 니콜라이 2세의 차르 체제가 타도되었으나, 러시아의 정세는 노동자의 계급 의식과 조직이 불충분하여 권력을 부르주아의 손에 넘겨 준 혁명의 제1 단계에서, 권력을 노동자와 빈농의 손에 넘겨 줄 혁명의 제2 단계로 이행하고 있는 중이다.
> – '4월 테제'

	(가)		(나)		(다)		(라)		(마)	
피의 일요일 사건		2월 혁명		10월 혁명		신경제 정책 발표		소련 수립		스탈린 집권

① (가)　② (나)　③ (다)　④ (라)　⑤ (마)

풀이비법

① 먼저 연표를 통해 러시아 역사의 전개 과정을 머릿속에 정리해 본다.
② 제시문에서 당시 러시아가 어떤 상황에 처해 있는지를 유추해 본다.
③ 연표에서 제시문이 발표된 시기를 찾는다.

02 **(가), (나)와 관련된 인물에 대한 설명으로 옳은 것만을 〈보기〉에서 고른 것은?**

> (가) 국가 개념은 모든 것을 포괄하며, 국가를 떠나서는 인간과 영혼의 가치도 존재하지 않는다. …… 국민이 국가를 발생시키는 것이 아니라 국가가 국민을 창조한다. …… 파시즘은 영구 평화의 가능성을 믿지 않는다. …… 오직 전쟁만이 인간의 힘을 최고조에 이르게 하고 이에 직면할 용기를 가진 국민에게 고귀함을 부여한다.
>
> (나) 이 세상에서 순수하지 않은 모든 인종은 쓸모없는 것이다. 인종이 독에 의해 감염되는 시대에, 가장 최고의 순수한 인종적 요소를 배양하는 데 헌신하는 국가는 어느 날 세계를 제패하는 국가가 되어 있을 것이다. …… 유대인들은 인종적으로 개인을 감염시켜, 인종적 순수성을 없애려는 체계적 시도를 하고 있다. …… 유대인들의 세계 경제 금융의 멍에 아래, 독일 민족 지식인들을 파괴하고 독일 노동을 착취하는 것이다.

보기

ㄱ. 국제 공산당 조직인 코민테른을 건설하였다.
ㄴ. 국가와 민족의 이익을 절대적 우위에 두었다.
ㄷ. 약소 민족의 해방 운동을 지원하겠다고 선언하였다.
ㄹ. 파시즘이라는 권위주의적 정치 체제를 확산시켰다.

① ㄱ, ㄴ　② ㄱ, ㄷ　③ ㄴ, ㄷ　④ ㄴ, ㄹ　⑤ ㄷ, ㄹ

풀이비법

① (가), (나)에서 주장하는 내용의 핵심을 생각해 본다.
② (가), (나)를 주장한 인물을 파악하고, 두 인물의 공통점을 떠올려 본다.

VI
현대 세계의 전개와 과제

이 단원의 **목차**

▼ 미국 뉴욕

| 사진으로 맛보기 |

뉴욕은 미국 최대의 도시로 상업, 금융, 무역의 중심지이다. 수도는 아니지만 경제적 수도라 하기에 충분한 지위에 있으며, 많은 대학, 연구소, 박물관이 밀집해 있어 미국 문화의 중심지로도 중요한 위치를 차지하고 있습니다. 또한 국제 연합 본부가 설치되어 있어 국제 정치에서도 매우 중요한 위치를 차지하고 있습니다.

| 단원 열기 |

이 단원에서는 냉전 체제의 형성과 심화, 미소 어느 진영에도 속하지 않고 독자적 행보를 추구하는 제3 세계의 등장을 살펴봅니다. 또한 세계화와 경제 통합, 대중문화의 발달, 각종 현대 세계의 문제와 그것을 해결하려는 노력에 대해서도 배웁니다.

1

VI. 현대 세계의 전개와 과제

냉전 체제와 제3 세계의 형성

교과서 214~223쪽

냉전

'冷(차가울 냉), 戰(싸울 전)'은 총알이나 포탄의 발사가 없어 총구나 포구가 뜨거워지지 않고 차가운 상태이지만, 이를 서로 겨누고 있는 군사적 긴장 상태를 일컫는다.

1 냉전 체제의 대두

1. 냉전의 시작

(1) **미국과 소련의 관계 악화**: 제2차 세계 대전에서 두 나라는 연합국에 속해 함께 추축국에 대항 → 독일과 동유럽에 대한 입장 차이로 미소의 관계 악화

(2) **냉전 체제의 형성**

미국 측을 자유주의 진영, 소련 측을 사회주의 진영이라고 구분하기도 함

① 의미: 미국 중심의 자본주의 진영과 소련 중심의 공산주의 진영 간의 대립

② 전개: 1947년 중반부터 냉전 시작

미국	북대서양 조약 기구(NATO) 조직 — 미국, 영국, 프랑스, 캐나다, 벨기에, 이탈리아, 네덜란드, 노르웨이 등이 회원국임
소련	동유럽 공산화, 중화 인민 공화국을 사회주의 동맹국으로 받아들임, 바르샤바 조약 기구(WTO) 결성 — 소련, 동독, 동유럽 국가들(폴란드, 루마니아, 불가리아, 체코슬로바키아 등)이 회원국임

③ 영향: 독일과 한반도가 두 진영으로 분단, 한반도에서 6·25 전쟁 발발

2. 냉전의 심화

소련이 스푸트니크 발사에 성공하자 미국은 큰 충격을 받았고, 이후 미소 간의 본격적인 우주 개발 경쟁이 시작되었음

(1) **군비 경쟁, 핵무기 개발 경쟁**: 소련이 인공위성 스푸트니크 발사 성공(1957) → 대륙 간 탄도 미사일 실용화, 미국은 수소 폭탄 등 대량 학살 무기 개발

(2) **쿠바 미사일 위기(1961)**: 미국이 튀르키예에 미사일 배치 → 소련이 쿠바에 핵미사일 수송 → 미소 간 긴장 고조

핵탄두를 장착하고 한 대륙에서 다른 대륙까지 공격이 가능한 미사일로, 소련이 최초로 발사에 성공함

(3) **기타**: 이념, 문화, 스포츠 분야에서의 경쟁과 이미지 전쟁

올림픽은 미국과 소련 간의 경쟁 무대가 되었음

미국	소련을 전체주의 체제로 정의, 반공주의 강화
소련	미국을 돈이 지배하는 '제국주의' 국가라고 비난

미국의 정치학자들은 전체주의 국가의 특징을 국가의 사회 통제, 일당 독재, 감시 체제, 지도자 숭배 등으로 규정함. 나치를 비판하던 개념으로 냉전 시대에 소련과 중국에도 적용되면서 반공의 도구로 사용되었음

보충 냉전의 시작

1947년 미국 대통령 트루먼은 공산주의 세력의 확대를 막기 위해 그리스와 튀르키예의 반공(공산주의에 반대하는 것) 정부를 지원하겠다고 발표하였다. 이어 자본주의 경제 체제를 채택하는 나라를 지원하겠다고 밝히면서 서유럽에 대규모 경제 원조를 시작하였다(마셜 계획). 이로써 냉전이 본격적으로 시작되었다.

2 아시아·아프리카의 새로운 국가 건설

1. 과거 식민지들의 독립

(1) **제국주의의 종식**

① 배경: 제2차 세계 대전 이후 전승국인 미국과 소련이 제국주의 질서를 해체하는 데 동의, 식민지들의 독립 열망

② 결과: 인도, 이집트 등 아시아·아프리카의 많은 나라가 독립하여 신생국으로 재탄생

(2) **아프리카 여러 나라의 독립**

① 리비아: 1951년 아프리카 최초로 독립

② '아프리카의 해'(1960): 17개 국가가 독립

이 해에 카메룬, 코트디부아르, 소말리아, 콩고 민주 공화국, 나이지리아 등이 독립하였음

③ 알제리 독립: 알제리 민족 해방 전선의 봉기(1954) → 프랑스군의 유혈 진압 → 프랑스 사회와 전 세계의 관심 → 프랑스군 철수 → 알제리 독립(1962)

(3) **일본의 식민지**: 일본의 패전으로 한국 등 일본의 식민지들은 종전 직후 독립 달성

프랑스 식민지였던 알제리는 10%밖에 안 되는 유럽인들이 정치와 경제를 장악하고 있었고, 알제리인들은 이러한 상황에서 벗어나고자 무장봉기를 일으킴

보충 중화 인민 공화국 성립

일본과의 전쟁이 끝난 뒤에도 중국 내에서는 국민당과 공산당이 대립하다가 결국 내전이 일어났다. 국민당이 훨씬 강한 군사력을 보유하고 있었지만, 공산당이 토지 개혁 등으로 중국 인민의 폭넓은 지지를 받아 결국 승리를 거두었다. 이로써 1949년 사회주의 정권인 중화 인민 공화국이 수립되었다.

교과서 속 자료 & 개념

냉전의 시작

교과서 214쪽

소련 지도자 스탈린

미국 대통령 트루먼

자료 해설

제2차 세계 대전이 끝날 무렵, 소련은 동유럽을 자기 세력권으로 끌어들이려고 애썼다. 제2차 세계 대전의 종전이 가까워지면서 미국·영국과 소련은 수시로 대립하였으며, 두 진영의 대결은 그리스 내전을 계기로 본격화되었다. 그리스에서 사회주의자들과 반공주의자들 사이에 무장 투쟁이 일어나자, 미국 대통령 트루먼은 1947년에 공산주의자로부터 그리스인들의 자유를 돕겠다는 발표를 하였다. 같은 해 미국은 서유럽 경제를 부흥시켜 사회주의 세력이 확산되는 것을 막기 위해 적극적인 유럽 원조 정책인 마셜 계획을 발표하였다.

쿠바 미사일 위기

교과서 215쪽

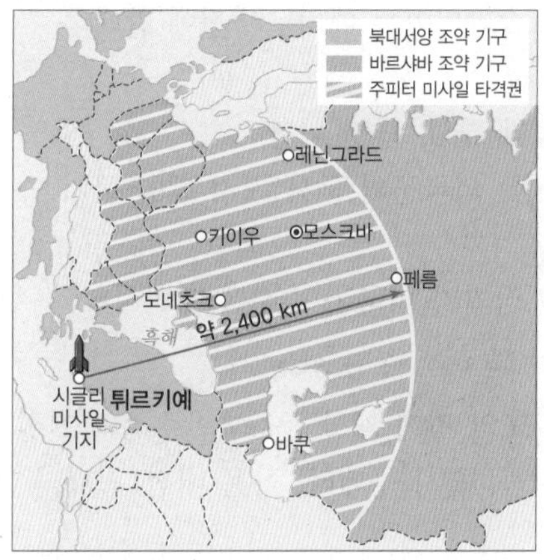

튀르키예에 배치된 미국 미사일의 소련 영토 타격권

쿠바 미사일 위기 풍자화

자료 해설

카리브해의 섬나라 쿠바는 미국의 플로리다와는 직선 거리로 150 km 정도 밖에 떨어지지 않은 매우 가까운 위치에 있다. 그런데 쿠바에 혁명이 일어나 사회주의 정권이 들어섰다. 이 무렵 미국이 튀르키예에 소련을 향한 미사일을 배치하자, 소련은 쿠바에 핵미사일 기지를 건설하기 시작하였다. 이에 미국은 쿠바에 대한 해상 봉쇄 명령을 내렸으며, 전 세계는 핵전쟁이 일어날까 긴장하였다. 다행히 소련이 쿠바에서 미사일을 철수하는 대신 미국도 쿠바의 영토를 보전하겠다고 약속하면서 위기는 마무리되었다.

아시아·아프리카의 독립

교과서 216쪽

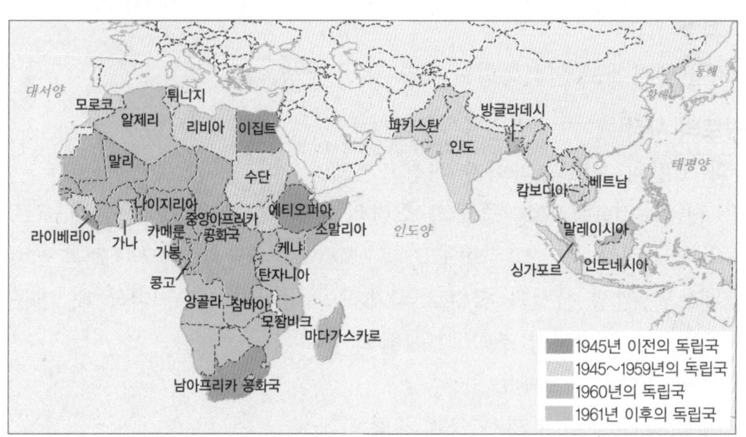

자료 해설

아프리카의 국경선은 기본적으로 유럽 제국주의 국가들이 정했기 때문에 한 나라 안에서도 여러 종족이 섞이고, 이들 사이에 분쟁이 일어나는 경우가 많았다. 여기에 식민지 시절에 만들어진 커피, 카카오 등 단일 작물 플랜테이션 경제 구조는 독립 후에도 이들 나라의 자립을 방해하였고, 자본주의 진영과 사회주의 진영, 이슬람권이 대립하는 결과를 낳았다.

아시아에서는 제2차 세계 대전 후 인도가 영국의 지배에서 벗어나 독립하였으나, 영국의 분열 정책으로 힌두교도 중심의 인도와 이슬람권인 파키스탄으로 나뉘었다.

보충 수에즈 운하의 국유화

이집트가 영국으로부터 독립한 후에도 여전히 영국이 수에즈 운하를 관리하자, 1956년 이집트 대통령 나세르는 수에즈 운하를 국유화하겠다고 선언하였다. 그러자 영국은 이스라엘과 프랑스를 끌어들여 이집트를 무력으로 공격하였고, 이집트는 전쟁에서 패배하였다. 그러나 국제 사회의 강력한 지원에 힘입어 이집트는 외국군을 철수시킬 수 있었다.

보충 아시아 신흥 공업국의 성장

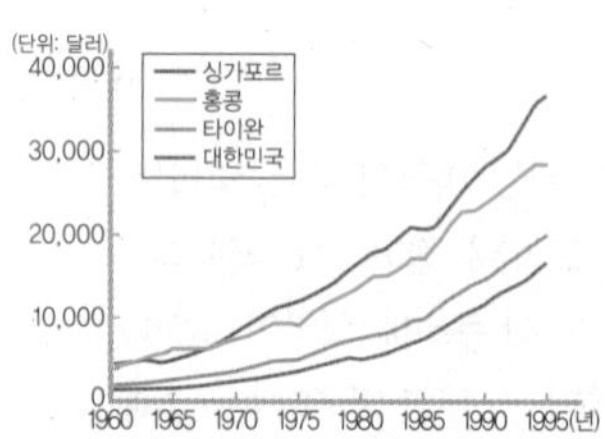

대한민국, 타이완, 싱가포르, 홍콩은 서양의 원조 및 투자를 발판으로 성공적인 공업화와 경제 성장을 이루었다.

제3 세계

당시 미국 진영을 제1 세계, 소련 진영을 제2 세계라 지칭하였다. 제3 세계는 이 두 세계 모두에 속하지 않음을 의미하며 비동맹주의 국가들을 일컫는 말이다.

보충 핑퐁 외교

탁구를 통해 미국과 중국의 수교를 튼 스포츠 외교를 일컫는 말이다. 1971년 일본에서 열린 세계 탁구 선수권 대회에 중국 선수단이 참가하고, 대회에 참가했던 미국 선수단과 기자들이 중국을 친선 방문한 것을 계기로 미국과 중국의 관계가 개선되었다.

2. 과거 식민지 국가들의 경제 근대화 노력

(1) 경제 근대화와 국토 개발

① 배경: 아시아·아프리카의 신생국은 대부분 많은 지하 자원과 인구를 가짐

② 한계: 식민지 시기의 왜곡된 산업 구조, 제국주의 국가들의 영향력 → 대부분 서양 국가들의 원조나 다국적 기업의 투자에 의존

③ 성공 사례: 이집트의 수에즈 운하 국유화 선언, 아시아 신흥 공업국의 성장

(2) 경제 근대화의 문제점

① 무모한 국토 개발로 자연환경 파괴

② 서양 상품 의존, 서양 경제에 종속 등

③ 빈곤, 기아, 전염병 창궐 등 어려운 상황 지속

3 제3 세계의 성립과 데탕트

1. 비동맹주의의 정의와 활동

(1) **정의**: 1950년대 중반부터 이루어진 미소 어느 진영에도 속하지 않고 독자 노선을 추구하는 움직임

(2) **특징**: 아시아와 아프리카의 신생국들이 주도(유고슬라비아는 예외), 냉전에 반대

(3) **활동**

① 아시아·아프리카 회의(반둥 회의, 1955): 평화 10원칙 제시, 냉전 비판

② 제1차 비동맹 정상 회담(1961): 미소 군사 동맹 불참, 외국군의 군사 기지 제공 불가 방침 선언

유고슬라비아의 베오그라드에서 유고슬라비아의 티토, 인도의 네루, 이집트의 나세르 등이 주도한 회의임

(4) **한계**: 비동맹주의 국가 내부의 단결력 미약, 많은 국가가 미국과 소련에 재의지함

2. 냉전 속 열전의 발생

열전은 냉전에 대비되는 용어로 무력을 사용하는 일반적인 전쟁을 의미함

(1) **제3 세계 국가들의 상황**: 식민 지배 경험, 국가 주도의 경제 개발 등 → 민주주의 건설 실패, 독재와 부정부패, 영토 분쟁, 인종·종교 갈등, 군사 쿠데타, 잦은 내전

(2) 아시아, 아프리카, 라틴 아메리카의 내전

① 원인: 식민지 경험의 모순과 냉전

② 베트남 전쟁: 전쟁을 통해 프랑스로부터 독립 → 공산당의 집권 유력 → 미국이 남베트남의 반공 정부를 지원하며 전쟁 발생

③ 인도네시아 대학살(1965): 미국의 지원을 받은 인도네시아 군부가 공산당을 제거하는 과정에서 대학살 자행

④ 콩고 민주 공화국 내전: 벨기에로부터 독립한 이후 내전 발생

3. 냉전의 다극화와 데탕트의 시작

세력의 중심이 여러 갈래로 나뉜다는 의미로, 기존의 냉전 체제가 미소 중심의 양극화였던 것에 대비됨

(1) **냉전의 다극화**: 미국과 소련의 지도력 약화가 배경

① 스탈린 사망 후 소련 진영의 결속력 약화: 중국과 소련의 분쟁, 헝가리(1969)와 체코(프라하의 봄, 1968)의 반소련 운동

체코 국민들의 민주화를 위한 움직임(프라하의 봄)은 소련군의 진압으로 무참히 짓밟힘

② 미국 진영의 위기: 베트남 전쟁 참전과 철수로 국제적인 이미지 실추, 미국 내 대규모 반정부 시위, 프랑스의 북대서양 조약 기구 탈퇴 등

(2) **데탕트 조성**

긴장 완화와 화해의 분위기를 의미함

① 미소 관계 개선: 군비 삭감과 핵무기 확산 금지에 동의

② 동독과 동유럽의 관계 개선: 서독 수상 빌리 브란트의 동방 정책

③ 중국과 미국 간 관계 개선: 핑퐁 외교(1971)

교과서 속 자료 & 개념

아시아·아프리카 회의에서 채택한 평화 10원칙

교과서 218쪽

1. 기본 인권과 국제 연합 헌장의 목적 및 원칙 존중
2. 주권과 영토 보전의 존중
3. 인종 및 국가 사이의 평등
4. 내정 불간섭
5. 국제 연합 헌장에 입각한 개별적·집단적 자위권의 존중
6. 강대국의 이익을 위한 집단적 군사 동맹에의 불참
7. 상호 불가침
8. 평화적 수단을 통한 국제 분쟁 해결
9. 상호 이익과 협력의 촉진
10. 정의와 국제 의무 존중

자료 해설

1955년 인도네시아 반둥에서 아시아·아프리카 29개국 대표들이 모여 제1회 아시아·아프리카 회의를 열었다. 이들은 1954년 중국과 인도의 대표가 만나 발표한 평화 5원칙을 바탕으로 하여 식민지 문제에 대해 토론을 벌이고, 소련과 미국 등 강대국을 비판하는 선언문을 채택하였다. 또 영토와 주권의 상호 존중, 인종·국가 간의 평등, 군사 동맹 불참, 국제 분쟁의 평화적 해결 등을 내용으로 하는 '평화 10원칙'을 발표하였다. 이 회의를 통해 자신감을 얻은 아프리카의 여러 나라는 1960년에 일제히 독립을 선언하는데, 이 해를 '아프리카의 해'라고 한다.

도미노 이론과 미국의 베트남 전쟁 개입

교과서 219쪽

도미노의 팻말을 일렬로 세우고 첫 번째 팻말을 넘어뜨렸을 때, 마지막 때까지 도달하는 시간은 금방입니다. …… 더 많은 사람이 공산주의의 지배를 받게 되었습니다. 인도차이나, 미얀마, 타이, 그 반도 전체 그리고 인도네시아까지 차례로 잃게 되는 상황에 이르게 된다면, 여러분은 자원과 원료의 손실로 인해 가중될 불이익뿐만 아니라 진정 수백만의 삶을 떠올려야 할 것입니다.

– 미국 대통령 아이젠하워의 연설, 1954년

자료 해설

프랑스는 제2차 세계 대전이 끝난 뒤에도 베트남을 지배하려 하였기에 베트남인들은 긴 전쟁 끝에 독립을 쟁취하였다. 그런데 베트남에서 독립에 큰 역할을 하였던 공산당 세력이 힘을 얻자, 미국은 이를 저지하고자 도미노 이론을 내세우며 베트남에 개입하였다. 이로써 베트남은 공산당이 지배하는 북베트남과 친미 반공 정권이 지배하는 남베트남으로 분단되었다. 남베트남에서 친미 독재 정권에 저항하는 게릴라전이 일어나자 미국은 북베트남 공산 정권이 이 게릴라들을 지원하고 있다면서 북베트남에 폭격을 퍼부었고, 베트남 전쟁이 본격적으로 시작되었다.

개념 꿀꺽

1. 빈칸에 알맞은 말을 쓰시오.

(1) 냉전은 미국 중심의 자본주의 진영과 (　　　) 중심의 공산주의 진영 간의 첨예한 갈등과 대립을 의미한다.

(2) 1950년대 중반 미국과 소련 어느 진영에도 속하지 않고 독자적 행보를 추구하는 (　　　)이/가 등장하였는데, 이들을 제3 세계라고 불렀다.

(3) 이집트 대통령 나세르는 (　　　) 운하의 국유화를 선언하였다.

2. 다음 내용이 옳으면 ○표, 틀리면 ×표 하시오.

(1) 미국 진영은 바르샤바 조약 기구를 조직하였다. (　　　)

(2) 알제리의 반식민주의 투쟁은 프랑스 사회와 전 세계의 관심을 받았다. (　　　)

(3) 반둥 회의 참가국들은 평화 10원칙을 제시하며 냉전을 비판하였다. (　　　)

(4) 냉전의 긴장 완화와 화해의 분위기를 데탕트라고 한다. (　　　)

정답
1. (1) 소련 (2) 비동맹주의 (3) 수에즈
2. (1) × (2) ○ (3) ○ (4) ○

기초 튼튼 | 기본문제

단답형

01 다음에서 설명하는 개념을 쓰시오.

> 총알이나 포탄의 발사가 없어 총구나 포구가 뜨거워지지 않고 차가운 상태이지만, 이를 서로 겨누고 있는 군사적 긴장 상태를 일컫는다.

(　　　　　)

02 (가)에 들어갈 인물로 옳은 것은?

> 1947년 미국 대통령 (가) 은/는 공산주의 세력의 확대를 막기 위해 그리스와 튀르키예의 반공 정부를 지원하겠다고 발표하였다. 이로써 냉전이 본격적으로 시작되었다.

① 나세르　② 스탈린　③ 트루먼
④ 루스벨트　⑤ 아이젠하워

중요

03 제2차 세계 대전 이후 (가), (나)에 대한 설명으로 옳은 것만을 <보기>에서 고른 것은?

(가) 미국 진영  (나) 소련 진영

보기
ㄱ. (가)는 공산주의 확대를 위해 힘썼다.
ㄴ. (가)는 바르샤바 조약 기구를 결성하였다.
ㄷ. (나)는 동유럽을 동맹국으로 받아들였다.
ㄹ. (가), (나)의 대립을 냉전이라고 한다.

① ㄱ, ㄴ　② ㄱ, ㄷ　③ ㄴ, ㄷ
④ ㄴ, ㄹ　⑤ ㄷ, ㄹ

단답형

04 (가)에 들어갈 알맞은 말을 쓰시오.

> 1950년대 미국의 정치학자들은 (가) 국가의 특징을 국가의 사회 통제, 일당 독재, 감시 체제, 지도자 숭배 등으로 규정하였다. 이러한 관념은 나치 체제를 비판하기 위해 이미 제2차 세계 대전 이전에 등장하였으나, 이후 냉전의 시작과 함께 소련과 중국에도 적용되면서 반공의 도구로 사용되었다.

(　　　　　)

05 (가)에 들어갈 국가로 옳은 것은?

> 1961년 미국이 튀르키예에 소련을 향한 미사일을 배치하자, 소련은 막 사회주의 국가가 된 (가) (으)로 핵미사일을 수송하며 미국 본토를 긴장시켰다. 이를 (가) 미사일 위기라고 한다.

① 중국　② 쿠바　③ 헝가리
④ 루마니아　⑤ 유고슬라비아

06 (가)에 들어갈 국가로 옳은 것은?

> 프랑스의 지배를 받았던 (가) 은/는 1954년에 반식민주의 투쟁을 일으켰는데, 프랑스 정부가 군대 투입을 결정하면서 유혈 사태로 번졌다. 프란츠 파농과 같은 프랑스 지성인들이 (가) 독립운동을 공개적으로 지지하며 프랑스는 전 세계의 관심을 받았고, 결국 (가) 에서 1962년에 철수하였다. 이후 (가) 은/는 8년 동안의 투쟁을 거쳐 독립을 쟁취하였다.

① 인도　② 베트남　③ 알제리
④ 이집트　⑤ 인도네시아

07 밑줄 친 '이 나라'에 해당하는 국가로 옳은 것은?

> 수에즈 운하는 식민지에서 독립한 이 나라의 영토였지만 1956년까지 여전히 영국과 프랑스가 통제하였다. 1956년 이 나라 대통령 나세르는 수에즈 운하의 국유화를 선언하였다. 이에 반발하여 영국, 프랑스, 이스라엘 군대가 이 나라를 침공하면서 수에즈 전쟁이 발발하였다.

① 가나 ② 케냐
③ 알제리 ④ 이집트
⑤ 콩고 민주 공화국

08 (가)에 들어갈 국가로 옳지 않은 것은?

> • 주제: 아시아 신흥 공업국의 성장
> • 내용: (가) 은/는 서양의 원조 및 자본 투자를 발판으로 성공적인 공업화와 경제 성장을 이룬 사례로 평가받는다. 제2차 세계 대전 이후 경제가 급속도로 성장한 이 네 국가를 아시아의 '네 마리 용'이라고 부르기도 한다.

① 홍콩 ② 베트남 ③ 타이완
④ 대한민국 ⑤ 싱가포르

단답형
09 (가)에 들어갈 알맞은 말을 쓰시오.

> 냉전이 시작된 이후 세계는 미국과 소련을 따르는 양대 진영으로 나뉘었다. 그러나 1950년대 중반부터 미국과 소련 어느 진영에도 속하지 않고 독자적 행보를 추구하는 비동맹주의가 등장하였다. 이러한 비동맹주의 국가들은 (가) (이)라고 불렸다.

(　　　　　)

10 밑줄 친 '29개국'에 대한 설명으로 옳은 것만을 〈보기〉에서 고른 것은?

> 1955년 인도네시아에서 열린 반둥 회의에 참가한 29개국 대표들은 평화 10원칙을 제시하며 냉전을 비판하였다.

보기
> ㄱ. 미국 진영에 속하였다.
> ㄴ. 비동맹주의를 지향하였다.
> ㄷ. 북대서양 조약 기구에 가입하였다.
> ㄹ. 대개 아시아와 아프리카의 신생국들이었다.

① ㄱ, ㄴ ② ㄱ, ㄷ ③ ㄴ, ㄷ
④ ㄴ, ㄹ ⑤ ㄷ, ㄹ

11 (가)에 들어갈 국가로 옳은 것은?

> (가) 에서는 프랑스로부터 독립하는 데 큰 역할을 하였던 공산당의 집권이 유력해 보였다. 하지만 냉전 구도 속에 반공을 내세운 미국이 이를 견제하려 하였고, 결국 (가) 전쟁이 일어났다.

① 베트남 ② 알제리
③ 이집트 ④ 인도네시아
⑤ 콩고 민주 공화국

단답형
12 (가)에 들어갈 알맞은 말을 쓰시오.

> 미국과 소련은 군비 삭감과 핵무기 확산 금지에 동의하며 상호 관계를 개선해 나갔는데, 이러한 냉전의 긴장 완화와 화해의 분위기를 (가) (이)라고 한다.

(　　　　　)

실력 쑥쑥 | 실전문제

중요

01 (가)에 들어갈 내용으로 적절한 것은?

> • 학습 주제: (가)
> • 탐구 활동
> 1. 북대서양 조약 기구 설립의 목적을 파악한다.
> 2. 바르샤바 조약 기구가 탄생한 배경을 찾아본다.
> 3. 동유럽에 대한 미국과 소련의 입장 차이와 대결을 조사한다.

① 제3 세계의 등장
② 국제 연합의 탄생
③ 냉전 체제의 성립
④ 아시아·아프리카 세계의 변화
⑤ 독일 통일과 동유럽 사회주의권의 붕괴

02 다음과 같은 맥락에서 미국이 추진한 정책으로 옳은 것만을 〈보기〉에서 고른 것은?

> 1947년 3월 미국의 대통령은 "그리스는 공산주의자의 활동으로 국가의 존재 자체를 위협받고 있다. 그리스가 민주주의 국가가 되기 위해서는 반드시 원조가 필요하다. 미국은 이 원조를 제공해야 한다."는 내용의 연설을 발표하였다.

보기
ㄱ. 서독을 조약 기구에 가입시켰다.
ㄴ. 북대서양 조약 기구를 결성하였다.
ㄷ. 동유럽 국가들과 군사 동맹을 결성하였다.
ㄹ. 중화 인민 공화국을 동맹국으로 받아들였다.

① ㄱ, ㄴ ② ㄱ, ㄷ ③ ㄴ, ㄷ
④ ㄴ, ㄹ ⑤ ㄷ, ㄹ

03 (가), (나)에 들어갈 말을 옳게 짝지은 것은?

> 냉전이 격화되면서 미국과 소련 두 나라는 서로 이미지 전쟁을 벌이기도 하였다. 미국은 소련을 억압적인 (가) 체제로 정의하며 비판하였고, 소련은 미국을 돈이 지배하는 (나) 국가로 묘사하며 비난하였다.

	(가)	(나)
①	전체주의	제국주의
②	전체주의	민주주의
③	제국주의	전체주의
④	제국주의	자유주의
⑤	반공주의	제국주의

고난도

04 다음 연설문이 발표된 이후에 일어난 일로 옳은 것만을 〈보기〉에서 고른 것은?

> 앞으로 베트남 전쟁과 같은 직접적인 군사 개입은 자제하고자 합니다. 따라서 아시아 각 나라는 내란이나 침략에 대해 각국이 스스로 대처해야 할 것입니다.
> – 미국 대통령 닉슨의 연설

보기
ㄱ. 독일이 분단되었다.
ㄴ. 냉전 체제가 완화되었다.
ㄷ. 핑퐁 외교가 전개되었다.
ㄹ. 한반도에서 6·25 전쟁이 일어났다.

① ㄱ, ㄴ ② ㄱ, ㄷ ③ ㄴ, ㄷ
④ ㄴ, ㄹ ⑤ ㄷ, ㄹ

중요

05 밑줄 친 '평화 10원칙'에 해당하는 내용으로 옳지 않은 것은?

> 1955년 인도네시아 반둥에서 열린 아시아·아프리카 회의에서는 29개국 대표들이 모여 평화 10원칙을 발표하였다.

① 타국의 내정 불간섭
② 미소 군사 동맹 참가
③ 국제 분쟁의 평화적 해결
④ 모든 인종·국가 간 평등 인정
⑤ 모든 국가의 영토 및 주권 존중

06 밑줄 친 '다극화'의 사례로 옳은 것만을 〈보기〉에서 고른 것은?

> 1950년대 이후 제3 세계의 비동맹주의와 더불어 미국과 소련의 대립에서 벗어나 독자 노선을 추구하는 움직임이 생겨났다. 이러한 현상을 다극화라고 한다.

보기

ㄱ. 독일의 분단
ㄴ. 쿠바 미사일 위기
ㄷ. 중국과 소련의 갈등
ㄹ. 헝가리와 체코의 반소련 운동

① ㄱ, ㄴ ② ㄱ, ㄷ ③ ㄴ, ㄷ
④ ㄴ, ㄹ ⑤ ㄷ, ㄹ

07 (가)에 들어갈 인물로 옳은 것은?

> 서독의 수상 (가) 은/는 동방 정책을 통해 동독과 동유럽 공산주의 국가들과의 관계를 개선해 나갔다.

① 닉슨 ② 티토 ③ 나세르
④ 트루먼 ⑤ 빌리 브란트

서술형

08 다음 연설을 발표한 이후 미국이 어떤 움직임을 보였는지 서술하시오.

> 도미노의 팻말을 일렬로 세우고 첫 번째 팻말을 넘어뜨렸을 때, 마지막 때까지 도달하는 시간은 금방입니다. …… 더 많은 사람이 공산주의의 지배를 받게 되었습니다. 인도차이나, 미얀마, 타이, 그 반도 전체 그리고 인도네시아까지 차례로 잃게 되는 상황에 이르게 된다면, 여러분은 자원과 원료의 손실로 인해 가중될 불이익뿐만 아니라 진정 수백만의 삶을 떠올려야 할 것입니다.
>
> – 미국 대통령 아이젠하워의 연설, 1954년

09 (가)에 들어갈 내용을 서술하시오.

> 아시아와 아프리카, 라틴 아메리카에서 발생한 내전의 직접적인 이유는 다양하였지만, 근본적인 원인은 (가) . 그 대표적인 사례는 베트남 전쟁과 1965년 인도네시아 대학살, 콩고 민주 공화국 내전을 들 수 있다.

세계화와 경제 통합

교과서 224~231쪽

보충 미국이 자유 무역을 확대하고자 한 까닭

블록 경제 체제가 경제 위기를 장기화하고 블록 경제 건설을 위한 강대국의 노력이 제2차 세계 대전을 초래했다고 생각하였기 때문이다.

보충 신기술의 발전과 세계 경제 통합

항공과 운송의 혁신뿐 아니라 전화의 발전도 판매자, 유통업자, 소비자 간 거리를 좁혀 놓았다. 개인용 컴퓨터 보급과 인터넷 서비스의 시작은 세계 경제를 더욱 밀접하게 연결시켰다.

보충 라인강의 기적

제2차 세계 대전으로 폐허가 되었던 서독은 역사상 전례 없는 신속한 경제 복구와 부흥을 이룩하였는데, 이를 '라인강(독일을 관통하는 중부 유럽 최대의 강)의 기적'이라 한다. 서독은 전후 화폐 개혁을 단행하고 미국의 전폭적인 경제 지원을 받으며 경제를 회복시키기 시작하였으며, 복지의 확대, 산업 국유화, 국가의 시장 개입을 통한 실질 임금 증가 등의 정책을 펼쳐 급속한 경제 성장을 이룩할 수 있었다.

스태그플레이션

정체(stagnation)와 인플레이션(inflation)의 합성어이다. 경제 성장기에는 물가가 상승하고, 쇠퇴기에는 물가가 하락하지만, 이 시기에는 물가가 상승하면서 경제 성장도 이루어지지 않는다.

1 경제의 글로벌화

1. 세계 경제 통합을 위한 노력

(1) **제도 마련**: 미국이 주도, 자유 무역 확대 목적

① 브레턴우즈 협정(1944): 미국의 달러화를 국제 통화로 지정

② 세계은행 설립: '재건과 개발을 위한 국제 은행'이라 불림

③ 국제 통화 기금(IMF) 창설

④ 관세 및 무역에 관한 일반 협정(GATT, 1947) 체결: 관세 인하, 무역 확대 촉진

(관세 및 무역에 관한 일반 협정: 미국 등 23개국이 참여한 국제적인 무역 협정으로 국제 무역 확대와 물자 교류 증진을 추구함)

(2) **신기술 발달**: 제트 여객기·컨테이너·트럭 트레일러 등, 극초단파 증폭 기술, 개인용 컴퓨터 보급 → 세계 경제 통합 촉진

2. 전후의 거대한 경제 성장

(1) 서방 경제의 성장

① 1950~1960년대 경제 성장: 자유 무역 확대와 세계 경제 통합 → 서방 경제의 급격한 성장과 대호황

(서방: 냉전 시대 미국 진영에 속하였던 선진국들을 일컫는 용어)

② 케인스주의 채택: 복지 예산의 확대, 국가의 시장 규제, 공공 부문에 대한 투자 증대 → 국민 소득 증대, 경기 부양, 경제 성장 → 생산력 증대, 소비 증가, 고용 안정

③ 서양 중심주의 관념의 확산: 서방 세계 대호황의 영향, 서양의 발전 경로를 다른 지역도 모두 따라야 한다는 생각 확산

(2) 패전국의 부흥

① 독일의 성공: 거대한 경제 성장(라인강의 기적)

② 일본의 경제 번영: 전후 급속한 경제 성장 → 1964년 도쿄 올림픽에서 증명

2 신자유주의의 대두

1. 다시 시작된 경제 위기

(1) **배경**: 1960년대 말부터 경제 성장 둔화, 미국이 베트남 전쟁 비용을 마련하고자 달러를 무분별하게 발행 → 달러의 가치 하락, 서양 기업의 이윤율 하락

(2) **석유 파동(1973, 1979)**: 원유 생산 감소, 석유 가격 폭등 → 세계 경제 위기(실업자 증가, 노숙자 속출) → 실업 수당 등 복지 지출 확대

(3) **스태그플레이션**: 정부의 복지 지출 증가 → 통화량 확대 → 물가 상승과 경기 부진

2. 세계 경제 통합 가속화

(1) **배경**: 경제 위기 발생 → 서방 국가들이 대공황 때처럼 국제 무역이 쇠퇴하는 사태를 막고자 노력

(2) **통합의 전개**

① 서방 선진 7개국 정상회담(G7) 정례화: 환율과 무역 수지 등 주요 경제 현안 논의

(7개국: 미국, 독일, 일본, 영국, 프랑스, 이탈리아, 캐나다)

② 한국, 타이완 등 동아시아 국가들의 수출 확대: 국제 무역 활성화에 기여

③ 중남미 국가들의 금융 시장 개방: 1980년대 중남미 국가의 경제 위기 → 국제 통화 기금(IMF) 구제 금융을 받음, 금융 시장 개방 → 세계 경제 규모 확대

④ 자본과 물자 이동 급증: 이민과 이주로 노동력의 유동성도 증가

교과서 속 자료 & 개념

브레턴우즈 협정

교과서 224쪽

달러 바꿀 수 있나요?
그럼요. 1달러에 119프랑 입니다.

브레턴우즈 협정 이후

자료 해설

제2차 세계 대전이 막바지로 접어들고 있던 1944년 미국의 브레턴우즈에서 연합국 44개국의 대표들이 모여 브레턴우즈 협정을 체결하였다. 이 협정은 미국 달러만이 금과 일정한 비율로 교환되며, 다른 나라들의 통화 가치는 달러와의 교환 비율에 의해 결정되도록 하는 내용이 담겨 있다. 또한 이 회의에서 국제 통화 기금(IMF)과 세계은행을 설립할 것에도 합의하였다. 이 협정이 정식으로 효력을 발휘하면서 세계은행은 1946년부터, 국제 통화 기금은 1947년부터 업무를 개시하였다.

일본의 경제 성장

교과서 225쪽

경제 성장을 이룬 도쿄의 번화가(1964)

자료 해설

제2차 세계 대전 당시 폐허가 된 일본은 이후 기적이라 부를 만한 경제 성장을 이룩하였다. 그러나 이것은 6·25 전쟁과 베트남 전쟁의 특수와 미국의 핵우산 정책이 어우러져 가능한 것이었다. 일본은 6·25 전쟁 때 군수 물자를 공급하면서 공업 국가로 다시 발돋움할 수 있었고, 미소 간의 냉전이 한창일 때 미국의 핵우산 아래 군사비 지출을 최소화하며 경제 개발에만 박차를 가할 수 있었다. 또한 베트남 전쟁에서 전쟁 특수를 누리며 더욱 번영할 수 있었다.

석유 파동

교과서 226쪽

자동차에 공급할 기름이 없다는 영국의 주유소(1973)

자료 해설

아랍 국가들과 이스라엘 사이에 전쟁이 일어나자 아랍 지역의 석유 생산국들이 원유의 생산을 줄이고 가격을 인상하였다. 이것이 1973년 일어난 제1차 석유 파동이다. 이후 1978년 이란에서 혁명이 일어나자 이란이 원유 생산을 감축하고 원유 수출을 중단하면서 석유 공급이 부족해져 제2차 석유 파동이 나타났다. 석유 생산의 대폭 감축으로 석유의 공급이 부족해지자, 국제 석유 가격이 급상승하였고, 그 결과 전 세계가 경제적 위기와 혼란을 겪게 되었다.

보충 고르바초프의 개혁

고르바초프는 1985년에 개혁과 개방을 내세우며 시장 경제와 정치 민주화의 도입을 추진하였다. 또한 동유럽 국가들에 대한 불간섭 선언을 발표하여 동유럽의 자유화를 촉진하였다. 그는 공산당을 해체하였지만, 소련 체제 자체는 유지하고자 하였다.

독립 국가 연합

고르바초프가 물길을 튼 개혁·개방은 소련 체제를 와해시키는 흐름으로 이어졌다. 소련 내 여러 공화국이 독립을 선포하기 시작하였고, 마침내 고르바초프를 대신해 권력을 장악한 옐친은 독립 국가 연합(CIS)을 출범시켜 소련을 공식 해체하였다. 옐친은 러시아 대통령에 당선된 후 사회주의 경제 체제를 포기하고 급속히 자본주의 시장 경제 체제로 전환시켰다.

보충 동유럽의 민주화 운동

소련의 개혁·개방은 동독과 동유럽 국가에도 영향을 미쳐, 이들은 공산주의 체제를 버리고 민주주의 정치와 자본주의 시장 경제를 받아들이기 시작하였다. 동독과 서독 사이의 베를린 장벽이 무너지고, 선거를 통해 동독은 서독에 흡수 통일되었다(1990).

3. 신자유주의의 유행

(1) **배경**: 세계 경제 통합 가속화 → 개별 국민 국가의 권위 추락 → 국가의 역할을 강조하던 케인스주의의 인기 하락 → 신자유주의의 등장

(2) **신자유주의**

① 주장: 경제 위기의 원인을 케인스주의에서 찾음 → 시장의 기능을 최대한 신뢰하고 기업과 민간에 경제 활동의 자유를 주어야 위기 극복이 가능하다고 주장

② 정책: 정부의 규제 최소화, 기업에 대한 과세 축소, 국·공영 기업의 민영화, 복지 예산과 공공 부문 지출 삭감(국가 역할 축소, 시장 기능 활성화)

3 경제 개방과 새로운 세계의 탄생

1. 사회주의권의 붕괴

(1) **소련의 개혁**

① 배경: 1970년대부터 생산성 하락, 기술 개발 부진 등 소련 경제 위기

공산당 관료들이 부패하고 미국 등 서방 국가들과 과도하게 군비 경쟁을 벌이면서 경제 침체가 지속되고 생필품 부족 현상이 심각해짐

② 고르바초프의 개혁(1980년대): 군비 축소, 서방 자본 유치, 바르샤바 조약군 철수 등

③ 영향: 냉전의 종식, 동유럽 국가들이 소련의 영향권에서 벗어남 → 소련 해체와 독립 국가 연합의 탄생(1991)

동유럽인들의 민주화 열망은 1956년 헝가리 봉기와 1968년 체코슬로바키아 '프라하의 봄'을 통해 드러남

(2) **중국의 개혁**

① 실용주의 경제 개혁: 1970년대 말 덩샤오핑의 흑묘백묘론 → 시장 경제 요소 수용

② 결과: 경제 발전, 정치적으로는 공산당 정권 유지

2. 새로운 경제 권역의 형성

(1) **세계 경제의 확장**: 중국과 공산 진영의 동유럽 국가들, 1980년대 말 독립 국가 연합(CIS) 국가들의 세계 경제 참여

(2) **지역 단위 경제 통합의 강화**

① 북미 자유 무역 협정(NAFTA) 체결(1992): 미국, 캐나다, 멕시코의 경제 교류 강화

② 유럽 연합(EU) 출범(1993): 유럽 내 단일 시장 구축 목표, 공용 통화(유로화) 유통

3. 글로벌 문화의 형성

(1) **배경**: 세계 경제 통합, 이민과 이주 증가 → 문화적 교류 확대

(2) **글로벌 문화**: 미국의 대중문화+지구촌의 여러 문화

① 1950년대 미국 대중문화의 확산: 할리우드 영화, 청바지, 팝 음악, 콜라, 햄버거 등이 전 세계에서 유행 → '세계의 미국화'라는 용어 탄생

② 지구촌 문화의 확산: 레게, 축구, 살사 등

레게: 1960년대 중남미 자메이카에서 생겨난 음악 장르로 1970년대 중엽 북미와 영국에서 인기를 얻음

축구: 영국 노동자 계급의 오락이었음

살사: 중남미 출신의 미국 이주민들에 의해 만들어진 춤

(3) **이주민 증가와 새로운 문제의 대두**: 이주민들이 겪는 빈곤·차별·폭력 등의 문제, 현지 주민들의 이주민 적대시 등

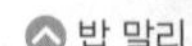

밥 말리

쇠락한 이주민 주거지

교과서 속 자료 & 개념

덩샤오핑의 흑묘백묘론

교과서 228쪽

흑묘백묘론을 묘사한 중국 시사만화가의 만평

〔자료 해설〕

1970년대 말 마오쩌둥이 죽은 후 집권한 덩샤오핑은 '검은 고양이든 흰 고양이든 쥐를 잘 잡으면 좋은 고양이'라는 '흑묘백묘론'을 제시하였다. 이는 자본주의든 공산주의든 중국 사람들을 잘 살게 하면 그것이 제일이라는 실용주의적인 의미를 담고 있는 말로, 덩샤오핑의 시장 경제 도입 노선을 상징하는 것이다. 중국은 이에 따라 사회주의 체제와 자본주의의 요소를 결합한 개혁·개방 정책을 실시하여 경제 성장을 추구하였다. 중국은 각 지역에 경제 특구를 설치하고 수출 주도형 경제 발전 전략을 추진하였고, 그 결과 높은 경제 성장률을 보였다.

경제의 세계화와 경제 블록

교과서 229쪽

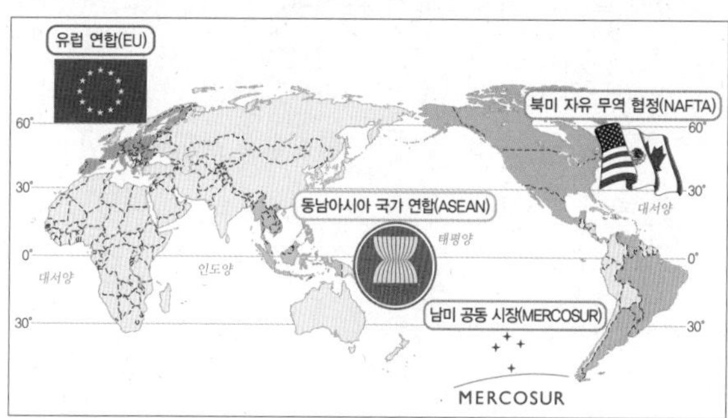

〔자료 해설〕

국가 간 무역 경쟁이 치열해지면서 전 세계 여러 나라들은 그들이 속한 지역 내에서 상호 협력을 강화하여 지역 공동의 이익을 추구하기 시작하였다. 유럽에서는 1950년대부터 통합을 추진한 결과 1993년 유럽 연합(EU)이 출범하였다. 유럽 연합은 유로화라는 단일 화폐를 도입하여 유럽 국가들의 경제 통합을 촉진하였다. 그러나 현재 유럽 연합은 경제 위기, 난민 문제 등으로 어려움을 겪고 있다. 영국에서는 2016년 국민 투표를 실시한 결과 유럽 연합 탈퇴(브렉시트, Brexit)를 찬성하는 의견이 더 높았고, 2020년 1월 유럽 연합을 탈퇴하였다.

개념 꿀꺽

1. 빈칸에 알맞은 말을 쓰시오.

(1) 미국은 (　　　)에서 달러화를 국제 통화로 정하였다.

(2) 1973년 석유 수출국들이 석유 가격을 파격적으로 올리며 (　　　)이/가 일어나 세계 경제가 본격적인 위기의 시대로 접어들었다.

(3) 1993년 유럽 내 단일 시장 구축을 목표로 (　　　)이/가 출범하였다.

2. 다음 내용이 옳으면 ○표, 틀리면 ×표 하시오.

(1) 제2차 세계 대전이 끝나고 미국은 블록 경제를 부활시키려 하였다. (　　　)

(2) 석유 파동 이후 물가가 상승하면서 경제 성장도 이루어지지 않는 스테그플레이션 현상이 나타났다. (　　　)

(3) 신자유주의는 복지 예산의 확대, 국가의 시장 규제, 공공 부문에 대한 투자 증대 등의 정책들을 지지하였다. (　　　)

(4) 소련의 고르바초프는 흑묘백묘론을 제시하며 경제를 개방하였다. (　　　)

정답
1. (1) 브레턴우즈 협정 (2) 석유 파동 (3) 유럽 연합
2. (1) × (2) ○ (3) × (4) ×

기초 튼튼 | 기본문제

단답형

01 (가)에 들어갈 알맞은 말을 쓰시오.

> 미국은 1944년 7월 (가) 에서 미국의 달러화를 국제 통화로 정하며 세계 경제 통합에 대한 의지를 드러냈다.

( )

02 (가)에 들어갈 내용으로 옳지 않은 것은?

> 제2차 세계 대전이 끝날 무렵부터 미국은 자유 무역이 이루어질 수 있도록 세계 경제를 최대한 통합하고자 하였다. 그러한 노력의 일환으로
> (가)

① 세계은행을 설립하였다.
② 국제 통화 기금을 설립하였다.
③ 블록 경제를 부활시키려 하였다.
④ 관세 인하와 무역 확대를 촉진하였다.
⑤ 미국의 달러화를 국제 통화로 정하였다.

단답형

03 (가)에 들어갈 알맞은 말을 쓰시오.

> (가) 은/는 제2차 세계 대전으로 폐허가 되었던 서독의 경제가 다시 일어난 현상을 표현한 말이다. 서독은 복지의 확대, 산업 국유화, 국가의 시장 개입을 통한 실질 임금 증가 등의 정책을 펼쳐 거대한 경제 성장을 기록할 수 있었다.

( )

중요

04 (가)에 들어갈 말로 가장 적절한 것은?

> 1950년대와 1960년대 서방 경제는 급격히 성장하며 대호황을 누렸다. 경제적 번영을 누렸던 서방의 여러 국가들은 (가) 을/를 국가 경제 정책의 근간으로 삼았다. (가) 은/는 복지 예산의 확대, 국가의 시장 규제 등의 정책을 지지하였다.

① 지역화
② 전체주의
③ 다문화주의
④ 신자유주의
⑤ 케인스주의

05 (가)에 들어갈 내용으로 가장 적절한 것은?

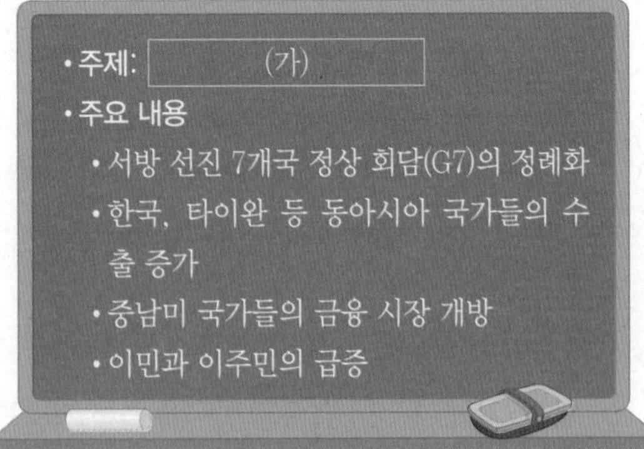

• 주제: (가)
• 주요 내용
• 서방 선진 7개국 정상 회담(G7)의 정례화
• 한국, 타이완 등 동아시아 국가들의 수출 증가
• 중남미 국가들의 금융 시장 개방
• 이민과 이주민의 급증

① 비동맹주의가 등장하다
② 과거 식민지들이 독립하다
③ 인권에 대한 관심이 커지다
④ 세계 경제 통합이 가속화되다
⑤ 냉전 시대 속 열전이 발생하다

단답형

06 (가)에 들어갈 알맞은 말을 쓰시오.

(가) 은/는 석유 공급 부족과 석유 가격 폭등으로 전 세계 각국에 경제적 타격을 준 사건으로, 1973년과 1979년 두 차례에 걸쳐 발생하였다.

(　　　　　　)

중요

07 (가)에 대한 설명으로 옳은 것만을 〈보기〉에서 고른 것은?

세계 경제의 통합이 가속화되면서 개별 국민 국가의 권위는 점차 떨어져 갔다. 이 과정에서 국가의 역할을 강조하였던 케인스주의가 인기를 잃고 (가) 이/가 유행하였다.

보기
ㄱ. 복지 예산을 확대하려 한다.
ㄴ. 기업에 대한 과세를 줄이려 한다.
ㄷ. 국·공영 기업을 민영화하려 한다.
ㄹ. 공공 부문에 대한 투자를 늘리려 한다.

① ㄱ, ㄴ　② ㄱ, ㄷ　③ ㄴ, ㄷ
④ ㄴ, ㄹ　⑤ ㄷ, ㄹ

단답형

08 (가)에 들어갈 알맞은 말을 쓰시오.

1993년 유럽 내 단일 시장 구축을 목표로 (가) 이/가 출범하였다. (가) 은/는 '유로'라는 단일 화폐를 사용하여 경제적 통합을 추구하였다.

(　　　　　　)

09 다음 상황 이후에 전개된 사실로 옳은 것만을 〈보기〉에서 고른 것은?

1985년에 소련 공산당 서기장이 된 고르바초프는 소련의 위기를 돌파하고자 과감한 개혁 정책을 추진하였다.

보기
ㄱ. 냉전이 격화되었다.
ㄴ. 소련이 해체되었다.
ㄷ. 프라하의 봄이 일어났다.
ㄹ. 동유럽 국가들이 소련의 영향권에서 벗어났다.

① ㄱ, ㄴ　② ㄱ, ㄷ　③ ㄴ, ㄷ
④ ㄴ, ㄹ　⑤ ㄷ, ㄹ

중요

10 밑줄 친 '그'에 해당하는 인물로 옳은 것은?

그는 '검은 고양이든 흰 고양이든 쥐만 잘 잡으면 된다.'라는 뜻의 '흑묘백묘론'을 바탕으로 시장 경제 체제를 일부 도입하고, 외국의 자본 및 기술을 받아들였다. 이로 인해 중국 경제가 빠르게 성장하고 사람들의 생활 수준이 향상되었다.

① 쑨원　② 장제스　③ 덩샤오핑
④ 마오쩌둥　⑤ 저우언라이

11 (가)에 들어갈 내용으로 가장 적절한 것은?

• 주제: (가)
• 탐구 내용
　– 미국 대중문화에 대해 알아본다.
　– 레게, 축구, 살사가 탄생한 지역과 유행에 대해 검색해 본다.

① 데탕트가 시작되다
② 사회주의권이 붕괴하다
③ 글로벌 문화가 만들어지다
④ 새로운 경제 권역이 형성되다
⑤ 전후 거대한 경제 성장이 이루어지다

실력 쑥쑥 | 실전문제

01 밑줄 친 '협정'의 결과로 가장 적절한 것은?

> 제2차 세계 대전이 막바지로 접어들고 있던 1944년 미국의 브레턴우즈에서 연합국 44개국의 대표들이 모여 협정을 체결하였다.

① 석유 파동이 일어났다.
② 제3 세계가 등장하였다.
③ 유럽 연합이 출범하였다.
④ 미국이 쿠바 봉쇄를 단행하였다.
⑤ 달러화를 국제 통화로 정하였다.

중요

02 다음 내용에 대한 설명으로 옳은 것만을 〈보기〉에서 고른 것은?

> 국가가 생산과 거래에 끼어들면, 경제가 효율적으로 움직일 수 없다. 시장에서는 모두 자기 이익에 따라 잘 움직이므로 그대로 두어야 최적의 결과가 나온다.

보기
ㄱ. 케인스주의의 대표적 주장이다.
ㄴ. 정부의 규제를 최소화할 것을 주장한다.
ㄷ. 1930년대 대공황의 해결책으로 제시되었다.
ㄹ. 복지 예산과 공공 부문 지출 삭감을 원한다.

① ㄱ, ㄴ ② ㄱ, ㄷ ③ ㄴ, ㄷ
④ ㄴ, ㄹ ⑤ ㄷ, ㄹ

03 밑줄 친 '그'에 해당하는 인물로 옳은 것은?

> 그는 소련의 오랜 경제 위기를 극복하고자 군비를 줄이고 서방 자본을 유치하려 하였다. 이를 위해 서방과의 적대 관계를 끝내고 미국과 군비 축소에 합의하였다. 또 동유럽에서 바르샤바 조약군을 철수하였고, 소련 경제의 개방을 시작하였다.

① 레닌 ② 스탈린 ③ 흐루쇼프
④ 고르바초프 ⑤ 브레즈네프

04 (가)에 들어갈 내용으로 적절한 것만을 〈보기〉에서 고른 것은?

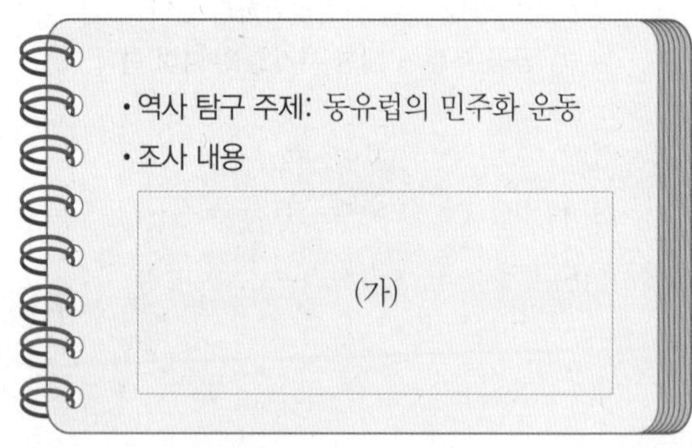

• 역사 탐구 주제: 동유럽의 민주화 운동
• 조사 내용
(가)

보기
ㄱ. 1956년 헝가리 봉기
ㄴ. 덩샤오핑의 흑묘백묘론
ㄷ. 체코슬로바키아의 '프라하의 봄'
ㄹ. 북미 자유 무역 협정(NAFTA) 체결

① ㄱ, ㄴ ② ㄱ, ㄷ ③ ㄴ, ㄷ
④ ㄴ, ㄹ ⑤ ㄷ, ㄹ

05 다음 상황이 초래한 결과로 옳지 않은 것은?

> 석유 수출국 기구(OPEC)는 1973~1974년 원유가를 배럴당 3달러에서 12달러로, 1979~1980년에는 이란 혁명을 계기로 16달러에서 40달러까지 갑자기 끌어올리며 세계에 에너지 대란을 일으켰다.

① 실업자가 늘어났다.
② 노숙자의 수가 증가하였다.
③ 스태그플레이션이 시작되었다.
④ 세계 경제가 위기의 시대를 맞았다.
⑤ 세계 경제 통합이 더뎌지고 국제 무역이 사라졌다.

06 다음 지도를 활용한 탐구 주제로 가장 적절한 것은?

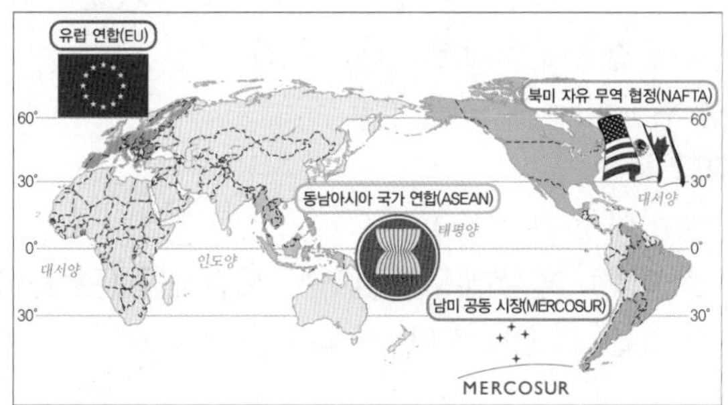

① 냉전 체제의 형성
② 노동력의 국제적 이동
③ 동유럽의 민주화 운동
④ 서양 중심주의와 근대화 이론
⑤ 경제의 세계화와 지역 단위 경제 통합

서술형

07 (가)에 들어갈 적절한 내용을 서술하시오.

> 제2차 세계 대전이 끝나고 미국은 자유 무역이 이루어질 수 있도록 세계 경제를 최대한 통합하고자 하였다. 이는 전후의 세계 경제가 1930년대 대공황 시기처럼 폐쇄적인 블록 경제 단위로 분열되지 않도록 하려는 의도였다. 미국이 블록 경제의 부활을 막으려 한 까닭은 (가)

08 (가)에 들어갈 용어를 쓰고, (가)의 영향을 받은 국가들이 채택한 정책을 한 가지만 서술하시오.

> (가) 지지자들은 케인스주의를 비판하며 시장의 기능을 최대한 신뢰하고 기업과 민간에 경제 활동의 자유를 보장해 주어야만 위기를 극복할 수 있다고 주장하였다.

09 (가)에 들어갈 적절한 사례를 서술하시오.

> 경제가 통합되고 이민과 이주가 증가하면서 세계는 문화적으로도 더 가까워졌다. 미국의 대중문화가 글로벌 문화의 중요한 자리를 차지하기는 하였지만, 곧 지구촌의 여러 문화들도 이와 함께하게 되었다. 그 대표적인 예로 (가)

탈권위주의 운동과 대중문화의 발달 ~ 현대 세계의 문제 해결을 위한 노력

교과서 232~245쪽

보충 로자 파크스와 버스 보이콧

미국 몽고메리시의 흑인 재봉사였던 로자 파크스가 퇴근길 버스 안에서 백인에게 자리를 양보하지 않자 경찰은 그녀를 체포해 재판에 넘겼다. 당시는 버스 안에 흑백 좌석이 분리되어 있었다. 로자의 재판을 앞두고 흑인들이 항의의 표시로 버스 보이콧(버스 안 타기 운동)을 시작하였고, 마틴 루서 킹의 지도하에 보이콧은 거의 1년 가까이 이어졌다. 그 결과 마침내 연방 대법원에서 흑백 좌석 분리는 위헌이라는 판결이 내려졌다.

보충 지미 카터

지미 카터는 1977~1981년까지 미국 대통령을 지냈다. 그는 취임식 연설에서 "우리는 세계 그 어느 곳이든 자유의 종말에 대해 절대로 무관심할 수가 없습니다. 인권에 대한 우리의 책임은 절대적입니다."라는 말을 남기며 도덕적이고 종교적인 신념을 바탕으로 인권 외교를 펼쳤다. 그의 인권 외교는 재임 기간에는 큰 성과를 거두지 못했으나 인권에 대한 관심을 불러일으켜 2002년에 노벨 평화상을 수상하기도 하였다.

보충 베티 프리단

미국의 여성 운동가이자 사회 심리학자로, 전미 여성 기구(NOW)의 창설을 주도하고 초대 회장을 지냈다. 그는 『여성의 신비』라는 책을 출간하여 페미니즘 운동에 커다란 영향을 끼쳤다.

1 민권 운동과 민주주의의 성숙

1. 민권 문제 제기

(민권: 시민이 가져야 할 마땅한 권리, 특히 평등권을 가리킴)

(1) **배경**: 미국 사회의 흑인 차별(흑인과 백인의 공공시설 분리 사용, 결혼 금지 등)

(2) **민권 의식의 성장**

① 흑인들이 제2차 세계 대전에 참여하며 평등 의식 고조

② 냉전 시대 소련이 흑인 차별 문제를 미국 공격에 활용 → 세계 여러 나라가 미국 민권 상황에 주목 → 흑인 불평등 개선 시급

2. 민권 운동

시기	내용
1950년대	• 미국 대법원 판결: 교육 시설에 대한 인종 차별은 불평등한 것이라 판결 → 인종 차별 문제에 대한 비판 본격화 • 버스 보이콧(로자 파크스), 정치 시위 등 전개
1960년대	• 민권 운동 조직화: 마틴 루서 킹 목사, 맬컴 엑스 • 「민권법」 제정(1964): 공무와 직장에서의 인종 차별 금지 • 흑인 참정권 보장, 흑인과 소수자에 대한 복지 강화

3. 인권에 대한 관심 확산

(1) **헬싱키 최종 의정서(1975)**: 인권과 사상·양심·종교의 자유를 존중하는 민주주의적 내용, 미국·소련·유럽 대부분 국가가 합의

(2) **미국 대통령 지미 카터의 '인권 외교'**: 전 세계의 인권 문제 부각

2 여성 운동의 대두

1. 여성의 지위 변화

(1) **제2차 세계 대전 중의 활약**: 전장의 전·후방에서 중요한 역할 담당, 사회 진출 활발

(2) **전후 사회 진출 확대**: 출산율 하락, 육아 부담 감소, 탁아 시설 확대 등의 영향

예 1960년대 동유럽 공산주의 국가들의 여성 취업률 50 %

2. 여성 운동의 대두

(1) **배경**: 직장 내 차별(주요 직책·정책 결정에서 배제, 임금 차별)

(2) **여성 운동의 대두**: 성차별 금지를 위한 법과 제도 개선 요구

① 여성 운동가의 활약: 베티 프리단 등

② 여성주의(페미니즘) 조직 결성: 전미 여성 기구(NOW)

(3) **여성 운동의 급진화(1960년대 후반 이후)**: 일상에서 경험하는 본질적인 문제들에 주목(가부장제, 이혼 제도, 낙태 관련 법률, 미혼모 지위, 성폭력 등)

3 대중문화의 확산

1. 대중문화 대두: 팝 음악, 영화, 스포츠 등

(1) **배경**: 선거권 확대, 고등 교육 기회의 확장, 정보전달 매체와 기술의 발달(예 텔레비전 보급) → 대중이 사회의 주인공으로 등장

(2) **대중문화의 중요성 확대**: 전후 현대인들의 생활에 큰 비중 차지 → 대중문화 산업 출현

교과서 속 자료 & 개념

미국의 민권 운동

교과서 233쪽

나에게는 꿈이 있습니다. 언젠가 이 나라가 모든 인간은 평등하게 태어났다는 것을 자명한 진실로 받아들이고, 그 진정한 의미를 신조로 살아가게 되는 날이 오리라는 꿈입니다.

우리에게는 공동의 적이 있습니다. 우리 모두에게는 공통의 억압자, 착취자, 차별자가 있습니다. 그 적은 바로 백인입니다.

마틴 루서 킹

맬컴 엑스

[자료 해설]

1960년대 흑인 인권 운동의 지도적 인물은 마틴 루서 킹 목사였다. 로자 파크스 사건 때 흑인들의 버스 보이콧 운동을 주도하면서 이름을 날린 그는 간디의 비폭력주의에 바탕을 둔 평화적 운동을 전국에 확산시켰다. 링컨의 노예 해방 선언 100주년을 기념해 수도 워싱턴에서는 전국에서 수십만 명의 흑인이 모여 건국 이래 최대 규모의 흑인 시위를 벌였는데, 여기에서 킹 목사는 "나에게는 꿈이 있습니다."로 시작하는 명연설을 남겼다. 한편 맬컴 엑스는 백인을 흑인의 적으로 규정하면서 보다 과격하고 급진적인 흑인 인권 운동을 전개하였으며, 백인 우월주의에 대항하여 흑인 우월주의를 주장하기도 하였다.

여성 운동

교과서 235쪽

"'여성 해방'은 남자의 특권만을 폐지하는 것에 더해, 성적 구분 자체를 없애는 것이다."

"가부장제 가족은 출산 능력이 있다 하여 여성을 특별 종자로 취급하였던 여러 기본 사회 조직들 중 가장 최근의 것에 불과하다. 가족이라는 용어는 고대 로마인들이 처음 사용하였는데, 이들에게 가족은 그 우두머리가 부인, 자식 그리고 노예를 지배하는 조직이었다."

– 슐라미스 파이어스톤, 『성의 변증법』

슐라미스 파이어스톤

[자료 해설]

슐라미스 파이어스톤은 미국 여성 해방 운동 초기에 가장 영향력이 컸던 활동가 중 한 사람이다. 그녀는 당시 주로 여성의 법적 평등을 위해 활동한 다른 여성주의자들과 달리, 여성의 생물학적 특성인 임신, 출산, 양육에 수반되는 육체적·사회적·심리적 부담 때문에 불평등이 발생한다고 보았다. 그녀는 여성이 생물학적으로 결정된 약자의 지위에서 벗어나기 위해 피임과 낙태를 확산해야 하며, 국가 정책을 통해 여성의 일로 여겨지는 육아를 지원해야 한다고 주장하였다.

68 운동

교과서 238쪽

1968년 5월 파리의 시위 모습

[자료 해설]

1968년 파리 근교 낭테르 대학교 학생들이 파업을 일으켰다. 학내 문제로 시작된 이 시위는 곧 미국의 베트남 침략과 소련의 체코슬라비키아 침공에 항의하는 시위로 확산되었고, 나아가 기성 세대와 국가 권력에 저항하는 탈권위주의 혁명으로 발전하였다. 68 운동(또는 68 혁명)이라 불리는 이 시위는 독일, 미국, 일본 등지로 퍼져 나갔다. 68 운동은 개인의 삶에 대한 국가 권력의 간섭과 통제를 거부하였다. 또한 젊은이들은 물질적인 풍요만을 추구하는 기성 세대의 가치관에도 저항하였다.

2. 청년 문화 운동과 저항의 대중문화

(1) **전후 세대의 새로운 가치관**: 사회주의와 동양 문화에 대한 관심, 반자본주의와 반물질주의, 개인의 자유와 해방 중시

(2) **청년 문화 운동**: 1950년대 말 시카고·뉴욕 등 미국 대도시를 중심으로 반물질주의, 반권위주의 성격의 문화 운동 시작 → 1960년대 말 히피 운동에서 최고조

3. 탈권위주의 운동 확대

(1) **탈권위주의 운동**: 청년 문화 운동이 정치 및 사회 운동으로 확대

(2) **대학생들의 탈권위주의 시위**: 서양에서 대학 수 증가, 대학 당국과 교수진은 권위주의적 모습 유지 → 1960년대 초부터 대학생들이 저항(미국 버클리 대학의 자유 언론 운동, 독일 베를린 자유 대학의 비판 대학 운동 등)

(3) **대중적인 운동으로 발전**: 신좌파(새로운 사회주의 사상)와 교류, 반전 운동(알제리 전쟁·베트남 전쟁 반대)과 결합

(4) **68 운동**: 1968년 파리에서 시작, 대규모 반권위주의 및 반자본주의 운동 → 전 세계로 확대

흑인들의 민권 운동으로 사회 문제에 눈을 뜨게 된 백인 학생들이 대학 내에서 활발하게 움직이자 버클리대 대학 당국이 이를 금지하려 함. 이에 저항한 학생들이 모여 시위하며 청년들의 시위는 더욱 확산되었고, 이는 이후 베트남 전쟁에 반대하는 반전 운동과 히피 운동에도 영향을 줌

4 반전 평화 운동

1. 반전 평화 운동 전개

(1) **배경**: 제1·2차 세계 대전의 참혹함, 핵무기 개발 이후 인류가 멸망할 수 있다는 절박한 깨달음 → 핵무기 반대 및 군비 축소 운동

(2) **대규모 반전 운동 전개**

강대국들이 과거 식민지에 대한 이권을 유지하려는 과정에서 발생함

① 1960년대: 알제리 전쟁·베트남 전쟁 등 정당성 없는 전쟁 지속, 인권 유린 → 반전 운동 전개 → 탈권위주의 운동과 결합되어 확산

② 2000년대: 미국의 이라크 전쟁 → 전 세계적인 반전 운동

2. 반전 평화 운동의 메시지 전파: 노래, 책, 평화 등 다양한 매체를 통해 전달

5 현대 세계의 여러 문제

1. 환경 문제

(1) **배경**: 전 세계적인 산업화 → 전 지구적인 환경 파괴(에너지 자원 고갈, 하천·해양·대기 오염), 지구 온난화 현상 → 각종 기상 이변, 기후 이주민의 발생

(2) **환경 문제 해결 노력**

① 환경과 개발에 관한 공동 선언(리우 선언, 1992): 브라질의 리우에서 열린 회의에서 발표

② 교토 의정서(1997): 산업화된 국가들의 온실가스 배출량 감축 협약

③ 파리 기후 협약(2015): 선진국과 개발 도상국 구분 없이 온실가스 배출량 의무 감축

2. 빈곤, 질병, 난민 문제

세계 인구의 1/5에 해당하는 10억 명 이상이 하루 1달러 이하의 소득으로 살아가고 있으며, 빈곤층은 30년 전보다 1억 명 이상 늘어남

(1) **빈곤**: 신자유주의 확산, 세계화 가속화 → 선진국과 개발 도상국의 격차 확대

(2) **분쟁**: 자원, 종족, 인종, 종교, 영토 등을 둘러싼 분쟁과 내전 → 빈곤 심화

(3) **질병**: 빈곤으로 인한 영양 부족으로 질병 확산, 기아로 인한 질병과 사망

(4) **난민 문제**: 내전과 전쟁, 기후 변화 등으로 인한 난민 발생 → 난민 수용을 둘러싼 대립 격화(인도주의적 관점 vs 인종주의적 편견 등)

예: 시리아 내전(IS 개입)

수니파 테러 조직으로 전 세계를 상대로 테러를 자행함

히피 운동

히피는 기존의 제도와 가치관을 부정하고 인간성의 회복, 자연으로의 회귀 등을 주장하며 탈사회적으로 행동하는 사람들을 가리키는 용어이다. 1960~1970년대에 베트남 전쟁, 케네디 대통령 암살, 마틴 루서 킹과 맬컴 엑스의 암살 등을 겪으며 분노와 절망감을 느낀 미국 청년 중 일부는 히피 운동을 일으켜 공동체 생활과 재산 공유를 실천하며 자유와 해방을 이룩하려 하였다.

탈권위주의

탈권위주의는 모든 권위에 저항하며 특히 기성세대의 가치관과 권위 의식에 맞섰다.

보충 밥 딜런

포크송 가수인 밥 딜런의 노래 「바람에 날려서」는 "전쟁의 포화가 얼마나 많이 휩쓸고 나서야 세상에 영원한 평화가 찾아올까요" 라는 가사를 담고 있다. 이 노래가 미국의 여러 시위 현장에서 널리 불리면서 밥 딜런은 청년 문화 운동을 대표하는 상징이 되었다.

보충 체 게바라

체 게바라는 쿠바 혁명을 성공시킨 이후 고위 관료직을 그만두고 쿠바를 떠난 뒤 볼리비아에서 혁명을 지원하다가 죽임을 당하였다. 이후 그는 반자본주의의 상징으로 청년들의 대표적인 우상이 되었다.

교과서 속 자료 & 개념

기후 변화 협상

교과서 242쪽

리우 기후 변화 협약 체결(1992)

- 총 192개국 가입
- 사전 예방의 원칙, 공동의 차별화된 책임 원칙

교토 의정서 체결(1997)

- 최초로 전 세계 온실가스 감축 협약(2020년까지)
- 38개의 선진국 의무 감축 대상(개발 도상국 제외)

파리 기후 협약 체결(2015)

- 2020년 종료되는 교토 의정서 대체
- 선진국 · 개발 도상국 구분 없이 의무 감축 대상 195개국으로 확대

자료 해설

온실가스가 지구 온난화를 유발하는 주요 원인으로 지목되자 국제 사회는 함께 온실가스 배출을 줄일 필요성을 절감하였다. 1992년 환경 문제를 위해 모인 리우 회의에서는 이산화탄소 등 온실가스의 방출을 제한할 것을 논의하였다. 이후 1997년 교토에서는 온실가스 배출의 상당량을 차지하는 선진국들이 2020년까지 단계적으로 온실가스 배출을 감축할 것을 약속하였다. 2015년 파리에서 열린 회의에서는 선진국과 개발 도상국 구분 없이 모든 국가가 의무적으로 온실가스를 감축할 것을 결정하였고, 이 결정은 교토 의정서 적용이 끝나는 2020년 이후부터 적용하는 것으로 합의되었다.

내전으로 폐허가 된 시리아

교과서 243쪽

자료 해설

2011년 시리아에서는 독재자인 알아사드 대통령의 퇴출을 요구하는 반정부 시위가 일어났다. 그러나 이 민주화 시위를 독재 정권이 무자비하게 진압하면서 시위는 점차 무장 투쟁으로 변모하기 시작하였다. 시리아 내전은 수니파와 시아파 간의 종교 갈등이 얽히면서 더욱 복잡해졌는데, 시리아 인구의 4분의 3이 수니파임에도 불구하고 시아파 계통이 군과 정부 요직을 모두 장악하고 있었기 때문이다. 이후 주변국들이 각각 수니파와 시아파를 지원하면서 사태가 확대되었고, 여기에 혼란을 틈타 세력을 키운 급진 수니파 무장 단체 조직인 IS가 시리아 북부를 점령하면서 내전이 격화되었다. 내전으로 수많은 난민이 발생하였으며, 시리아 난민 문제는 전 세계에 난민 문제의 심각성을 알리는 계기가 되었다.

개념 꿀꺽

1. 빈칸에 알맞은 말을 쓰시오.

(1) 흑인 민권 운동의 결과 1964년 공무와 직장에서의 인종 차별을 금지하는 (   )이/가 제정되었다.

(2) (   )은/는 직장 내 남녀 차별뿐만 아니라, 가부장제 등 여성이 일상에서 경험하는 보다 본질적인 문제까지 영향을 미쳤다.

(3) 시리아 내전 결과 발생한 수많은 (   )은/는 인근의 중동과 튀르키예, 유럽으로 피신하였다.

2. 다음 내용이 옳으면 ○표, 틀리면 ×표 하시오.

(1) 마틴 루서 킹은 비폭력적 저항을, 맬컴 엑스는 보다 급진적인 저항을 주장하였다. (   )

(2) 텔레비전 보급 등 정보전달 매체와 기술의 발달로 기존의 지식인들과 엘리트들의 정보 독점이 더 심해졌다. (   )

(3) 히피 운동은 개인의 자유와 해방을 추구하였고, 사유 재산과 사생활을 중요시하였다. (   )

(4) 베트남 전쟁이 일어나자 미국, 프랑스, 독일, 일본 등에서 대대적인 반전 운동이 전개되었다. (   )

정답 1. (1) 민권법 (2) 여성 운동 (3) 난민 2. (1) ○ (2) × (3) × (4) ○

기초 튼튼 | 기본문제

단답형
01 (가)에 들어갈 알맞은 말을 쓰시오.

> (가) 은/는 시민이 가져야 할 마땅한 권리, 특히 평등권을 지칭하는 용어이다.

( )

02 다음 설명에 해당하는 인물로 옳은 것은?

> 사진 속의 인물은 버스에서 흑인 자리에 앉아 있었지만, 백인에게 자리를 양보하지 않아 체포되었다. 이 사건은 몽고메리 버스 보이콧 운동의 계기가 되었다.

① 밥 딜런 ② 존 레논
③ 맬컴 엑스 ④ 로자 파크스
⑤ 마틴 루서 킹

단답형
03 밑줄 친 '그'를 쓰시오.

> 그는 미국의 민권 운동가이자 목사로 평화적인 방법으로 흑인 차별을 개선하기 위해 노력했으며, 그 공로로 노벨 평화상을 수상하였다. 그는 워싱턴 평화 행진에서 다음과 같은 유명한 연설을 남겼다. "나에게는 꿈이 있습니다. 언젠가 이 나라가 모든 인간은 평등하게 태어났다는 것을 자명한 진실로 받아들이고 …… 나의 자녀들이 피부색이 아니라 인격에 따라 평가받는 그런 나라에 살게 되는 날이 오리라는 꿈입니다."

( )

중요
04 (가)에 들어갈 내용으로 가장 적절한 것은?

> 전후 여성의 사회 진출은 늘어났지만 그들이 맞닥뜨린 것은 심각한 직장 내 차별이었다. 여성들은 주요 직책이나 정책 결정 과정에서 배제되었을 뿐만 아니라, 임금 차별도 크게 겪었다. 이런 배경에서
> (가)

① 난민 문제가 떠올랐다.
② 반전 운동이 일어났다.
③ 대중문화가 대두하였다.
④ 페미니즘 조직이 결성되었다.
⑤ 인종 차별 철폐 운동이 격화되었다.

중요
05 다음과 같은 변화 때문에 일어난 사실로 옳은 것만을 <보기>에서 고른 것은?

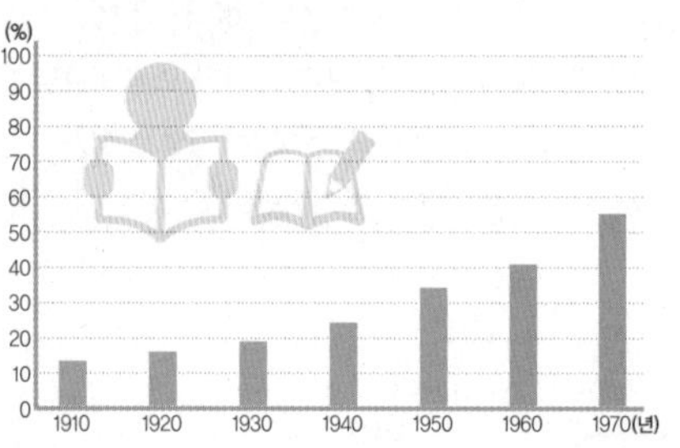

미국의 총인구 대비 고등학교 졸업자 비율

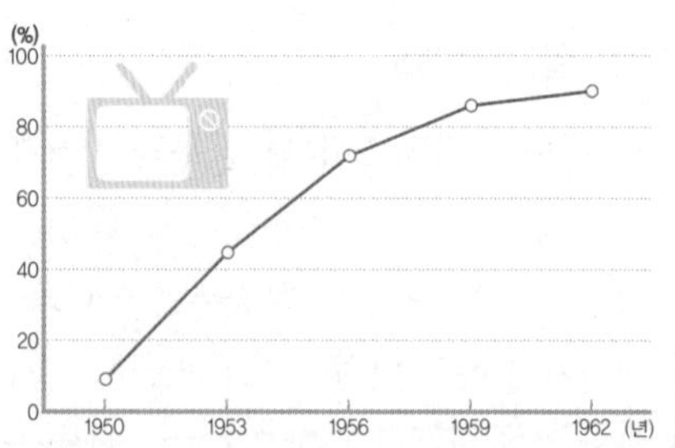

미국의 텔레비전 보유 가정 비율 변화

보기
ㄱ. 대중문화의 중요성이 감소하였다.
ㄴ. 대중이 사회의 주인공으로 떠올랐다.
ㄷ. 지식인이나 엘리트의 정보 독점이 심화되었다.
ㄹ. 팝 음악, 영화, 스포츠 등의 인기를 바탕으로 대중문화 산업이 출현하였다.

① ㄱ, ㄴ ② ㄱ, ㄷ ③ ㄴ, ㄷ
④ ㄴ, ㄹ ⑤ ㄷ, ㄹ

06 밑줄 친 '부모 세대와는 다른 가치관'에 해당하는 것만을 〈보기〉에서 고른 것은?

> 제2차 세계 대전 이후에 성장한 이른바 전후 세대는 대공황과 전쟁을 경험한 그들의 부모 세대와는 다른 가치관을 가지고 있었다.

보기

ㄱ. 반공주의를 신봉하였다.
ㄴ. 사회적 출세를 지상 과제로 내세웠다.
ㄷ. 사회주의와 동양 문화에 대한 관심이 높았다.
ㄹ. 개인의 자유와 해방을 가장 중요하게 여겼다.

① ㄱ, ㄴ ② ㄱ, ㄷ ③ ㄴ, ㄷ
④ ㄴ, ㄹ ⑤ ㄷ, ㄹ

단답형

07 (가)에 들어갈 알맞은 말을 쓰시오.

> 1968년 5월 프랑스에서는 파리의 노동자들과 시민들이 청년들의 저항에 가담하면서 대규모 반권위주의 및 반자본주의 운동이 발생하였고, 곧 전 세계로 확대되었다. (가) (이)라고 불리던 이 흐름은 사회와 일상에서의 탈권위주의화를 이끌어 내는 중대한 성과를 거두었다.

( )

08 청년 문화 운동에 대한 설명으로 옳지 않은 것은?

① 반물질주의를 지향하였다.
② 히피 운동을 낳기도 하였다.
③ 미국 대도시에서 시작되었다.
④ 조직, 규율, 위계를 중시하였다.
⑤ 대중문화를 통해 여러 나라로 확산되었다.

중요

09 (가)에 들어갈 전쟁으로 옳은 것만을 〈보기〉에서 고른 것은?

> (가) 과 같이 강대국들이 과거 식민지에 대한 이권을 유지하려는 과정에서 전쟁이 일어나기도 하였다. 많은 사람은 이런 전쟁에 정당성이 없다고 느꼈으며, 이에 미국, 프랑스, 독일, 일본 등에서는 대대적인 반전 운동이 전개되었다.

보기

ㄱ. 중일 전쟁 ㄴ. 알제리 전쟁
ㄷ. 베트남 전쟁 ㄹ. 태평양 전쟁

① ㄱ, ㄴ ② ㄱ, ㄷ ③ ㄴ, ㄷ
④ ㄴ, ㄹ ⑤ ㄷ, ㄹ

10 (가)에 들어갈 말로 옳은 것은?

> (가) 은/는 전 지구적 문제인 만큼, 세계 각국이 함께 극복하고자 노력하고 있다. 그러한 노력이 전개되는 가운데 리우 선언, 교토 의정서, 파리 기후 협약 등이 체결되었다.

① 난민 문제 ② 빈곤 문제 ③ 여성 문제
④ 질병 문제 ⑤ 환경 문제

단답형

11 (가)에 들어갈 알맞은 나라를 쓰시오.

> (가) 국민은 2011년 독재 정권을 타도하고자 시위를 벌였다. 하지만 이는 곧 종교 갈등으로 번져 나갔고 IS를 비롯한 이웃 국가들의 무장 종교 단체들이 개입하게 되었다. 그 결과 수많은 사상자와 난민이 발생한 참혹한 내전이 일어났다.

( )

실력 쑥쑥 | 실전문제

고난도

01 (가), (나) 연설에 대한 설명으로 옳은 것만을 〈보기〉에서 고른 것은?

(가) 나에게는 꿈이 있습니다. …… 나의 자녀들이 피부색이 아니라 인격에 따라 평가받는 그런 나라에 살게 되는 날이 오리라는 꿈입니다.
(나) 우리에게는 공동의 적이 있습니다. 우리 모두에게는 공동의 억압자, 착취자, 차별자가 있습니다. 그 적은 바로 백인입니다.

보기
ㄱ. (가)는 맬컴 엑스의 연설이다.
ㄴ. (가)는 민권법 제정에 영향을 끼쳤다.
ㄷ. (나)는 비폭력적인 민권 운동을 지향하였다.
ㄹ. (가), (나)는 모두 인종 차별 문제를 비판하고 있다.

① ㄱ, ㄴ ② ㄱ, ㄷ ③ ㄴ, ㄷ
④ ㄴ, ㄹ ⑤ ㄷ, ㄹ

중요

02 다음 1960년대 자료를 통해 알 수 있는 사회 문제를 해결하기 위해 당시 전개된 활동으로 옳은 것만을 〈보기〉에서 고른 것은?

여성 타자수

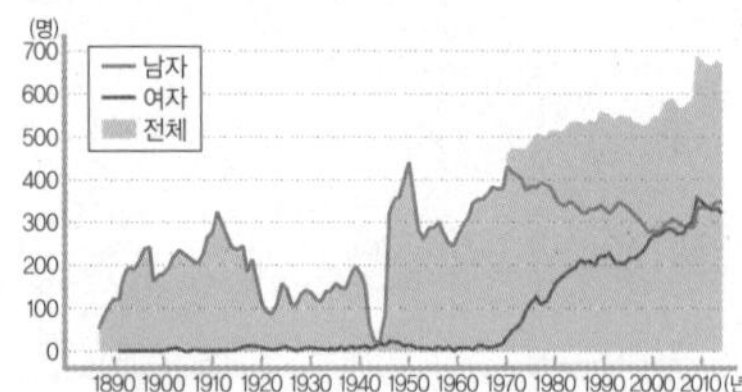

코넬 대학교의 남녀 등록생 수 변화

보기
ㄱ. 군비 축소 운동
ㄴ. 직장 내 평등 운동
ㄷ. 몽고메리 버스 보이콧 운동
ㄹ. 전미 여성 기구(NOW) 조직

① ㄱ, ㄴ ② ㄱ, ㄷ ③ ㄴ, ㄷ
④ ㄴ, ㄹ ⑤ ㄷ, ㄹ

고난도

03 (가), (나)에 대한 설명으로 옳은 것만을 〈보기〉에서 고른 것은?

(가) 청년 문화 운동 (나) 히피 운동

보기
ㄱ. (가)는 반공주의와 자본주의를 신봉하였다.
ㄴ. (나)는 사유 재산과 사생활을 중요시하였다.
ㄷ. (가), (나)는 모두 탈권위주의 운동이다.
ㄹ. (나)는 (가)의 일환으로 전개되었다.

① ㄱ, ㄴ ② ㄱ, ㄷ ③ ㄴ, ㄷ
④ ㄴ, ㄹ ⑤ ㄷ, ㄹ

04 (가), (나)에 들어갈 인물의 이름을 옳게 짝지은 것은?

(가) 은/는 쿠바 사회주의 혁명의 주역 중 한 사람으로 반자본주의의 상징이었으며, 당시 청년들의 대표적인 우상이었다.

(나) 은/는 포크 음악으로 당시 청년 문화 운동을 대표하는 상징이 되었다. 그의 노랫말은 문학성도 인정받아 노벨 문학상을 수상하였다.

	(가)	(나)
①	마틴 루서 킹	체 게바라
②	체 게바라	마틴 루서 킹
③	체 게바라	밥 딜런
④	밥 딜런	맬컴 엑스
⑤	밥 딜런	베티 프리단

05 다음 작품들이 공통적으로 말하고자 했던 메시지로 가장 적절한 것은?

- 존 레논은 '모든 사람이 …… 이런 –주의, 저런–주의 떠들어 대지만, 우리가 말하고 싶은 전부는 평화를 이루자는 것'이라고 쓰인 후렴구의 노래를 만들었다.
- 「미래 소년 코난」은 미야자키 하야오 감독이 연출한 26부작 애니메이션으로, 핵무기를 능가하는 초자력 무기 전쟁으로 모든 것이 파괴된 지구를 배경으로 한 소년과 소녀의 모험 이야기를 그린다.

① 난민 수용 ② 반전 평화
③ 여성 해방 ④ 환경 보호
⑤ 흑인 인권 향상

06 (가), (나)에 대한 설명으로 옳은 것만을 <보기>에서 고른 것은?

(가) 교토 의정서 (나) 파리 기후 협약

보기
ㄱ. (가)를 대체하기 위해 (나)가 체결되었다.
ㄴ. (가)는 선진국과 개발 도상국 구분 없이 의무 감축 대상을 확대하였다.
ㄷ. (가), (나) 모두 온실가스 배출량을 단계적으로 감축하는 내용을 담고 있다.
ㄹ. (나)는 최초로 전 세계 온실가스 감축을 협약하였다.

① ㄱ, ㄴ ② ㄱ, ㄷ ③ ㄴ, ㄷ
④ ㄴ, ㄹ ⑤ ㄷ, ㄹ

서술형

07 다음 두 광고가 만들어진 시기에 여성의 사회적 지위가 어떠하였는지 서술하시오.

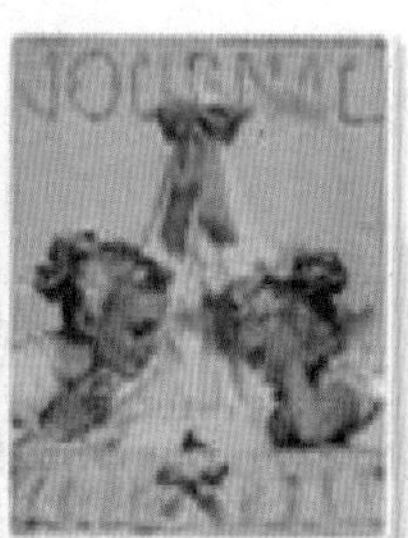

제2차 세계 대전 시기와 전쟁 이후에 만들어진 미국의 광고이다. 왼쪽의 광고는 여성을 공장과 일의 이미지로 표현하는 반면, 오른쪽의 광고는 여성을 육아, 가정, 드레스로 대표되는 아름다움의 이미지로 표현하고 있다.

08 다음 가사에는 미국 전후 세대와 부모 세대와의 갈등이 드러나 있다. 밑줄 친 부분을 참고하여 부모 세대의 특징을 한 가지만 서술하시오.

이 땅의 어머니, 아버지들 이리 와 보세요.
당신들이 이해되지 않는다고 무조건 비판만 하지 말아요.
당신네 아들, 딸들은 당신들 손을 벗어났어요.
당신네들의 옛길은 아주 낡아 가고 있어요.
– 밥 딜런의 「시대가 변하고 있다」

| 대단원 |
정리하기

1 냉전 체제와 제3 세계의 형성

1 냉전 체제의 대두

형성	• ① 중심의 자유주의 진영(북대서양 조약 기구 결성)과 소련 중심의 ② 진영(바르샤바 조약 기구 결성) 대립 • 유럽의 양분: 미국 진영은 서유럽과 서독을 동맹국으로, 소련 진영은 ③ 과 동독을 동맹국으로 포섭
주요 분쟁과 위기	• ④ 과 한반도의 분단, 6·25 전쟁 발발 • 소련과 미국의 핵무기 개발 경쟁 • ⑤ 미사일 위기: 소련이 쿠바에 핵미사일 기지 건설 시도 → 미소 간의 긴장 격화 • 베트남 전쟁 발발

2 아시아·아프리카의 새로운 국가 건설

제국주의 종식	⑥ 이후 미국과 소련이 제국주의 해체에 동의 → 많은 식민지가 독립
아프리카 독립	• 가나 독립 이후 1960년(⑦)에만 17개 국가 독립 • ⑧ : 민족 해방 전선의 봉기 → 프랑스군의 유혈 진압 → 전 세계의 관심 → 프랑스군 철수
경제 근대화 노력	• 한계: 식민지 시기의 왜곡된 산업 구조, 제국주의 국가들의 영향력 • 성공 사례: ⑨ 의 수에즈 운하 국유화 선언, 아시아 신흥 공업국(대한민국, 홍콩, 싱가포르, 타이완)의 성장

3 제3 세계의 성립과 데탕트

제3 세계	• ⑩ : 미소 어느 진영에도 속하지 않고 독자 노선 추구 • 주로 아시아와 아프리카의 신생국들이 주도 • ⑪ : 평화 10원칙 제시, 냉전 비판
냉전의 다극화	• 소련의 지도력 약화: ⑫ 과 소련의 분쟁, 헝가리와 체코의 반소련 운동 • 미국의 지도력 약화: 베트남 전쟁으로 이미지 실추, 프랑스의 독자 노선
냉전의 완화	• ⑬ (긴장 완화와 화해의 분위기) 조성 • 미소 관계 개선: 전략 무기 제한 협정 체결 • 서독 수상 빌리 브란트의 ⑭ : 동독 및 동유럽과 관계 개선 • 중국과 ⑮ 간의 관계 개선: 닉슨 독트린, 핑퐁 외교

2 세계화와 경제 통합

1 경제의 글로벌화

세계 경제 통합 노력	• 브레턴우즈 협정: ⑯ 를 국제 통화로 지정 • 세계은행·국제 통화 기금 창설, 관세 및 무역에 관한 일반 협정 체결
전후의 경제 성장	• ⑰ 채택: 복지 예산 확대, 국가의 시장 규제 등 • 패전국의 부흥: 독일의 성공(⑱), 일본의 도쿄 올림픽 성공 개최 • 서양 중심주의 관념의 확산

2 신자유주의의 대두

경제 위기 심화	• ⑲ : 원유 생산 감소로 석유 가격 폭등 → 경제 위기 • ⑳ : 물가가 상승하면서 경제 위기도 지속
세계 경제 통합 가속화	• 서방 선진 7개국 정상회담(㉑) 정례화 • 한국, 타이완 등 동아시아 국가들의 수출 확대 • 중남미 국가들의 금융 시장 개방

신자유주의의 유행	• 배경: 세계 통합 가속화 → 개별 국민 국가의 권위 추락 → 국가의 역할 강조하던 케인스주의의 인기 하락 → ㉒ ______ 의 등장 • 특징: ㉓ ______ 의 기능을 최대한 신뢰(기업과 민간에 경제 활동의 자유 보장), 정부의 규제 최소화(기업에 대한 과세 축소, 국·공영 기업의 민영화, 복지 예산과 공공 부문 지출 삭감)

3 경제 개방과 새로운 세계의 탄생

사회주의권의 붕괴	• 소련의 개혁: ㉔ ______ 의 개혁(군비 축소, 서방 자본 유치, 바르샤바 조약군 철수 등) → 냉전 종식, 동유럽 민주화, 소련 해체, ㉕ ______ 탄생(1991) • 중국의 개혁: ㉖ ______ 의 흑묘백묘론 → 실용주의 경제 개혁
세계 경제 통합 가속화	• 북미 자유 무역 협정(NAFTA) 체결: 미국, 캐나다, 멕시코의 경제 교류 강화 • ㉗ ______ (EU) 출범(1993): 유럽 내 단일 시장 구축 목표, 공용 통화(유로화) 사용
글로벌 문화	미국 대중문화의 전 세계 확산, 지구촌의 여러 문화 유행

3 탈권위주의 운동과 대중문화의 발달

1 민권 운동과 민주주의의 성숙

배경	미국 사회의 흑인 차별(흑인과 백인 공공 시설 분리 사용, 결혼 금지 등)
전개	• 로자 파크스의 ㉘ ______ 운동 • 민권 운동 조직화: ㉙ ______ 목사, 맬컴 엑스 • 「민권법」 제정, 흑인 참정권 보장

2 여성 운동의 대두

배경	제2차 세계 대전 중 사회 진출 활발, 직장 내 차별(주요 직책 배제, 정책 결정에서 배제, ㉚ ______)
전개	• 여성주의(페미니즘) 조직 결성: 베티 프리단 등이 전미 여성 기구(NOW) 조직 • 여성 운동의 급진화(1960년대 후반 이후): 일상에서 경험하는 본질적인 문제들(가부장제, 이혼 제도, 낙태 관련 법률, 성폭력 등)에도 관심 확장

3 대중문화의 확산

대중문화	• 배경: 선거권 확대, 고등 교육 기회의 확장, 텔레비전 보급 등 • 대중문화 산업 출현: 팝 음악, 영화, 스포츠 등
탈권위주의 운동	• ㉛ ______ : 전후 세대의 새로운 가치관 반영, 반물질주의·반권위주의 성격, ㉜ ______ 에서 최고조 • 청년 문화 운동이 정치 및 사회 운동으로 확대: 대학생들의 활약, 신좌파·반전 운동과 결합 • ㉝ ______ : 1968년 대규모 반권위주의 및 반자본주의 운동 전개 → 전 세계로 확대

4 현대 세계의 문제 해결을 위한 노력

1 반전 평화 운동

반전 평화 운동	• 알제리 전쟁·베트남 전쟁 등 전쟁 지속, 인권 유린 → 반전 운동 전개(1960년대 탈권위주의와 결합) • 2000년대 미국의 ㉞ ______ → 전 세계적인 반전 운동

2 현대 세계의 여러 문제

현대 세계의 여러 문제	• 환경 문제: 리우 선언, 교토 의정서, ㉟ ______ 체결 • 빈곤, 분쟁, 질병, 난민 문제

자신만만 | 적중문제

01 냉전 체제와 제3 세계의 형성

01 다음 지도를 활용한 탐구 활동 주제로 가장 적절한 것은?

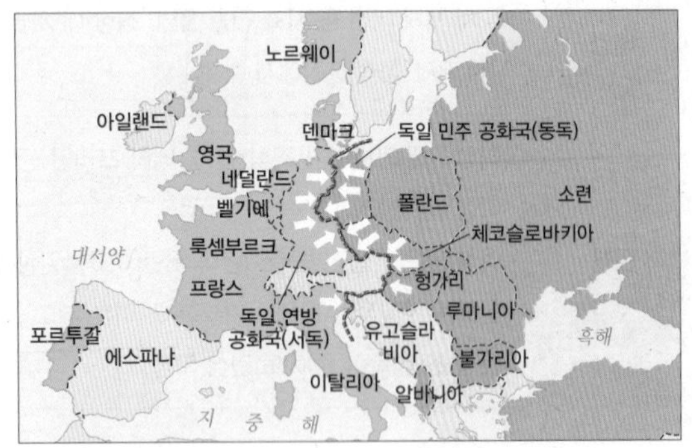

① 소련의 해체
② 제3 세계의 등장
③ 냉전 체제의 형성
④ 유럽 연합의 성립
⑤ 동유럽 사회주의 국가의 붕괴

02 (가)에 들어갈 내용으로 옳은 것만을 〈보기〉에서 고른 것은?

> 냉전 시기에 미국은 군사 동맹인 북대서양 조약 기구를 조직하여 소련을 포위하였다. 소련은 이에 맞서 (가)

보기
ㄱ. 서독을 군사 동맹에 가입시켰다.
ㄴ. 바르샤바 조약 기구를 결성하였다.
ㄷ. 서유럽에 전폭적인 경제 지원을 하였다.
ㄹ. 중화 인민 공화국을 동맹국으로 받아들였다.

① ㄱ, ㄴ ② ㄱ, ㄷ ③ ㄴ, ㄷ
④ ㄴ, ㄹ ⑤ ㄷ, ㄹ

03 (가)에 들어갈 인물로 옳은 것은?

> 1956년 이집트 대통령 (가) 은/는 영국과 프랑스의 통제하에 있던 수에즈 운하의 국유화를 선언하였다. 이에 반발하여 영국, 프랑스, 이스라엘 군대가 이집트를 침공하면서 수에즈 전쟁이 발발하였다.

① 네루 ② 티토 ③ 나세르
④ 수하르토 ⑤ 저우언라이

04 밑줄 친 '이 회의'에 대한 설명으로 옳지 않은 것은?

> 비동맹주의 국가들은 이 회의에서 평화 10원칙을 제시하였다.

① 반둥 회의라고 부른다.
② 제3 세계 국가들이 참여하였다.
③ 냉전 체제의 확산에 기여하였다.
④ 미소 간의 격렬한 대립을 비판하였다.
⑤ 주로 아시아와 아프리카의 신생국들이 참여하였다.

05 (가)에 들어갈 내용으로 적절한 것만을 〈보기〉에서 고른 것은?

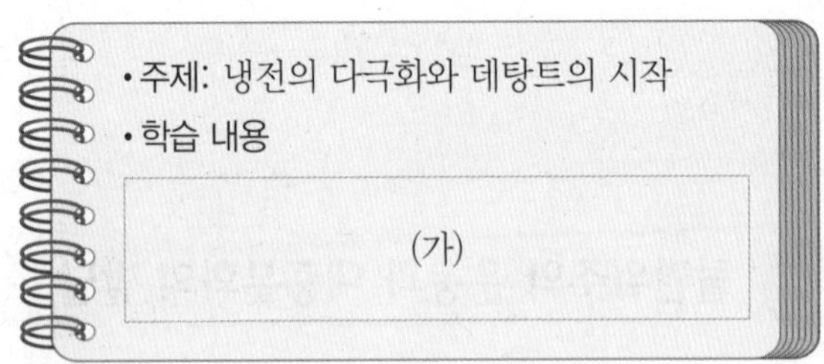

• 주제: 냉전의 다극화와 데탕트의 시작
• 학습 내용
(가)

보기
ㄱ. 6·25 전쟁 발발
ㄴ. 베트남 전쟁 발발
ㄷ. 미국 대통령 닉슨의 중국 방문
ㄹ. 서독 수상 빌리 브란트의 동방 정책

① ㄱ, ㄴ ② ㄱ, ㄷ ③ ㄴ, ㄷ
④ ㄴ, ㄹ ⑤ ㄷ, ㄹ

02 세계화와 경제 통합

06 (가)에 들어갈 말로 가장 적절한 것은?

달러 바꿀 수 있나요?
우리는 달러 사용 안 합니다.
달러 바꿀 수 있나요?
그럼요. 1달러에 119프랑입니다.
(가) 이전
(가) 이후

① 유럽 연합 출범
② 국제 연합 출범
③ 독립 국가 연합 선언
④ 브레턴우즈 협정 체결
⑤ 북대서양 조약 기구 출범

07 (가), (나) 주장에 대한 설명으로 옳은 것만을 〈보기〉에서 고른 것은?

(가) 물건을 마구 만들고, 그 물건을 마음대로 사고팔면 큰 혼란이 올 수 있다. 국가는 적당한 수준으로 생산과 거래를 조정할 필요가 있다.
(나) 국가가 생산과 거래에 끼어들면, 경제가 효율적으로 움직일 수 없다. 시장에서는 모두 자기 이익에 따라 잘 움직이므로 그대로 둬야 최적의 결과가 나온다.

보기
ㄱ. (가)는 대공황 이후 확산되었다.
ㄴ. (가)는 복지 예산의 축소를 추구하였다.
ㄷ. (나)는 공영 기업의 민영화를 지향하였다.
ㄹ. (나)는 케인스주의에 해당하는 입장이다.

① ㄱ, ㄴ ② ㄱ, ㄷ ③ ㄴ, ㄷ
④ ㄴ, ㄹ ⑤ ㄷ, ㄹ

08 다음 상황 이후에 전개된 사실로 옳은 것만을 〈보기〉에서 고른 것은?

고르바초프는 서방과의 적대 관계를 끝내고 미국과 군비 축소에 합의하였다. 또 동유럽에서 바르샤바 조약군을 철수하였고, 소련의 개방을 시작하였다.

보기
ㄱ. 석유 파동이 일어났다.
ㄴ. 소련은 연방 정부가 해체되었다.
ㄷ. 쿠바 미사일 위기가 발생하였다.
ㄹ. 독립 국가 연합(CIS)이 결성되었다.

① ㄱ, ㄴ ② ㄱ, ㄷ ③ ㄴ, ㄷ
④ ㄴ, ㄹ ⑤ ㄷ, ㄹ

03 탈권위주의 운동과 대중문화의 발달

09 (가)에 들어갈 내용으로 가장 적절한 것은?

인물로 보는 역사

• 탐구 주제: (가)
• 탐구 인물: 마틴 루서 킹, 맬컴 엑스, 로자 파크스

① 대중문화의 보급
② 여성 운동의 대두
③ 반전 평화 운동의 격화
④ 청년 문화 운동의 전개
⑤ 흑인 민권 운동의 전개

10 다음 자료와 연관이 깊은 인물로 가장 적절한 것은?

사진은 직장 내 평등 운동을 전개하는 모습을 담은 것이다. 이 운동의 핵심은 여성 노동자에 대한 임금 차별을 폐지하는 것이었다.

① 밥 딜런 ② 체 게바라 ③ 맬컴 엑스
④ 베티 프리단 ⑤ 마틴 루서 킹

04 현대 세계의 문제 해결을 위한 노력

11 다음 기사의 제목 (가)의 내용으로 가장 적절한 것은?

역 사 신 문

(가)

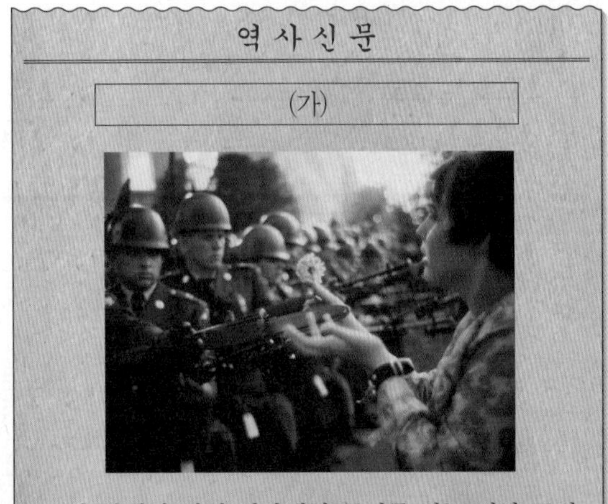

한 학생이 시위 현장에서 무기를 겨눈 진압 군인들에게 다가가 꽃을 건네고 있다. 1967년 당시 미국의 워싱턴에서 벌어진 베트남 전쟁 반대 시위 현장에서 포착된 순간이다.

① 민권 운동이 시작되다
② 여성 운동이 대두하다
③ 반전 평화 운동이 일어나다
④ 환경 문제 해결을 위해 노력하다
⑤ 빈곤, 질병, 난민 문제가 계속되다

서술형

12 자료를 보고 밑줄 친 '참여국'들은 미소 양국 중심 체제에 어떤 태도를 취하였는지 서술하시오.

1955년 인도네시아에서 열린 반둥 회의에서 참여국의 대표들은 다음과 같은 평화 10원칙을 채택하였다.
1. 기본적인 인권 존중/ 2. 모든 국가의 영토 및 주권 존중/ 3. 모든 인종·국가 간 평등 인정/ 4. 내정 불간섭/ 5. 모든 국가의 자위권 존중/ 6. 대국에 유리한 집단 방위 배제/ 7. 무력 침공 배제/ 8. 국제 분쟁의 평화적 해결/ 9. 상호 이익과 협력 촉진/ 10. 정의와 국제 의무 존중

13 (가)에 들어갈 인물을 쓰고, 밑줄 친 내용이 의미하는 것을 서술하시오.

흑묘백묘란 1970년대 말 마오쩌둥이 죽은 후 중국의 실권자가 된 (가) 이/가 제시했던 말로, '검은 고양이든 흰 고양이든 쥐를 잘 잡으면 좋은 고양이'라는 뜻이다.

14 (가)에 들어갈 적절한 내용을 서술하시오.

냉전이 시작되면서 미국 내 흑인 불평등 문제는 시급히 개선해야 할 사항으로 떠올랐다. 왜냐하면

(가)

최고난도 문제

01 다음 연설에 대한 설명으로 옳은 것은?

> 연합국이 승리함으로써 이제 막 불이 켜진 무대에 그림자가 드리워졌습니다. 어느 누구도 소련과 공산주의 국제 조직이 가까운 장래에 무엇을 하려고 하는지 또는 만약에 있다면 그것들로 개종시키려는 팽창주의적인 경향의 한계가 어디인지를 알지 못합니다. …… 발트해의 슈테틴에서 아드리아해의 트리에스테에 이르기까지 유럽 대륙 전역에 걸쳐 철의 장막이 드리워졌습니다. 장막이 드리워진 그 선 뒤에는 중부 및 동부 유럽의 아주 오래된 국가들의 모든 수도가 있습니다. – 영국 수상 처칠의 연설, 1946

① 제3 세계의 지지를 받았다.
② 냉전 체제의 완화에 기여하였다.
③ 소련 세력의 팽창을 우려하였다.
④ 반식민주의와 비동맹주의를 지향하였다.
⑤ 국제 연합 결성의 결정적 계기가 되었다.

풀이비법
① 먼저 자료의 출처를 통해 누가 발표한 연설인지 살펴본다.
② 제시문에서 소련의 팽창에 대해 어떤 입장을 보이고 있는지 추측해 본다.
③ 제시문이 냉전 체제에 어떠한 영향을 미쳤을지 추측해 본다.

02 다음과 같은 주장의 결과 나타난 사실로 옳은 것은?

> 유럽 경제가 통합되지 않아 발생하는 비용이 증가하고 있다. 그것은 다음과 같이 요약될 수 있다.
>
> 각국의 상이한 규정들을 충족시키기 위한 행정적 지출들, 수송 비용을 증가시키는 장시간 고비용의 세관 절차들, 서로 통일되어 있지 않은 여러 국가 규격의 존재와 제한적인 생산량에 의한 고비용 …….
>
> 최근의 한 보고서에 따르면 '비공동' 시장은 유럽으로 하여금 2,400억 달러에 가까운 비용을 부담하게 할 것이라고 한다. 유럽 단일 시장이 형성되고 나면 소비자들은 6~7.5 %의 가격 인하를 기대할 수 있을 것이다.

① 유럽 연합 출범
② 세계 무역 기구 출범
③ 브레턴우즈 협정 체결
④ 북미 자유 무역 협정 체결
⑤ 관세 및 무역에 관한 일반 협정 체결

풀이비법
① 주장에서 어떠한 상황을 문제 삼고 있는지 파악한다.
② 문제 상황을 해결하기 위해 어떠한 해결책을 제시하고 있는지를 살펴본다.

I 문명의 발생과 고대 세계의 형성

1 역사의 의미와 역사 학습의 목적 ~ 2 세계의 선사 문화와 고대 문명

기초튼튼 기본문제 본문 p.12~13

01 ③ 02 ⑤ 03 ① 04 간석기 05 ② 06 (가) 농사(농경), (나) 청동기 07 ④ 08 함무라비 법전 09 ② 10 카스트제 11 ② 12 ②

01 **정답** ③ 역사는 과거에 일어난 사실 그 자체를 뜻하는 '사실로서의 역사'와 역사가가 의미 있다고 생각한 사실을 선택하여 정리한 것을 뜻하는 '기록으로서의 역사'라는 두 가지 의미가 있다.

02 **정답** ⑤ 사실로서의 역사는 과거에 일어난 사실 그 자체를 의미한다. 반면에 기록자의 주관적인 해석이나 평가가 반영되거나 기록할 내용을 선택하여 서술한 역사서 혹은 일기장 등은 기록으로서의 역사이다.

03 **정답** ① 구석기 시대에는 뗀석기를 사용하였고, 채집, 낚시, 사냥으로 식량을 얻었다. 구석기 시대 사람들은 동굴이나 막집에 거주하며 이동 생활을 하였으며, 사냥의 성공과 풍요를 기원하는 동굴 벽화를 그렸다. ① 빗살무늬 토기는 신석기 시대에 제작되어 사용되었다.

04 **정답 간석기** 신석기 시대에는 작고 빠른 동물들을 잡기 위해 돌을 다듬고 갈아서 간석기를 제작하였다. 돌을 갈아 창과 활을 만들어 사냥과 작업의 효율을 높였고, 돌괭이, 돌보습, 돌갈판 등의 농기구도 제작하였다.

05 **정답** ② 신석기 시대 사람들은 갈돌과 갈판을 이용해 곡식을 가루로 만들어 먹었다. 또한 빗살무늬 토기를 제작해 음식물을 저장하거나 운반·조리하는 용도로 사용하였다. 제시된 두 유물을 통해 신석기 시대에 곡식이 재배되는 사회였음을 알 수 있다.

오답 피하기

① 뗀석기가 사용된 시기는 구석기이다.

③ 빌렌도르프의 비너스는 구석기 시대 유물이다.

④ 사냥의 성공을 기원하는 동굴 벽화는 주로 구석기에 그려졌다.

⑤ 문자는 청동기 시대부터 만들어졌다.

06 **정답 (가) 농사(농경), (나) 청동기** 농사가 발달하며 사람들이 큰 강 유역에 모여 살기 시작하면서 도시가 형성되었다. 이 과정에서 계급이 발생하였고, 지배자들은 무기와 제사 도구로 청동기를 사용하여 주변 지역을 정복하기 시작하였다.

07 **정답** ④ 메소포타미아 문명의 수메르인은 지구라트라는 신전을 건설하였으며, 점토판에 문자를 새기는 쐐기 문자를 사용하였다.

오답 피하기

ㄱ. 스핑크스, ㄷ. 상형 문자는 이집트 문명과 관련된 내용이다.

08 **정답 함무라비 법전** 메소포타미아 문명 지역에 세워진 바빌로니아 왕국은 함무라비왕 때 메소포타미아 전 지역을 통일하고 법전을 편찬하는 등 전성기를 이루었다. 『함무라비 법전』은 바빌로니아 왕국의 사회 모습을 담은 중요한 법전이다.

자료 분석

196조 귀족이 귀족의 눈을 멀게 하면 그의 눈도 멀게 한다.

198조 귀족이 평민의 눈을 멀게 하거나 뼈를 부러뜨리면, 은 1미나(약 80 g)를 지급한다.

199조 남의 노예의 눈을 멀게 하거나 뼈를 부러뜨리면, 그 노예 가격의 반을 지급한다.

→ 『함무라비 법전』의 처벌 원칙들은 보복주의에 기반하였으며 신분에 따라 차등적으로 적용하였다.

09 **정답** ② 스핑크스와 피라미드는 이집트 문명의 유적이다. 스핑크스는 고대 이집트의 전설적인 동물이며, 피라미드는 왕이나 왕족의 무덤으로 만들어진 거대한 건축물이다.

10 **정답 카스트제** 아리아인이 만든 카스트제는 오랜 기간 인도의 신분제가 되었다. 브라만 – 크샤트리아 – 바이샤 – 수드라로 이루어졌으며, 서로 다른 카스트끼리는 결혼, 음식 섭취 등까지 금지되었다.

11 **정답** ② 갑골문은 중국 문명의 상에서 쓰인 문자로, 나라의 중요한 일이 있을 때 점을 쳐 신의 뜻을 물어 결정하고 그 내용과 결과를 적을 때 사용하였다. 이처럼 상은 신의 뜻을 빌려 나라를 다스리는 신정 정치를 펼쳤다.

12 **정답** ② 제시된 제도는 주의 봉건제이다. 주는 수도인 호경과 그 주변 지역은 왕이 직접 다스리고, 그 외 지역은 왕족이나 공신을 제후로 임명하여 다스리게 하였다. 주는 상을 무너뜨리고 주변 도시들을 정복하여 세력을 확장하였다.

오답 피하기

① 상, ③ 메소포타미아 문명, ④ 인더스 문명, ⑤ 이집트 문명에 대한 설명이다.

실력쑥쑥 실전문제

본문 p.14~15

01 ①	02 ⑤	03 ④	04 ③	05 ③	06 ④
07 ①	08 ②	09~11 해설 참조			

01 정답 ① 역사를 배우면 우리가 살아가는 데 필요한 지혜와 교훈을 얻을 수 있으며, 역사적 사고력과 비판력을 기를 수 있다.

오답 피하기

ㄷ. 단순히 역사적 사실(지식)을 암기하는 것은 역사를 배우는 목적으로 적합하지 않다.

ㄹ. 역사를 배우는 의미는 과거로부터 현재를 바르게 이해하는 것이다.

02 정답 ⑤ 묘청의 서경 천도 운동을 '일천년래 제일 대사건'으로 평가한 것은 역사가 신채호의 평가이다. 즉, 역사가의 주관적인 평가이므로 기록으로서의 역사이다.

03 정답 ④ 빌렌도르프의 비너스와 주먹도끼는 구석기 시대와 관련된 유물이다. 구석기 시대 사람들은 뗀석기를 활용하여 사냥, 낚시, 채집으로 식량을 마련하였다.

오답 피하기

①, ②, ③, ⑤ 신석기 시대의 생활 모습이다.

04 정답 ③ 신석기 시대에는 간석기를 사용하였고, 농경과 목축이 시작되었다. 농사를 짓게 되면서 사람들은 식량을 직접 생산하게 되었고, 정착 생활을 시작하였다. 또한 토기를 만들어 식량을 저장하거나 음식물을 조리하는 등의 용도로 사용하였다.

오답 피하기

ㄱ. 큰 강 유역에서 문명이 발생한 시기는 청동기 시대이다.

ㅁ. 사냥의 성공과 풍요를 기원하는 동굴 벽화를 그린 것은 구석기 시대이다.

05 정답 ③ 문명의 발생 과정에서 사람들은 농사가 잘 되는 큰 강 유역으로 몰려들었다. 이 과정에서 도시가 발전하였고, 계급이 발생하였다. 또한 문자를 사용해 중요한 내용을 남겼고, 청동기는 무기나 제사 도구로 활용되었다.

06 정답 ④ (가)는 이집트 문명, (나)는 메소포타미아 문명이다. 태양력, 폐쇄적 지형, 스핑크스, 피라미드, 상형 문자는 이집트 문명의 특징이다. 반면 태음력, 개방적 지형, 지구라트, 함무라비 법전, 쐐기 문자는 메소포타미아 문명의 특징이다.

07 정답 ① (다)는 인도 문명이다. 기원전 1500년 무렵 중앙아시아에서 인더스강 유역으로 진출한 아리아인들은 카스트제라는 엄격한 신분제를 만들고, 『베다』를 경전으로 삼은 브라만교를 성립하였다.

오답 피하기

ㄷ. 「사자의 서」, ㄹ. 미라의 제작은 이집트 문명과 관련된 내용이다.

08 정답 ② (라)는 중국 문명이다. 상은 신의 뜻을 빌려 나라를 다스리는 신정 정치를 펼쳤고, 점의 내용과 그 결과를 갑골문으로 기록하였으며 갑골문은 한자의 기원이 되었다.

오답 피하기

① 파라오를 위해 피라미드를 제작한 문명은 이집트 문명이다.

③ 하라파, 모헨조다로 등 도시가 발달한 문명은 인도 문명이다.

④『베다』를 경전으로 여기는 종교는 브라만교이며, 인도 문명의 종교이다.

⑤ 기원전 1500년 무렵 히타이트에 멸망한 것은 메소포타미아 문명의 바빌로니아 왕국이다.

09 예시 답안 역사의 두 가지 의미는 '사실로서의 역사'와 '기록으로서의 역사'이다. '사실로서의 역사'는 인간이 남긴 지난날의 사실과 유물 그 자체로 객관적인 역사라고 할 수 있다. 한편, '기록으로서의 역사'는 과거에 있었던 일이나 과거 사람이 남긴 사실 가운데 역사가가 의미 있다고 생각한 사실을 선택하여 정리한 이야기로 주관적인 역사에 해당한다.

채점 기준

상	사실로서의 역사와 기록으로서의 역사를 '객관적', '주관적' 단어를 포함하여 모두 서술한 경우
중	사실로서의 역사와 기록으로서의 역사 중 한 가지만 서술한 경우
하	사실로서의 역사와 기록으로서의 역사가 있다고만 서술한 경우

10 예시 답안 구석기 시대에는 돌을 깨뜨려 만든 뗀석기를 사용하였다. 신석기 시대에는 돌을 갈아서 만든 간석기를 사용하였다.

채점 기준

상	뗀석기와 간석기의 명칭과 제작 방법을 정확하게 서술한 경우
중	뗀석기와 간석기의 명칭과 제작 방법 중 하나만 서술한 경우
하	서로 다른 석기를 사용했다고만 서술한 경우

11 **예시 답안** 세계 4대 문명이 발생한 지역은 모두 큰 강 유역으로, 기후가 온난하고 토지가 비옥하여 일찍부터 사람들이 모여 살기에 적합한 지역이었다.

채점 기준

상	세계 4대 문명의 지리적 특징(큰 강, 기후)을 정확하게 서술한 경우
중	세계 4대 문명의 지리적 특징 중 일부만 서술한 경우
하	세계 4대 문명의 지리적 특징과 관련 없는 내용을 서술한 경우

3 고대 제국들의 특성과 주변 세계의 성장

기초튼튼 기본문제 본문 p.20~21

01 ④ 02 ④ 03 폴리스 04 ④ 05 ③
06 옥타비아누스 07 ① 08 ④ 09 제자백가
10 ② 11 ②

01 **정답** ④ 조로아스터가 창시한 종교인 조로아스터교는 페르시아 제국의 중심 종교로서 7세기 초까지 지배적인 영향력을 유지하였다. 기원전 7세기에 서아시아 지역을 최초로 통일한 국가는 아시리아이다.

02 **정답** ④ 아케메네스 왕조 페르시아는 다리우스 1세 때 '왕의 길', '왕의 눈', '왕의 귀' 등의 체제를 정비하였다. 또 넓은 영토를 다스리는 과정에서 다양한 인종, 종교, 문화, 언어를 인정하는 관용 정책을 펼쳤다. 페르시아 전쟁 이후 쇠약해진 아케메네스 왕조 페르시아는 알렉산드로스에 의해 정복되었다.
④ 정복지를 가혹하게 통치하여 짧은 시간 내 멸망한 국가는 아시리아이다.

03 **정답 폴리스** 에게해, 그리스 본토 등에서 발전한 에게 문명이 파괴된 후 그리스인은 서아시아에서 시작된 도시 국가를 수용하여 폴리스를 형성하였다. 폴리스는 중심 도시와 주변 촌락으로 구성되었다. 도시에는 방어에 유리한 언덕인 아크로폴리스, 광장 겸 시장인 아고라가 있고, 신전을 비롯한 여러 공공건물이 들어섰다.

04 **정답** ④ 파르테논 신전은 아테네의 건축을 대표하는 유적이다. 아테네에서는 다수가 지배하는 민주 정치가 발전하였다. 공적인 사안은 민회에서 시민의 토론과 표결로 처리되었으며, 공직자 대부분은 선거가 아닌 추첨으로 뽑아 권력 독점을 막았다. 또 가난한 시민도 공적인 일에 참여할 수 있도록 공직자에게 수당을 지급하였다.

오답 피하기

ㄱ. 폴리스에서는 왕과 귀족이 혈통과 재산을 앞세워 권력을 독점하는 것을 반대하였다.

ㄷ. 아테네에서 여성, 외국인, 노예는 정치에 참여할 권리가 없었다.

05 **정답** ③ 제시된 자료는 그라쿠스 형제의 개혁과 관련된 자료이다. 로마가 영토를 확대하는 과정에서 유력자들은 넓은 토지를 획득하고 노예를 부려 땅을 경작해 큰 이익을 거두었다. 반면 이 과정에서 소규모 자영농들은 전쟁에 동원되어 수가 줄었고, 대농장에 밀려 몰락하였다. 이러한 문제를 해결하기 위해 그라쿠스 형제는 토지 소유의 제한을 주요 내용으로 한 개혁을 추진하였으나 실패하였다. 그라쿠스 형제의 개혁 시도가 실패한 후 지배층이 기득권을 지키는 데만 몰두하여 공화정의 위기가 심화되었다.

자료 분석

"이탈리아에는 짐승들도 몸을 피할 동굴이나 은신처가 있습니다. 그러나 이탈리아를 위해 싸우고 죽는 사람들은 공기와 빛 외에는 누리는 것이 없습니다. 그들은 집도 없이 아내와 자식들을 데리고 유랑합니다.", "인민에게 속한 것을 인민이 공유하는 것이 정당하지 않습니까?"

– 플루타르코스, 『영웅전』 외

→ 그라쿠스 형제는 자영농의 몰락을 지적하며 이를 복원하기 위한 개혁을 추진하였다.

06 **정답 옥타비아누스** 카이사르의 뒤를 이어 로마의 권력을 잡은 인물은 옥타비아누스이다. 그는 강력한 군대를 기반으로 카이사르 사후 내전의 최종 승리자가 되어 권력을 장악하였다. 그는 원로원으로부터 '존엄자'라는 뜻의 '아우구스투스'라는 칭호를 받았다. 그는 자신을 '제1 시민'이라 부르며 공화정을 유지하겠다고 하였으나, 군대와 재정을 장악하였기에 사실상 황제로 군림하였다.

07 **정답** ① 제시된 지도는 로마의 전성기 시기 영토이다. 팍스 로마나(로마의 평화) 시기 전성기를 누린 로마는 3세기부터 흔들리기 시작하였다. 디오클레티아누스가 제국을 동서로

나누어 통치하여 안정을 되찾았으나, 세금이 증가하면서 시민은 충성심을 잃고 도시들은 몰락하였다. 결국 476년 게르만족 용병 대장이 서로마 황제를 폐위하면서 서로마는 멸망하였다. ① 펠로폰네소스 전쟁 이후 쇠약해진 것은 그리스이다. 이후 마케도니아가 그리스를 정복하였다.

08 **정답** ④ 크리스트교는 1세기 초 예수가 유대교의 율법을 새롭게 해석하고 사람들을 가르친 것에서 시작된 종교이다. 성립 초기에는 박해를 받았으나, 콘스탄티누스 대제 때 공인되어 4세기 말에는 로마의 국교로 선포되었다.

09 **정답 제자백가** 춘추 전국 시대에 등장한 여러 사상가를 뜻하는 말은 제자백가이다. '제자(諸子)'는 공자, 맹자, 한비자 등과 같은 여러 스승(사상가)을 말하며, '백가(百家)'는 유가, 법가, 도가, 묵가 등 여러 학파를 뜻한다.

10 **정답** ② 최초로 중국을 통일한 인물은 진의 시황제이다. 시황제는 문자, 화폐, 도량형 등이 달라 생기는 문제를 해결하고자 이를 통일하였다. 엄격한 법치주의를 시행하였고, 분서갱유를 일으켜 국가에 대한 비판을 탄압하였다. 또 흉노의 침입에 대비해 만리장성을 완성하였다. ② 군국제는 한 고조(유방)가 실시한 정책이다.

11 **정답** ② 한 무제는 고대 중국의 황제 지배 체제를 발전시킨 인물이다. 무제는 처음으로 연호를 사용하였고, 대외 원정으로 고갈된 국고를 회복하고자 소금과 철에 대한 전매 정책을 실시하였다.

오답 피하기

ㄴ. 봉건제는 중국 문명의 주가 실시한 제도로, 왕은 수도와 그 근방만 직접 다스리고 나머지 지역은 친척이나 공신에게 나누어 다스리도록 하였다.
ㄹ. 한 무제는 동중서의 의견을 받아들여 유교를 통치 이념으로 채택하였다.

실력쑥쑥 **실전문제**

본문 p.22~23

01 ① 02 ③ 03 ① 04 ② 05 ⑤ 06 ④ 07 ①
08 ⑤ **09~11 해설 참조**

01 **정답** ① 제시된 지도의 영토를 차지한 국가는 아시리아이다. 아시리아는 기원전 7세기에 서아시아 지역을 처음으로 통일하였다. 그러나 정복지를 가혹하게 통치하여 오래가지 못하고 멸망하였다.

오답 피하기

②, ③, ⑤ 아케메네스 왕조 페르시아에 대한 내용이다.
④ 파르티아에 대한 내용이다.

02 **정답** ③ 페르세폴리스는 페르시아 제국의 수도였다. 페르시아 전쟁에서 승리한 그리스는 아테네를 중심으로 번영을 누렸고, 펠로폰네소스 전쟁 이후 쇠약해졌다.

03 **정답** ① 아테네에서 직접 민주정이 가능했던 것은 공직자와 배심원에게 수당을 지급하여 가난한 시민도 공적인 일에 참여하도록 하였기 때문이다. 아테네에서 여성, 외국인, 노예에게는 참정권이 부여되지 않았다.

04 **정답** ② 로마는 전쟁에서 승리하면서 영토가 매우 넓어졌다. 이 과정에서 로마의 귀족들은 이 토지를 획득하고 노예를 부려 땅을 경작하였으나, 자영농들은 오랜 전쟁에 동원되어 수가 급감했고, 대농장에 밀려 몰락하였다.

05 **정답** ⑤ 크리스트교는 1세기 초 예수가 등장하여 유대교의 율법을 새롭게 해석하고 사람들을 가르치면서 등장한 종교이다. 크리스트교는 신의 사랑과 은총을 강조하고, 신과 이웃을 사랑하며 살라고 가르치면서 로마 제국 전체에 퍼져나갔다. 성립 초기 크리스트교는 황제 숭배와 병역 문제로 국가와 정면으로 충돌하였다. 그러나 콘스탄티누스 대제가 크리스트교의 박해를 중단하였고, 이후 크리스트교의 세력은 급성장하였다. 4세기 말 로마 원로원은 공식적으로 크리스트교를 제국의 유일한 종교로 선포하였다.

06 **정답** ④ 제시된 자료는 제자백가 사상이다. (가)는 유가로 혼란한 세상을 바로잡기 위해 인과 예를 중시하였다. (나)는 법가로 강력한 법에 의한 통치를 주장하였다. (다)는 도가로 자연의 법칙에 순응하며 사는 삶을 강조하였다.

07 **정답** ① 법가를 바탕으로 중국을 최초로 통일한 진의 시황제는 만리장성과 같은 대규모 공사를 추진하고 강압적인 통치를 실시하여 백성들의 불만이 높아졌다. 결국 시황제가 죽은 후 각지에서 반란이 일어나 진은 통일 15년 만에 멸망하였다.

08 **정답** ⑤ 한 무제는 동중서의 의견을 받아들여 유교를 통치 이념으로 채택하였다. 유가 사상은 지위에 따른 역할과 규범을 강조하여 황제 지배 체제를 이념적으로 뒷받침하기에 유리하였다.

09 **예시 답안** 페르세폴리스를 건설한 황제는 다리우스 1세이다. 다리우스 1세는 다양성을 존중하면서 중앙의 통치력을 강화하는 정책을 추진하였다. 페르시아인 지방관을 파견하였고, 곳곳에 관리를 보내 지방관을 감시하였다. 또 '왕의 길'을 건설하여 정보와 물자의 교류를 활발히 하도록 하였다.

채점 기준

상	다리우스 1세가 추진한 정책을 두 가지 이상 서술한 경우
중	다리우스 1세가 추진한 정책을 한 가지만 서술한 경우
하	페르세폴리스를 건설한 황제가 다리우스 1세라고만 밝힌 경우

10 **예시 답안** 페리클레스는 아테네 민주 정치의 전성기를 이끌었다. 아테네에서는 대부분의 공직자를 추첨으로 선출하였고, 배심원이나 공직을 맡은 사람에게 수당을 지급하여 가난한 사람도 정치에 참여할 수 있었다.

채점 기준

상	추첨제, 공직 수당제를 모두 서술한 경우
중	추첨제, 공직 수당제 중 하나만 서술한 경우
하	시민이 직접 참여하는 정치가 발달하였다고만 서술한 경우

11 **예시 답안** 한 무제는 흉노와의 전쟁에 필요한 동맹 세력을 찾고자 장건을 서역으로 파견하였다. 이를 계기로 서역에 대한 정보가 한에 전해졌으며, 이후 서역 국가와 한 사이에 많은 상인과 외교 사절단이 왕래하며 '비단길'이라 불리는 무역로가 개척되었다.

채점 기준

상	장건을 서역으로 파견한 목적과 결과를 바르게 서술한 경우
중	장건을 서역으로 파견한 목적과 결과 중 한 가지만 서술한 경우
하	장건을 서역으로 파견한 목적과 결과를 모두 서술하지 못한 경우

대단원 정리하기 본문 p.24~25

① 사실 ② 기록 ③ 사료 ④ 뗀석기 ⑤ 간석기 ⑥ 농경(농사) ⑦ 지구라트 ⑧ 신정 정치 ⑨ 카스트제 ⑩ 봉건제 ⑪ 다리우스 1세 ⑫ 파르티아 ⑬ 폴리스 ⑭ 여성, 외국인, 노예 ⑮ 그리스 ⑯ 그라쿠스 형제 ⑰ 옥타비아누스 ⑱ 팍스 로마나 ⑲ 디오클레티아누스 ⑳ 콘스탄티누스 대제 ㉑ 제자백가 ㉒ 시황제 ㉓ 비단길

자신만만 적중문제 본문 p.26~28

01 ① 02 ⑤ 03 ② 04 ⑤ 05 ② 06 ③
07 ④ 08 ① 09 ① 10 ③ 11 ③
12~14 해설 참조

01 **정답** ① 사료는 돌, 대나무, 종이 등에 문자로 쓴 기록물이나 건물터, 무덤이나 탑, 불상, 노래 등 유형·무형의 다양한 유적과 유물들을 뜻한다. 자료에 제시된 비문, 석탑, 일기, 역사서는 모두 인간이 남긴 사료의 예시이다.

02 **정답** ⑤ 자료에 드러난 역사 서술의 관점은 기록으로서의 역사이다. ㄷ, ㄹ은 역사적 사건에 대한 역사가의 평가가 들어가 있기 때문에 기록으로서의 역사이다.

오답 피하기

ㄱ, ㄴ. 있었던 사실 그대로이기 때문에 사실로서의 역사이다.

03 **정답** ② (가)는 신석기 시대, (나)는 구석기 시대에 대한 설명이다. 신석기 시대에는 간석기와 토기를 사용하였으며, 농경과 목축이 시작되었다. 또 움집을 짓고 정착 생활을 하였다. 구석기 시대에는 뗀석기를 사용하였으며, 사냥과 채집으로 식량을 조달하였다. 또 식량을 구하기 위해 이동 생활을 하였다.

오답 피하기

④ 구석기 시대와 신석기 시대는 모두 계급이 발생하지 않은 평등 사회였다. 계급은 청동기 시대에 발생하였다.

04 **정답** ⑤ 지구라트는 메소포타미아 문명의 유적이다. 메소포타미아 문명에서는 쐐기 문자를 사용하여 점토판에 기록을 남겼다.

오답 피하기

①은 중국 문명의 주, ②, ③은 인도 문명, ④는 이집트 문명과 관련된 설명이다.

05 **정답** ② 자료에서 설명하고 있는 국가는 사산 왕조 페르시아이다. 사산 왕조 페르시아는 동서를 잇는 중계 무역으로 번영을 누렸으나, 7세기 중엽 이슬람 세력에 정복되었다.

06 **정답** ③ 자료에서 설명하고 있는 시기는 페리클레스가 이끈 아테네 민주 정치의 전성기이다. 이 시기 아테네에서는 공직자 대부분을 추첨으로 뽑고, 수당을 지급하여 시민의 적극적인 정치 참여가 가능하였다.

07 **정답** ④ 로마가 전쟁으로 영토를 확대하는 과정에서 노예를 이용한 대농장이 형성되며 자영농이 몰락하였다. 이 문제를 해결하기 위해 그라쿠스 형제가 토지 소유 제한을 담은 개혁을 시도하였으나 실패하였다.

오답 피하기

① 왕정은 로마 건국 초기에 실시되었다.
②, ③, ⑤ 카이사르 집권 이후의 상황이다.

08 **정답** ① 로마 제국은 전성기인 1~2세기에 지중해 전역을 장악하고 매우 높은 안정과 통합, 번영을 가져왔다. 하지만 군

대에 의해 황제가 빈번하게 교체된 3세기 이후부터 흔들리기 시작하였다.

09 **정답** ① 춘추 전국 시대에는 제후국 간의 전쟁이 일어나면서 정치적으로 혼란스러웠지만 사회적·경제적으로 크게 발전하였다. 철제 농기구와 소를 이용한 농사법이 보급되면서 농업 생산력이 높아졌고, 상업과 수공업이 발달하였다. ① 분서갱유는 진의 시황제가 중국을 통일한 후에 일으킨 것이다.

10 **정답** ③ 한을 세운 고조는 봉건제와 군현제를 절충한 군국제를 시행하였고, 한 무제는 군현제를 전국으로 확대하였다.

11 **정답** ③ 장건은 흉노와의 전쟁에 필요한 동맹을 찾기 위해 서역으로 원정을 떠났다. 이를 계기로 서역에 대한 정보가 한에 전해지고, 많은 상인과 외교 사절단이 왕래하며 교류가 이루어졌다. 이때 사용된 무역로는 훗날 '비단길'로 불리게 되었다.

12 **예시 답안** (가)는 메소포타미아 문명이다. 메소포타미아 지역은 개방적 지형으로 여러 민족이 활발하게 교류하였다. (나)는 이집트 문명이다. 이집트는 폐쇄적 지형으로 외부 세력의 침입을 비교적 적게 받아 오랫동안 통일을 유지하며 발전할 수 있었다.

채점 기준

상	메소포타미아 문명과 이집트 문명의 지형적 특징을 모두 서술한 경우
중	메소포타미아 문명과 이집트 문명의 지형적 특징 중 한 가지만 서술한 경우
하	메소포타미아 문명과 이집트 문명이라고만 서술한 경우

13 **예시 답안** 3세기부터 로마는 군대에 의해 황제가 자주 교체되면서 흔들리기 시작하였고, 제국이 너무 넓어 제대로 통치되지 못하였다. 세금이 증가하면서 시민은 충성심을 잃었고, 도시들은 몰락하였다. 또한 게르만족이 로마의 영역으로 들어오면서 많은 혼란이 초래되었다.

채점 기준

상	서로마의 멸망 원인을 두 가지 이상 서술한 경우
중	서로마의 멸망 원인을 한 가지만 서술한 경우
하	서로마의 국력이 약해졌다고만 서술한 경우

14 **예시 답안** 한 무제는 오랑캐의 침입이 잦은 변경 지역의 방비를 강화하고자 하였다. 이 과정에서 필요한 비용이 부족하였기 때문에 소금과 철에 대한 전매 제도를 시행하였다.

채점 기준

상	소금, 철 전매제의 목적을 정확하게 서술한 경우
중	소금, 철 전매제의 목적 중 일부만 서술한 경우
하	소금, 철 전매제의 목적을 서술하지 못한 경우

최고난도 문제 본문 p.29

01 ⑤ 02 ②

01 **정답** ⑤ 기원전 8세기경 이탈리아반도 중부에 로마가 건설되었다. 로마인들은 기원전 6세기 말 왕을 몰아내고 공화정을 수립하였으며 초기에는 귀족과 소수의 부유한 평민이 실제적인 권력을 장악하였고 평민에게 점진적으로 이를 양보하였다. 로마는 공화정 시기에 전쟁을 수행하여 넓은 영토를 차지하였으며 이 과정에서 대농장이 형성되어 사회가 불안해지기도 하였다. 공화정이 무너진 이후 내전에서 승리한 옥타비아누스가 권력을 잡아 군대와 재정을 장악하여 사실상 황제로 군림하였다. 이후 팍스 로마나 시기를 거쳐 212년 카라칼라 황제는 제국의 모든 자유민에게 로마 시민권을 주어 로마인 의식을 강화하였다. ⑤ 노예를 이용한 대농장이 형성되고 소규모 자영농이 몰락한 시기는 (나) 공화정 시기이다.

02 **정답** ② 고대 중국사는 중국 문명의 상·주, 춘추 전국 시대, 진, 한의 순서로 이어진다. (가)는 상, (나)는 춘추 전국 시대, (다)는 주, (라)는 한, (마)는 진 시기에 일어난 일이다.

Ⅱ 세계 종교의 확산과 지역 문화의 형성

1 불교 및 힌두교 문화의 형성과 확산

기초튼튼 기본문제 본문 p.34~35

01 ③ 02 ④ 03 쿠샨 왕조 04 ① 05 불교 06 ⑤
07 ③ 08 마누 법전 09 ⑤ 10 ③

01 정답 ③ 사진은 마우리아 왕조의 아소카왕이 세운 돌기둥이다. 마우리아 왕조는 아소카왕 시기 남부 일부 지역을 제외하고 인도 대부분을 통일하여 전성기를 맞이하였다.

오답 피하기
①, ④ 쿠샨 왕조에 대한 설명이다.
②, ⑤ 굽타 왕조에 대한 설명이다.

02 정답 ④ 아소카왕은 마우리아 왕조의 3대 왕으로, 불교를 통치 이념으로 삼았으며 중앙 집권 체제 강화를 위해 지방에 감찰관을 파견하고 도로망을 정비하였다.

오답 피하기
ㄱ. 고타마 싯다르타(석가모니)가 불교를 창시하였다.
ㄷ. 아소카왕은 개인의 수행을 중시하는 상좌부 불교를 전파하였다.

03 정답 쿠샨 왕조 아소카왕 사후 급격히 쇠퇴한 마우리아 왕조가 멸망한 후 인도를 다시 재통일한 왕조는 쿠샨 왕조이다.

04 정답 ① 사진은 굽타 왕조의 찬드라굽타 2세가 세운 쇠기둥과 찬드라굽타 2세를 새긴 금화이다. 쿠샨 왕조가 멸망한 후 4세기 초에 인도를 다시 통일한 굽타 왕조는 찬드라굽타 2세 때 전성기를 이루었다.

오답 피하기
ㄷ, ㄹ. 간다라 미술이 발달하고, 한-페르시아-로마 제국을 연결하는 중계 무역으로 성장한 것은 쿠샨 왕조이다.

05 정답 불교 불교는 석가모니(고타마 싯다르타)가 창시하였다. 그는 브라만교의 엄격한 권위주의와 신분 차별에 반대하며 인간 평등을 주장하였다.

06 정답 ⑤ 불교는 인간 평등, 생명에 대한 자비 등을 강조하여 크샤트리아와 바이샤의 지지를 받았다. 또 마우리아 왕조, 쿠샨 왕조 시기에 적극적인 불교 장려 정책으로 발전하였다.

07 정답 ③ (가)에 들어갈 종교는 힌두교이다. 힌두교는 굽타 왕조 시기 성립된 인도의 고유 종교이며, 창시자가 없다. 다양한 신을 숭배의 대상으로 삼았으며, 제사가 까다롭지 않아 백성들에게도 쉽게 수용되었다. 힌두교는 브라만 중심의 카스트제가 인도 사회에 정착하는 데 크게 영향을 미쳤다.

08 정답 마누 법전 『마누 법전』은 카스트에 따라 지켜야 할 규범을 기록한 법전이다. 이는 힌두교도의 일상생활에 큰 영향을 끼쳤고 오늘날까지도 이어지고 있다.

09 정답 ⑤ 굽타 왕조 시기에는 힌두 문화가 장려되어 인도 고유의 색채가 강하게 드러난 굽타 양식이 만들어졌다. 굽타 양식은 동아시아 불교 미술에도 영향을 주었다. 간다라 양식은 헬레니즘 문화와 인도의 불교문화가 융합된 양식이다.

10 정답 ③ 제시된 유적은 굽타 양식을 대표하는 아잔타 석굴 사원이다. 굽타 왕조 시기에는 미술 분야에서 인물 표현이나 옷 주름 등에 인도 고유의 특징을 반영한 굽타 양식이 나타났다. 굽타 양식은 우리나라 등 동아시아의 불교 미술에도 영향을 주었다.

오답 피하기
①, ②, ④ 간다라 미술에 대한 설명이다.
⑤ 불교 성립 초기에는 부처의 발자국, 보리수, 수레바퀴 등으로 부처의 모습을 표현하였다.

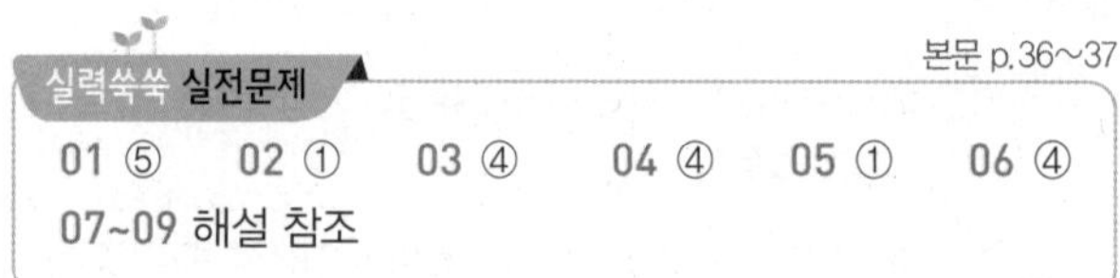
실력쑥쑥 실전문제 본문 p.36~37

01 ⑤ 02 ① 03 ④ 04 ④ 05 ① 06 ④
07~09 해설 참조

01 정답 ⑤ 지도의 (가)는 마우리아 왕조, (나)는 쿠샨 왕조이다. 마우리아 왕조는 찬드라굽타 마우리아가 건국하였으며, 아소카왕은 상좌부 불교를 전파하였다. 쿠샨 왕조는 한과 로마 사이에서 중계 무역으로 발전하였다.

02 정답 ① 검색 결과는 인도 고대 왕조 중 굽타 왕조에 대한 설명이다.

03 정답 ④ (가)는 쿠샨 왕조, (나)는 굽타 왕조, (다)는 마우리아 왕조이다. 굽타 왕조 시기에는 브라만교를 중심으로 민간 신앙과 불교 등이 융합되어 인도 고유의 종교인 힌두교가 성립하였다.

오답 피하기
① 굽타 왕조 시기에 대한 설명이다.
② 마우리아 왕조 시기에 대한 설명이다.
③ 쿠샨 왕조 시기에 대한 설명이다.
⑤ 13세기 초에 인도 최초로 이슬람 왕조가 등장하였다.

04 **정답** ④ 제시된 유물은 간다라 불상이다. 쿠샨 왕조 시기에는 신을 사람의 모습으로 표현하는 헬레니즘 문화의 영향을 받아 불상이 제작되었고, 동아시아에 전파되었다. ④ 아잔타 석굴 사원은 굽타 양식을 대표하는 유적이다.

05 **정답** ① 힌두교는 굽타 왕조 시대에 브라만교를 중심으로 민간 신앙과 불교 등이 융합되어 나타난 인도 고유의 종교이다.

① 힌두교는 창시자가 없으며 다양한 신을 숭배의 대상으로 삼았다.

06 **정답** ④ 제시된 작품은 굽타 왕조 시기의 대표 작품인 「라마야나」이다. 굽타 왕조 시기에는 산스크리트어가 공용어가 되면서 입으로만 전해 내려오던 신화와 전설들이 산스크리트어로 기록되었다. 이 시기 인도인들은 '0'의 개념과 10진법을 사용하였고, 지구가 둥글고 자전한다는 사실을 알고 있었다. ④ 균형과 비례를 강조하며 고전미의 기준을 제시한 것은 그리스 문화이다.

07 **예시 답안** 기원전 6세기경 정치와 군사를 담당한 크샤트리아와 이를 후원한 바이샤의 영향력이 커졌지만, 카스트제 내에서 이들의 지위는 브라만보다 낮았다. 이에 브라만교에 대한 비판이 일어났고, 이 상황에서 고타마 싯다르타(석가모니)는 불교를 창시하여 브라만교의 엄격한 권위주의와 신분 차별에 반대하였다.

채점 기준

상	불교의 창시 배경을 〈조건〉에 맞게 서술한 경우
중	불교의 창시 배경을 〈조건〉에 맞게 서술하지 못한 경우
하	불교의 창시 배경을 서술하지 못한 경우

08 **예시 답안** 간다라 미술은 간다라 지방을 중심으로 헬레니즘 문화와 인도의 불교문화가 융합되어 나타났다. 신을 사람의 모습으로 표현하는 헬레니즘 문화의 영향을 받아 불상이 본격적으로 제작되었다. 간다라 미술은 대승 불교가 확산하면서 널리 전파되었다.

채점 기준

상	간다라 미술의 특징을 두 가지 모두 서술한 경우
중	간다라 미술의 특징을 한 가지만 서술한 경우
하	간다라 미술의 특징을 서술하지 못한 경우

09 **예시 답안** 힌두교는 브라만교와 달리 복잡하고 까다로운 제사 의식이 없었고, 누구나 신에게 제물을 바치는 것이 허용되었다. 또한 토착적 성격을 강하게 띠고 있어 백성들에게도 쉽게 수용되었다.

채점 기준

상	힌두교의 특징을 브라만교와 비교하여 바르게 서술한 경우
중	힌두교의 특징만 서술한 경우
하	힌두교라고만 쓴 경우

2 동아시아 문화의 형성과 확산

기초튼튼 기본문제

본문 p.42~43

01 위진 남북조	02 ①	03 ②	04 ②	05 ③
06 안사의 난	07 ①	08 ②	09 ③	10 ②

01 **정답 위진 남북조** 후한이 멸망한 이후 위, 촉, 오 삼국이 경쟁하다가 진(晋)이 이를 통일하였다. 하지만 북쪽에서 5호가 남하하여 북조를 세웠고, 남쪽으로 쫓겨 간 진 이후 한족의 국가들이 남쪽에서 성립하였다. 한이 분열된 이후 수에 의해 다시 통일될 때까지의 시기를 위진 남북조 시대라고 한다.

02 **정답** ① 선비족이 세운 북위는 한족과 호족 사이의 융합 정책을 펼쳤다. 대표적인 인물이 북위의 효문제이다. 효문제는 한화 정책을 추진하여 선비족의 언어와 복장을 금지하였고, 한족과의 혼인을 장려하였다.

03 **정답** ② 수 양제는 화북과 강남을 잇는 대운하를 완성하였다. 이를 통해 강남 개발이 촉진되었고 남북의 물자 유통이 원활해졌다. 또한 영토 확장을 위해 고구려를 침략하였으나 패하였다.

오답 피하기

ㄴ. 주에 대한 설명이다.
ㄹ. 당 고종에 대한 설명이다.

04 **정답** ② 제시된 유물은 북조에서 만든 윈강 석굴 불상이다. 위진 남북조 시대에는 통치 이념으로 자리 잡은 유교에 대한 반발이 일어났고, 노장사상이 널리 퍼졌다. 대표적인 인물인 죽림칠현은 세속을 떠나 은둔하면서 형식적 예절을 비판하였다.

오답 피하기

①, ③, ④, ⑤ 당의 문화에 대한 설명이다.

05 **정답** ③ 자료는 당의 3성 6부제이다. 당은 수의 3성 6부제 등 제도를 계승하여 통치 체제를 정비하였다. 당은 조(곡식), 용(노동력), 조(토산품)를 거두는 조용조와 일정량의 토지를 백성에게 나누어 주는 균전제를 시행하였다.

오답 피하기

ㄱ. 봉건제를 실시한 국가는 주이다. 주는 수도와 그 주변 지역은 왕이 다스리고 나머지 지역은 왕족이나 공신을 제후로 임명하여 다스리게 하였다.

ㄹ. 시험을 통해 관리를 뽑는 과거제는 수 문제부터 시작되어 당 시기에도 지속되었다.

06 **정답 안사의 난** 775년에 일어난 안사의 난으로 수도 장안이 함락되었다. 이후 당의 국력이 기울기 시작하였으며, 환관과 절도사 등의 난립으로 정치는 더욱 어려워졌다.

07 **정답** ① (가)는 당이다. 일본은 당에 사신이나 유학생을 파견하여 당의 제도와 문물을 배워 자국의 통치에 활용하였다.

08 **정답** ② 당대에 활발한 외교 활동이 이루어지면서 문물과 문화가 전파되어 신라, 발해, 일본, 베트남 등의 동아시아 지역에서 유교, 불교, 율령, 한자 등을 공통 요소로 하는 동아시아 문화권이 형성되었다.

09 **정답** ③ 페르시아 물병과 대진 경교 유행 중국비는 당의 유물이다. 당의 승려인 현장은 인도에서 직접 가져온 불경을 번역하였다.

오답 피하기

① 연극, 소설 등 서민 문화는 송대에 발달하였다.

② 북조의 황제들은 자신의 통치를 정당화하고자 불교를 적극적으로 지원하였다.

④ 가나 문자는 일본 고대 국가인 헤이안 시대에 사용되었다.

⑤ 위진 남북조 시대에 도교가 성립되었다.

10 **정답** ② 도다이사는 나라 시대에 만들어졌다. 수도를 헤이조쿄(나라)로 옮기면서 전개된 나라 시대에는 불교문화가 융성하였다.

오답 피하기

①, ③, ⑤ 야마토 정권의 아스카 시대에 대한 설명이다.

④ 헤이안 시대에 대한 설명이다.

실력쑥쑥 실전문제

본문 p.44~45

01 ② 02 ② 03 ② 04 ⑤ 05 ① 06 ⑤
07~09 해설 참조

01 **정답** ② 위, 촉, 오 삼국의 분열을 진(晉)이 통일하였고, 5호가 화북 지역을 침입하면서 남쪽으로 쫓겨난 진은 창장강 하류 유역에 동진을 세웠다.

02 **정답** ② 제시된 지도는 수 양제 시기에 건설된 대운하이다. 수는 약 4세기 동안 남북조로 분열되었던 중국을 다시 통일하였으며 과거제를 실시하였다.

오답 피하기

ㄴ. 수 양제는 영토 확장을 위해 대규모 병력을 동원하여 여러 차례 고구려를 침략하였으나 모두 실패하였다.

ㄹ. 안사의 난을 계기로 국력이 기운 국가는 당이다.

03 **정답** ② 8세기 중반 안사의 난을 겪으며 당의 국력은 기울기 시작하였다. 이후 환관이 정치에 개입하고 지방에서 절도사가 난립하였다. 결국 당은 황소의 난 이후 절도사 세력에 멸망하였다.

04 **정답** ⑤ 당의 영역 확대로 비단길, 바닷길이 확보되어 그 길을 통해 외국 상인, 유학생, 승려 등 다양한 사람들이 당에 왕래하였다. 이 과정에서 당에는 조로아스터교, 네스토리우스교(경교), 마니교 등 외래 종교가 들어와 각 지역에 사원이 세워졌다.

05 **정답** ① 동아시아 문화권은 당, 신라 등 동아시아 지역에서 유교, 불교, 율령, 한자 등을 공통 요소로 하는 문화권을 형성한 것이다. 도교는 왕권 강화와 관련이 없다.

06 **정답** ⑤ 수도를 헤이안쿄(교토)로 삼은 헤이안 시대에는 중국, 한반도와의 교류가 줄어들면서 일본 고유의 문화인 국풍 문화가 발달하였다.

오답 피하기

ㄱ, ㄴ. 야마토 정권의 아스카 시대에 대한 설명이다.

07 **예시 답안** 북위 효문제는 적극적인 한화 정책을 추진하였다. 효문제는 선비족의 언어와 복장을 금지하였다. 또 선비족에게 한족의 성씨를 부여하였으며, 한족과의 혼인을 장려하였다.

채점 기준

상	한화 정책의 내용을 두 가지 이상 서술한 경우
중	한화 정책의 내용을 한 가지만 서술한 경우
하	북위의 효문제가 한화 정책을 추진하였다고만 서술한 경우

08 **예시 답안** 비단길과 바닷길을 통해 다양한 사람들이 당에 왕래하였다. 그 과정에서 조로아스터교, 네스토리우스교(경교), 마니교 등 외래 종교가 들어와 장안 곳곳에 사원이 세워졌다.

채점 기준

상	장안의 특징과 배경을 모두 서술한 경우
중	장안에 외래 종교 사원이 세워졌다고 서술한 경우
하	장안이 국제적인 도시였다고만 서술한 경우

09 **예시 답안** 8세기 말에 시작된 헤이안 시대에는 중국과 한반도와의 교류가 줄어들면서 일본 고유의 문화인 국풍 문화가 발달하였다. 가나 문자가 사용되고, 주택이나 관복에서도 일본 고유의 특색이 드러났다.

채점 기준

상	국풍 문화의 명칭과 특징을 정확하게 서술한 경우
중	국풍 문화의 명칭을 썼으나 특징 중 일부만 서술한 경우
하	국풍 문화만 서술한 경우

3 이슬람 문화의 형성과 확산

기초튼튼 기본문제

본문 p.50~51

01 ③ 02 ② 03 헤지라 04 ④ 05 ① 06 정통 칼리프 시대 07 ① 08 ③ 09 ③ 10 ①

01 **정답** ③ 비잔티움 제국과 사산 왕조 페르시아 간의 전쟁으로 비단길이 막히자, 사막을 통한 육상 교역로가 발달하여 메카, 메디나가 교역의 중심 도시로 성장하였다. 메카의 상인이었던 무함마드는 이슬람교를 성립시켰다.

02 **정답** ② 이슬람교를 성립한 무함마드는 신 앞에서 모든 인간이 평등함을 주장하였다.

03 **정답 헤지라** 헤지라는 '성스러운 이주'라는 뜻이다. 이슬람 역사에서는 이를 계기로 종교적·정치적 성격의 이슬람 공동체가 만들어진 것으로 보고, 이슬람력의 원년으로 삼고 있다.

04 **정답** ④ 『쿠란』은 무함마드가 알라에게 받은 신의 계시의 내용을 담은 아랍어로 기록된 이슬람교의 경전이다. 무함마드가 메카에서 받은 계시는 주로 종교 신앙과 관련되었으나, 메디나에서 받은 계시는 사회 문제에 대한 내용도 담겨 있다.

05 **정답** ① 이슬람교가 확산되면서 수많은 사람이 이슬람교의 교리에 따라 생활하기 시작하였다. 무슬림은 '허용된 것'이라는 의미의 할랄 식품만 섭취할 수 있으며, 그 이외에도 다섯 가지 의무가 있었다. 무슬림은 하루에 다섯 차례 메카를 향해 기도를 올려야 한다.

06 **정답 정통 칼리프 시대** 칼리프는 무함마드의 후계자로서 이슬람 공동체를 이끄는 종교 지도자이자 정치적 통치자 역할을 하였다. 무함마드가 죽은 후 1~4대 칼리프는 무함마드의 동료 중에서 선출되었고, 이 시기를 정통 칼리프 시대라고 한다.

07 **정답** ① 제시된 유물은 우마이야 왕조의 화폐이다. 제4대 칼리프 암살 후 내전을 거치며 시리아를 기반으로 한 우마이야 가문이 권력을 장악하여 왕조를 세웠다. 우마이야 왕조는 칼리프를 세습하였고, 아랍인 중심 정책을 펼쳐 지배층과 피지배층 무슬림 간에 갈등이 일어났다.

오답 피하기

② 무함마드가 귀족들의 박해를 피해 메디나로 이주하였다.
③ 정통 칼리프 시대에 사산 왕조 페르시아를 멸망시켰다.
④ 메디나에서 탄생한 이슬람 공동체는 630년에 메카를 점령하였다.
⑤ 무함마드와 혈통이 같은 사람이 칼리프가 되어야 한다고 주장한 것은 시아파이다.

08 **정답** ③ 아바스 왕조는 탈라스 전투(751)에서 당에 승리하여 동서 무역로를 장악하였다. 이 과정에서 중국의 제지술이 아랍에 전해졌다.

09 **정답** ③ 아바스 왕조가 약해진 틈을 타 이민족의 침입이 계속되었다. 특히 이 시기에는 페르시아계와 튀르크계 국가들이 성장하면서 아바스 왕조를 위협하였는데, 11세기에는 셀주크 튀르크가 바그다드에 입성하여 이슬람 세계를 주도하였다.

10 **정답** ① 제시된 유적은 이슬람의 모스크이다. 모스크는 둥근 지붕과 뾰족한 탑(미너렛)이 특징이다. 이슬람 세계에서는 수학, 화학 등 자연 과학이 발달하였고, 세계 각지의 설화를 모은 『천일야화』가 출간되었다.

오답 피하기

ㄷ. 이슬람교는 우상 숭배를 철저하게 금지하였기 때문에 식물과 자연 현상을 아랍어 서체와 결합하여 표현한 아라베스크 문양이 발전하였다.
ㄹ. 헬레니즘 문화의 영향을 받은 간다라 미술이 등장한 것은 인도의 고대 왕조인 쿠샨 왕조 시기이다.

실력쑥쑥 실전문제

본문 p.52~53

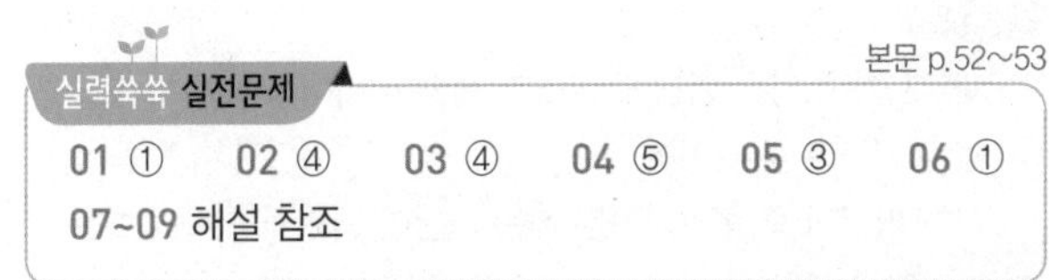
01 ① 02 ④ 03 ④ 04 ⑤ 05 ③ 06 ①
07~09 해설 참조

01 **정답** ① 비잔티움 제국과 사산 왕조 페르시아 간에 전쟁이 계속되면서 비단길을 통한 동서 교역이 어려워져 사막을 통

한 육상 교역로가 활성화하였고, 메카와 메디나가 교역의 중심 도시로 성장하였다.

02 **정답** ④ 아라비아반도의 사회적 혼란 속에서 메카의 상인이던 무함마드는 신의 계시를 받았다고 주장하며 새로운 종교인 이슬람교를 성립시켰다. 무함마드는 유일신인 알라에게 복종할 것과 모든 인간이 평등함을 주장하였다.

오답 피하기

① 불교, ② 크리스트교, ③ 도교, ⑤ 힌두교에 대한 설명이다.

03 **정답** ④ 이슬람교의 경전은 『쿠란』이다. 『베다』는 인도에서 성립된 브라만교의 경전이다.

04 **정답** ⑤ 이슬람 세력은 정복지의 다른 종교를 믿는 사람들에게 인두세를 거두었다. 정복지에서 개종을 강요하지 않았지만, 평등을 강조하는 이슬람교의 교리가 피정복민의 환영을 받아 자발적으로 개종하는 사람들이 증가하였다.

05 **정답** ③ 지도는 바그다드의 옛 모습이다. 아바스 왕조는 페르시아 지역의 바그다드에 수도를 세우고, 비아랍인에게도 중요한 관직을 주는 등 개방적인 태도를 보였다. 또한, 우마이야 왕조와 달리 기존의 아랍인 중심 정책을 버리고, 아랍인과 비아랍인 간의 융합을 추구하였다.

오답 피하기

① 우마이야 왕조가 아랍인 중심 정책을 펼쳤다.

② 아바스 왕조는 탈라스 전투에서 당에 승리하여 동서 교역로를 장악하였다.

④ 정통 칼리프 시대에 무함마드의 동료를 칼리프로 선출하였다.

⑤ 우마이야 왕조에 대한 설명이다.

06 **정답** ① 밑줄 친 '이 종교'는 이슬람교이다. 이슬람 세계에서는 고대 그리스 철학과 과학에 대한 연구를 활발히 하였고, 수학, 화학, 의학 분야가 크게 발전하였다. ① 산스크리트어로 쓰인 문학은 인도 굽타 왕조에서 발전하였다.

07 **예시 답안** 『쿠란』에는 종교 신앙의 내용뿐만 아니라 채무, 상속, 부부 문제 등 사회 문제에 대한 구체적인 내용이 포함되어 있다.

자료 분석

- 채무자가 어려운 환경에 있다면 형편이 나아질 때까지 지급을 연기하여 줄 것이며, ……
- 너희 가운데 죽음이 다가온 자는 재산이 남기게 되나니 그는 부모와 가까운 친척들에게 글로써 유언을 남기라.
- 간통한 여자와 남자 각각에게는 백 대의 가죽 태형이라.
  → 사회 문제를 규정한 『쿠란』의 예시

채점 기준

상	채무, 상속, 부부 문제 등 사회 문제까지 규정하였음을 정확하게 서술한 경우
중	구체적 예시 없이 사회 문제를 규정하였다고 서술한 경우
하	'『쿠란』이 이슬람교의 경전이다.' 등 자료와 관련 없는 내용을 서술한 경우

08 **예시 답안** 우마이야 왕조는 아랍인 중심 정책을 펼쳐 비아랍인 무슬림은 수적으로 아랍인 지배층보다 많았지만, 정치·경제적으로 차별을 받았다. 아바스 왕조는 아랍인과 비아랍인 간의 융합을 추구하여 비아랍인에게도 중요한 관직을 주는 등 개방적인 태도를 보였다.

채점 기준

상	우마이야 왕조와 아바스 왕조의 정책을 정확하게 비교하여 서술한 경우
중	우마이야 왕조와 아바스 왕조의 정책을 일부만 비교하여 서술한 경우
하	우마이야 왕조와 아바스 왕조의 정책이 달랐다고만 서술한 경우

09 **예시 답안** 이슬람교는 우상 숭배를 철저히 금지하였기 때문에 식물과 자연 현상을 예술적으로 표현한 아라베스크 문양이 발달하였고, 세밀화에서는 인물이나 동물을 가능한 한 작게 그렸다.

채점 기준

상	아라베스크 문양과 세밀화의 발달 배경과 특징을 정확하게 서술한 경우
중	이슬람교의 우상 숭배 금지 때문이라고만 서술한 경우
하	아라베스크 문양과 세밀화의 발달 배경과 특징을 서술하지 못한 경우

4 크리스트교 문화의 형성과 확산

기초튼튼 기본문제

본문 p.58~59

01 성상 숭배 금지령	02 ③	03 장원	04 ④	05 ⑤
06 ②	07 흑사병	08 ④	09 ①	10 ②	11 ①

01 **정답 성상 숭배 금지령** 성상 숭배 금지령은 예배에서 사용해 오던 예수, 성모마리아 등의 성상에 대한 숭배를 금지하도록 비잔티움 제국 황제가 내린 명령이다. 로마 교회는 이를 거부하였고, 결국 동서 교회가 분열되었다.

02 **정답** ③ 서유럽의 지방 분권적 봉건제는 주종 관계와 장원제를 기반으로 성립되었다. 주종 관계는 봉신이 주군에게 충성을 맹세하고, 주군은 봉신에게 그 대가로 토지를 주는 계약 관계를 기반으로 한 제도였다.

03 **정답 장원** 봉신이 주군에게 받은 봉토는 한 개 또는 여러 개의 장원으로 구성되었다. 봉신은 영주가 되어 장원을 지배하였고, 대부분의 농노는 영주의 토지에서 농사를 지어 세금과 노동력을 바쳐야 했다.

04 **정답** ④ 교황의 우위를 인정한 카노사의 굴욕 이후 교황은 국왕의 통치권에 권위를 부여하는 등 권위가 강화되었다.

05 **정답** ⑤ 성 소피아 대성당은 비잔티움 제국 때 지어진 크리스트교 성당이다. 비잔티움 제국은 유스티니아누스 황제 때 전성기를 맞이하였으며, 황제 교황주의가 발전하였다.

오답 피하기

①, ② 스콜라 철학과 로마네스크 양식은 서유럽에서 발달한 크리스트교 문화와 관련된 것이다.

③ 비잔티움 제국은 오스만 제국의 공격으로 멸망하였다.

④ 장미 전쟁이 일어난 국가는 영국이다.

자료 분석

성 소피아 대성당

→ 성 소피아 대성당은 웅장한 돔과 모자이크 벽화를 특징으로 하는 비잔티움 양식을 대표하는 유적이다.

06 **정답** ② 11세기 후반 셀주크 튀르크가 예루살렘을 점령하자 비잔티움 제국 황제가 이슬람 세력의 팽창 방어와 성지 회복을 명분으로 교마 교황에 도움을 요청하였다. 교황은 성지 회복을 위한 십자군 참전을 호소하였고 십자군 전쟁이 시작되었다. 제1차 십자군이 예루살렘을 잠시 차지하였으나, 곧 다시 이슬람 세력에 빼앗겼다. ② 200여 년간 이어진 십자군 전쟁은 결국 성지 회복에 실패하였다.

07 **정답 흑사병** 14세기 중엽 유럽에 급속도로 흑사병이 퍼져 유럽 인구의 약 1/3이 사망하였다.

08 **정답** ④ 사진 속 인물은 잔 다르크이다. 플랑드르 지방과 왕위 계승을 둘러싸고 영국과 프랑스 간 백년 전쟁이 일어났다. 초기에는 영국이 우세하였으나, 잔 다르크의 활약으로 결국 프랑스가 승리하였다.

09 **정답** ① 14~16세기 이탈리아에서는 고대 그리스·로마의 고전 문화를 연구하여 새로운 문화를 창출하려는 르네상스가 일어났다. 미술 분야에서는 레오나르도 다빈치의 「모나리자」, 미켈란젤로의 「천지창조」 등 유명 작품이 탄생하였다.

오답 피하기

ㄷ. 스테인드글라스는 고딕 양식에서 볼 수 있는 장식으로 글을 모르는 사람들에게 성경의 내용을 알려 주는 역할을 하였다.

ㄹ. 모자이크화는 비잔티움 제국의 대표적인 문화 양식이다.

10 **정답** ② 스위스의 칼뱅은 인간의 구원은 신이 미리 정해 놓았으므로 구원을 믿고 성서에 따라 생활해야 한다는 예정설을 주장하였다. 그의 주장은 프랑스, 영국, 네덜란드 등지로 퍼졌다.

11 **정답** ① 종교 개혁으로 크리스트교가 구교와 신교로 분열되어 대립하면서 유럽 곳곳에서는 종교 전쟁이 일어났다. 프랑스에서는 위그노 전쟁이 일어났고, 전쟁 결과 낭트 칙령이 발표되어 제한된 지역에서는 신교도들에게 예배의 자유가 허용되었다.

실력쑥쑥 실전문제 본문 p.60~61

01 ④ 02 ③ 03 ③ 04 ② 05 ① 06 ④
07~09 해설 참조

01 **정답** ④ 크리스트교는 비잔티움 황제가 내린 성상 숭배 금지령을 계기로 동서 간 대립이 격화되었고, 결국 이로 인해 교황을 중심으로 하는 서쪽의 로마 가톨릭 교회와 비잔티움 제국 황제를 수장으로 하는 정교회로 분열되었다.

02 **정답** ③ 서유럽에서는 이민족의 침입으로 지방 분권적 봉건제가 나타났다. 봉신이 주군에게 받은 봉토는 장원으로 구성되어 있었으며, 주군의 간섭 없이 독자적으로 운영되었다.

03 **정답** ③ 중세 서유럽 사회에서는 출생에서 죽음까지 삶의 모든 과정이 교회와 밀접하게 이루어졌다. 크리스트교 문화의 대표적인 양식으로는 높은 첨탑과 스테인드글라스가 특징인 고딕 양식이 있다.

오답 피하기

ㄱ. 모스크는 이슬람교의 사원이다.

ㄹ. 모자이크 벽화는 비잔티움 양식이다.

04 정답 ② 제시된 지도는 6세기 무렵 비잔티움 제국의 영토를 나타내고 있다. ② 서유럽에서 클뤼니 수도원을 중심으로 교회 개혁 운동이 일어났다.

05 정답 ① 십자군 전쟁을 계기로 동방과의 교역이 활발해지며 도시가 발달하였다. 북유럽에서는 도시가 성장하여 한자 동맹을 결성하였다. 도시 상인과 수공업자는 길드라는 조합을 결성하여 규정을 통해 공동의 안전과 이익을 꾀하였다.

06 정답 ④ 루터는 교회의 타락을 비판하기 위해 「95개조 반박문」을 발표하였다. 그는 인간의 구원은 믿음과 은총에 의해 이루어지며, 신앙의 근거는 성서라고 주장하였다. ④ 영국의 헨리 8세는 교황이 이혼을 허락하지 않자 「수장법」을 발표하여 자신이 영국 교회의 수장임을 선포하였다.

07 예시 답안 비잔티움 제국은 그리스어를 공용어로 사용하며 그리스의 고전을 보존하고 연구하였다. 연구 성과는 르네상스에 영향을 주었다. 건축에서는 웅장한 돔과 화려한 모자이크 벽화를 특징으로 하는 비잔티움 양식이 발달하였다.

채점 기준

상	비잔티움 제국 문화의 특징을 두 가지 이상 서술한 경우
중	비잔티움 제국 문화의 특징을 한 가지만 서술한 경우
하	비잔티움 제국의 문화라고만 한 경우

08 예시 답안 14세기 중엽 흑사병의 유행으로 유럽 인구의 1/3 정도가 사망하였다. 이로 인해 노동력이 부족해지자 농노의 신분에서 벗어나는 사람들이 늘어나 농민의 지위가 상승하였다. 한편 지방 세력가와 국가의 수탈이 심해져 농민 반란이 일어나기도 하였다.

채점 기준

상	농민의 지위 상승과 농민 반란을 모두 서술한 경우
중	농민의 지위 상승과 농민 반란 중 한 가지만 서술한 경우
하	흑사병으로 노동력이 부족해졌다고만 서술한 경우

09 예시 답안 이탈리아는 로마 제국의 중심지로 고전 문화의 전통이 남아 있었고, 교황청이 있는 로마가 새로운 예술의 중심지로 부상하였다. 또한 십자군 전쟁으로 이탈리아가 무역의 중심지가 되었으며, 비잔티움 제국이 멸망하면서 그리스·로마의 문화를 연구하던 학자들이 이탈리아로 유입되었다.

채점 기준

상	이탈리아 르네상스의 배경을 두 가지 이상 서술한 경우
중	이탈리아 르네상스의 배경을 한 가지만 서술한 경우
하	이탈리아 르네상스의 배경을 서술하지 못한 경우

대단원 정리하기

본문 p.62~63

① 아소카왕 ② 사산 왕조 페르시아 ③ 찬드라굽타 2세 ④ 고타마 싯다르타 ⑤ 상좌부 불교 ⑥ 카스트제 ⑦ 굽타 양식 ⑧ 한화 정책 ⑨ 도교 ⑩ 수 양제 ⑪ 안사의 난 ⑫ 국제적 ⑬ 율령 ⑭ 국풍 ⑮ 메카 ⑯ 우상 숭배 ⑰ 헤지라 ⑱ 인두세 ⑲ 탈라스 전투 ⑳ 아라베스크 ㉑ 성상 숭배 금지령 ㉒ 장원제 ㉓ 카노사의 굴욕 ㉔ 스콜라 철학 ㉕ 비잔티움 ㉖ 흑사병 ㉗ 장미 전쟁 ㉘ 루터

자신만만 적중문제

본문 p.64~66

01 ① 02 ④ 03 ⑤ 04 ⑤ 05 ⑤ 06 ③
07 ④ 08 ③ 09 ② 10 ② 11 ③ 12 ⑤
13~15 해설 참조

01 정답 ① 마우리아 왕조의 전성기를 이룬 아소카왕은 상좌부 불교 전파에 앞장섰다. 쿠샨 왕조는 중계 무역으로 번영을 이루었으며, 전성기를 이끈 카니슈카왕이 대승 불교의 확산에 기여하였다. 굽타 왕조 시기에는 인도 고유의 특색이 반영된 굽타 양식이 발달하였다. ① 간다라 미술은 쿠샨 왕조 시기에 발달하였다.

02 정답 ④ 힌두교는 복잡한 제사 의식이 없었고, 토착적 성격을 띠고 있었다. 힌두교는 카스트에 따른 의무 수행을 중시하여 인도에서는 브라만 중심의 카스트제가 정착되어 갔다.

오답 피하기
① 굽타 왕조가 힌두교를 후원하였다.
② 산치 대탑은 불교를 창시한 석가모니의 사리를 모시기 위해 세운 탑이다.
③, ⑤ 대승 불교에 대한 설명이다.

03 정답 ⑤ 위진 남북조 시대에는 중무장을 갖춘 병사, 의자의 도입에 따른 입식 생활과 같은 북방 민족의 문화가 한족에게도 전파되었다.

오답 피하기
① 수 문제가 과거제를 처음으로 실시하였다.
② 수 양제 때 화북과 강남을 연결하는 대운하가 완성되었다.
③ 당의 활발한 외교 활동으로 유교, 불교, 율령, 한자 등을 공통 요소로 하는 동아시아 문화권이 형성되었다.
④ 3성 6부제와 주현제는 당의 통치 제도이다.

04 정답 ⑤ 당은 주변 국가와 책봉·조공 관계를 맺고, 사신과 유학생을 받아들였다. 또한 비단길, 바닷길 등을 통해 소그드인·이슬람인이 활발하게 상업 활동을 하였고, 외래 종교가 유입되었다. ⑤ 당의 문화는 귀족적 색채를 띠었고 시, 그

림 등이 발달하였다.

05 **정답** ⑤ 헤이안쿄로 천도한 헤이안 시대에는 귀족의 힘이 강해지면서 중앙 집권 체제가 약해졌으며 중국, 한반도와의 교류도 줄어들면서 일본 고유의 문화인 국풍 문화가 발달하였다.

06 **정답** ③ 메카의 상인이던 무함마드가 만든 종교는 이슬람교이다. 이슬람교는 우상 숭배를 금지하였으며, 유일신 알라에게 복종할 것을 강조하며 신 앞에 모든 사람이 평등함을 주장하였다.

오답 피하기

① 우상 숭배를 금지하였다.

②, ④ 브라만교에 대한 설명이다.

⑤ 힌두교에 대한 설명이다.

07 **정답** ④ (가)는 우마이야 왕조 시대이다. 우마이야 왕조 시대에는 동쪽으로는 중앙아시아, 서쪽으로는 북아프리카와 유럽 이베리아반도까지 영토를 확장하고 지중해를 장악하였다. 하지만 아랍인 우대 정책을 펼쳐 아랍인 지배층과 비아랍인 무슬림 간에 갈등이 심해지면서 멸망하였다.

오답 피하기

① 이슬람교에 대한 탄압이 확대되자 무함마드는 박해를 피해 메디나로 이주하였다.

②, ③, ⑤ 정통 칼리프 시대에 대한 설명이다.

08 **정답** ③ 아바스 왕조는 수도 바그다드를 중심으로 발전하였으며, 아랍인과 비아랍인을 융합하고자 하는 정책을 펼쳤다. 또한 당과의 탈라스 전투에서 승리하여 동서 무역로를 장악하였다.

09 **정답** ② 9세기 이민족의 침입으로 서유럽에서는 지방 분권화된 세계가 형성되었다. 서유럽의 지방 분권적 봉건제는 주종 관계와 장원제를 기반으로 성립되었다.

10 **정답** ② 크리스트교는 비잔티움 제국 황제가 내린 성상 숭배 금지령을 계기로 동서 간 대립이 격화되었다. 결국 크리스트교는 교황을 중심으로 하는 로마 가톨릭 교회와 비잔티움 제국 황제를 수장으로 하는 정교회로 분열되었다.

11 **정답** ③ 도시 상인과 수공업자는 길드라는 조합을 결성해 노동 시간, 생산 기술, 상품 가격 등을 정한 규정을 만들어 공동의 이익과 안전을 꾀하였다.

12 **정답** ⑤ 프랑스에서는 위그노 전쟁의 결과 낭트 칙령이 발표되어 제한된 지역에서 신교도들에게 예배의 자유가 허용되었다. 독일에서는 30년 전쟁의 결과 베스트팔렌 조약이 맺어져 지방 세력가에게 칼뱅파를 선택할 권리를 주었다.

오답 피하기

ㄱ. 백년 전쟁은 왕위 계승 문제와 플랑드르 지방을 둘러싸고 영국과 프랑스 간에 일어난 전쟁이다.

ㄴ. 장미 전쟁은 왕위 계승 문제를 둘러싸고 영국에서 일어난 전쟁이다.

13 **예시 답안** 당대에 활발한 교류를 통해 당, 신라, 일본 등 동아시아 지역에 불교가 전파되었기 때문이다.

채점 기준

상	활발한 교류와 불교 전파를 정확하게 서술한 경우
중	불교가 전파되었기 때문이라고 서술한 경우
하	동아시아 문화권이기 때문이라고 서술한 경우

14 **예시 답안** 농노는 영주의 토지에서 농사를 지어야 했으며, 영주에게 세금과 노동력을 바쳐야 했다.

채점 기준

상	농노의 의무를 두 가지 이상 서술한 경우
중	농노의 의무를 한 가지만 서술한 경우
하	농노의 의무를 서술하지 못한 경우

15 **예시 답안** 교황이 면벌부를 판매하자, 루터는 「95개조 반박문」을 발표하여 교황을 비판하였다. 또 인간의 구원은 오직 믿음과 신의 은총에 의해서만 이루어지며 신앙의 근거는 성서라고 주장하였다.

채점 기준

상	루터의 주장을 정확하게 서술한 경우
중	루터의 주장을 일부만 서술한 경우
하	루터가 한 것이라고만 한 경우

최고난도 문제 본문 p.67

01 ⑤ 02 ③

01 **정답** ⑤ (가)는 이슬람교, (나)는 크리스트교, (다)는 힌두교의 대표적인 유물·유적이다. 힌두교는 토착적 성격을 띠어 백성들에게 쉽게 수용되었고, 누구나 신에게 제물을 바치는 것이 허용되었다.

오답 피하기

① 성상 숭배 금지령을 계기로 크리스트교가 로마 가톨릭 교회(서)와 정교회(동)로 분열되었다.

② 고타마 싯다르타(석가모니)가 성립한 불교는 개인의 깨달

음을 중시하는 상좌부 불교와 중생의 구제를 중시하는 대승 불교로 나누어졌다.

③ 아리아인들은 카스트제라는 신분제를 만들고, 제사를 주관하는 브라만을 중심으로 브라만교를 성립하였다. 『베다』는 브라만교의 경전이다.

④ 메카의 상인이었던 무함마드가 알라(신)로부터 받은 계시의 내용을 담은 『쿠란』을 바탕으로 이슬람교를 성립시키고, 점차 세력을 확장하였다.

02 **정답 ③** (가)는 주의 봉건제, (나)는 서유럽의 봉건제이다. (가)는 왕과 친척 간의 관계였으며 (나)는 주군과 봉신 간 계약 관계를 기반으로 만들어졌다.

오답 피하기

ㄱ. 서유럽의 지방 분권적 봉건제에 대한 설명이다.

ㄹ. 주의 봉건제에 대한 설명이다.

Ⅲ 지역 세계의 교류와 변화

1 몽골 제국과 문화 교류

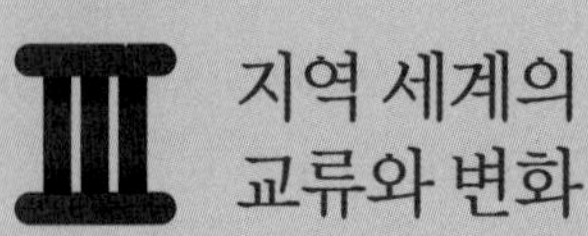

본문 p.74~75

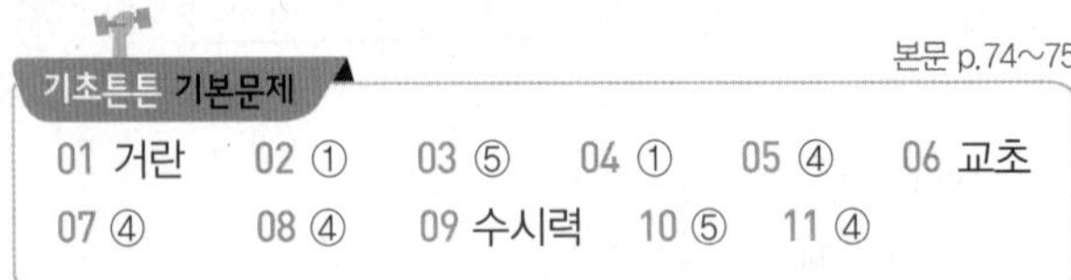

01 거란	02 ①	03 ⑤	04 ①	05 ④	06 교초
07 ④	08 ④	09 수시력	10 ⑤	11 ④	

01 **정답 거란** 거란(요)은 만리장성 남쪽의 농경 지대인 연운 16주를 차지하고 송과 갈등을 빚었다. 요는 우월한 군사력을 바탕으로 송을 압박하고 은과 비단을 제공받았다.

02 **정답 ①** 밑줄 친 '이 시대'는 송대이다. 송대에는 문치주의로 인해 국방력이 약화되어 북방 유목 민족의 압박을 받았고, 화친의 조건으로 대량의 물자를 제공하였다.

오답 피하기

ㄷ, ㄹ. 몽골 제국에 대한 설명이다.

03 **정답 ⑤** 아구타가 여진족을 통일하고 건국한 금은 요를 멸망시킨 후, 곧이어 송을 공격하여 수도 카이펑을 함락하였다. 이에 송은 수도를 임안(항저우)으로 옮겼다(남송).

오답 피하기

① 거란(요)에 대한 설명이다.

② 북방 민족 중 최초로 중국 전역을 지배한 국가는 원이다.

③ 서하에 대한 설명이다.

④ 과거제는 수대에 최초로 실시되었다.

04 **정답 ①** 송대에는 조선술과 항해술의 발달로 해상 무역이 활발해졌다. 차, 비단, 도자기 등 각 지방의 특산물이 수출되었고, 송은 취안저우, 항저우 등에 시박사를 증설하여 해상 무역을 관리하였다.

05 **정답 ④** 제지술(종이 만드는 법), 인쇄술, 화약, 나침반을 중국의 4대 발명품이라 한다. 이 중 송대에 발명된 화약, 나침반, 인쇄술이 원대에 동서 교류를 통해 서양에 전파되었다.

06 **정답 교초** 원은 송대 교자를 이어받아 교초라는 지폐를 만들었고, 이는 교역의 편리함을 가져왔다. 그러나 원 말기 티베트 불교를 지원하는데 국고를 소모하여 이를 해결하고자 교초 발행을 남발하여 물가가 폭등하고 세금 부담이 증가해 백성들의 불만이 커졌다.

07 **정답** ④ 제시된 지도는 몽골 제국의 발전을 나타내고 있다. 칭기즈 칸의 정복 활동에 이어 후손들은 금과 아바스 왕조를 멸망시키고 동부 유럽 일대까지 영역을 확대하였다.

오답 피하기
① 아구타는 여진족을 통일하고 금을 세웠다.
② 거란이 부족을 통일한 후 국호를 요로 고쳤다.
③ 송을 세운 조광윤(태조)이 문치주의를 내세웠다.
⑤ 금에 의해 수도 카이펑이 함락되자 송은 수도를 임안(항저우)으로 옮겼다.

08 **정답** ④ 원은 몽골 제일주의를 내세웠다. 몽골인이 주요 관직을 독점하고, 색목인은 행정·재정에 관한 사무를 처리하였다. 한인, 남인은 천대받았으며 관직에 오를 기회도 제한되었다. 특히 남인은 최하위 계급으로 차별받았다.

09 **정답 수시력** 쿠빌라이 칸은 곽수경에게 새로운 역법의 편찬을 명하였다. 곽수경은 정확한 관측을 우선 과제로 삼고 10여 종의 천문 기기를 새롭게 완성하였다. 그리고 이들 천문 기기를 놓아 두고 사용할 건물인 관성대를 만들었다. 곽수경은 관성대에서 세밀하게 천체를 관측하고 이슬람 역법의 영향을 받아 수시력을 만들었다.

10 **정답** ⑤ 『여행기』를 남긴 사람은 이븐 바투타이다.

오답 피하기
① 선교사 뤼브룩은 프랑스 국왕 루이 9세의 친서를 원에 전해 주었다.
② 카르피니는 교황이 원에 파견한 사신이다.
③ 라시드웃딘은 『집사』를 편찬하였다.
④ 마르코 폴로는 17년간 쿠빌라이 칸의 관리로 일한 후 귀국하여 자신의 경험을 구술하였고, 이것이 『동방견문록』으로 출판되었다.

11 **정답** ④ 제시된 자료는 원대 활발한 동서 교역을 가능하게 한 역참제를 설명하고 있다. 몽골 제국은 역참제를 실시하고 도로를 건설하여 여행과 물자 운송이 활발해졌다. 이 시기에는 초원길, 비단길, 바닷길이 연결되어 동서를 연결하는 교역망이 크게 확장되었다. ④ 문인 관료를 우대하는 문치주의 정책은 송대 실시되었다.

자료 분석

각 지방으로 가는 주요 도로들에 약 40km마다 역참이 설치되어 있다. 역참에는 사신을 위해 300~400마리의 말이 대기하고 있다. …… 이러한 방식으로 대군주의 전령들이 온 사방으로 파견되며, 그들은 하루거리마다 숙박소와 말들을 찾을 수 있다.
→ 마르코 폴로의 『동방견문록』에 나오는 내용으로, 원대에 실시된 역참제에 대해 자세히 서술하고 있다.

실력쑥쑥 실전문제 본문 p.76~77

01 ④ 02 ④ 03 ② 04 ③ 05 ① 06 ⑤
07~08 해설 참조

01 **정답** ④ (가) 왕조는 송이다. 송을 세운 조광윤(태조)은 문관을 우대하는 문치주의를 내세웠다. 송대에는 해상 무역이 활발하였고, 취안저우와 항저우 등에 시박사를 설치하여 세금을 걷고 해외 무역을 관리하였다.

오답 피하기
① 위진 남북조 시대에 등장하였다.
② 한 무제 시기에 있었던 일이다.
③ 수대에 있었던 일이다.
⑤ 원대에 있었던 일이다.

02 **정답** ④ (가) 시기는 송대이다. 송대에는 북방 민족이 성장하여 송을 압박했으며, 결국 금이 송의 수도인 카이펑을 함락하였다. 이에 송은 수도를 남쪽으로 옮겨 남송이 성립하였다. 한편 몽골 초원에서는 테무친이 칭기즈 칸에 추대되어 몽골 제국을 수립하였다.

오답 피하기
ㄱ. 당대, ㄷ. 원대에 일어난 일이다.

03 **정답** ② 밑줄 친 '그'는 쿠빌라이 칸이다. 몽골 제국의 제5대 칸인 쿠빌라이 칸은 대도(베이징)로 수도를 옮긴 후 국호를 원이라 하였고, 남송을 정복하여 유목 민족으로서는 처음으로 중국 전역을 지배하였다. 그는 중국식 연호와 관료제 등 중국의 통치 제도를 받아들이고 대운하를 정비하였다.

04 **정답** ③ 원은 몽골 제일주의를 내세워 민족 차별 정책을 폈다. 주요 관직은 소수의 몽골인이 독점하였고, 색목인은 주로 재정 업무를 담당하면서 우대를 받았다. 한족이었던 한인과 남인은 차별을 받았다. 교초는 원대에 널리 사용된 지폐로 원 말기 국가 재정이 어려워지자, 이를 해결하기 위해 발행이 남발되어 경제가 혼란스러워졌다.

오답 피하기
① 제자백가는 춘추 전국 시대에 등장하였다.
② 불교는 후한 초에 중국으로 전래되었고, 5호 16국 시대에 본격적으로 퍼지기 시작하였다.
④ 진의 시황제가 흉노를 막기 위해 만리장성을 쌓았다.
⑤ 송 태조는 황제권을 강화하기 위해 절도사의 권한을 줄였다.

05 **정답** ① 라시드웃딘이 저술한 역사서는 『집사』이다. 3부로 구성된 이 책은 '최초의 세계사'로 일컬어지고 있다.

06 정답 ⑤ 밑줄 친 '이 왕조'는 원이다. 원대에는 역참제가 시행되고, 통상로가 안전해져 유럽에서 중국까지 이어지는 원거리 여행이 활발해졌다. 원대에 곽수경은 이슬람 역법의 영향을 받아 수시력을 제작하였고, 모로코 출신의 이븐 바투타는 아시아와 아프리카, 유럽을 여행하고 『여행기』를 썼다.

오답 피하기

ㄱ. 장건은 한대에 활동하였다.

ㄴ. 현장은 당대에 활동하였다.

자료 분석

여행자에게는 이 왕조가 가장 안전하고 좋은 곳이다. 혼자서 거액을 소지하고 아홉 달 동안이나 돌아다녀도 걱정할 것이 없다. 그들의 여행 질서를 보면 전국의 모든 역참에 숙소가 있다.
→ 이븐 바투타의 『여행기』에 나오는 내용으로, 원대의 역참제가 여행자에게 얼마나 편리한 것인지를 설명하고 있다.

07 예시 답안 송대에는 북방 민족이 비단길과 초원길을 장악하였기 때문에 바다를 통한 무역이 활발해졌다. 또한 발달된 조선술과 항해술, 나침반, 지도 제작 기술이 활발한 해상 무역을 뒷받침하였다.

채점 기준

상	송대 해상 교역이 활발했던 이유 두 가지를 모두 서술한 경우
중	송대 해상 교역이 활발했던 이유를 한 가지만 서술한 경우
하	송대 해상 교역이 활발했던 이유를 서술하지 못한 경우

08 예시 답안 동방에 대한 유럽인들의 관심이 커졌고, 통상로도 안전해졌기 때문이다. 또한 제국 전체에 역참이 설치되어 여행이 편리해졌다.

채점 기준

상	역참 설치와 통상로의 안전에 대한 내용을 정확하게 서술한 경우
중	역참제에 대한 내용만 서술한 경우
하	여행이 편리해졌다고만 서술한 경우

2 동아시아 지역 질서의 변화

기초튼튼 기본문제

본문 p.82~83

01 ② 02 장거정 03 ④ 04 화이관 05 ⑤ 06 ③
07 ④ 08 ③ 09 공행 10 ⑤ 11 ①

01 정답 ② 밑줄 친 '그'는 주원장(홍무제)이다. 홍무제는 이갑제를 시행하여 향촌 사회에 대한 지배를 강화하였다. 그리고 육유를 반포하여 백성을 교화하는 지침으로 활용하였다.

오답 피하기

ㄴ, ㄹ. 명의 영락제에 대한 설명이다.

02 정답 장거정 장거정은 명 신종의 지원으로 10년 가까이 정권을 담당하며 정치, 군사, 경제 방면의 문제점을 개혁하는 데 업적을 남겼다. 그러나 개혁은 큰 성과를 거두지 못하였다.

03 정답 ④ 명은 북로남왜라 불리는 외부의 침입, 내부의 권력 투쟁과 환관의 횡포, 농민 봉기 등으로 혼란에 빠졌다. 또한 임진왜란 참전으로 국력이 더욱 쇠약해졌다. ④ 지방에서 절도사가 난립한 것은 당 말기의 상황이다.

04 정답 화이관 화이관(화이론)은 중국이 천하 문명의 중심인 '화'이고, 주변의 모든 민족은 오랑캐, 즉 '이'라는 중국 중심의 세계관을 가리킨다. 명·청 교체는 동아시아 각국에 자국 중심적 화이관을 강화시켰다.

05 정답 ⑤ 만주에서 누르하치가 만주족을 통일하여 후금을 세웠다. 뒤를 이은 홍타이지는 조선을 공략하고 나라 이름을 청으로 바꾸었다. 이후 순치제는 명이 멸망한 틈을 타 베이징을 점령하였다.

06 정답 ③ 팔기 조직은 청의 군사력의 근간이었으며, 핵심 통치 집단은 팔기에서 충원되었다. 팔기는 누르하치가 여진족을 통합하면서 새롭게 고안한 조직 체계로, 군사와 행정 기능을 겸하였다.

07 정답 ④ 명·청 대의 사회 지배층을 신사라 한다. 이들은 요역을 면제받고 형법상의 특권을 누렸으며, 지방관을 도와 지역 사회에서 국가 권력의 통치를 보조하였다.

08 정답 ③ 청은 신사들의 지위와 특권을 그대로 인정해 주었고, 과거제를 유지하여 그들의 협력을 이끌어 내는 등 회유책을 펼쳤다. 그러나 만주족 고유의 머리(변발)와 의복(호복)을 강요하고, 엄격한 검열로 비판 여론을 탄압하는 등 강경책도 함께 시행하였다.

09 정답 공행 청 정부로부터 허가를 받아 서양인과 교역한 상인 조합을 '공행'이라 한다. 청은 건륭제 때 서양 국가들에 공행을 통한 제한적인 무역만 허용하였다.

10 정답 ⑤ 12세기 말 수립된 가마쿠라 막부는 몽골의 침입을 막아 내는 과정에서 쇠퇴하였다. 이후 14세기 중반 무로마치 막부가 수립되었으나, 15세기 중엽에 이르러 지방의 다이묘

들이 성장하면서 서로 경쟁하는 센고쿠 시대로 접어들게 되었다. 센고쿠 시대를 끝내고 일본을 통일한 도요토미 히데요시가 죽자, 도쿠가와 이에야스가 에도 막부를 수립하였다.

11 **정답** ① 밑줄 친 '막부'는 에도 막부이다. 에도 막부 시기에는 상공업의 발달로 조닌(상공업자) 문화가 발전하였다. 한편, 에도 막부는 네덜란드에만 나가사키를 통해 무역을 허용하였는데 이 과정에서 서양 학문이 들어왔다.

오답 피하기

ㄷ. 무로마치 막부, ㄹ. 가마쿠라 막부에 대한 설명이다.

실력쑥쑥 실전문제

본문 p.84~85

01 ③ 02 ⑤ 03 ② 04 ⑤ 05 ① 06 ⑤
07~08 해설 참조

01 **정답** ③ 밑줄 친 '이 왕조'는 주원장이 수립한 명이다. 명은 몽골의 위협이 계속되자 만리장성을 대대적으로 보수하여 몽골에 대한 방어를 강화하였다. 그러나 북방뿐만 아니라 남쪽의 바다에서도 왜구의 침략을 받아 심각한 피해를 입었다. 이렇듯 북방의 몽골의 침입, 남쪽 해안의 왜구의 침략을 합쳐 북로남왜라고 한다.

오답 피하기

ㄱ, ㄹ. 청에 대한 설명이다.

02 **정답** ⑤ 명 말에 연이은 자연재해와 경제 위기, 농민 봉기 등의 혼란은 결과적으로 명·청 교체로 이어졌다. 이 시기에 일본과 조선에서는 대기근이 발생하였고, 유럽, 아메리카 등지에서도 위기 현상이 나타났다. 이러한 현상이 나타난 이유는 17세기에 소빙기가 계속되면서 지구 전체의 기온이 하강하고 농업 생산량이 감소하였기 때문이다. ⑤ 17세기 후반에 자연 환경이 더 나빠졌지만 중국은 청의 지배 아래 사회 안정이 유지되었다.

03 **정답** ② 밑줄 친 '이 왕조'는 청이다. 군사 조직인 팔기라는 문장에서 이 왕조가 청임을 알 수 있다. 청은 정부의 요직에 만주족과 한족을 함께 임명하는 만한 병용을 시행하여 유능한 한족 인재를 등용하는 동시에 만주족이 감시할 수 있도록 하였다.

오답 피하기

① 한, ③ 수, ④ 명, ⑤ 금, 남송에 대한 설명이다.

04 **정답** ⑤ 제시된 그림은 청 건륭제 시기 영국 사절단과 건륭제의 만남을 나타내고 있다. 건륭제는 무역항을 광저우 한 곳으로 제한하였고, 서양 상인들이 공행의 상인들을 통해서만 교역할 수 있도록 하였다. 이에 영국은 조지 매카트니를 대표로 하는 사절단을 청에 파견하여 공행 무역을 폐지할 것을 요구하였다. 그러나 건륭제는 기존의 무역법을 지키지 않을 경우 영국 상인들을 쫓아낼 것이라고 경고하였다.

오답 피하기

①, ② 원대의 일이다.
③, ④ 명대의 일이다.

05 **정답** ① 제시된 정치 체제는 일본 봉건 사회의 구조이다. 12세기 말에 미나모토노 요리토모가 가마쿠라 막부를 수립한 이후 일본에서는 700여 년 동안 무사 정권의 시대가 이어졌다. 막부의 수장인 쇼군은 무사들에게 토지와 농민을 제공하고, 무사는 쇼군에게 충성과 봉사의 의무를 수행하였다. 천황은 의례를 담당하는 상징적인 존재가 되었고, 쇼군이 일본의 실질적인 통치자가 되었다.

06 **정답** ⑤ 명에서는 아시카가 요시미쓰를 '일본 국왕'에 책봉하고 조공을 허용하였으며, 무로마치 막부는 조공 무역(감합 무역)을 통해 대외 무역의 이익을 독점하였다. 15세기 중엽에 이르러 지방의 다이묘들이 성장하여 서로 경쟁하면서 센고쿠 시대(전국 시대)가 시작되었다.

오답 피하기

① 헤이안 시대, ② 야마토 정권의 아스카 시대, ③ 가마쿠라 막부, ④ 에도 막부 시기의 일이다.

07 **예시 답안** 정화는 새로운 조공 국가를 확보함으로써 명이 천하의 중심임을 드러내기 위해 대항해에 나섰다.

채점 기준

상	조공 국가를 확보하여 명이 천하의 중심임을(또는 명 중심의 국제 질서 확대) 드러내기 위해서라고 서술한 경우
중	조공 국가 확보에 대한 내용만 서술한 경우
하	황제의 명에 따라 항해에 나섰다고만 서술한 경우

08 **예시 답안** 이 제도는 막부가 다이묘들을 통제하기 위해 만든 산킨코타이 제도이다. 다이묘들은 에도와 영지를 주기적으로 왕복하며 막대한 재정적 부담을 지게 되었다. 한편 이 과정에서 전국의 도로망과 숙박업, 상업이 발달하기도 하였다.

채점 기준

상	목적과 결과를 바르게 서술한 경우
중	목적이나 결과 중 한 가지만 서술한 경우
하	산킨코타이 제도라고만 밝힌 경우

3 서아시아·북아프리카 지역 질서의 변화

기초튼튼 기본문제 본문 p.88~89

01 술탄 02 ⑤ 03 ② 04 ④ 05 ⑤ 06 ④
07 ③ 08 ⑤ 09 예니체리 10 ②

01 정답 술탄 술탄은 '힘을 가진 자'라는 뜻으로, 칼리프가 수여한 정치적 지배자였으며 칼리프를 대신하여 세속적 군주의 역할을 하였다.

02 정답 ⑤ 셀주크 튀르크는 이집트의 이슬람 왕조와 투쟁하여 시리아와 예루살렘을 차지하였다. 이에 비잔티움 제국의 황제는 로마 교황에게 도움을 요청하였고, 교황 우르바누스 2세가 성지 탈환을 호소하면서 십자군 전쟁이 시작되었다.

03 정답 ② 제시된 영역은 셀주크 튀르크의 영역이다. 셀주크 튀르크는 페르시아의 문화를 수용하고 이슬람 율법과 제도를 강화하며 이슬람 세계의 황금기를 이끌었다. 그러나 십자군 전쟁과 왕위 계승을 둘러싼 내분으로 약해졌다가 몽골군의 침공으로 멸망하였다.

오답 피하기

① 우마이야 왕조, ③ 아바스 왕조, ④ 오스만 제국, ⑤ 사파비 왕조에 대한 설명이다.

04 정답 ④ 티무르 왕조의 수도인 사마르칸트는 동서 교역의 중심지이자 중앙아시아의 중심 도시로 번영을 누렸다.

05 정답 ⑤ 16세기 초 이스마일 1세는 페르시아 제국의 계승을 내세우며 사파비 왕조를 세웠다. 사파비 왕조는 고대 페르시아 왕의 칭호인 '샤'를 사용하고 시아파 이슬람교를 국교로 삼는 등 페르시아인의 민족의식을 강조하였다.

오답 피하기

ㄱ. 오스만 제국의 메흐메트 2세가 콘스탄티노폴리스를 점령하여 비잔티움 제국을 멸망시켰다.

ㄴ. 티무르 왕조를 세운 티무르는 칭기즈 칸의 후예를 자처하며 몽골 제국의 재건을 내세웠다.

06 정답 ④ 오스만 제국의 전성기를 이끈 술레이만 1세는 헝가리와 싸워 승리하고 오스트리아를 공격하였으며 북아프리카 해안 주요 도시들을 정복하였다. 그는 종교와 조화를 이룰 수 있는 세속법을 마련하는 등 다양한 법률을 제정하여 '입법자'라고 불린다.

오답 피하기

ㄱ. 오스만 제국의 메흐메트 2세에 대한 설명이다.

ㄷ. 셀주크 튀르크에 대한 설명이다.

07 정답 ③ 오스만 제국의 문화는 비잔티움 문화, 페르시아 문화, 튀르크 문화 등 동서 문화가 융합되어 발달하였다. 비잔티움 양식이 이슬람 사원에 적용되었고, 페르시아의 세밀화가 유행하였다. 또한, 천문학, 지리학, 수학 등 실용적인 학문도 발달하였다. ③ 오스만 제국에는 이슬람교도 이외에도 정교를 믿는 그리스인과 슬라브인, 그리고 유대인이 상당수 존재하였다. 이에 오스만 제국은 다양한 종교에 대한 관용 정책을 펼쳤다.

08 정답 ⑤ 오스만 제국은 비이슬람교도에게 병역을 면제하는 대신 인두세(지즈야)를 부과하고, 이를 내면 종교 공동체에 자치권을 인정하였다(밀레트 제도).

09 정답 예니체리 오스만 제국은 정복지의 크리스트교도 소년 중 인재를 선별하여 이슬람교로 개종시킨 후 최고급 교육을 받을 기회를 제공하였다. 이들 중 일부는 고급 관료가 되었고, 나머지는 예니체리라고 하는 술탄의 친위 부대로 편성되었다.

10 정답 ② 오스만 제국은 종교와 민족에 따른 차별 없이 능력 위주로 관리를 뽑았다. 또한 정복지의 크리스트교도 소년들 중 인재를 선발하여 이슬람교로 개종시킨 후 최고급 교육을 받을 기회를 주었다. 이와 같이 오스만 제국은 제국 내의 비이슬람교도들에게 이슬람교를 강요하지 않았고, 비이슬람교도 출신에게도 출세의 기회를 제공하였다.

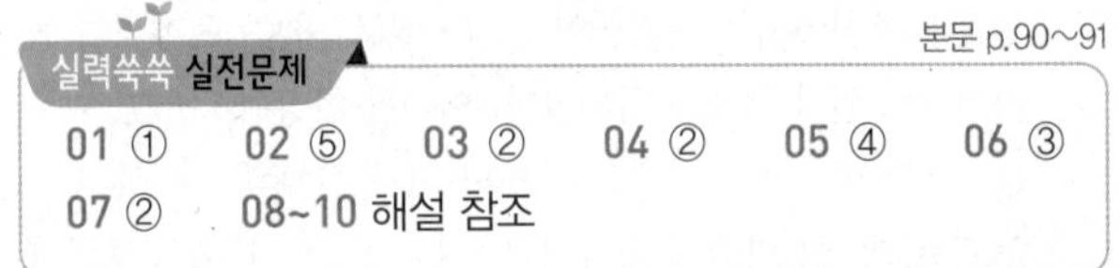

실력쑥쑥 실전문제 본문 p.90~91

01 ① 02 ⑤ 03 ② 04 ② 05 ④ 06 ③
07 ② 08~10 해설 참조

01 정답 ① 밑줄 친 '제국'은 셀주크 튀르크이다. 셀주크 튀르크는 비잔티움 제국을 공격하여 아나톨리아반도를 장악하였으며, 이집트의 이슬람 왕조와 투쟁하여 시리아와 예루살렘을 차지하였다.

오답 피하기

② 티무르 왕조에 대한 설명이다.

③ 사파비 왕조에 대한 설명이다.

④, ⑤ 우마이야 왕조에 대한 설명이다.

02 정답 ⑤ 지도의 영역을 차지한 왕조는 티무르 왕조이다. 14세기 후반 티무르가 몽골 제국의 재건을 내세우며 티무르 왕조를 세웠다. 티무르 왕조는 중앙아시아에서 서아시아에 걸

친 대제국을 건설하였고, 사마르칸트는 동서 교역의 중심지가 되어 국제적인 상업 도시로 성장하였다.

오답 피하기
① 사파비 왕조에 대한 설명이다.
②, ③, ④ 오스만 제국에 대한 설명이다.

03 **정답** ② 밑줄 친 '이 왕조'는 사파비 왕조이다. 사파비 왕조는 아바스 1세 때 이스파한을 수도로 삼고, 주변 여러 세계와 교류하며 발전하였다.

04 **정답** ② 오스만 제국의 메흐메트 2세는 비잔티움 제국을 정복하였고, 셀림 1세는 칼리프의 지위를 넘겨받았다. 이후 술레이만 1세는 지중해 해상권을 장악하여 동서 무역을 독점하였다.

05 **정답** ④ 밑줄 친 '이 제국'은 오스만 제국이다. 궁정의 고위 관료들이 대부분 양치기나 목동의 자식이지만 자신의 능력과 용기로 출세했다는 점에서 오스만 제국이 출신에 관계없이 능력에 따라 관리를 등용하였음을 알 수 있다.

오답 피하기
①, ②, ⑤ 오스만 제국에 대한 설명이지만 본문의 내용과는 직접적인 관련이 없다.
③ 셀주크 튀르크에 대한 설명이다.

06 **정답** ③ 지도의 영역을 차지한 왕조는 오스만 제국이다. 오스만 제국은 종교와 민족에 따른 차별 없이 관리를 선발하였고, 정복지의 크리스트교도 소년들에게도 이슬람교 개종 후 교육의 기회를 제공하였다. 소년들 중 일부는 고위 관리가 되었고, 나머지는 술탄의 친위 부대인 예니체리로 편성되었다. 예니체리는 오스만 제국의 팽창에 크게 기여하였다.

오답 피하기
①, ② 티무르 왕조에 대한 설명이다.
④, ⑤ 셀주크 튀르크에 대한 설명이다.

07 **정답** ② 밑줄 친 '제국'은 오스만 제국이다. 오스만 제국은 넓은 영토와 다양한 민족을 효율적으로 통치하기 위해 관용적인 정책을 펼쳤다. 비이슬람교도들에게 인두세(지즈야)를 부과하고, 이를 내면 종교에 따른 자치권을 인정하는 밀레트 제도를 운영하였다.

오답 피하기
① 오스만 제국은 지즈야를 부과하였다.
③, ④ 사파비 왕조에 대한 설명이다.
⑤ 오스만 제국은 출신에 따른 차별 없이 능력에 따라 관리를 등용하였다.

자료 분석

나, 메흐메트 2세와 운명을 함께 하는 전우들이여! 그동안 비잔티움 인들은 우리 제국에 악행을 일삼았다. 이제 콘스탄티노폴리스를 정복하고 평화와 번영을 누리자. 이 도시는 금은보화로 가득 찬 보물 창고와도 같다. 알라의 보호 아래 용맹한 그대들이 세계의 중심인 이 도시를 차지할 것이다.

→ 메흐메트 2세가 비잔티움 제국의 수도인 콘스탄티노폴리스를 공략하는 상황임을 파악할 수 있다. 1453년 오스만 제국의 메흐메트 2세는 비잔티움 제국을 멸망시키고 콘스탄티노폴리스를 이스탄불로 이름을 바꾼 뒤 수도로 삼았다.

08 **예시 답안** 세속 군주인 술탄이 종교적 최고 지도자인 칼리프를 겸임함으로써, 오스만 제국의 지배자는 술탄 칼리프가 되어 이슬람 세계 전체의 정치적·종교적 지배자로 군림하였다.

채점 기준

상	오스만 제국의 술탄 칼리프가 이슬람 세계 전체의 정치적·종교적 지배자가 되었다는 내용을 서술한 경우
중	세속 군주인 술탄과 종교적 지도자인 칼리프가 결합했다는 내용만 서술한 경우
하	이슬람 제국의 강력한 지배자가 되었다고만 서술한 경우

09 **예시 답안** 오스만 제국은 비잔티움 문화, 페르시아 문화, 튀르크 문화 등 동서 문화가 융합되어 발전하였다. 건축에서는 비잔티움 양식이 적용된 이슬람 사원이 지어졌고, 미술에서는 페르시아의 세밀화가 유행하였다. 또 천문학, 지리학, 수학 등 실용적인 학문도 발달하였다.

채점 기준

상	동서 문화의 융합, 실용적인 학문 발달을 모두 서술한 경우
중	동서 문화의 융합 내용과 그 예시만 서술한 경우
하	동서 문화가 융합되었다고만 서술한 경우

10 **예시 답안** 이슬람교도가 아닌 사람들에게는 병역을 면제하는 대신 인두세(지즈야)를 부과하고, 이를 내면 종교에 따른 공동체에 자치권을 인정하는 밀레트 제도를 운영하였다. 또한 종교와 민족에 따른 차별 없이 능력 위주로 관리를 뽑았으며, 정복지의 크리스트교도 소년 중에서도 뛰어난 인재를 선발하여 이슬람교로 개종하고 최고급 교육을 받을 기회를 제공하였다. 선발된 소년들 중 일부는 궁정의 고위 관리가 되었고, 나머지는 술탄의 친위 부대인 예니체리에 편성되었다.

채점 기준

상	밀레트 제도, 능력 위주의 관리 선발, 정복지의 크리스트교도 소년들에게 교육 기회 제공 중 두 가지를 서술한 경우
중	밀레트 제도, 능력 위주의 관리 선발, 정복지의 크리스트교도 소년들에게 교육 기회 제공 중 한 가지만 서술한 경우
하	다른 종교와 민족에게 관용 정책을 추진하였다고만 서술한 경우

4 신항로 개척과 유럽 지역 질서의 변화

기초튼튼 기본문제 본문 p.96~97

01 ⑤ 02 마젤란 03 ⑤ 04 ⑤ 05 노예 06 ②
07 ④ 08 ② 09 ② 10 ① 11 ③

01 정답 ⑤ 무역의 중심지가 지중해에서 대서양으로 이동한 것은 대항해 시대 신항로 개척의 결과이다.

02 정답 마젤란 마젤란의 일행은 항해를 계속하여 인도양과 희망봉을 거쳐 3년 만에 에스파냐로 돌아왔다. 이는 최초의 세계 일주 항해였다.

03 정답 ⑤ 유럽인들은 아메리카를 식민지로 삼고, 광산이나 농장 일에 원주민을 강제로 동원하였다. 그 과정에서 원주민들은 가혹한 노동에 시달렸다. 또한 유럽에서 들어온 천연두와 홍역 등의 전염병이 유행하여 원주민 숫자가 급속히 줄어들었다.

오답 피하기

ㄱ. 신항로 개척에 따른 유럽의 경제적 성장은 상공업자들로 하여금 자본을 모을 수 있도록 하였다. 그 결과 유럽에서는 근대적 기업 형태의 주식회사가 설립되었다.

ㄴ. 신항로 개척의 결과 아메리카 대륙의 감자, 담배, 옥수수 등이 유럽에 전래되었다.

04 정답 ⑤ 14세기 이후 멕시코 고원 일대에서 아스테카 문명이 발전하였다. 아스테카인은 그림 문자와 달력을 사용하고, 거대한 피라미드형 신전을 지었다.

05 정답 노예 유럽인들은 아메리카 원주민들의 수가 감소하여 노동력이 부족해지자 이를 아프리카 흑인 노예로 충당하고자 하였다.

06 정답 ② 흑사병은 신항로 개척 전인 14세기 중엽에 유행하였고, 이 병으로 유럽 인구의 3분의 1 정도가 사망하였다.

07 정답 ④ 절대 왕정의 군주들은 왕권신수설을 이용하여 절대 권력을 확립하였다. 또한 국가를 강력히 통치하고자 관료제를 정비하였고, 상비군을 갖추어 필요할 때 국왕이 군대를 동원할 수 있도록 하였다. 또한 국가의 부를 늘리기 위해 중상주의 정책을 시행하였다.

08 정답 ② 절대 왕정 시기 유럽 각국은 국가의 부를 증가시키기 위해 국가가 경제 활동 전반에 걸쳐 개입하고, 국내 산업을 보호·육성하는 중상주의 정책을 실시하였다. 절대 왕정 국가들은 수출을 장려하고 수입을 억제하였으며, 해외 식민지 개척에도 적극적으로 나섰다.

09 정답 ② 프랑스의 루이 14세는 유럽 절대 왕정기의 대표적인 왕이다. 그는 콜베르를 등용하여 재정을 확충하였으며, 베르사유 궁전을 건립하여 왕실의 권위를 과시하였다.

10 정답 ① 프리드리히 2세는 오스트리아와 전쟁을 벌여 슐레지엔 지방을 차지하고, 국가 제일의 공복을 자처하였다. 또한 베르사유 궁전을 모방하여 상수시 궁전을 세웠다.

11 정답 ③ 러시아의 표트르 대제는 직접 서유럽 여러 나라를 돌아보고 서유럽 문물을 적극 수용하였다. 또한 상트페테르부르크를 수도로 삼았다.

실력쑥쑥 실전문제 본문 p.98~99

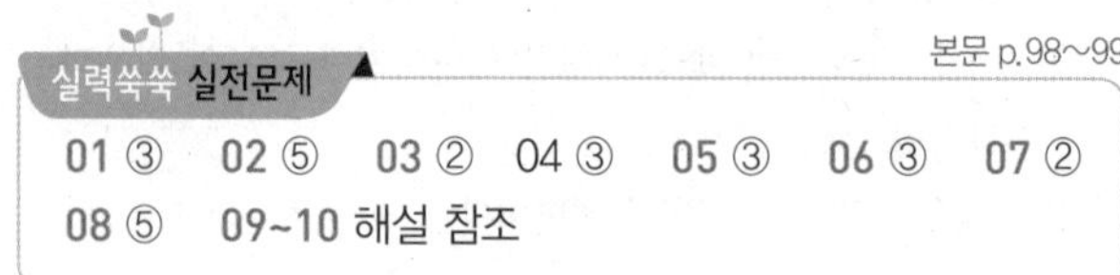
01 ③ 02 ⑤ 03 ② 04 ③ 05 ③ 06 ③ 07 ②
08 ⑤ 09~10 해설 참조

01 정답 ③ 대서양 연안에 위치하여 지중해 무역에서 불리했던 에스파냐와 포르투갈은 새로운 항로를 개척하여 경제적 이익을 얻고자 신항로 개척을 적극적으로 지원하였다. 포르투갈은 항해 왕자 엔히크를 시작으로 바르톨로메우 디아스, 바스쿠 다 가마 등의 탐험가가 신항로 개척에 앞장섰다.

02 정답 ⑤ 에스파냐의 금·은 수입량과 유럽의 평균 밀가루 가격이 급상승한 그래프를 통해 신항로 개척 이후 아메리카로부터 많은 금·은이 들어와 유럽의 물가가 크게 상승하였음을 알 수 있다. 신항로 개척 과정에서 에스파냐에 의해 아스테카, 잉카 문명이 파괴되었으며, 에스파냐 정복자들은 원주민을 동원하여 막대한 양의 금과 은을 채굴하였는데, 대표적인 광산이 포토시 광산이다.

오답 피하기

ㄱ. 18세기 중반 오스트리아와 프로이센은 슐레지엔 지역을 차지하고자 7년 동안 전쟁을 벌였다. 전쟁 결과 프로이센이 승리하여 슐레지엔 지역을 차지하였다.

ㄴ. 종교 개혁으로 크리스트교가 구교와 신교로 분열되며 벌어진 30년 전쟁(1618~1648)의 결과로 베스트팔렌 조약이 맺어졌다.

자료 분석

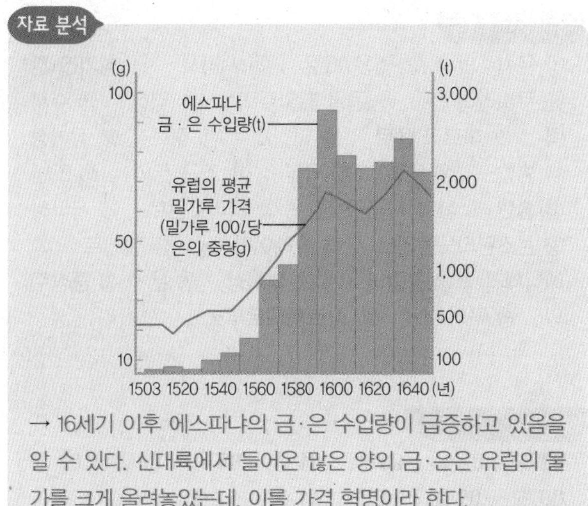

→ 16세기 이후 에스파냐의 금·은 수입량이 급증하고 있음을 알 수 있다. 신대륙에서 들어온 많은 양의 금·은은 유럽의 물가를 크게 올려놓았는데, 이를 가격 혁명이라 한다.

03 정답 ② 밑줄 친 '이 나라'는 에스파냐이다. 에스파냐의 코르테스는 아스테카 문명을, 피사로는 잉카 문명을 정복하였다. 독자적으로 발전하고 있던 아메리카 문명은 에스파냐 군사들에 의해 철저히 파괴되었다. 에스파냐는 아메리카 식민지에서 유입되는 금·은을 바탕으로 대제국을 건설하였고, 펠리페 2세는 무적함대를 육성하여 레판토 해전에서 오스만 제국을 격파하였다.

오답 피하기

ㄴ. 프로이센의 펠리페 2세에 대한 설명이다.

ㄹ. 영국의 엘리자베스 1세에 대한 설명이다.

04 정답 ③ 자료는 신항로 개척 전·후의 무역 변화를 나타내고 있다. 신항로 개척 이후 아시아로부터 새로운 산물이 직접 들어오면서 지중해 무역을 독점하던 오스만 제국과 이탈리아 도시 국가들이 경제적 타격을 입었다. 또한 유럽 경제의 중심지도 대서양으로 이동하였다. 대서양 무역은 유럽, 아메리카, 아프리카를 연결하는 삼각 무역 형태로 변하였다. 16세기에서 18세기 사이에 1,000만 명 이상의 아프리카인이 아메리카 대륙으로 끌려갔다. ③ 노예 무역으로 아프리카의 인구는 급속히 감소하였다.

자료 분석

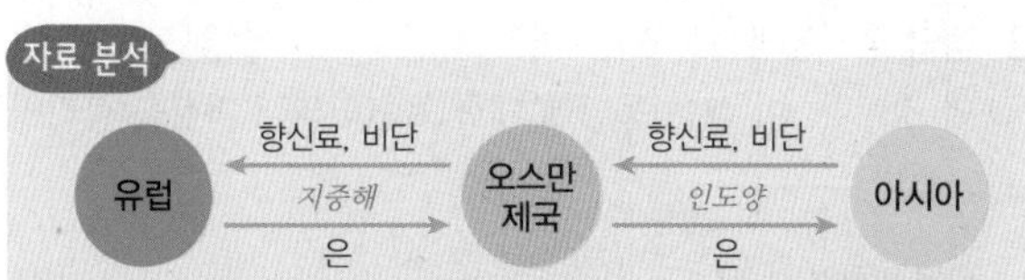

→ 아시아에서 들어오는 향신료, 비단 등의 물품을 오스만 제국이 독점하고 있었기 때문에 유럽에서 아시아 물품의 값은 매우 비쌌다. 또한 이 시기 유럽 무역의 중심지는 지중해였기 때문에 지중해 연안의 오스만 제국과 이탈리아 도시 국가들이 번성하였다.

자료 분석

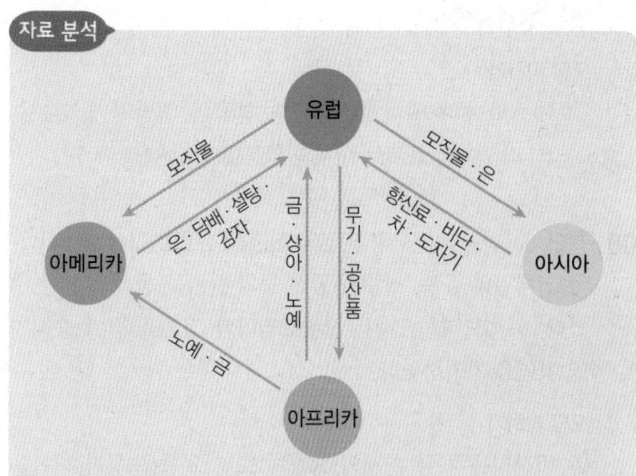

→ 신항로 개척 이후 대서양을 중심으로 유럽, 아프리카, 아메리카를 잇는 삼각 무역이 전개되었다. 또한 유럽과 아시아의 직접 거래가 가능해졌다. 이와 같이 세계적 교역망을 형성하는 데 아메리카의 은이 큰 역할을 하였다.

05 정답 ③ 자료는 국왕의 권력은 신으로부터 주어진 것이므로 절대적으로 복종해야 한다는 왕권신수설에 대한 내용이다. 왕권신수설은 절대 왕정을 뒷받침하는 정치 사상이다. 절대 왕정의 군주들은 왕권신수설을 이용하여 절대 권력을 확립하였다.

오답 피하기

① 르네상스는 14~16세기 이탈리아에서 시작된 문화 운동이다.

② 한자 동맹은 13세기 북유럽의 도시 동맹이며, 중세 유럽 도시의 발달과 관련이 있다.

④ 십자군 전쟁은 11세기 후반 셀주크 튀르크가 예루살렘을 차지하고 비잔티움 제국을 위협하자 비잔티움 제국의 황제가 로마 교황에게 도움을 요청하면서 시작되었다.

⑤ 지방 분권적 봉건제는 9~11세기 서유럽에서 등장한 제도이다.

06 정답 ③ 자료는 절대 왕정의 경제 정책인 중상주의를 설명하고 있다. 수입 억제, 수출 장려, 해외 식민지 개척 등을 통해 파악할 수 있다.

오답 피하기

①, ②, ⑤ 절대 왕정과 관련이 있지만, 검색 결과는 경제 정책인 중상주의의 대한 내용이다.

④ 신항로 개척 이후 본격적인 노예 무역이 성행하여 아프리카의 흑인 인구가 감소하였다.

07 정답 ② 밑줄 친 '국왕'은 프랑스의 루이 14세이다. 콜베르 등용, 짐은 곧 국가, 태양왕 등의 단서를 통해 추론할 수 있다. 루이 14세는 왕실의 권위를 과시하기 위해 베르사유 궁

전을 건립하였다.

오답 피하기

① 에스파냐의 펠리페 2세, ③ 영국의 엘리자베스 1세, ④, ⑤ 러시아의 표트르 대제의 활동이다.

08 **정답** ⑤ 밑줄 친 '국왕'은 프로이센의 프리드리히 2세이다. 국가 제일의 공복, 상수시 궁전 등의 단서를 통해 추론할 수 있다. 프리드리히 2세는 오스트리아와 전쟁을 벌여 슐레지엔 지역을 차지하였다.

오답 피하기

① 비잔티움 제국 황제의 요청에 로마 교황은 성지 회복을 위한 전쟁을 호소하였다. 이에 지방 세력가, 상인, 농민들이 참여하면서 십자군 전쟁이 시작되었다.

② 에스파냐의 펠리페 2세는 레판토 해전에서 오스만 제국을 격파하였다.

③ 프랑스의 루이 14세는 중상주의 정책을 추진하였다.

④ 에스파냐는 오스트리아와 7년 동안 전쟁을 벌여 슐레지엔을 차지하였다.

09 **예시 답안** (1) 아프리카인들이 아메리카에 노예로 끌려가 인구가 급속히 감소하였다.

(2) 아메리카 원주민은 광산이나 농장에 끌려가 가혹한 노동에 시달렸고, 유럽인에 의한 전염병까지 퍼져 인구가 급격히 줄어들었다.

(3) 아메리카 대륙의 감자, 담배 등 새로운 작물이 전래되어 유럽인의 일상생활이 크게 변하였다. 또한 아메리카에서 채굴한 대량의 금, 은이 들어와 물가가 치솟는 가격 혁명이 일어났다.

채점 기준

상	아프리카, 아메리카, 유럽의 변화를 모두 서술한 경우
중	아프리카, 아메리카, 유럽의 변화 중 두 가지만 서술한 경우
하	아프리카, 아메리카, 유럽의 변화 중 한 가지만 서술한 경우

10 **예시 답안** 표트르 대제는 서유럽의 기술과 문물을 적극 수용하여 내정 개혁과 군비 확장을 추진하였다. 또한 상트페테르부르크를 수도로 삼고 러시아를 근대화하려 하였다.

채점 기준

상	서유럽 문물 수용과 상트페테르부르크를 수도로 삼았다는 내용을 모두 서술한 경우
중	서유럽 문물 수용과 상트페테르부르크를 수도로 삼았다는 내용 중 한 가지만 바르게 서술한 경우
하	표트르 대제라고만 쓴 경우

대단원 정리하기 본문 p.100~101

① 문치주의 ② 연운 16주 ③ 시박사 ④ 칭기즈 칸 ⑤ 쿠빌라이 칸 ⑥ 몽골 제일주의 ⑦ 역참 ⑧ 수시력 ⑨ 마르코 폴로 ⑩ 이갑제 ⑪ 정화 ⑫ 장거정 ⑬ 변발 ⑭ 공행 ⑮ 막부 ⑯ 조공 무역 ⑰ 조닌 ⑱ 술탄 ⑲ 십자군 전쟁 ⑳ 사마르칸트 ㉑ 사파비 ㉒ 콘스탄티노폴리스 ㉓ 술레이만 1세 ㉔ 밀레트 ㉕ 예니체리 ㉖ 콜럼버스 ㉗ 대서양 ㉘ 은 ㉙ 중상주의 ㉚ 루이 14세 ㉛ 상트페테르부르크

자신만만 적중문제 본문 p.102~104

01 ⑤ 02 ⑤ 03 ④ 04 ③ 05 ① 06 ⑤ 07 ⑤ 08 ⑤ 09 ① 10 ⑤ 11 ⑤ 12 ④ 13~15 해설 참조

01 **정답** ⑤ (가) 왕조는 송이다. 송 태조 조광윤은 문치주의 정책을 실시하여 황제권을 강화하였다. 이로 인해 송은 국방력이 약화되어 북방 민족의 압박을 받았다. 송대에는 북방 민족이 비단길과 초원길을 장악하여 바다를 통한 무역이 활발하였다. 각종 특산물의 수출이 활발해지자 송은 취안저우, 항저우 등에 시박사를 증설하고 해외 무역을 관리하였다.

오답 피하기

ㄱ. 거란(요)이 발해를 멸망시켰다.

ㄴ. 홍건적의 난은 원 말기에 발생하였다.

02 **정답** ⑤ 밑줄 친 '그'는 테무친(칭기즈 칸)이다. 테무친은 몽골 고원에서 유목 생활을 하던 몽골족을 통합하고, 정복 활동에 나서 유라시아 대륙을 아우르는 대제국을 건설하였다.

오답 피하기

① 쿠빌라이 칸이 남송을 정복하였다.

② 서하를 건국한 민족은 탕구트족이다.

③ 원의 쿠빌라이 칸, 명의 영락제 등이 베이징으로 천도하였다.

④ 금은 송과 함께 요를 멸망시키고 곧이어 송을 공격하였다.

03 **정답** ④ 『동방견문록』은 마르코 폴로의 구술을 책으로 펴낸 것이다. 이 책은 동방에 대한 유럽인의 호기심을 불러일으켰다.

오답 피하기

① 곽수경은 수시력을 만들었다.

② 뤼브룩은 프랑스 국왕 루이 9세가 몽골에 파견한 사신이다.

③ 카르피니는 교황이 몽골에 파견한 특사이다.

⑤ 이븐 바투타는 아시아, 아프리카, 유럽을 여행하고 『여행기』를 집필하였다.

04 **정답** ③ 감합 무역이 실시되던 시기의 중국은 명대이다. 무로마치 막부는 명에 사신을 보내 외교 관계 수립을 요구하였고, 명은 왜구를 단속하고자 이를 수용하였다. 명의 영락제 때 정화는 여러 차례 대항해에 나서 조공 국가를 확대하였다. 15세기에 명은 북로남왜로 위기를 겪었다.

오답 피하기

ㄱ, ㄹ. 청에 대한 설명이다.

05 **정답** ① 울루스는 '백성' 또는 '나라'라는 의미로 유목민들의 정치적 단위이다. 칭기즈 칸이 죽은 후 몽골 제국은 울루스의 느슨한 연합으로 바뀌어 갔다.

06 **정답** ⑤ 에도 막부 시기에는 상공업이 발달하고 도시가 발전하면서 조닌(상공업자)들의 문화가 발전하였다. 대표적으로 가부키, 우키요에 등이 있다. ⑤ 몽골의 침입을 막아 내는 과정에서 쇠퇴한 것은 가마쿠라 막부이다.

07 **정답** ⑤ 16세기 초 이스마일 1세는 페르시아 제국의 계승을 내세우며 사파비 왕조를 세웠다. 사파비 왕조는 고대 페르시아 왕의 칭호인 '샤'를 사용하고 시아파 이슬람교를 국교로 삼아 페르시아인의 민족의식을 강조하였다.

오답 피하기

ㄱ. 아바스 왕조에 대한 설명이다.

ㄴ. 오스만 제국에 대한 설명이다.

08 **정답** ⑤ 자료에서 설명하는 국가는 오스만 제국이다. 오스만 제국은 이집트의 이슬람 왕조를 정복하여 칼리프의 지위를 넘겨받았다. 이로써 오스만 제국의 지배자는 술탄 칼리프로서 이슬람 세계에서 최고의 정치적·종교적 지위를 누리게 되었다.

오답 피하기

① 아바스 왕조에 대한 설명이다.

② 무함마드를 지도자로 한 이슬람 공동체에 대한 설명이다.

③ 정통 칼리프 시대에 있었던 일이다.

④ 우마이야 왕조에 대한 설명이다.

09 **정답** ① 이 제국은 오스만 제국이다. 오스만 제국은 정복지의 크리스트교도 소년들을 징발하여 이슬람교로 개종시킨 후, 최고급 교육을 받을 기회를 제공하였다. 이들 중 일부는 고급 관료가 되었고, 나머지는 예니체리라고 하는 술탄의 친위 부대로 편성되었다.

오답 피하기

② 명에 대한 설명이다.

③, ④ 티무르 왕조에 대한 설명이다.

⑤ 고대 페르시아 제국에 대한 설명이다.

10 **정답** ⑤ 밑줄 친 '이 문명'은 잉카 문명이다. 잉카 문명은 남아메리카의 안데스 산지(오늘날의 페루) 지역에서 번영하였다.

오답 피하기

① (가) – 이집트 지역이다.

② (나) – 인도 지역이다.

③ (다) – 중국의 창장강 일대이다.

④ (라) – 오스트레일리아의 동부 지역이다.

11 **정답** ⑤ (가)는 최초로 대서양을 횡단하여 서인도 제도에 도착한 콜럼버스, (나)는 최초로 세계 일주 항해에 성공한 마젤란 함대이다. 콜럼버스는 이탈리아, 마젤란은 포르투갈 출신이지만 모두 에스파냐의 후원으로 항해에 나섰다.

오답 피하기

① 에스파냐의 코르테스에 대한 설명이다.

② 마젤란에 대한 설명이다.

③ 바스쿠 다 가마에 대한 설명이다.

④ 콜럼버스에 대한 설명이다.

12 **정답** ② 밑줄 친 '그'는 프랑스의 루이 14세이다. 루이 14세는 베르사유 궁전을 지었고, 콜베르를 등용하여 중상주의 정책을 펼쳤다.

오답 피하기

ㄱ. 에스파냐의 펠리페 2세에 대한 설명이다.

ㄷ. 러시아의 표트르 대제에 대한 설명이다.

13 **예시 답안** (1) 역참

(2) 역참의 설치로 여행과 물자 운송이 활발해졌고, 제국 전역에 대한 몽골의 지배력도 강화되었다.

채점 기준

상	역참이라고 쓰고, 여행과 물자 운송의 편의, 제국의 지배력 강화에 대한 내용을 모두 서술한 경우
중	역참이라고 쓰고, 여행과 물자 운송의 편의, 제국의 지배력 강화에 대한 내용 중 한 가지만 서술한 경우
하	역참이라고만 쓴 경우

14 **예시 답안** 만주족 고유의 머리(변발)와 의복(호복)을 강요하고, 엄격한 검열로 비판 여론을 탄압하였다.

채점 기준

상	변발과 호복 강요, 비판 여론 탄압에 대한 내용을 모두 서술한 경우
중	변발과 호복 강요, 비판 여론 탄압에 대한 내용 중 한 가지만 바르게 서술한 경우
하	청의 풍습을 강요하였다고만 서술한 경우

15 **예시 답안** 에스파냐는 아메리카를 정복한 후 막대한 양의 금·은을 채굴하였다. 아메리카로부터 들어온 많은 금·은으로 인해 유럽의 물가가 크게 상승하였다.

채점 기준

상	아메리카로부터 많은 금·은이 들어왔다는 내용을 서술한 경우
중	금·은이 들어왔다는 내용만 서술한 경우
하	유럽 가격 혁명의 원인을 서술하지 못한 경우

최고난도 문제 본문 p.105

01 ② 02 ④

01 **정답** ② 제시된 자료는 중국에서 명이 쇠퇴하고 있을 무렵, 만주에서 여진족을 통합하고 후금을 건국한 누르하치의 행적을 설명하고 있다.

오답 피하기

① 명이 멸망한 후 청이 중국 전역을 지배한 이후의 일이다. 누르하치는 명이 멸망하기 전 만주에서 후금을 건국하였다.

③ 쇠퇴하던 명은 결국 이자성의 난으로 멸망하였고, 이에 청은 만리장성 남쪽으로 진출하여 베이징을 점령하였다. 누르하치는 명이 멸망하기 전 만주에서 후금을 건국하였다.

④ 영국은 매카트니 사절단을 파견하여 공행 무역의 폐지를 요구하였으나, 청 건륭제는 기존의 무역법을 지키지 않을 경우 영국 상인들을 쫓아낼 것이라고 경고하였다.

⑤ 누르하치의 뒤를 이은 홍타이지 때의 일이다. 홍타이지는 명을 공격하기에 앞서, 남쪽의 조선을 복속시키려 하였으나 조선이 거부하자 병자호란을 일으켰다.

02 **정답** ④ 제시된 자료는 절대 왕정 시기의 경제 정책인 중상주의를 설명하고 있다. 첫 번째 자료는 수입 억제를 주장하며 프랑스 내에 직물 공장을 설립하겠다는 내용이다. 두 번째 자료는 보호 무역 제도를 확립하고 식민지를 발전시켜 무역을 프랑스에 종속시키고자 하는 내용이다.

오답 피하기

ㄱ. 신항로 개척 이후 유럽과 아시아 간의 교역이 증가하였다. 이에 따라 아메리카에서 채굴된 은이 유럽을 통해 아시아로 들어갔고, 은을 매개로 세계적 교역망이 형성되었다.

ㄷ. 에스파냐는 아메리카에서 들어오는 금, 은을 바탕으로 대제국을 건설하였다. 펠리페 2세는 무적함대를 육성하고 레판토 해전에서 승리하여 지중해 해상권을 장악하였다.

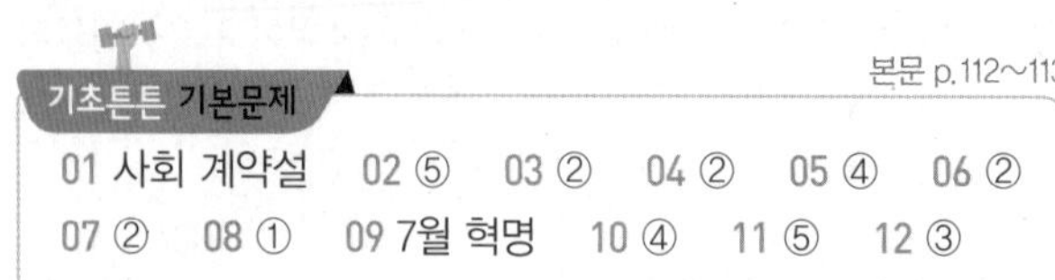

IV 제국주의 침략과 국민 국가 건설 운동

1 유럽과 아메리카의 국민 국가 체제

기초튼튼 기본문제 본문 p.112~113

01 사회 계약설 02 ⑤ 03 ② 04 ② 05 ④ 06 ②
07 ② 08 ① 09 7월 혁명 10 ④ 11 ⑤ 12 ③

01 **정답 사회 계약설** 영국의 홉스와 로크는 법 위에 존재하는 보편타당한 원리가 있다는 자연법사상을 토대로 사회 계약설을 주장하였다.

02 **정답** ⑤ 보스턴 차 사건, 대륙 회의 개최, 독립 선언서 발표, 요크타운 전투 승리는 모두 미국 독립 혁명과 관련이 있다.

오답 피하기

① 17세기에 영국에서 전제 정치를 펼치려는 국왕에 맞서 의회가 권리 장전을 승인받고 승리한 사건이다.

② 면직물 공업을 시작으로 영국에서 시작된 산업상의 큰 변화이다.

③ 구체제의 모순을 배경으로 일어난 프랑스 혁명은 바스티유 감옥 습격을 시작으로 본격적으로 전개되었다.

④ 차티스트 운동은 영국의 노동자들이 보통 선거권을 요구하며 벌인 운동이다.

03 **정답** ② 제3 신분(평민) 대표들은 삼부회에서 자신들의 의견이 받아들여지지 않자, 국민 의회를 구성하고 테니스 코트의 서약을 통해 헌법 제정을 요구하였다.

오답 피하기

① 혁명 급진파가 의회를 해산하고 국민 공회를 수립하였으며 공화정을 선포하였다.

③ 연방제를 채택하는 국가의 정부로 아메리카 식민지가 영국으로부터 독립한 후 연방제를 채택하였다.

④, ⑤ 프랑스 혁명 진행 과정에서 로베스피에르의 몰락 이후 5인 총재 정부가 들어섰고, 이후 나폴레옹이 쿠데타를 통해 통령 정부를 수립하였다.

04 **정답** ② 바스티유 감옥 습격 이후 국민 의회는 봉건제 폐지를 선언하고 「인권 선언」을 채택하였으며, 1791년 헌법을 제

정하였다.

오답 피하기

① 총재 정부는 국민 공회가 무너진 이후에 수립되었다(1795).

③ 루이 16세는 국민 공회가 수립된 이후 반역죄로 처형되었다(1793).

④ 나폴레옹은 총재 정부를 쿠데타로 무너뜨리고 통령 정부를 수립하였다(1799).

⑤ 국민 공회 수립 이후 공포 정치를 펼치던 로베스피에르는 공포 정치에 대한 반발로 권력을 잃고 처형되었다(1794).

05 **정답 ④** 로베스피에르는 공안 위원회와 혁명 재판소를 설치하고 반혁명 세력을 처단하는 공포 정치를 실시하였다. 물가 안정을 위해 최고 가격제를 시행하는 등 민심을 다스리고 혁명전쟁을 수행하였다. 그러나 지나친 공포 정치에 대한 반발로 결국 단두대에서 처형되었다.

06 **정답 ②** 프랑스 혁명을 통해 프랑스는 국민 국가로 재탄생하였다.

오답 피하기

③ 혁명을 통해 프랑스는 중세 봉건 국가에서 벗어나 국민 국가로 발전하였다.

④ 미국 등에서 나타난 국가 형태이다.

⑤ 중앙 집권 국가는 중앙에 권력이 집중된 국가 형태이다. 중세의 서유럽 나라들은 지방 분권 국가였다.

07 **정답 ②** 나폴레옹은 유럽의 대부분을 정복하여 프랑스 혁명의 이념을 전파하였다. 그러나 나폴레옹의 군대는 각지에서 격렬한 저항에 부딪히기도 하였다.

오답 피하기

①, ③ 이탈리아의 통일을 주도한 인물들이다.

④ 철혈 정책을 펼치며 독일의 통일에 기여하였다.

⑤ 오스트리아의 재상으로 나폴레옹 몰락 후에 열린 빈 회의를 주도하였다.

08 **정답 ①** 오스트리아의 재상 메테르니히는 빈 체제를 주도하면서 프랑스 혁명과 나폴레옹 몰락 이후의 유럽 질서를 이끌었다.

오답 피하기

② 비스마르크에 대한 설명이다.

③, ⑤ 나폴레옹에 대한 설명이다.

④ 카보우르, 가리발디 등에 대한 설명이다.

09 **정답 7월 혁명** 나폴레옹 몰락 이후 프랑스에서는 왕정이 복고되어 부르봉 왕조의 샤를 10세가 왕위에 올랐다. 그러나 그는 자유주의 운동을 탄압하였고, 7월 혁명으로 왕좌에서 쫓겨났다.

10 **정답 ④** 자료는 차티스트 운동에서 등장한 '인민 헌장'의 주요 내용이다. 당시 영국의 노동자들은 보통 선거권을 요구하였다.

자료 분석

- 21세 이상 남자의 보통 선거권 인정
- 인구 비례에 따른 평등 선거구 설정
- 유권자의 보호를 위해 비밀 투표 보장
- 의원의 보수 지급
- 의원 출마자의 재산 자격 제한 폐지

→ '인민 헌장'의 주요 내용으로, 영국의 노동자들이 보통 선거권을 요구한 차티스트 운동과 관련이 있다. 노동자들의 요구는 즉각 수용되지 않았지만, 이후 점차적으로 참정권이 확대되면서 노동자 계층에도 선거권이 주어졌다.

11 **정답 ⑤** 사르데냐 왕국의 재상이었던 카보우르와 의용군을 이끌었던 가리발디는 이탈리아의 통일을 주도하였다.

12 **정답 ③** 지도는 독일 통일 과정을 나타낸 것이다. 프로이센의 재상인 비스마르크는 철혈 정책을 바탕으로 독일 통일을 이끌었다.

오답 피하기

ㄱ. 남북 전쟁 당시 미국의 대통령에 당선되었다.

ㄹ. 나폴레옹이 영국을 제압하기 위해 영국과의 무역을 금지한 명령이다.

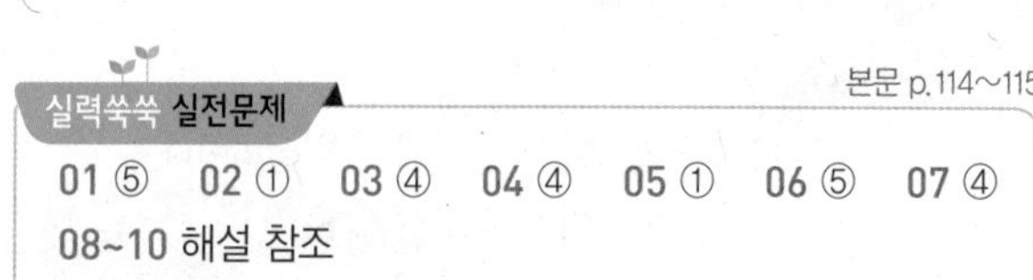

실력쑥쑥 실전문제

본문 p.114~115

01 ⑤ 02 ① 03 ④ 04 ④ 05 ① 06 ⑤ 07 ④
08~10 해설 참조

01 **정답 ⑤** 영국이 식민지에 인지세, 차세 등을 부과하자, 식민지인들은 "대표 없는 곳에 과세 없다."라며 반발하였다. 결국 보스턴 차 사건(1773)이 일어나면서 식민지와 영국 간의 갈등이 폭발하였다.

오답 피하기

① 나폴레옹이 영국을 견제하기 위해 발표한 대륙 봉쇄령을 러시아가 어기자 나폴레옹은 러시아 원정을 단행하였다.

② 프랑스 혁명과 관련된 사실이다.

③, ④ 보스턴 차 사건 이후의 상황이므로 제시된 사건의 배경이 될 수 없다.

02 **정답 ①** 프랑스 혁명은 삼부회 소집 → 국민 의회 구성 →

테니스 코트의 서약 → 루이 16세의 국민 의회 무력 해산 시도 → 파리 민중의 바스티유 감옥 습격 → 「인권 선언」 발표 → 1791년 헌법 제정의 순서로 전개되었다.

03 **정답** ④ 자료는 프랑스 혁명 당시에 발표된 「인간과 시민의 권리 선언(인권 선언)」이다. 국민 주권, 자유와 평등, 재산권 보호 등 혁명의 기본 이념이 담겨 있다.

오답 피하기

① 영국의 권리 장전에 해당한다.

② 프랑스 혁명은 미국 독립 혁명 이후의 사건이다. 「인권 선언」이 미국 독립 혁명의 영향을 받았다.

③ 「인권 선언」에서는 개인의 재산권을 옹호하였다.

⑤ '인민 헌장'에 해당한다.

자료 분석

제1조 인간은 자유롭게, 그리고 평등한 권리를 갖고 태어났다. → 천부 인권 사상 강조

제2조 모든 정치적 결합의 목적은 그 무엇도 침해할 수 없는 인간의 자연권을 보전하는 데 있다. 그 권리는 자유, 재산, 안전 및 압제에 대한 저항이다.
→ 자연권 사상 강조

제3조 모든 주권의 원천은 본래 국민에게 있다. 어떤 개인이나 단체도 명백히 국민에게서 나오지 않은 권위를 행사할 수 없다. → 국민 주권의 원리 강조

04 **정답** ④ 나폴레옹은 1804년에 대관식을 올리고 프랑스 황제가 되었다. 그는 쿠데타로 총재 정부를 무너뜨리고 집권하였으며, 『나폴레옹 법전』을 편찬하였다.

오답 피하기

ㄱ. 영국의 메리와 윌리엄 공동 왕에 대한 설명이다.

ㄷ. 미국의 대통령 링컨에 대한 설명이다.

05 **정답** ① 크림 전쟁 패배 이후 러시아의 황제 알렉산드르 2세는 노예 해방령을 발표하고 지방 의회를 창설하는 등 개혁을 시도하였으나 큰 효과를 거두지 못하였고, 결국 반대파에 의해 암살되었다.

오답 피하기

ㄷ. 차티스트 운동은 영국의 노동자들이 전개한 선거권 확대 운동으로 러시아와는 관련이 없다.

ㄹ. 데카브리스트의 봉기(1825)는 러시아가 크림 전쟁(1853~1856)에서 패배하기 이전에 일어났다.

06 **정답** ⑤ 철혈 정책을 내세운 인물은 프로이센의 수상 비스마르크이다. 그는 오스트리아, 프랑스와의 전쟁에서 이들 두 나라를 차례로 격파하고 독일 통일을 완성하였다(1871).

오답 피하기

①, ④ 사르데냐 왕국의 수상 카보우르에 대한 내용이다.

③ 비스마르크는 프랑스를 독일 통일의 장애물로 여기고 전쟁을 통해 굴복시켰다.

자료 분석

언론이나 다수결로 현재의 큰 문제가 해결되지 않습니다. …… 철(鐵)과 피(血)로써만 문제가 해결되는 것입니다.
→ 독일 통일을 이끈 비스마르크가 1862년에 의회에서 연설한 내용이다. 밑줄 친 부분은 그의 군비 확장 정책을 '철혈 정책'이라고 부르는 계기가 되었고, 비스마르크를 상징하는 말이 되었다.

07 **정답** ④ 브라질은 포르투갈 황태자를 국왕으로 추대하여 혁명 없이 독립하였다.

08 **예시 답안** 그림은 구제도의 모순을 풍자한 것으로 성직자와 귀족이 평민의 등에 올라타 있는 모습이다. 성직자와 귀족은 전체 인구의 2%에 불과하였으나 부를 독점하고 면세의 혜택을 누렸다. 반면 평민은 각종 의무와 무거운 세금에 시달리고 정치 참여에서도 배제되었다.

채점 기준

상	그림과 구제도의 모순을 연관지어 정확하게 서술한 경우
중	구제도의 모순을 서술하였으나 그림과 제대로 연관짓지 못한 경우
하	그림 및 구제도의 모순과 관련 없는 내용을 서술한 경우

09 **예시 답안** 두 사건은 모두 자유주의 운동으로 선거권의 확대를 주장하였다. 또한 노동자 계층이 주도하였다는 공통점이 있다.

채점 기준

상	밑줄 친 내용 중 두 가지 요소를 포함시켜 서술한 경우
중	밑줄 친 내용 중 한 가지 요소만 포함시켜 서술한 경우
하	밑줄 친 내용과 관련 없는 내용을 서술한 경우

10 **예시 답안** 당시 남부의 산업 구조는 노예 노동에 기반한 대농장을 중심으로 이루어져 있었고, 북부는 자유로운 노동에 기반한 상공업이 발달되어 있었다.

채점 기준

상	남부와 북부의 산업 구조를 정확하게 비교 서술한 경우
중	남부와 북부의 산업 구조 중 한 가지만 서술한 경우
하	남부와 북부의 산업 구조를 모두 서술하지 못한 경우

2 유럽의 산업화와 제국주의

기초튼튼 기본문제 본문 p.120~121

01 ③ 02 산업 혁명 03 ④ 04 ⑤ 05 ③ 06 ③
07 사회 진화론 08 ④ 09 ⑤ 10 ③ 11 ②

01 정답 ③ 영국에서는 모직물 공업의 발달로 인한 자본과 기술 축적, 풍부한 지하자원, 광대한 해외 식민지, 인클로저 운동으로 인한 도시 노동력 확충 등을 배경으로 가장 먼저 산업 혁명이 전개되었다.

오답 피하기

ㄷ. 미국에 대한 설명이다.

02 정답 산업 혁명 산업 혁명은 기계가 발명되고 기술이 혁신적으로 발전하여 생산 방식이 가내 수공업에서 공장제 기계 공업으로 바뀌면서 나타난 산업상의 큰 변화로, 18세기 말 영국의 면직물 공업 분야에서 시작되었다.

03 정답 ④ 스티븐슨이 개발한 증기 기관차는 유럽 철도망의 확산에 공헌하였다.

오답 피하기

① 유선 전신을 개발하였다.
② 증기선을 개발하였다.
③ 사회주의 사상을 주장하였다.
⑤ 제니 방적기를 개발하였다.

04 정답 ⑤ 산업 혁명으로 공장제 기계 공업이 발달하여 대량 생산이 가능해지고 인간의 삶은 풍요로워졌다. 그러나 도시로의 지나친 인구 집중, 도시 문제와 노동 문제 등이 발생하였으며, 빈부 격차가 심화되었다. 이러한 문제를 해결하기 위해 사회주의 사상이 등장하기도 하였다.

05 정답 ③ 오언과 마르크스는 대표적인 사회주의 사상가들이다. 빈부 격차가 심해지고 노동 환경이 열악해지면서 자본주의 체제를 비판하는 사회주의 사상이 등장하였다. 이들은 공장이나 토지 같은 생산 수단을 산업 자본가가 독점하지 않고 공동 소유 및 관리해야 한다고 주장하였다.

06 정답 ③ 19세기에 들어와 서양 열강은 군사적인 힘과 경제력을 앞세워 대외 팽창 정책을 추진하였는데, 이를 제국주의라고 한다. 제국주의가 등장하게 된 배경으로는 독점 자본주의의 등장, 상품 판매를 위한 새로운 시장 개척의 필요성, 값싼 원료 공급지의 필요성 등이 있다.

오답 피하기

ㄱ. 신항로의 개척은 15~16세기에 이루어졌다.
ㄹ. 절대 왕정은 17~18세기에 전성기를 맞이하였다.

07 정답 사회 진화론 스펜서는 다윈의 생물학적 진화론이 사회 변화에도 적용된다고 주장하였는데, 이를 사회 진화론이라고 한다. 사회 진화론은 백인 우월주의와 함께 제국주의를 정당화하는 데 이용되었다.

08 정답 ④ 영국의 대표적인 제국주의자이자 케이프주 식민지 총독이었던 세실 로즈를 풍자한 그림이다.

오답 피하기

①, ③ 탐험가로 아프리카 내륙을 탐험하였다.
② 영국의 소설가로 백인 우월주의를 정당화하는 주장을 펼쳤다.
⑤ 수력 방적기를 발명하여 영국의 면직물 공업 발전에 기여하였다.

09 정답 ⑤ (가)는 파쇼다 사건으로 영국의 종단 정책과 프랑스의 횡단 정책이 수단의 파쇼다에서 충돌한 것이다.

오답 피하기

① 영국과 프랑스가 대립하였다.
② 아편 전쟁에 대한 설명이다.
③ 북아메리카 식민지군은 요크타운에서 영국군에 크게 승리하였다. 이는 미국 독립 혁명과 관련된 내용이다.
④ 프랑스와 독일 사이에 있었던 제1·2차 모로코 위기에 대한 설명이다.

10 정답 ③ 프랑스는 아프리카의 알제리로부터 마다가스카르 섬을 연결하는 횡단 정책을 추진하였으며, 독일과 모로코를 둘러싸고 대립하였다(제1·2차 모로코 위기).

11 정답 ② 네덜란드는 포르투갈을 밀어내고 자와섬을 차지하였으며, 인도네시아 대부분을 식민지화하였다.

실력쑥쑥 실전문제 본문 p.122~123

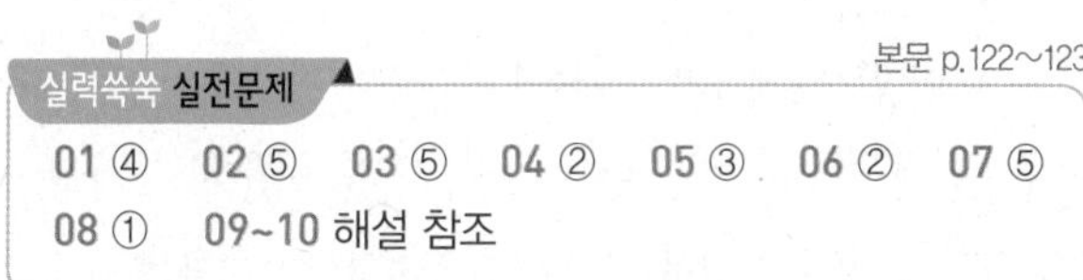
01 ④ 02 ⑤ 03 ⑤ 04 ② 05 ③ 06 ② 07 ⑤
08 ① 09~10 해설 참조

01 정답 ④ 산업 혁명은 18세기 말 영국의 면직물 공업 분야에서 시작되었다. 다양한 방적기와 방직기가 개발되고, 와트의 증기 기관이 기계의 동력으로 사용되기 시작하였다.

02 정답 ⑤ 증기 기관차, 증기선 등의 교통수단이 발달하면서 산업 혁명은 각국으로 점차 확산되었다. 또한 시장이 확대되고 교역량이 증가하면서 산업 발달이 촉진되었다.

오답 피하기

• 갑 – 교통수단의 발달로 원료와 제품의 수송이 편리해졌고,

대량 생산이 가능해지면서 가내 수공업은 쇠퇴하였다.
• 을 - 신항로의 개척은 산업 혁명 이전인 15~16세기에 이루어졌다.

03 **정답** ⑤ 산업 혁명으로 인해 도시 문제와 노동 문제가 발생하였으며, 빈부 격차가 심화되었다.
⑤ 인클로저 운동은 산업 혁명 이전의 일이다.

04 **정답** ② (가)는 오언 등이 주장한 초기 사회주의(공상적 사회주의)로 협동과 이상적인 공동체의 건설을 강조하였다. (나)는 마르크스와 엥겔스 등이 주장한 과학적 사회주의로 자본가 계급의 타도와 새로운 사회 건설을 주장하였다.

05 **정답** ③ 제국주의를 풍자한 그림이다. 제국주의는 19세기 유럽에서 등장하였으며, 사회 진화론을 통해 정당화되었다.

오답 피하기
ㄱ. 제국주의는 프랑스 혁명 이후에 등장한 사상이므로 프랑스 혁명의 원인이 될 수 없다.
ㄹ. 제국주의는 자본주의 경제(독점 자본주의)의 발전을 배경으로 등장하였다.

06 **정답** ② (가)는 영국, (나)는 프랑스이다. 영국은 이집트의 카이로와 케이프타운을 연결하는 아프리카 종단 정책을 추진하였으며, 오스트레일리아와 뉴질랜드도 점령하였다.

오답 피하기
① 프랑스에 대한 설명이다.
③ 벨기에에 대한 설명이다.
④ 네덜란드에 대한 설명이다.
⑤ 독일과 프랑스에 대한 설명이다.

07 **정답** ⑤ 에티오피아와 라이베리아는 20세기 초 아프리카에서 예외적으로 독립을 유지하였다.

오답 피하기
ㄱ. 이집트는 영국의 보호국이 되었다.
ㄴ. 나미비아 지역은 독일의 식민 지배를 받았다.

08 **정답** ① 미국은 남북 전쟁 이후 급격한 산업화를 추진하였으며, 에스파냐와의 전쟁을 통해 필리핀을 식민지화하였다. 또한 쿠바를 보호국으로 삼은 후 괌과 하와이를 차지하였다.

09 **예시 답안** 노동자들은 기계 파괴 운동(러다이트 운동), 노동조합 결성 등을 통해 사회 문제를 해결하고자 하였다.

채점 기준

상	러다이트 운동과 노동조합 결성을 모두 서술한 경우
중	러다이트 운동과 노동조합 결성 중 한 가지만 서술한 경우
하	러다이트 운동과 노동조합 결성을 모두 서술하지 못한 경우

10 **예시 답안** 두 자료에는 모두 백인 우월주의(인종주의)가 드러나 있다. 이는 제국주의 사상과 제국주의 국가들의 식민지 확대를 정당화하는 논리로 사용되었다.

채점 기준

상	백인 우월주의(인종주의)와 제국주의에 미친 영향을 모두 정확하게 서술한 경우
중	백인 우월주의(인종주의)와 제국주의에 미친 영향 중 한 가지만 정확하게 서술한 경우
하	백인 우월주의(인종주의)와 제국주의에 미친 영향을 모두 정확하게 서술하지 못한 경우

자료 분석

백인의 책무를 다하라.
야만적인 전쟁을 평화로 바꾸고
기아로 허기진 입들을 먹이기 위해
질병이 사라지도록 하기 위해
– 키플링, 「백인의 짐」

→ 키플링은 자신의 시에서 미개한 인종을 문명화로 이끄는 것이 백인의 의무라고 주장하였다. 식민지를 야만적인 곳, 기아로 허기진 곳, 질병이 유행하는 곳으로 묘사하고 있으며, 이를 통해 백인 우월주의가 제국주의를 정당화하는 데 사용되었음을 알 수 있다.

3 서아시아와 인도의 국민 국가 건설 운동

본문 p.128~129

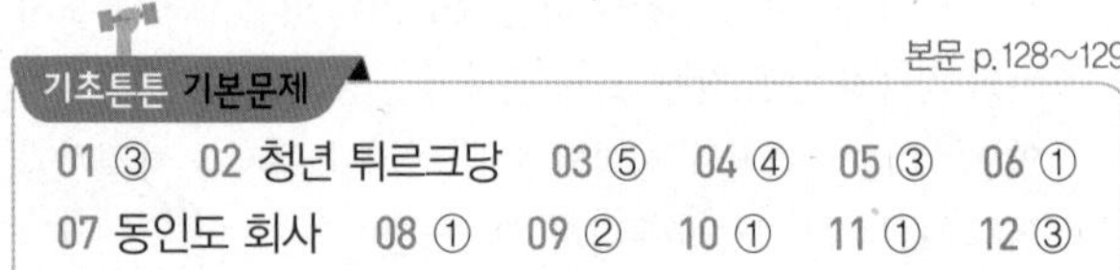
기초튼튼 기본문제
01 ③ 02 청년 튀르크당 03 ⑤ 04 ④ 05 ③ 06 ①
07 동인도 회사 08 ① 09 ② 10 ① 11 ① 12 ③

01 **정답** ③ 오스만 제국에서는 1839년부터 탄지마트로 불리는 개혁이 시도되었다. 행정·과세 제도의 개선, 철도의 도입, 유럽식 교육 시행, 유럽인 장교 고용을 통한 군대의 근대화, 유학생 파견, 근대식 헌법 제정과 의회 제도 수립 등이 추진되었으나, 보수 세력과 유럽 열강의 방해로 실패하였다.

02 **정답** **청년 튀르크당** 오스만 제국에서는 러시아와의 전쟁에서 패한 후 술탄이 전제 정치 강화를 시도하였다. 이에 청년 장교와 지식인들을 중심으로 청년 튀르크당이 결성되어 무력 혁명을 일으켰다.

03 **정답** ⑤ 무스타파 케말에 대한 설명이다. 무스타파 케말은 갈리폴리 전투의 승리를 바탕으로 '파샤' 라는 칭호로 불렸으

며, 튀르키예 독립 전쟁을 주도하였다. 이후 그는 오스만 제국을 무너뜨리고 튀르키예 공화국의 초대 대통령이 되었다.

오답 피하기

① 「로울라트법」은 제1차 세계 대전이 끝난 후 영국이 인도인들을 탄압할 목적으로 시행한 것이다.

② 담배 불매 운동은 이란의 민족 운동가인 알 아프가니를 중심으로 전개되었다.

③ 이집트의 아라비 파샤는 수에즈 운하의 건설을 주도하였다.

④ 무스타파 케말은 술탄제를 폐지하고 튀르키예 공화국을 수립하였다.

04 **정답** ④ 무함마드 알리는 오스만 제국을 물리치고 이집트의 자치권을 획득한 후 근대화 개혁을 실시하였다.

오답 피하기

①, ② 인도의 민족 운동을 이끌었다.

③ 오스만 제국을 공격하는 그리스와 영국을 물리친 후 술탄을 몰아내고 튀르키예 공화국을 수립하였다.

⑤ 오스만 제국의 자유주의 개혁과 의회 설립을 주도하였다.

05 **정답** ③ 와하브 운동은 이슬람교의 창시자인 무함마드의 원래 가르침으로 돌아갈 것을 주장하였으며, 오스만 제국에 반대하는 아랍 민족 운동으로 발전하였다.

오답 피하기

① 오스만 제국의 근대화 개혁이다.

④ 영국의 벵골 분할령에 저항하며 인도 국민 회의가 주도한 민족 운동이다.

06 **정답** ① 이란에서는 카자르 왕조가 근대화 개혁을 시도하였으나 실패하였다. 카자르 왕조가 영국 상인에게 담배 판매 독점권을 넘기자 알 아프가니를 중심으로 담배 불매 운동이 전개되기도 하였다.

07 **정답 동인도 회사** 영국, 프랑스, 네덜란드 등이 설립한 동인도 회사는 열강의 식민지 확대 정책을 앞장서서 이끌었다.

08 **정답** ① 동인도 회사에 고용된 인도인 용병(세포이)들이 새로 지급받은 탄약 봉지에 소기름과 돼지기름이 발라져 있다는 소문이 퍼지면서 세포이들이 분노하였다. 세포이들의 대다수가 소를 신성시하는 힌두교도와 돼지를 금기시하는 무슬림이었기 때문이다. 결국 세포이들은 영국의 식민지 수탈과 종교, 문화 등의 간섭에 저항하며 봉기하였다(1857).

09 **정답** ② 인도 국민 회의는 창설 과정에서 영국의 지원을 받았으며, 초기에는 영국의 식민 지배에 협력하였다. 그러나 벵골 분할령(1905)을 계기로 급진파가 주도권을 잡고 반영 운동을 주도하기 시작하였고, 스와데시(국산품 애용) 운동 및 외국 상품 불매 운동, 국민 교육 운동, 자치 운동 등을 전개하였다.

오답 피하기

① 인도 국민 회의는 벵골 분할령에 저항하였다.

③ 인도 국민 회의가 결성되기 이전에 세포이의 항쟁이 일어났다.

⑤ 청년 튀르크당에 대한 설명이다.

10 **정답** ① 인도의 민족 지도자 간디는 평화와 비폭력을 강조하며 불복종 운동을 펼쳤다.

11 **정답** ① 영국은 제1차 세계 대전 이후 인도인에게 자치권을 부여하겠다는 약속을 지키지 않았다. 오히려 인도인을 재판 없이 감옥에 가둘 수 있도록 한 「로울라트법」을 시행하고 암리차르 학살 사건을 일으키는 등 인도인을 탄압하였다.

오답 피하기

②, ③ 제1차 세계 대전 이전의 상황이다.

④ 청년 튀르크당에 대한 설명이다.

⑤ 차르는 러시아 군주의 칭호이다.

12 **정답** ③ 호찌민은 베트남 공산당을 결성하고 프랑스 제국주의에 저항하였다.

오답 피하기

① 동남아시아에서 유일하게 독립을 유지하였다.

② 1885년 영국의 식민지가 되었다.

④ 에스파냐와 미국의 식민 지배를 받았다.

⑤ 네덜란드의 식민 지배를 받았다.

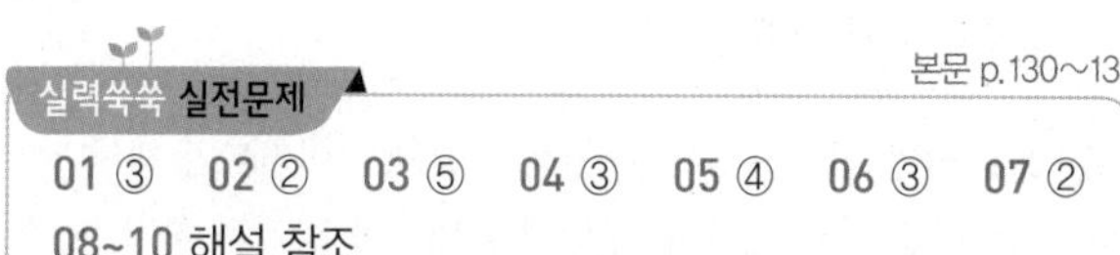

본문 p.130~131

01 ③ 02 ② 03 ⑤ 04 ③ 05 ④ 06 ③ 07 ②
08~10 해설 참조

01 **정답** ③ 오스만 제국은 신항로 개척으로 인한 지중해 무역의 쇠퇴, 그리스와 이집트의 독립, 러시아의 남하 등으로 세력이 약화되었다.

③ 플라시 전투는 영국과 프랑스가 벵골 지역의 지배권을 놓고 벌인 전쟁으로 오스만 제국과는 관련이 없다.

02 **정답** ② 오스만 제국은 위기 극복을 위해 탄지마트라는 서양식 개혁을 추진하였다. 개혁이 실패하고 술탄의 전제 정치가 강화되자, 청년 튀르크당이 무력 혁명을 통해 입헌 정치를 시도하였다.

오답 피하기

ㄴ. 이란에서 전개되었다.

ㄷ. 「로울라트법」은 영국이 인도 식민지를 탄압할 목적으로 시행하였다.

03 **정답** ⑤ 튀르키예 독립 전쟁을 이끈 무스타파 케말은 튀르키예 공화국의 초대 대통령이 된 후 여성 인권을 높이기 위한 개혁과 언어 개혁 등을 추진하였다.

04 **정답** ③ 이란에서 담배 불매 운동, 입헌 혁명 등이 일어나자 러시아와 영국이 무력으로 개입하여 개혁을 좌절시켰다. 이후 북쪽은 러시아가, 남쪽은 영국이 분할하여 지배하였다.

05 **정답** ④ 세포이의 항쟁을 진압한 영국은 동인도 회사를 폐지하고 영국 국왕이 인도 제국의 황제로서 인도를 직접 지배하였다.

오답 피하기

①, ② 세포이의 항쟁이 일어나기 이전의 상황이다.

③ 영국령 인도 제국이 수립되면서 무굴 제국은 멸망하였다.

⑤ 세포이의 항쟁 이후 영국의 탄압은 더 심해졌다.

06 **정답** ③ 간디는 '마하트마(위대한 영혼)'로 불리는 인도의 민족 지도자이다. 그는 평화와 비폭력을 강조하며 영국의 탄압에 저항하는 불복종 운동을 펼쳤다. 또한 소금 행진(1930), 제2차 세계 대전 이후의 인도 철수 운동(1942)을 이끌었다.

오답 피하기

ㄷ. 네루에 대한 설명이다.

07 **정답** ② 지도에서 (가)는 베트남, (나)는 시암(타이), (다)는 미얀마, (라)는 인도네시아, (마)는 필리핀이다. 시암(타이)은 라마 5세의 개혁, 영국과 프랑스의 세력 균형을 바탕으로 독립을 유지하였다.

08 **예시 답안** 막대한 운하 건설 비용 문제로 이집트가 재정난에 시달리게 되었다. 운하 운영권을 영국에 넘기려 하자, 이집트에서 이에 반대하는 봉기가 일어났다. 영국은 봉기를 진압하고 이집트를 보호국으로 만들었다.

채점 기준

상	재정난, 봉기, 이집트의 보호국화 내용 중 두 가지 요소를 포함하여 서술한 경우
중	재정난, 봉기, 이집트의 보호국화 내용 중 한 가지 요소만 포함하여 서술한 경우
하	'수에즈 운하 건설이 힘들었다.'와 같이 막연히 서술한 경우

09 **예시 답안** (가) 국가는 사우디아라비아로 와하브 운동의 영향을 받아 성립하였다. 와하브 운동은 이슬람교의 종교적 순수성을 강조한 개혁 운동으로, 이슬람교의 창시자인 무함마드의 가르침으로 돌아갈 것을 주장하였다.

채점 기준

상	와하브 운동의 명칭과 내용을 모두 정확하게 서술한 경우
중	와하브 운동의 명칭과 내용 중 한 가지만 정확하게 서술한 경우
하	와하브 운동의 명칭과 내용에 대한 서술이 모두 정확하지 않은 경우

10 **예시 답안** 지도에는 벵골 분할령이 나타나 있다. 벵골 분할령은 힌두교도와 무슬림 간의 갈등을 부추겨 인도의 민족 운동 세력을 분열시키는 것이 목적이었다.

채점 기준

상	벵골 분할령의 명칭과 실시 목적을 모두 정확하게 서술한 경우
중	벵골 분할령의 명칭과 실시 목적 중 한 가지만 정확하게 서술한 경우
하	벵골 분할령의 명칭과 실시 목적에 대한 서술이 모두 정확하지 않은 경우

4 동아시아의 국민 국가 건설 운동

본문 p.136~137

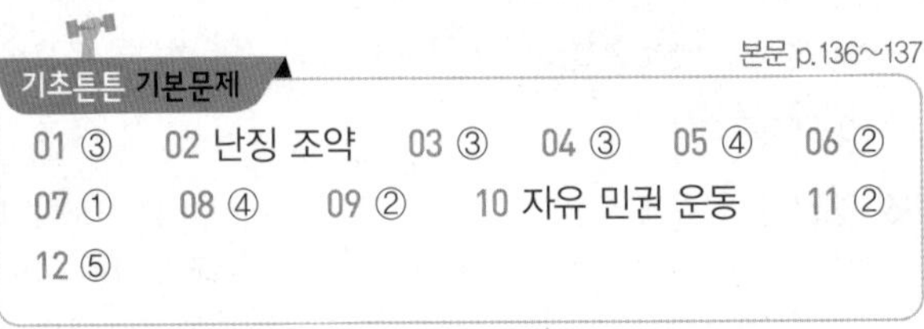
기초튼튼 기본문제

01 ③ 02 난징 조약 03 ③ 04 ③ 05 ④ 06 ②
07 ① 08 ④ 09 ② 10 자유 민권 운동 11 ②
12 ⑤

01 **정답** ③ 제시된 자료는 삼각 무역이 전개된 이후 청의 은 유출액과 아편 유입량 변화를 나타낸 그래프이다. 영국이 인도산 아편을 청에 밀수출하면서 청의 아편 유입량과 은 유출액은 급격히 증가하였고, 청에서는 아편 중독자가 늘어나 사회 문제가 되었다. 또한 청의 재정난이 심화된 반면, 영국의 무역 적자는 점차 완화되었다. 결국 청이 임칙서를 보내 영국의 아편 밀수출을 단속하였으며, 이는 제1차 아편 전쟁으로 이어졌다.

02 **정답 난징 조약** 난징 조약(1842)은 제1차 아편 전쟁의 결과로 영국과 청 사이에 체결된 조약이다. 광저우, 상하이 등의 항구 개항과 영국에 홍콩을 할양할 것 등이 규정되었다.

03 **정답** ③ 아편 전쟁에서의 패배를 계기로 서양 무기의 우수성을 깨달은 청에서는 이홍장, 증국번 등의 지방 관료들을 중심으로 양무운동이 추진되었다.

오답 피하기

④ 변법자강 운동이 실패한 이후 청에서는 1901년부터 신정 개혁이 실시되어 군사·교육·재정 등 여러 방면에서 개혁이 시도되었다.

⑤ 청일 전쟁의 패배로 양무운동의 한계가 드러나면서 캉유웨이 등이 정치 제도의 개혁을 포함한 폭넓은 개혁(변법자강 운동)을 시도하였다.

04 **정답** ③ 일본은 미국의 페리 제독이 이끈 함대의 무력 시위, 조선은 일본의 운요호가 일으킨 무력 시위(운요호 사건)로 인해 개항하였다.

오답 피하기

애로호 사건은 제2차 아편 전쟁의 계기가 되었다.

05 **정답** ④ 일본에서 에도 막부가 붕괴되고 천황 중심의 새로운 정부가 수립된 사건을 메이지 유신(1868)이라고 한다.

오답 피하기

① 조선에서 급진 개화파가 일으킨 것으로, 3일 만에 실패로 끝났다.

② 1897년 대한 제국 수립 선포와 함께 추진된 개혁으로, 황제권 강화와 부국강병을 추구하였다.

③ 무술변법은 변법자강 운동 당시 캉유웨이, 량치차오 등이 실시했던 개혁으로 서태후 등 보수파의 반발로 실패하였다.

⑤ 일본의 자유 민권 운동은 메이지 정부의 독단적 의사 결정에 반대하면서 헌법 제정과 의회 개설을 요구한 것이다.

06 **정답** ② 메이지 정부는 다이묘의 영지(번) 폐지와 현의 설치, 징병제 실시, 토지 제도와 조세 개혁, 신식 공장의 설립과 상공업 장려, 유학생 파견 등의 개혁을 실시하였다.

오답 피하기

ㄴ. 금릉 기기국은 청의 양무운동 당시 설치된 신식 무기 공장이다.

ㄹ. 에도 막부의 쇄국 정책에 대한 설명으로, 일본이 개항하기 이전의 상황에 해당한다.

07 **정답** ① 쑨원은 중국 동맹회를 결성(1905)하고 삼민주의를 내세웠으며, 신해혁명 이후 중화민국 초대 임시 대총통에 올랐다.

08 **정답** ④ 제시된 사건을 일어난 순서대로 나타내면 다음과 같다. (다) 동학 농민 운동 시작(청일 전쟁의 빌미) → (가) 청일 전쟁 발발 → (라) 시모노세키 조약(청일 전쟁의 종전 조약, 일본이 랴오둥 반도 획득) 체결 → (나) 러일 전쟁 발발

09 **정답** ② 자료는 중국의 대표적인 지식인 천두슈가 3·1 운동을 높게 평가하며 쓴 글이다. 우리나라에서 3·1 운동이 일어나자, 이에 자극받은 중국인들은 일본 제국주의에 저항하는 5·4 운동을 일으켰다(1919).

오답 피하기

①, ③ 의화단 운동에 대한 설명이다.

④ 메이지 유신에 대한 설명이다.

⑤ 조선에서 일어난 갑신정변, 갑오개혁, 광무개혁 등이 이에 해당한다.

자료 분석

이번 조선의 독립운동은 위대하고 간절하며 비장한 동시에 명료하고 정확한 관념을 갖추어, 민의를 사용하되 무력을 사용하지 않음으로써 세계 혁명사의 신기원을 열었다. …… 이러한 조선 민족의 빛나는 활동은 그동안 의기소침했던 우리 중국 민족의 치욕을 되돌아보게 한다. …… 조선인과 비교하면 우리는 진정으로 부끄러워서 몸 둘 바를 모르겠다!

– 천두슈

→ 천두슈는 신문화 운동의 지도자로서 청년과 학생들에게 미치는 영향력이 매우 큰 지식인이었다. 그의 호소는 5·4 운동이 일어나는 데 영향을 끼쳤다.

10 **정답** **자유 민권 운동** 1870년대 이후 일본에서는 헌법 제정과 의회 개설을 요구하는 자유 민권 운동이 전개되었다.

11 **정답** ② 역사 신문에서 5·4 운동을 계기로 중국 국민당과 중국 공산당이 협력하였다는 내용을 통해 제1차 국공 합작이 결성된 상황임을 알 수 있다. 이후 군벌 세력과 제국주의 타도를 목표로 국민 혁명(1924~1927)이 전개되었다.

오답 피하기

④ 제2차 국공 합작은 시안 사건(1936, 장쉐량이 내전을 중단하고 일치단결하여 일본의 침략에 맞서자고 주장하면서 국민 정부의 수장인 장제스를 감금한 사건)을 계기로 결성되었다. 제1차 국공 합작 이후의 사건이다.

⑤ 신해혁명(1911)을 계기로 중화민국 임시 정부가 수립되었다(1912). 국민 혁명이 일어나기 이전의 상황이다.

12 **정답** ⑤ 자료에서 설명하는 것은 시안 사건(1936)이다. 시안 사건을 계기로 장제스가 이끄는 중국 국민당은 국공 내전의 중단을 선언하였으며 제2차 국공 합작을 결성하였다. 이후 국공 양당은 함께 협력하여 일본의 대륙 진출 시도에 저항하였다.

본문 p.138~139

01 ① 02 ④ 03 ③ 04 ③ 05 ② 06 ⑤ 07 ④ 08 ④ 09~11 해설 참조

01 **정답** ① 영국은 청으로부터 차·비단·도자기 등을 수입하고, 인도산 아편을 청에 밀수출하는 삼각 무역을 전개하였다.

02 **정답** ④ 인도산 아편이 청에 유입되면서 청은 재정 악화, 아편 중독자 증가, 은 유출 등에 시달렸다. 반면 영국은 점차 청과의 무역에서 흑자를 기록하게 되었다. 청으로 유입되는 아편이 지속적으로 증가하자, 결국 청은 임칙서에게 아편의 단속을 명령하였다.

03 **정답** ③ 영국은 애로호 사건(1856)을 빌미로 프랑스를 끌어들여 제2차 아편 전쟁을 일으킨 후 베이징 조약을 체결하였다(1860). 베이징 조약에는 외국 공사의 베이징 주재 인정, 크리스트교 선교 허용 등의 조항이 포함되어 있었다.

오답 피하기

①, ②, ④, ⑤ 모두 제1차 아편 전쟁과 관련된 내용으로 애로호 사건 이전의 상황에 해당한다.

04 **정답** ③ 청일 전쟁의 패배로 양무운동의 한계가 드러나자 캉유웨이, 량치차오 등 지식인들의 주도로 변법자강 운동이 추진되었다. 이들은 서양의 제도까지 포함하는 폭넓은 범위의 개혁을 추진하였으나, 서태후를 중심으로 한 보수파의 반발로 실패하였다.

오답 피하기

ㄱ. 양무운동은 중체서용의 원칙을 내세웠으나, 변법자강 운동은 서양의 기술뿐만 아니라 제도까지 포함한 폭넓은 범위의 개혁을 추구하였다.
ㄹ. 의화단 운동 당시 의화단이 내세웠던 구호이다.

05 **정답** ② 우창 봉기를 계기로 전국으로 혁명이 확산되어 신해혁명이 일어났다(1911). 그 결과 중화민국이 수립되었다(1912).

오답 피하기

① 청일 전쟁(1894~1895)의 근본적인 원인은 한반도를 둘러싼 청과 일본의 주도권 다툼이었으며, 조선에서 일어난 동학 농민 운동(1894)이 빌미가 되었다.
③, ④ 의화단 운동에 대한 설명이다.
⑤ 국민 혁명(1924~1927)에 대한 설명이다.

06 **정답** ⑤ 쑨원은 청을 멸망시키고 신해혁명을 완성하기 위해 청의 군권을 장악하고 있던 위안스카이와 협상을 벌였다. 위안스카이는 쑨원으로부터 중화민국 임시 대총통의 자리를 넘겨받았으나 황제 등극을 시도하는 등 공화제를 후퇴시켰다.

07 **정답** ④ 1870년대부터 시작된 자유 민권 운동은 대일본 제국 헌법 제정(1889), 제국 의회 개설(1890)로 이어졌다. 따라서 (라) 시기에 해당한다.

자료 분석

대일본 제국 헌법(1889)

제1조 대일본 제국은 만세일계의 천황이 통치한다.
제3조 천황은 신성하여 침범할 수 없다.
제4조 천황은 국가의 원수이며, 통치권을 총괄하고, 이 헌법의 조항에 따라 이를 행한다.
제5조 천황은 제국 의회의 동의를 얻어 입법권을 행한다.

→ 대일본 제국 헌법에서는 천황의 법적 권위를 강조하였으나, 제5조의 경우 천황의 입법권을 제한함으로써 근대적 입헌 군주제의 모습을 보여 주었다고 평가할 수 있다.

08 **정답** ④ 삼국 간섭은 러시아, 프랑스, 독일이 일본에 압력을 행사한 사건이다. 삼국 간섭의 결과 일본은 청에 랴오둥반도를 반환하였다.

09 **예시 답안** 모두 불평등 조약으로 함대의 무력 시위나 전쟁 등의 군사적 압력으로 체결되었다.

채점 기준

상	불평등한 조약의 성격과 조약 체결 과정에서의 무력 시위 두 가지를 모두 서술한 경우
중	불평등한 조약의 성격과 조약 체결 과정에서의 무력 시위 중 한 가지만 서술한 경우
하	불평등한 조약의 성격과 조약 체결 과정에서의 무력 시위를 모두 서술하지 못한 경우

10 **예시 답안** 1920년대 말 경제 대공황이 일어나자 일본 내에서 군국주의가 확산되었다.

채점 기준

상	대공황이라는 용어를 정확하게 서술한 경우
중	대공황에 대해 서술하였으나 용어를 정확하게 서술하지 못한 경우
하	대공황과 관련 없는 내용을 서술한 경우

11 **예시 답안** 동북 항일 연군에는 조선인 공산주의자들이 다수 포함되어 있었다. 조선 의용군은 중국 공산당의 지원을, 한국 광복군은 중국 국민당의 지원을 받았다.

채점 기준

상	동북 항일 연군, 조선 의용군, 한국 광복군 중 두 가지 요소를 포함하여 서술한 경우
중	동북 항일 연군, 조선 의용군, 한국 광복군 중 한 가지 요소만 포함하여 서술한 경우
하	동북 항일 연군, 조선 의용군, 한국 광복군과 관련 없는 내용을 서술한 경우

대단원 정리하기 본문 p.140~141

① 독립 선언서 ② 요크타운 ③ 국민 의회 ④ 공포 정치 ⑤ 알렉산드르 2세 ⑥ 비스마르크 ⑦ 영국 ⑧ 증기 기관 ⑨ 러다이트 ⑩ 사회주의 ⑪ 사회 진화론 ⑫ 프랑스 ⑬ 파쇼다 ⑭ 탄지마트 ⑮ 무스타파 케말 ⑯ 수에즈 운하 ⑰ 와하브 ⑱ 플라시 전투 ⑲ 세포이 ⑳ 벵골 분할령 ㉑ 간디 ㉒ 난징 ㉓ 애로호 ㉔ 양무 ㉕ 메이지 ㉖ 신해 ㉗ 자유 민권 ㉘ 의화단 ㉙ 시안

자신만만 적중문제 본문 p.142~144

01 ⑤ 02 ① 03 ⑤ 04 ② 05 ② 06 ④ 07 ⑤ 08 ③ 09 ② 10 ① 11 ③ 12 ① 13 ① 14~16 해설 참조

01 **정답** ⑤ 권리 장전은 영국의 명예혁명(1688~1689)과 관련이 있다. 명예혁명을 통해 영국 입헌 정치의 토대가 마련되었으며, 제임스 2세가 쫓겨나고 메리와 윌리엄이 공동 왕으로 추대되었다.

오답 피하기

ㄱ. 명예혁명으로 영국에서는 입헌 군주정의 토대가 만들어졌다.
ㄴ. 미국 독립 혁명에 대한 설명이다.

02 **정답** ① 국민 공회가 수립된 후 루이 16세는 반역죄로 단두대에서 처형되었다(1793. 1.). 이어 로베스피에르의 공포 정치가 이어졌다.

오답 피하기

② 국민 의회 시기에 해당한다.
③ 총재 정부 시기에 해당한다. 나폴레옹은 쿠데타로 총재 정부를 무너뜨리고 통령 정부를 수립하였다.
④ 국민 의회 시기에 해당한다. 삼부회에서 제3 신분 대표들이 국민 의회를 구성하겠다고 선언한 직후 테니스 코트로 이동하여 헌법 제정을 요구하였다.
⑤ 국민 의회 시기에 해당한다.

03 **정답** ⑤ 그림은 1848년에 일어난 프랑스 2월 혁명과 관련된 것으로, 2월 혁명의 지도자 중 한 명인 라마르틴이 파리 시청 앞에서 공화정을 선언하는 모습을 그린 것이다. 2월 혁명의 결과 프랑스에서는 공화정이 수립되었다. 한편 2월 혁명은 빈 체제의 붕괴에도 영향을 미쳤다.

오답 피하기

ㄱ. 2월 혁명 이후 공화정이 수립되었다.
ㄴ. 7월 혁명에 대한 설명이다.

04 **정답** ② 링컨의 발언에서 연방의 보전, 노예제에 대한 언급이 등장하는 것으로 보아 '이 전쟁'이 미국 남북 전쟁임을 알 수 있다. 미국은 남북 전쟁의 위기 속에서도 통합을 유지하였으며, 전쟁 이후 이민자가 급증하고 급속한 산업화를 이룩하였다. 또한 대륙 횡단 철도가 개통되었다.

오답 피하기

①, ③, ④ 미국 독립 혁명과 관련된 설명으로 남북 전쟁 이전의 상황이다.
⑤ 전후 미국은 이민자가 급증하고 산업이 발전하였다.

05 **정답** ② 산업 혁명으로 더 많은 기계의 동력이 필요하게 되면서 제철과 석탄 산업이 발전하였다.

06 **정답** ④ 네덜란드의 식민 지배, 수카르노의 저항 등을 통해 설명하는 국가가 인도네시아임을 알 수 있다. 지도에서 (가)는 베트남, (나)는 시암(타이), (다)는 미얀마, (라)는 인도네시아, (마)는 필리핀이다.

07 **정답** ⑤ 세실 로즈는 영국의 대표적인 제국주의자이다. 따라서 (가) 국가가 영국임을 추론할 수 있다. 영국은 카이로와 케이프타운을 연결하는 아프리카 종단 정책을 추진하였다.

오답 피하기

① 일본, ② 벨기에, ③ 에스파냐와 미국, ④ 미국에 대한 설명이다.

08 **정답** ③ 수에즈 운하는 무함마드 알리의 후계자들이 건설을 주도하였다. 그러나 이집트의 극심한 재정난을 초래하였으며, 결국 이집트가 영국의 보호국으로 전락하는 원인이 되었다.

09 **정답** ② 이란에서는 영국 상인의 담배 판매권 독점에 저항하는 담배 불매 운동이, 오스만 제국에서는 유럽식 근대화 개혁인 탄지마트가 추진되었다.

10 **정답** ① ㄱ. 세포이의 항쟁(1857) → ㄷ. 영국령 인도 제국 수립(1858) → ㄴ. 벵골 분할령 발표(1905) → ㄹ. 간디의 불복종 운동(1919~)의 순서로 전개되었다.

11 **정답** ③ 미일 화친 조약 체결(1854) 이후 미일 수호 통상 조약이 체결(1858)되었으며, 이어 하급 무사들을 중심으로 메이지 유신(1868)이 일어나 에도 막부를 붕괴시키고 새로운 정부를 수립하였다.

오답 피하기

ㄱ. 대일본 제국 헌법은 1889년에 제정되었다.
ㄹ. 삼국 간섭은 청일 전쟁 종전 직후인 1895년에 일어났다.

12 **정답** ① (가) 단체는 의화단으로 '청을 도와 외세를 몰아내자(부청멸양).'라는 구호를 내세웠다.

오답 피하기

② 5·4 운동과 관련된 구호이다.

③ 신해혁명 시기에 혁명파가 내세운 구호이다.

④ 일본의 자유 민권파가 자유 민권 운동을 전개하면서 내세운 구호이다.

⑤ 양무운동 당시에 내세운 개혁 방향을 표현한 구호이다.

13 **정답** ① 주어진 사건들을 일어난 순서대로 나열하면 다음과 같다. ㄱ. 난징 조약 체결(1842) → ㄹ. 양무운동(1860년대부터 시작) → ㄷ. 변법자강 운동(1898) → ㄴ. 신해혁명으로 중화민국 성립 선포(1911~1912)

14 **예시 답안** (가)는 빈 체제로 보수주의를 표방하고 열강들 간의 세력 균형을 강조하였다. 유럽의 질서를 프랑스 혁명 이전으로 되돌렸으며, 자유주의와 민족주의를 억압하였다.

채점 기준

상	빈 체제와 빈 체제의 특징을 모두 정확하게 서술한 경우
중	빈 체제와 빈 체제의 특징 중 한 가지만 정확하게 서술한 경우
하	빈 체제와 빈 체제의 특징을 모두 정확하게 서술하지 못한 경우

15 **예시 답안** 오언은 협동과 빈부 격차가 없는 이상적인 공동체를 강조하였으나, 마르크스는 노동자들이 단결하여 자본가 계급을 타도해야 한다고 주장하였다.

채점 기준

상	오언과 마르크스가 주장한 사회주의 사상의 특징을 모두 정확하게 비교 서술한 경우
중	오언과 마르크스가 주장한 사회주의 사상의 특징 중 한 가지만 정확하게 서술한 경우
하	오언과 마르크스가 주장한 사회주의 사상의 특징을 모두 정확하게 서술하지 못한 경우

16 **예시 답안** 만주족과 외세를 몰아내자는 '민족주의', 공화국을 설립하고 민권을 수립하자는 '민권주의', 토지 권리를 평균화하자는 '민생주의'이다.

채점 기준

상	민족주의, 민권주의, 민생주의라는 용어(혹은 의미)가 모두 정확하게 서술된 경우
중	민족주의, 민권주의, 민생주의라는 용어(혹은 의미) 중 두 가지가 정확하게 서술된 경우
하	민족주의, 민권주의, 민생주의라는 용어(혹은 의미) 중 한 가지만 정확하게 서술된 경우

최고난도 문제 본문 p.145

01 ③ 02 ⑤

01 **정답** ③ 제시된 지도는 라틴 아메리카 각국의 독립과 관련된 것이다. 지도의 (다) 국가는 볼리비아이다. 라틴 아메리카 독립의 영웅 볼리바르는 볼리비아의 독립에 공헌하였다. '볼리비아' 라는 국호도 볼리바르의 이름에서 유래한 것이다. 이외에도 볼리바르는 베네수엘라, 콜롬비아, 에콰도르의 독립에도 기여하였다.

오답 피하기

① 지도의 (가) 국가는 멕시코이다. 멕시코는 에스파냐의 지배로부터 독립하는 데 성공하였으나, 라틴 아메리카 최초의 독립 사례는 아니었다. 라틴 아메리카에서 최초로 독립을 이룬 국가는 아이티이다.

② 지도의 (나) 국가는 아이티이다. 아이티는 프랑스의 식민 지배를 받았다. 아이티에서 흑인 노예들이 봉기하자, 나폴레옹은 이를 진압하기 위해 본국에서 병력을 파견하였다. 그러나 아이티 주민들은 이를 물리치고 라틴 아메리카 최초로 독립을 쟁취하였다.

④ 지도의 (라) 국가는 브라질이다. 브라질은 포르투갈의 식민 지배를 받았으며, 나폴레옹 전쟁의 여파로 포르투갈 황태자가 망명해 오자 그를 국왕으로 세우고 혁명 없이 독립에 성공하였다. 나폴레옹의 군대를 격파하고 공화국을 수립한 것은 아이티이다.

⑤ 지도의 (마) 국가는 칠레이다. 칠레는 에스파냐의 식민 지배를 받았으며, 산마르틴의 주도 아래 독립에 성공하였다.

02 **정답** ⑤ 제시문의 내용을 통해 (가)~(다) 국가가 어디인지 파악하고, 해당 국가의 제국주의 팽창 정책을 서로 연결시켜 이해하도록 한다. 세계 최초의 박람회를 개최했다는 설명을 통해 (가)는 영국임을 알 수 있다. 나미비아와 탄자니아 일대를 식민 지배하고 헤레로족을 학살했다는 설명을 통해 (나)는 독일임을 알 수 있다. 혁명을 통해 국민 국가로 재탄생하였으며, 국가(國歌)가 '라 마르세예즈'라는 설명을 통해 (다)는 프랑스임을 알 수 있다. 독일과 프랑스는 모로코의 지배권을 두고 두 차례 충돌하였다.

오답 피하기

① 알제리로부터 마다가스카르를 연결하는 횡단 정책은 프랑스가 추진한 정책이다. 영국은 카이로에서 케이프타운을 연결하는 아프리카 종단 정책을 추진하였다.

② 인도차이나반도에 진출하여 베트남, 캄보디아 등을 식민 지배한 국가는 프랑스이다.

③ 제1차 아편 전쟁에서 승리하여 청으로부터 홍콩을 할양받

은 국가는 영국이다.
④ 인도 벵골 지역의 지배권을 둘러싸고 플라시 전투를 벌인 국가는 영국과 프랑스이다.
⑤ 모로코의 지배권을 두고 서로 충돌한 나라는 독일과 프랑스이다(제1·2차 모로코 위기).

V 세계 대전과 사회 변동

1 제1차 세계 대전과 이후의 세계

기초튼튼 기본문제

본문 p.152~153

01 3국 동맹 02 ③ 03 ② 04 ② 05 ① 06 ⑤
07 신경제 정책(NEP) 08 ② 09 ④ 10 ①
11 민족 자결주의

01 **정답 3국 동맹** 독일, 오스트리아·헝가리 제국, 이탈리아가 3국 동맹을 맺자, 영국과 프랑스는 러시아를 끌어들여 3국 협상을 맺고 독일의 팽창을 견제하였다.

02 **정답** ③ 독일의 빌헬름 2세는 3B 정책을 추진하며 팽창 정책을 펼쳐 나갔고, 미국 대통령 윌슨은 14개조 평화 원칙을 제안하고 이를 바탕으로 파리 강화 회의를 주도하였다.

오답 피하기
- 비스마르크: 독일의 통일을 주도하였으며, 유럽의 현상 유지를 목표로 하는 정책을 펼쳤다.
- 루스벨트: 대공황 이후 대통령에 당선되어 공황을 극복하기 위한 뉴딜 정책을 추진하였다.

03 **정답** ② (가)는 연합국으로 영국과 프랑스가 이 진영에 속해 있었다.

오답 피하기
ㄴ. 오스만 제국은 제1차 세계 대전 당시 동맹국 측에 가담하였고, 전쟁 패전 후 모든 식민지를 잃게 되었다.
ㄹ. 오스트리아·헝가리 제국은 동맹국에 속해 있었다.

04 **정답** ② 밑줄 친 '사건'은 사라예보 사건으로 제1차 세계 대전이 일어나는 결정적인 계기가 되었다.

오답 피하기
① 파시즘은 제1차 세계 대전이 끝나고 난 뒤에 등장하였다.
③ 독일의 폴란드 침공으로 제2차 세계 대전이 일어났다.
④ 러시아 혁명은 제1차 세계 대전 중에 일어났다.
⑤ 독일이 팽창 정책을 추진하여 영국과 대립하면서 유럽 내의 긴장이 격화되던 중 사라예보 사건을 계기로 제1차 세계 대전이 일어났다.

05 **정답** ① 밑줄 친 '이 전쟁'은 제1차 세계 대전이다. 제국주의

열강의 대립으로 시작된 제1차 세계 대전은 이전까지의 전쟁과는 다른 양상으로 전개되었다. 전후방이 따로 없는 총력전이 펼쳐졌고, 엄청난 위력을 가진 신무기의 등장 등으로 피해가 매우 컸다.

① 히틀러가 이끄는 나치 독일이 일으킨 전쟁은 제2차 세계 대전이다.

자료 분석

"날 놓아 줘, 날 내보내 줘, 밖으로 나갈 거야."
신병은 아무 말도 듣지 않고 마구 발버둥을 친다. …… 참호병이 도진 것이다. 여기서는 질식할 것 같은 느낌이라서 그는 밖으로 나가고 싶은 한 가지 충동밖에 알지 못한다.

– 레마르크, 『서부 전선 이상 없다』

이 소설은 참호전이라는 새로운 방식이 도입된 이 전쟁에 독일군으로 자원입대한 열아홉 살 학생들이 겪는 전쟁의 참상을 그린 작품이다.

→ 참호전이 처음 도입되었다는 내용을 통해 '이 전쟁'이 제1차 세계 대전임을 알 수 있다. 『서부 전선 이상 없다』는 제1차 세계 대전을 배경으로 하여 전쟁의 참혹함과 비인간성을 고발한 문학 작품이다.

06 정답 ⑤ 1905년 러일 전쟁으로 고통받던 러시아 민중들은 '빵과 평화'를 외치며 상트페테르부르크에 있는 차르의 궁궐 앞으로 몰려들었다. 그러나 차르 니콜라이 2세는 이를 무력으로 진압하여 수많은 러시아 국민이 희생되었다.

오답 피하기

① 1936년 공산당 토벌 임무를 수행하던 장쉐량이 시안에서 국민 정부의 수장인 장제스를 잡아 가둔 사건이다.

② 제국주의 정책을 추진하던 영국과 프랑스가 아프리카 파쇼다에서 충돌한 사건이다.

③ 오스트리아·헝가리 제국의 황태자 부부가 사라예보 방문 중에 세르비아인에게 피살된 사건으로 제1차 세계 대전의 직접적인 계기가 되었다.

④ 미국 보스턴항에 정박 중이던 영국 상선에서 식민지인들이 차를 바다에 내던진 사건이다.

07 정답 신경제 정책(NEP) 내전 중 러시아의 경제는 붕괴 직전의 상태였다. 레닌은 사회주의 정권을 유지하기 위해서는 사회주의 경제 정책으로부터 당분간 후퇴하여 자본주의적 요소를 도입할 필요성을 느꼈다. 그래서 대다수 농민들의 토지 소유 및 소기업의 개인 소유와 경영을 허용하였는데, 이를 신경제 정책이라고 한다.

08 정답 ② 스탈린은 레닌에 이어 1922년부터 1953년까지 소련 공산당을 지도하였다. 그는 급속한 공업화를 통해 소련 경제를 발전시켰지만, 반대파를 대거 숙청하는 등 공포 정치를 펼치기도 하였다.

오답 피하기

① 미국의 대통령으로 민족 자결주의를 주장하였다.

③ 독일의 황제로 적극적인 팽창 정책을 추진하였다.

④ 러시아의 마지막 황제로 혁명이 일어나면서 총살되었다.

⑤ 러시아의 황제로 농노 해방령을 단행하였다.

09 정답 ④ 제1차 세계 대전 이후 전후 처리를 위해 파리 강화 회의가 열렸다. 이 회의 결과 패전국 독일과 승전국 사이에 베르사유 조약이 체결되어 베르사유 체제가 성립되었다. 국제 사회는 전쟁의 재발을 막기 위해 국제 연맹을 창설하였다.

오답 피하기

- 워싱턴 회의: 제1차 세계 대전 이후 열린 회의로 중국과 태평양 지역에서의 열강의 이해관계를 조정하는 것이 주요 목적이었다.
- 국제 연합: 제2차 세계 대전 이후 연합국들이 평화 유지를 위해 창설한 국제 기구이다.
- 유럽 연합: 1993년 유럽 여러 나라가 단일 시장 구축을 목표로 체결한 것으로 유로화를 공통 통화로 지정하였다.

10 정답 ① 제1차 세계 대전 이후 패전국 독일이 승전국들과 맺은 베르사유 조약의 내용이다.

오답 피하기

② 독일을 포함한 유럽의 주요 국가들이 상호 불가침을 약속한 조약으로, 독일은 이 조약으로 유럽의 일원으로 대우받게 되었다.

③ 러일 전쟁 이후 맺어진 강화 조약이다.

④ 국제 분쟁을 전쟁으로 해결하지 말 것을 약속하는 조약이었으나 실효성이 없었다.

⑤ 청일 전쟁 후 청과 일본 사이에 체결된 조약이다.

자료 분석

제119조 독일은 해외 식민지에 관한 모든 권리와 소유권을 연합국과 그 협력국에 넘겨 준다.

제235조 독일은 연합국과 그 협력국의 최종 청구액이 확정되기 전에, 우선 200억 마르크 금화에 상당하는 돈을 지불한다.

→ 독일이 해외의 모든 식민지를 반환하게 되고, 막대한 금액의 배상금을 물게 되는 것으로 보아 제1차 세계 대전 이후 패전국 독일을 응징하는 베르사유 조약임을 알 수 있다.

11 정답 민족 자결주의 러시아 지도자 레닌과 미국 대통령 윌슨이 각 민족이 정치적 운명을 스스로 결정할 권리가 있다는 민족 자결주의를 주장한 결과 제1차 세계 대전 이후 아시아의 많은 식민지 국가에서 독립운동이 활발해졌다.

실력쑥쑥 실전문제

본문 p.154~155

01 ① 02 ① 03 ⑤ 04 ② 05 ⑤ 06 ② 07 ⑤
08~10 해설 참조

01 **정답** ① 제1차 세계 대전을 나타낸 지도이다. 제1차 세계 대전은 신무기의 도입, 총력전, 참호전이라는 특징을 보여 주었으며, 전후방을 가리지 않는 무차별 공격으로 민간인도 큰 피해를 입었다.

① 미국은 무제한 잠수함 작전을 계기로 참전하였다.

02 **정답** ① 3국 동맹은 독일, 오스트리아·헝가리 제국, 이탈리아가 맺은 것이므로 (가)는 독일이다. 독일 황제 빌헬름 2세가 적극적인 대외 팽창 정책을 추진하여 유럽은 긴장 관계가 지속되었고, 결국 제1차 세계 대전이 일어났다. 독일은 신속한 승리로 전쟁을 끝내고자 하였으나 러시아가 참전하면서 전선은 교착 상태에 빠졌다. 이러한 상황에서 독일의 무제한 잠수함 작전으로 피해를 입은 미국이 연합국 편에 참전하면서 연합국으로 전세가 기울게 되었다.

오답 피하기

ㄷ은 오스트리아·헝가리 제국, ㄹ은 러시아에 대한 설명이다.

03 **정답** ⑤ (가) 시기에 전개된 역사적 사실은 제1차 세계 대전이 진행되던 중에 전개된 사건을 고르면 된다.

ㄷ. 제1차 세계 대전 중인 1917년 러시아에서 사회주의 혁명이 일어났다.

ㄹ. 독일은 제1차 세계 대전 중에 무제한 잠수함 작전을 전개하였다.

오답 피하기

ㄱ. 빌헬름 2세는 제1차 세계 대전 중에 일어난 킬 군항 수병들의 반란을 계기로 퇴위하였다.

ㄴ. 파리 강화 회의는 독일 항복 후 전후 처리를 위해 열린 회의이다.

04 **정답** ② 자료는 독일의 무제한 잠수함 작전에 대한 설명이다. 이 작전으로 미국인들이 사망하자 미국이 전쟁에 참전하게 되었다.

오답 피하기

① 3B 정책은 베를린, 비잔티움, 바그다드를 연결하는 것으로 독일의 빌헬름 2세가 추진하였으며, 제1차 세계 대전이 일어나는 한 원인이 되었다.

③ 제1차 세계 대전 중에 사회주의 혁명이 일어난 러시아는 단독으로 독일과 강화 조약을 체결하였다.

④ 제1차 세계 대전 이전에 독일 중심의 3국 동맹에 맞서 3국 협상이 성립되었다.

⑤ 미국의 참전 이전의 상황이다.

자료 분석

독일은 1917년 2월부터 영국과 서유럽으로 향하는 모든 배를 무차별 공격하는 작전을 전개하였다. 사진은 이 작전에 사용된 독일의 군함 U보트의 모습이다.

→ 독일은 막강한 해군력을 보유한 영국에 타격을 입히기 위해 영국 해상을 봉쇄하고 무차별 공격을 가하였다. '모든 배를 무차별 공격하는 작전'이라는 문구를 통해 무제한 잠수함 작전을 추론할 수 있다.

05 **정답** ⑤ ㄹ. 피의 일요일 사건(1905)은 차르의 전제 정치에 저항하는 시위였으나 진압되었다. 차르의 통치에 대한 저항이 고조되는 가운데 러시아가 제1차 세계 대전에 참전하여 살기가 더욱 힘들어지자, ㄱ. 2월 혁명(1917)으로 차르를 타도하였다. 이후 레닌의 사회주의 혁명이 성공하면서 ㄴ. 소련이 수립되고, 레닌에 이어 ㄷ. 스탈린이 정권을 잡게 되었다.

06 **정답** ② 볼셰비키가 주도한 혁명은 10월 혁명으로, 그들이 타도하고자 했던 '임시 정부'는 2월 혁명으로 수립된 정부이다.

오답 피하기

① 레닌은 10월 혁명을 주도하였다. 2월 혁명 후 수립된 임시 정부는 케렌스키가 주도하였다.

③ 토지와 주요 산업 국유화는 사회주의 혁명인 10월 혁명 이후에 추진되었다.

④ '피의 일요일 사건'을 무력 진압한 것은 차르 니콜라이 2세이다.

⑤ 10월 혁명 이후 들어선 볼셰비키 정부는 독일 등 동맹국들과 단독으로 강화 조약을 체결하고 제1차 세계 대전에서 이탈하였다.

07 **정답** ⑤ 학습 내용은 모두 베르사유 조약이 맺어진 뒤 전쟁의 재발을 방지하고 평화를 구축하기 위해 전개된 노력들이다.

오답 피하기

①, ② 제1차 세계 대전 중에 러시아에서 사회주의 혁명이 일어나 소비에트 사회주의 공화국 연방(소련)이 수립되었다.

③, ④ 제국주의 열강의 대립으로 사라예보 사건이 일어났고, 이해관계에 따라 여러 나라가 전쟁에 참여하면서 제1차 세계 대전으로 확대되었다.

08 **예시 답안** 제1차 세계 대전으로 총력전으로 전개되었다. 여성의 전쟁 참여가 높아졌고 탱크, 독가스, 전투기 등 신무기가 도입되었다. 또한 참호전이 전개되었다.

채점 기준

상	전쟁의 명칭을 제대로 쓰고, 전쟁의 특징을 두 가지 서술한 경우
중	전쟁의 명칭을 제대로 쓰고, 전쟁의 특징을 한 가지만 서술한 경우
하	전쟁의 명칭만 제대로 쓴 경우

09 **예시 답안** 패전국의 식민지에는 적용되었으나, 승전국의 식민지에는 적용되지 않았다.

채점 기준

상	패전국의 식민지에만 적용되었다는 내용을 제대로 서술한 경우
중	모든 식민지 문제에 적용되지는 않았다는 정도로만 서술한 경우
하	'실제로는 적용되지 않음' 등 역사적 배경 지식 없이 추측성 서술을 한 경우

10 **예시 답안** 식민지 상실, 막대한 배상금 등 독일에 지나치게 가혹한 조건을 요구하여 독일인의 불만이 높았고, 이로 인해 배상금 불이행에 대한 주변국의 불만도 높아져 유럽에 또 다른 위기가 찾아오게 되었다.

채점 기준

상	독일에 지나친 응징을 가한 측면이 드러나고, 그로 인한 불만과 위기를 논리적으로 서술한 경우
중	독일에 막대한 배상금을 요구했다는 내용이 포함된 서술을 한 경우
하	'독일의 불만이 커졌다' 등 맥락 없이 서술한 경우

2 파시즘의 등장과 제2차 세계 대전

기초튼튼 기본문제

본문 p.160~161

01 뉴딜 정책 02 ① 03 무솔리니 04 ① 05 ④ 06 ③ 07 추축국 08 ② 09 ③ 10 ⑤

01 **정답 뉴딜 정책** 미국의 루스벨트 대통령은 대공황을 극복하고자 농산물의 과잉 생산 제한, 산업 부문의 생산 조절, 사회 보장법의 시행, 테네시강 유역 개발 공사 등을 통한 인력 고용 활성화 내용을 담은 뉴딜 정책을 추진하였다.

02 **정답** ① 대공황이 발생하자 식민지를 많이 보유한 영국과 프랑스는 본국과 식민지를 묶어 그 안에서 교역을 활성화하는 블록 경제를 통해 위기를 극복하고자 하였다.

오답 피하기

ㄷ. 소련은 국가 계획에 따라 생산량을 조절하여 과잉 생산이 일어날 수 없었기 때문에 대공황의 여파에서 벗어나 있었다.

ㄹ. 이탈리아는 뒤늦게 제국주의 식민지 경쟁에 뛰어들어 보유하고 있는 식민지가 매우 적었기 때문에 블록 경제를 형성하기가 어려웠다.

03 **정답 무솔리니** 이탈리아는 제1차 세계 대전 이후 승전국으로서의 혜택을 받지 못한 데 대한 국민들의 불만과 경제 위기 속에서 사회적인 혼란을 겪었다. 이러한 혼란 속에 사회주의 사상이 확산되자, 이에 반대하는 자본가 등의 지원을 받은 무솔리니가 파시스트당을 결성하고 로마 진군을 통해 권력을 장악하였다.

04 **정답** ① 대공황이 발생하자 영국, 프랑스 등은 본국과 식민지를 묶어 그 안에서만 교역을 하는 경제 블록을 형성하여 위기를 극복하려 하였다.

오답 피하기

② 1905년 사회주의 혁명 이후 러시아에서는 소련이 성립되었다.

③ 경제 대공황을 계기로 독일, 이탈리아 등의 국가에서 파시즘이 대두하였다.

④ 제국주의 국가들의 경쟁으로 제1차 세계 대전이 일어나게 되었다.

⑤ 절대 왕정은 16~18세기 유럽에서 나타난 정치 체제이다.

05 **정답** ④ 자료는 히틀러의 주장으로 인종주의가 드러나 있다. 히틀러는 국가와 민족의 이익을 절대적 우위에 두었다. 또한 대공황 이후 경제적 위기를 대외 침략으로 극복하려 하였으며, 그 결과 제2차 세계 대전이 일어났다.

오답 피하기

ㄱ, ㄷ. 사유 재산제 폐지와 노동자의 권리 확대는 당시 독일 공산당의 주장으로, 히틀러는 이를 강력히 반대하였다.

자료 분석

이 세상에서 순수하지 않은 모든 인종은 쓸모없는 것이다. …… 가장 최고의 순수한 인종적 요소를 배양하는 데 헌신하는 국가는 어느 날 세계를 제패하는 국가가 되어 있을 것이다.

–『나의 투쟁』

→ 자료에는 인종의 순수성을 강조하는 인종주의와 세계를 제패하려는 야욕이 드러나 있다. 『나의 투쟁』은 히틀러가 쓴 책으로 이 책에서 히틀러는 독일인의 순수성과 우월성을 강조하는 극단적 인종주의를 내세웠다. 한편 유대인을 가장 열등한 민족으로 꼽으며 반유대주의를 노골적으로 외쳤다. 이러한 반유대주의는 제2차 세계 대전 때 끔찍한 유대인 대학살(홀로코스트)을 낳았다.

06 **정답** ③ 파시스트당이 결성된 것은 1919년의 일이다. 이후 1922년에 로마 진군이 단행되어 파시스트당 일당 독재가 시작되었고, 1929년 미국에서 시작된 대공황이 전 세계로 확산되었다. 따라서 순서대로 나열하면 ㄴ-ㄱ-ㄹ-ㄷ이다.

07 **정답** **추축국** '추축'은 어떤 사물이나 움직임의 중심이 되는 중요한 부분을 의미한다. 독일, 이탈리아, 일본은 방공 협정을 맺으며 추축국 진영을 형성하였다.

08 **정답** ② 러일 전쟁은 한반도를 식민지화하려는 야욕을 품고 일제가 1904년에 일으킨 사건으로, 1929년 대공황이 일어나기 전의 일이다.

오답 피하기

① 만주 사변은 1931년에 일어났다.

③ 군국주의란 '국가의 가장 중요한 목적을 군사력에 두고, 전쟁 준비를 위한 정책을 최상위에 두려는 정치 체제'이다. 일본은 대공황 이후 군국주의를 강화하며 침략 전쟁을 본격화하였다.

④ 중일 전쟁은 1937년에 발발하였다.

⑤ 일제는 만주 사변 이후 국제 사회의 비난이 확산되자 1933년 국제 연맹을 탈퇴하였다.

09 **정답** ③ 밑줄 친 '이 전쟁'은 제2차 세계 대전이다.

ㄴ. 독일은 소련과 불가침 조약을 체결한 상태였으나, 제2차 세계 대전 중인 1941년 조약을 어기고 소련을 침공하였다.

ㄷ. 1945년 히로시마와 나가사키에 원자 폭탄이 투하되고 소련군이 만주로 공격해 오자, 일본은 무조건 항복하였다.

오답 피하기

ㄱ, ㄹ. 제1차 세계 대전 중에 일어난 일들이다.

자료 분석

독일 태생의 유대인인 안네 프랑크는 이 전쟁 기간 중 16세의 나이로 수용소에서 숨졌다. 네덜란드에 숨어 지내는 동안 쓴 『안네의 일기』는 1947년 첫 출간되어 지금까지도 여러 나라에서 읽히고 있다.

→ 유대인이 전쟁 중에 수용소에서 숨졌다는 내용을 통해 '이 전쟁'이 제2차 세계 대전임을 추론할 수 있다. 『안네의 일기』는 제2차 세계 대전 당시 유대인 학살의 참상을 보여 주는 대표적인 책이다.

10 **정답** ⑤ 독일의 폴란드 침공(1939)을 계기로 제2차 세계 대전이 발발하였고, 일본의 무조건 항복(1945)으로 전쟁은 종결되었다. 따라서 (가)에 들어갈 내용은 제2차 세계 대전이 진행되는 동안 전개된 역사적 사실들이다.

ㄷ. 1941년 일본이 하와이의 진주만을 기습 공격하면서 미국이 제2차 세계 대전에 참전을 선언하였다.

ㄹ. 1944년 노르망디 상륙 작전의 성공으로 전세가 연합국에 유리하게 전개되었다.

오답 피하기

ㄱ. 중일 전쟁은 제2차 세계 대전 이전인 1937년 시작되었다.

ㄴ. 추축국 동맹은 1937년 결성되었다.

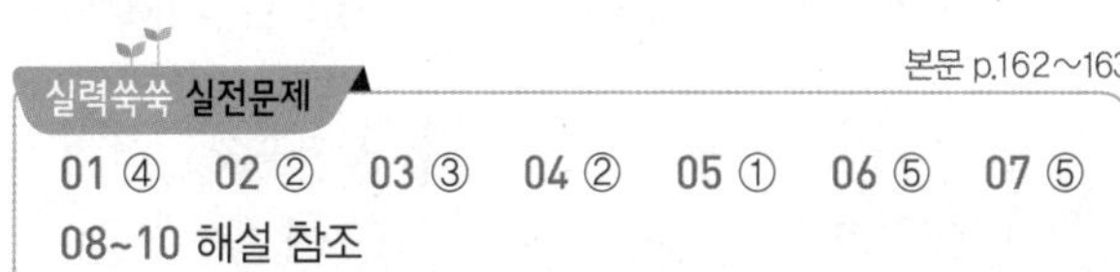

실력쑥쑥 **실전문제**

본문 p.162~163

01 ④ 02 ② 03 ③ 04 ② 05 ① 06 ⑤ 07 ⑤
08~10 해설 참조

01 **정답** ④ 루스벨트 대통령이 대공황의 위기를 극복하고자 실시한 '이 정책'은 뉴딜 정책으로 국가의 적극적인 역할을 강조하는 케인스의 주장을 수용한 것이다. 이에 따라 미국은 대규모 공공사업을 벌여 수요를 창출하였고, 실업자에게 수당을 지급하는 등 사회 보장 제도를 마련하였다.

④ 뉴딜 정책은 모든 것을 시장의 법칙에 맡기는 자유방임주의를 포기한 것이다.

02 **정답** ② 대공황에 대응하면서 영국과 프랑스는 경제 블록을 형성하였다. 한편 독일, 일본, 이탈리아는 주변국에 대한 침략을 확대하였다. 독일에서는 히틀러의 나치당이 집권하였고, 일본에서는 군국주의가 강화되었으며, 이탈리아에서는 무솔리니가 이끄는 파시스트당의 권력이 더욱 강해졌다.

오답 피하기

ㄴ. 프랑스는 대공황의 극복 방법으로 프랑 블록을 형성하였다.

ㄹ. 무솔리니의 집권은 대공황이 일어나기 전의 일이다.

03 **정답** ③ 제시된 자료는 반유대주의를 외치는 히틀러의 주장이다.

04 **정답** ② 제시된 그림은 제2차 세계 대전 당시 체결된 독소 불가침 조약을 풍자한 것이다. 당시 독일과 소련은 사이가 좋지 않았으나, 영국과 프랑스에 대해 배신감을 느끼던 소련이 독일과 손을 잡고 불가침 조약을 체결하였다.

05 **정답** ① 밑줄 친 '이 전쟁'은 제2차 세계 대전이다. 일본은 제2차 세계 대전이 한창이던 1941년 말 미국 하와이 진주만의 해군 기지를 기습 공격하여 태평양 전쟁을 일으켰다.

오답 피하기

② 독일은 국제 연맹을 탈퇴(1933)한 뒤 침략을 본격화하던 중 제2차 세계 대전을 일으켰다(1939).

③ 독일의 무제한 잠수함 작전은 제1차 세계 대전 때 일이다.

④ 오스만 제국은 제1차 세계 대전에서 동맹국 측에 참전하였다가 패전한 뒤 해체되었다.
⑤ 러시아는 제1차 세계 대전 중 사회주의 혁명이 일어나 동맹국과 단독으로 강화 조약을 체결하였다.

자료 분석

노벨 문학상 수상자인 귄터 그라스의 대표작 『양철북』은 나치가 집권하던 시기의 독일 사회를 풍자하고, 폴란드 침공으로 시작된 이 전쟁의 참상을 탁월하게 묘사했다는 평가를 받는다.

→ 폴란드 침공으로 시작되었다는 내용을 통해 밑줄 친 '이 전쟁'이 제2차 세계 대전임을 알 수 있다. 제2차 세계 대전은 인류 역사상 최악의 참사로, 인종 학살, 민간인 지역 폭격 등이 자행되었다.

06 정답 ⑤ 대공황 이후 독일은 주변국을 침략하기 시작하였다. 먼저 오스트리아를 강제 합병한 뒤 체코의 수데텐란트 지방을 요구하였고, 소련과 독소 불가침 조약을 체결한 뒤 폴란드를 기습 침공하였다.

07 정답 ⑤ 일본의 진주만 공습은 1941년에 일어났고, 히로시마와 나가사키에 원자 폭탄이 투하된 것은 1945년의 일이다.
ㄷ, ㄹ. 1944년 노르망디 상륙 작전 이후 1945년 5월 독일이 항복하고 연합군이 베를린을 점령하였다. 끝까지 버티던 일본군마저 원자 폭탄 투하 이후 무조건 항복하였다.

오답 피하기

ㄱ, ㄴ. 독일군은 개전 초기에 파리를 손쉽게 점령하였다. 이후 전선을 확대하다가 1941년에는 소련까지 침공하였으며, 그해 말 일본이 하와이를 기습하여 태평양 전쟁이 발발하였다.

08 예시 답안 (가)는 대공황이다. 대공황은 수요가 공급을 따라가지 못하고 시장에서 소비되지 못한 생산물이 계속 쌓이면서 발생하였다.

채점 기준

상	과잉 공급으로 인해 대공황이 일어나게 되었다는 내용을 제대로 서술한 경우
중	경기 침체의 근본적 원인을 서술하지 못하고 '미국의 경기가 침체되었기 때문이다.' 등으로 서술한 경우
하	주가 폭락, 기업 도산 등 근본 원인이 아닌 대공황의 징후를 서술한 경우

09 예시 답안 개인의 자유와 권리보다는 국가와 민족의 발전을 우선시하였다.

채점 기준

상	개인의 자유와 권리에 비해 국가와 민족을 우선시한다는 내용을 모두 서술한 경우
중	국가를 중시한다는 내용이 포함된 경우
하	'개인의 자유를 무시한다.' 등 국가 지상주의 내용을 포함하지 않고 서술한 경우

10 예시 답안 • 국가들: 독일, 이탈리아, 일본
• (가): 경제 블록을 만들기 위해 대외 침략(대외 팽창)을 본격화하였다.

채점 기준

상	추축국에 해당하는 세 나라의 명칭을 모두 쓰고, 대외 팽창을 강화했다는 내용을 제대로 서술한 경우
중	세 나라의 명칭과 (가) 내용 중 하나만 제대로 서술한 경우
하	세 나라의 명칭과 (가) 내용을 모두 부족하게 서술한 경우

3 민주주의의 확산 ~
4 인권 회복과 평화 확산을 위한 노력

기초튼튼 기본문제

본문 p.168~169

01 바이마르 02 ④ 03 튀르키예 공화국 04 ① 05 ⑤ 06 ④ 07 홀로코스트 08 ③ 09 ④ 10 ④ 11 안전 보장 이사회

01 정답 바이마르 바이마르 헌법은 당시로서는 가장 민주적인 헌법으로 남녀 보통·직접 선거와 내각제를 규정하고, 노동자의 단결권과 단체 교섭권 등을 인정하였다.

02 정답 ④ ㄴ. 제1차 세계 대전이 끝난 이후 독일, 오스만 제국 등 패전국의 식민지가 독립하였다. 그러나 한국과 같이 승전국의 식민지에는 민족 자결주의가 적용되지 않았다.
ㄹ. 러시아는 혁명 이후 기존의 제국주의 정책을 포기하였고, 레닌은 약소 민족의 독립운동을 지원하겠다는 발표를 하였다. 이에 따라 독립한 많은 나라가 공화정을 채택하였다.

오답 피하기

ㄱ. 제1차 세계 대전이 끝난 뒤 오스만 제국은 대부분의 영토를 잃은 뒤 제정이 무너지고 튀르키예 공화국이 수립되었다.
ㄷ. 제1차 세계 대전이 끝난 뒤 많은 나라에서 제정이 무너지고 공화정이 확산되었다. 오스만 제국의 해체와 오스트리아·헝가리 제국의 해체가 그 대표적인 예이다.

03 **정답 튀르키예 공화국** 오스만 제국은 제1차 세계 대전에서 패배한 뒤 약소국이 되어 연합국의 간섭을 받았다. 그 와중에 혁명이 일어나 튀르키예 공화국이 수립되었다(1923).

04 **정답** ① 제1차 세계 대전에는 노동자들의 참여가 활발하였고, 그 결과 전후 노동자들의 권리가 점차 확대되었다.
① 차티스트 운동은 제1차 세계 대전이 일어나기 한참 전인 19세기 전반에 노동자들이 선거권을 얻고자 전개한 운동이다.

05 **정답** ⑤ 19세기부터 여성 참정권을 요구하는 운동이 시작되었는데, 제1차 세계 대전에서 여성들의 전쟁 참여가 활발해지면서 전쟁이 끝난 뒤 유럽의 많은 국가가 여성의 참정권을 인정하기 시작하였다.

06 **정답** ④ 이탈리아 파시스트당을 이끈 '그'는 무솔리니이다. 무솔리니는 이탈리아 사회주의자들의 총파업에 대항하여 왕국을 구할 것을 선언하고 로마 진군(1922)으로 정권을 장악하였다.

오답 피하기

① 스탈린은 레닌에 이어 소련을 통치하며 독재 체제를 구축하였다.
② 프랑코는 에스파냐의 파시즘을 이끈 독재자이다.
③ 히틀러는 독일의 나치당을 이끌었다.
⑤ 루스벨트는 대공황의 위기를 극복하기 위해 뉴딜 정책을 추진하였다.

07 **정답 홀로코스트** 제2차 세계 대전 중 나치가 행한 유대인 대학살을 홀로코스트라 한다. 아우슈비츠 수용소에서는 유대인을 포함하여 약 400만 명의 인명이 학살되었다.

08 **정답** ③ (가)는 일본이다. 일본은 침략 전쟁을 확대하면서 전쟁터에서 무수한 인권 유린을 자행하였다. 뿐만 아니라 식민지 백성들을 전쟁에 동원하여 고통을 주었는데, 1938년 국가 총동원령을 제정하고 국민 징용령과 징병제를 실시해 수많은 식민지인을 노동자와 군인으로 동원하였다. 이 시기에는 여성 역시 전쟁에 동원되어 많은 여성이 군수 공장의 노동자가 되었다. 또한 일본은 1930년대 초부터 아시아 곳곳의 여성들을 일본군 '위안부'로 강제로 끌고 가 인권을 유린하였다.

오답 피하기

ㄱ. 드레스덴 폭격은 연합국이 전쟁을 치르는 과정에서 행한 것이다.
ㄹ. 소련은 블라디보스토크의 한국인들을 중앙아시아로 강제 이주시켰는데, 이 과정에서 수많은 한국인이 피해를 입었다.

09 **정답** ④ (가)는 국제 연합이다. 대서양 헌장에서 국제 연합 창설의 기초가 마련되었고, 샌프란시스코 회의에서 국제 연합의 창설이 결정되었다. 국제 연합은 평화와 안전 유지를 목표로 하였고, 평화 유지군을 보유하여 분쟁을 제재할 수 있는 군사적 수단을 가지고 있었다.

오답 피하기

ㄱ. 국제 연합은 미국이 주도하였다. 미국이 참여하지 않았던 기구는 국제 연맹이다.
ㄷ. 제1차 세계 대전 이후 설립된 국제 기구는 국제 연맹이다.

10 **정답** ④ 자료는 뉘른베르크 국제 군사 재판에 대한 설명으로, 제2차 세계 대전을 일으킨 독일의 전범(전쟁 범죄자)을 처벌하기 위해 열렸으며 나치의 만행을 만천하에 드러냈다. 이 재판에서는 침략 전쟁을 범죄로 간주하였으며, '인도에 반한 죄'라는 개념이 최초로 등장하였다.
④ 천황에 대한 죄를 묻지 않은 것은 극동 국제 군사 재판(도쿄 재판)이다.

11 **정답 안전 보장 이사회** 안전 보장 이사회는 국제 연합에서 평화 유지와 전쟁 억제를 위한 임무를 맡은 기구이다.

실력쑥쑥 실전문제 본문 p.170~171

01 ⑤ 02 ⑤ 03 ① 04 ② 05 ⑤ 06 ② 07 ⑤
08 ③ 09~11 해설 참조

01 **정답** ⑤ 바이마르 헌법은 제1차 세계 대전이 끝난 후 제정되었으나, 나치가 집권한 이후 정지되었다.

자료 분석

제1조 독일은 공화국이다. 국가 권력은 국민으로부터 나온다.
제109조 모든 독일 인민은 법률 앞에 평등하다. 남녀는 동일한 권리를 가지며 의무를 진다. 출생 또는 신분에 의한 특권 또는 불이익은 폐지한다.
제159조 노동 조건의 유지 및 개선을 위한 단체를 만들 자유는 모든 사람과 직업에 보장된다.

→ 제1차 세계 대전 이후 제정된 바이마르 헌법은 공화정을 추구하였고, 보통 선거와 노동자의 권리가 보장되는 등 상당히 민주적인 헌법이었다. 이 헌법은 이후 대한민국 헌법에도 영향을 주었다.

02 **정답** ⑤ 제1차 세계 대전 이후 공화국이 보편화되고 당시로서는 민주적인 바이마르 헌법이 제정되었다.

오답 피하기

ㄱ, ㄴ. 경제 위기가 확산되는 가운데 파시즘 세력이 확산되면서 민주주의가 위기를 맞게 되었다. 이탈리아에서는 무솔리니가 정권을 잡았고, 독일에서도 히틀러의 나치당이 제1당이 되었다.

03 정답 ① 영국에서는 ㄱ. 노동자들이 선거권을 요구하며 차티스트 운동을 벌였으나 받아들여지지 않다가, ㄴ. 제1차 세계 대전 때 노동자들의 전쟁 참여가 확대되면서 선거권이 확대되어 ㄹ. 모든 남자들이 선거권을 갖게 되었다. 이어 여성들의 참정권 운동 결과 ㄷ. 여성들도 선거권을 갖게 되었다.

04 정답 ② 나치는 정부의 독재를 가능하게 하는 「수권법」을 통과시켰고, 일당 독재 체제를 구축하였다.

오답 피하기

ㄴ. 나치당은 민주적인 바이마르 헌법을 정지시켰다.
ㄹ. 인민 전선은 파시즘에 대항하는 사람들이 결성한 것이다.

05 정답 ⑤ 홀로코스트, 난징 대학살, 일본군 '위안부' 강제 동원은 모두 제2차 세계 대전 때 발생한 비극들이다.

06 정답 ② 뉘른베르크 국제 군사 재판에서는 나치의 전쟁 범죄를 심판하였다. 그러므로 밑줄 친 '이들의 만행'은 나치가 저지른 만행이며, 대표적으로 유대인 학살이 있다.

오답 피하기

① 난징 대학살은 중일 전쟁 초기에 일본이 저지른 것이다.
③ 731부대는 제2차 세계 대전 당시 일본이 만주에 두었던 세균전 부대로, 수많은 사람을 대상으로 생체 실험을 진행하며 인권을 참혹하게 짓밟았다. 일본은 731부대의 존재를 계속 부정해 오다가 최근에 그 존재는 인정하였다. 그러나, 아직 밝혀야 할 많은 문제가 남아 있다.
④ 일본은 1930년대 초부터 아시아 곳곳의 여성들을 일본군 '위안부'라는 명목으로 끌고 가 희생시켰다.
⑤ 1937년 소련은 연해주 지역에 살던 수많은 우리 동포들을 강제로 중앙아시아로 이주시켰다.

07 정답 ⑤ 수요 시위는 일본군 '위안부' 문제 해결을 위해 매주 수요일 정오에 일본 대사관 앞에서 열리고 있다.

오답 피하기

①, ③ 일본은 전쟁이 본격화하자 징병제를 실시하고 국민 징용령을 내려 수많은 사람을 강제로 전쟁에 동원하였다.
② 독일, ④는 일본이 자행한 만행이다.

08 정답 ③ 밑줄 친 '이 기구'는 국제 연합이다. 국제 연합은 침략 행위에 대해 경제 제재뿐만 아니라 유엔군을 편성하여 무력 제재를 할 수 있었다.

09 예시 답안 유대인 대학살을 비롯한 민간인 학살과 무차별 대규모 공중 폭격이 자행되었기 때문이다.

채점 기준

상	대량 학살과 대규모 공중 폭격을 모두 포함하여 서술한 경우
중	대량 학살 또는 대규모 공중 폭격 중 하나만 언급한 경우
하	'무기가 발달했기 때문'이라고 서술한 경우

10 예시 답안 국제 연맹은 전쟁을 억제할 군사력을 보유하지 못했지만, 국제 연합은 군사적 수단을 보유하였습니다.

채점 기준

상	국제 연합은 군사적 제재 수단을 보유하고 있다는 내용을 서술한 경우
중	국제 연맹에는 강대국 미국이 불참했지만, 국제 연합에는 참여했다는 내용을 서술한 경우
하	'국제 연합에 참여한 국가들이 훨씬 많다.', '국제 연맹은 결국 전쟁을 못막고 제2차 세계 대전이 일어났다.' 등의 서술을 한 경우

11 예시 답안 천황의 죄를 묻지 않았고, 731부대 생체 실험 등의 범죄를 제대로 밝히지 않았다. 또한 징병, 일본군 '위안부' 등 식민지 한국에 대한 죄를 묻지 않았다.

채점 기준

상	극동 국제 군사 재판의 한계점을 두 가지 이상 제대로 서술한 경우
중	극동 국제 군사 재판의 한계점 중 하나만 제대로 서술한 경우
하	'제대로 재판하지 못했다.' 등 부족하게 서술한 경우

대단원 정리하기

본문 p.172~173

① 동맹국 ② 사라예보 사건 ③ 무제한 잠수함 작전 ④ 총력전 ⑤ 레닌 ⑥ 신경제 정책(NEP) ⑦ 스탈린 ⑧ 14개조 평화 원칙 ⑨ 베르사유 조약 ⑩ 국제 연맹 ⑪ 뉴딜 정책 ⑫ 영국 ⑬ 일본 ⑭ 무솔리니 ⑮ 나치당 ⑯ 만주 사변 ⑰ 독소 불가침 조약 ⑱ 폴란드 ⑲ 소련 ⑳ 태평양 전쟁 ㉑ 연합국 ㉒ 노르망디 상륙 작전 ㉓ 바이마르 헌법 ㉔ 튀르키예 공화국 ㉕ 파시스트당 ㉖ 히틀러 ㉗ 「수권법」 ㉘ 홀로코스트 ㉙ 난징 대학살 ㉚ 국제 연합 ㉛ 안전 보장 이사회 ㉜ 뉘른베르크 ㉝ 도쿄 재판

자신만만 적중문제

본문 p.174~176

01 ③ 02 ⑤ 03 ③ 04 ② 05 ① 06 ① 07 ② 08 ① 09 ② 10 ① 11 ④ 12 ② 13~15 해설 참조

01 **정답** ③ 선발 제국주의 국가들이 형성한 3국 협상(영국, 프랑스, 러시아)과 후발 제국주의 국가들이 형성한 3국 동맹(독일, 오스트리아·헝가리 제국, 이탈리아)은 식민지 확보를 둘러싸고 대립하였다.

오답 피하기

① 파시즘 체제 성립 이후 파시즘 국가들의 동맹인 추축국 동맹과 연합국 사이에 전개된 것은 제2차 세계 대전이다.

② 사라예보 사건을 계기로 동맹국과 협상국의 대립이 격화되어 제1차 세계 대전이 일어났다.

④ 3국 동맹과 3국 협상은 유럽이 크게 두 세력으로 나뉜 것이다.

⑤ 3국 협상은 영국을 중심으로, 3국 동맹은 독일을 중심으로 세력을 형성한 것이다.

02 **정답** ⑤ 그림은 사라예보 사건 이후 동맹국과 협상국의 대립이 격화되어 제1차 세계 대전이 일어나는 것을 풍자하고 있다. ⑤ 제1차 세계 대전 중에 독일은 무제한 잠수함 작전을 추진하였다.

오답 피하기

① 만주 사변은 대공황 이후인 1931년에 일본이 침략 정책을 확대하며 일으킨 사건이다.

② 미드웨이 해전은 제2차 세계 대전 중 전개된 것으로, 이 전투에서 미국이 일본에 승리를 거두어 태평양 전쟁의 전세가 역전되었다.

③ 스탈린그라드 전투는 제2차 세계 대전 중 전개된 것으로, 소련군이 독일군에 대승을 거두어 독일군의 전세가 약화되는 계기가 되었다.

④ 노르망디 상륙 작전은 제2차 세계 대전 때 전개된 것으로, 연합군이 승리를 거두어 독일군의 항복을 앞당겼다.

03 **정답** ③ 자료는 윌슨의 14개조 평화 원칙의 일부이다. 이 원칙을 기초로 파리 강화 회의가 진행된 결과, 패전국 독일 등에는 막대한 배상금과 철저한 보복을 가하는 베르사유 체제가 들어섰다.

오답 피하기

ㄱ. 제2차 세계 대전 이후 국제 연합이 탄생하였다.

ㄹ. 러시아에서 사회주의 혁명이 일어난 것은 제1차 세계 대전이 한참 전개되고 있던 중으로, 파리 강화 회의가 열리기 전의 일이다.

자료 분석

제1조 강화 조약은 공개적으로 진행하며, 비밀 외교와 비밀 회담을 금지한다.

제5조 모든 식민지 문제는 식민지 주민의 의사를 존중하여 공평무사하고 자유롭게 처리되도록 한다.

→ 강화 조약은 전쟁에 참가한 상대국이 전쟁을 끝내기 위해 체결하는 조약으로 평화 조약이라고도 한다. 제5조는 흔히 '민족 자결주의'라고 불리는 조항으로 이 원칙에 기초하여 진행된 회의는 제1차 세계 대전 이후 전후 처리를 위해 열린 파리 강화 회의이다.

04 **정답** ② 자료는 대공황에 대해 묘사하고 있다.
② 무솔리니는 대공황이 시작(1929)되기 전인 1922년 로마 진군을 통해 권력을 잡았다.

05 **정답** ① 히틀러 유겐트는 제2차 세계 대전 당시 히틀러가 만든 청소년 조직이다. 그러므로 밑줄 친 '이 전쟁'은 제2차 세계 대전이다. 제2차 세계 대전은 추축국(독일, 이탈리아, 일본)이 자국의 이익을 위해 침략을 확대해 가는 가운데 독일이 폴란드를 침공하면서 발발하였다.

오답 피하기

② 러시아 혁명이 일어나는 데 영향을 준 것은 제1차 세계 대전이다.

③ 국제 연맹이 창설되는 결과를 낳은 것은 제1차 세계 대전이다.

④ 베르사유 체제는 제1차 세계 대전 이후에 성립되었다.

⑤ 전쟁 중 독일이 무제한 잠수함 작전을 전개한 것은 제1차 세계 대전이다.

06 **정답** ① 제2차 세계 대전의 배경을 1930년대 국제 정세를 통해 찾아보기 위해서는 1930년대 후반에 독일, 이탈리아, 일본 사이에 체결된 방공 협정의 내용을 조사해 보아야 하며, 1939년 독일과 소련 사이에 체결된 독소 불가침 조약의 체결 배경도 살펴보아야 한다. 실제로 독소 불가침 조약이 체결되고 한 달 만에 독일이 폴란드를 침공하면서 제2차 세계 대전이 일어났다.

오답 피하기

ㄷ, ㄹ. 사라예보 사건 속에 담긴 대립 구도와 베를린-비잔티움-바그다드 철도 건설 추진 등 독일의 팽창 정책을 살펴보는 것은 제1차 세계 대전이 일어난 배경을 알아보기 위한 활동에 해당한다.

07 **정답** ② 제2차 세계 대전 당시 추축국의 항복 순서를 살펴보면 가장 먼저 이탈리아가 항복하였고(1943), 이어 독일이 항

복하였다(1945). 이탈리아와 독일이 모두 항복한 이후에도 계속 버티던 일본은 원자 폭탄 투하 이후 무조건 항복을 선언하였다.

08 **정답** ① 제1차 세계 대전 당시 활발한 전쟁 참여로 여성들의 지위가 향상되었고, 전쟁 이후 유럽의 여러 나라에서는 여성에게 참정권이 부여되었다.

오답 피하기

② 신무기는 제1차 세계 대전에서 등장하여 많은 희생자를 발생시켰다.

③ 파시즘이 확산된 것은 대공황으로 인한 경제 위기와 관련이 깊다.

④ 제1차 세계 대전 이후 제국주의 국가가 사라지고 새롭게 독립한 많은 나라가 공화정을 채택하였다.

⑤ 차티스트 운동은 영국에서 노동자들이 선거권 확대를 요구하며 전개한 것이다.

09 **정답** ② ① 공화정의 확산, ③ 여성 참정권 획득, ④ 바이마르 헌법 제정, ⑤ 노동자의 권리 확대는 모두 제1차 세계 대전 이후 민주주의의 확산과 발전에 해당하는 내용들이다.

②「수권법」은 히틀러 정부가 바이마르 헌법을 정지하고 정부의 독재권을 규정한 것으로 민주주의와 관계가 먼 법률이다.

10 **정답** ①『안네의 일기』를 쓴 유대인 안네 프랑크는 끝내 홀로코스트의 희생자가 되고 말았다. 홀로코스트는 나치가 저지른 대표적인 만행이다.

오답 피하기

②, ③, ④ 제2차 세계 대전 당시 일본이 저지른 만행에 해당한다.

⑤ 소련의 스탈린은 연해주 지역에 살던 우리 동포를 중앙아시아로 강제 이주시켰다.

11 **정답** ④ 제2차 세계 대전 이후 전범자를 처벌하기 위한 재판이 열렸는데, 나치의 전쟁 범죄는 뉘른베르크 국제 군사 재판에서, 일본의 전쟁 범죄는 도쿄 재판에서 심판하였다.

12 **정답** ② 제2차 세계 대전 후 성립된 국제 연합에는 국제 평화와 안전 유지를 목적으로 안전 보장 이사회를 두고 있다.

오답 피하기

① 제1차 세계 대전 이후 국제 평화를 목적으로 수립된 기구이다.

③ 1993년 유럽 경제를 통합하려는 목적으로 유럽 연합이 출범하였다.

④ 3국 협상은 영국을 주축으로 프랑스, 러시아가 독일 중심의 3국 동맹에 대항하기 위해 결성한 것이다.

⑤ 독일, 이탈리아, 일본이 추축국 동맹을 맺어 제2차 세계 대전이 전개되었다.

13 **예시 답안** 제1차 세계 대전 이후 유럽의 많은 나라에서 여성들의 참정권을 인정하기 시작하였다.

채점 기준

상	여성들에게 참정권을 부여하였다는 내용을 서술한 경우
중	여성들의 사회 진출이 확대되고 사회적 지위가 높아졌다는 내용을 서술한 경우
하	'여성들이 사회 활동에 참여하기 시작하였다.'라고만 서술한 경우

14 **예시 답안** 루스벨트는 경제 공황을 극복하기 위해 뉴딜 정책을 추진하였다. 대규모 공공사업을 벌여 실업자를 줄여 나갔고, 노동자의 권익을 보호하고 사회 보장 제도를 마련하였다. 또 농산물의 과잉 생산을 제한하고 농민에게 보조금을 지급하였다.

채점 기준

상	뉴딜 정책을 추진하였다는 내용과 구체적인 사례를 두 가지 이상 서술한 경우
중	뉴딜 정책을 적고 구체적인 정책을 서술하되, '실업자를 줄이려고 했다.', '국가가 경제에 적극 개입하였다.' 등 구체성이 떨어지게 서술한 경우
하	'뉴딜 정책을 추진하였다.'고만 서술한 경우

15 **예시 답안** 징용령과 징병제를 실시해 수많은 식민지인을 노동자와 군인으로 동원하였고, 여성들을 강제로 일본군 '위안부'로 끌고 가 인권을 유린하였다.

채점 기준

상	강제 징용, 징병, 일본군 '위안부' 문제를 모두 서술한 경우
중	강제 징용, 징병, 일본군 '위안부' 문제 중 두 가지를 서술한 경우
하	강제 징용, 징병, 일본군 '위안부' 문제 중 한 가지만을 서술한 경우

최고난도 문제 본문 p.177

01 ② 02 ④

01 **정답** ② 제시된 자료는 레닌이 발표한 것이다. '차르 체제가 타도되었으나'를 통해 2월 혁명 이후이며, '노동자와 빈농의 손에 넘겨 줄 혁명'이라는 말을 통해 사회주의를 지향하는 혁명임을 추측할 수 있다.

오답 피하기

① 피의 일요일 사건은 러일 전쟁 중에 일어났으며, 차르에 의해 잔인하게 진압되었다. 그때부터 2월 혁명이 일어날 때까지 러시아는 차르의 전제 정치를 유지하였고, 제1차 세계 대전에 참전하여 심각한 경제 위기에 직면하게 되었다.
③ 사회주의를 지향하는 10월 혁명 이후 레닌의 볼셰비키 정부는 독일과 단독 강화 조약을 체결하여 제1차 세계 대전에서 이탈하였고, 경제적인 혼란을 완화하기 위해 사회주의 경제에 자본주의적 요소를 인정하는 신경제 정책을 발표하였다.
④ 러시아 혁명의 영향으로 주변국들에서 사회주의 혁명이 일어나자, 러시아는 주변의 사회주의 국가들과 손을 잡고 소비에트 사회주의 공화국 연방(소련)을 수립하였다.
⑤ 소련 수립 직후 레닌의 건강이 악화되면서 스탈린이 권력을 이어 받았다. 스탈린은 장기 집권하여 제2차 세계 대전이 끝난 뒤의 시기까지 독재 정권을 유지하였다.

02 **정답** ④ (가)는 무솔리니, (나)는 히틀러가 발표한 것이다. (가)에는 국가를 모든 것에 앞선 최우선의 가치로 두는 국가지상주의가 뚜렷이 드러나며, (나)에는 히틀러의 인종주의와 반유대주의 사상이 극명하게 드러난다. 히틀러와 무솔리니는 둘 다 대표적인 파시스트로, 국가주의와 권위주의적인 특징을 지닌 파시즘을 확산시킨 인물들이다.

오답 피하기

ㄱ, ㄷ. 레닌은 사회주의 혁명을 확산시키기 위해 코민테른을 조직하였다. 또 약소 민족의 해방 운동을 지원하겠다고 선언하였고, 우리나라 독립운동가 중 일부는 독립운동의 과정에서 국제 공산당 조직인 코민테른의 지원을 받았다.

Ⅵ 현대 세계의 전개와 과제

1 냉전 체제와 제3 세계의 형성

기초튼튼 기본문제

본문 p.184~185

01 냉전　02 ③　03 ⑤　04 전체주의　05 ②　06 ③
07 ④　08 ②　09 제3 세계　10 ④　11 ①　12 데탕트

01 **정답 냉전** 냉전은 제2차 세계 대전 이후 미국 진영과 소련 진영 간의 군사적 긴장 상태를 일컫는 용어이다.

02 **정답** ③ 제2차 세계 대전이 끝나갈 무렵에 부통령으로 당선된 트루먼은 대통령 루스벨트의 사망으로 대통령직을 승계한 후 반소·반공 정책을 내세웠다. 트루먼이 공산주의 세력의 확대를 막기 위해 그리스와 튀르키예의 반공 정부를 지원하겠다고 발표한 것을 트루먼 독트린이라고 하며, 이를 계기로 국제 사회는 본격적으로 냉전 체제로 돌입하였다.

오답 피하기

① 이집트가 독립한 이후에 대통령에 취임한 인물로 수에즈 운하 국유화를 선언하였다.
② 레닌 이후 집권한 소련의 독재자이다.
④ 트루먼 대통령 이전에 미국의 대통령직을 역임하였으며, 뉴딜 정책의 추진과 제2차 세계 대전 당시 대서양 헌장, 카이로 선언 등을 발표하였다.
⑤ 트루먼에 이어 미국 대통령을 지낸 인물로 그의 재임 기간 중 6·25 전쟁, 쿠바 혁명 등이 일어났다.

03 **정답** ⑤ 미국 진영과 소련 진영 간의 대립을 냉전이라고 한다. 소련은 동독과 동유럽을 친소 국가로 만들었다.

오답 피하기

ㄱ. 공산주의 확대를 위해 힘쓴 진영은 소련 진영이다.
ㄴ. 바르샤바 조약 기구를 결성한 것은 소련 진영이며, 미국 진영은 북대서양 조약 기구를 결성하였다.

04 **정답 전체주의** 냉전 기간 중 미국과 소련은 각자의 이념과 체제의 우월성을 선전하고 이미지 전쟁을 벌였다. 미국은 소련을 억압적인 전체주의 체제로 정의하며 반공주의를 강화하였다. 한편 소련은 미국을 돈이 지배하는 '제국주의' 국가로 묘사하며 비난하였다. 두 국가 모두 상대를 침략자로 표현하는 공통점이 있었다.

05 정답 ② 냉전이 격화되는 가운데 소련이 미국에 가까운 쿠바에 핵미사일 기지를 건설하려다 미국과 소련이 전쟁 직전까지 가는 위기를 겪었다. 이를 쿠바 미사일 위기라고 한다.

06 정답 ③ 프랑스의 오랜 식민 지배를 받던 알제리는 1954년에 반식민주의 투쟁을 일으켰는데, 프랑스 정부가 군대 투입을 결정하면서 유혈 사태로 번졌다. 알제리의 독립 투쟁은 전 세계의 관심을 받았으며, 결국 프랑스군이 철수하면서 알제리는 독립을 이루었다.

오답 피하기

① 인도는 영국의 지배를 받았으나 제2차 세계 대전 이후 파키스탄과 인도로 분리 독립되었다.

② 베트남은 프랑스의 지배로부터 독립하였으나, 남부와 북부가 내전을 치렀다.

④ 이집트는 영국으로부터 독립하였다.

⑤ 인도네시아는 네덜란드로부터 독립하였다.

07 정답 ④ 수에즈 운하는 이집트의 영토에 속하며, 이집트 대통령 나세르는 수에즈 운하의 국유화를 선언하였다.

08 정답 ② 대한민국, 타이완, 싱가포르, 홍콩은 대표적인 아시아의 신흥 공업국으로 '네 마리의 용'이라고 불렸다.

② 사회주의 국가인 베트남은 1980년대 후반 도이머이(베트남어로 '개혁'이라는 뜻) 정책을 추진하며 자본주의 시장 경제를 도입하였고, 그때부터 빠른 속도로 경제가 성장하기 시작하였다.

자료 분석

- **주제**: 아시아 신흥 공업국의 성장
- **내용**: (가) 은/는 서양의 원조 및 자본 투자를 발판으로 성공적인 공업화와 경제 성장을 이룬 사례로 평가받는다. 제2차 세계 대전 이후 경제가 급속도로 성장한 이 네 국가를 아시아의 '네 마리 용'이라고 부르기도 한다.

→ 제2차 세계 대전 이후 경제가 급속도로 성장한 아시아 신흥 공업국으로는 대한민국, 타이완, 싱가포르, 홍콩 4개 국가를 꼽는다. 이들 나라는 서양의 원조 및 자본 투자를 바탕으로 경제 성장을 이루고 근대화에 성공하였다.

09 정답 제3 세계 제3 세계는 제1 세계인 미국 진영과 제2 세계인 소련 진영 어디에도 속하지 않음을 의미하는 용어로, 비동맹주의 국가들을 가리키는 말이다.

10 정답 ④ 반둥 회의는 비동맹주의 국가들이 참가한 대표적인 국제 회의로, 이들 국가는 미소 군사 동맹 불참 등을 분명히 하였다. 제3 세계는 아시아와 아프리카 국가들이 대부분이었다.

오답 피하기

ㄱ. 반둥 회의에 참가한 비동맹주의 국가들은 미국이나 소련 진영에 속하여 냉전에 휘말리는 것을 경계하였다.

ㄷ. 북대서양 조약 기구는 미국 진영에서 결성한 것으로, 비동맹주의 국가들은 북대서양 조약 기구나 바르샤바 조약 기구와 같은 냉전을 격화시키는 기구에 가입하지 않으려 하였다.

11 정답 ① 베트남에서 프랑스로부터 독립하는 데 큰 역할을 하였던 공산당의 집권이 유력해 보이자, 미국은 북베트남의 공산주의 정권을 경계하며 남베트남의 친미 반공 정권을 지원하였고, 베트남 내전에 군사를 보내 전쟁을 확대시켰다.

12 정답 데탕트 데탕트는 프랑스어로 긴장 완화, 휴식 등을 의미하며 냉전의 긴장 완화와 화해의 분위기를 일컫는 말이다. 스탈린 사망 이후 공산주의권의 결속이 약화되고 미국 역시 안팎의 도전에 직면하면서 미국과 소련 간에 화해 분위기가 나타났다.

본문 p.186~187

01 ③ 02 ① 03 ① 04 ③ 05 ② 06 ⑤ 07 ⑤
08~09 해설 참조

01 정답 ③ 북대서양 조약 기구와 바르샤바 조약 기구가 탄생한 배경을 찾아보고, 동유럽에 대한 미국과 소련의 입장 차이와 대결을 조사하는 탐구 활동은 모두 제2차 세계 대전이 끝난 뒤 미국과 소련의 대립이 격화되는 냉전이 전개되는 과정에서 일어난 일이다.

오답 피하기

① 제3 세계는 미국과 소련 어느 쪽에도 속하지 않으려는 나라들로 냉전의 성립 이후에 등장하였다. 이 나라들은 아시아와 아프리카 국가들이 대부분이었다.

② 국제 연합은 제2차 세계 대전 이후 국제 평화의 유지를 위해 설립된 기구이다.

⑤ 냉전이 완화되고 소련에서 개방·개혁 정책을 추진하면서 동유럽 국가들은 소련의 영향에서 벗어났다.

02 정답 ① 냉전 체제 속에서 미국은 소련 진영에 대항하기 위해 북대서양 조약 기구를 결성하고, 세계 대전의 책임국인 서독을 가입시켰다.

오답 피하기

ㄷ, ㄹ. 미국에 맞서 소련이 추진한 것들이다.

자료 분석

1947년 3월 미국의 대통령은 "그리스는 공산주의자의 활동으로 국가의 존재 자체를 위협받고 있다. 그리스가 민주주의 국가가 되기 위해서는 반드시 원조가 필요하다. 미국은 이 원조를 제공해야 한다."는 내용의 연설을 발표하였다.

→ 제2차 세계 대전이 끝나고 미국과 소련 사이의 체제 경쟁이 심해지는 가운데 미국 대통령은 위와 같은 외교 원칙을 발표하였는데, 이를 트루먼 독트린이라고 한다. 이 연설 이후 냉전이 본격화되었다.

03 정답 ① 냉전이 격화되는 가운데 미국과 소련은 서로에 대해 맹렬히 비판하며 이미지 전쟁을 벌였다. 미국은 소련을 억압적인 전체주의 국가로 정의하였고, 소련은 미국을 돈이 지배하는 제국주의 국가로 묘사하며 비난하였다.

04 정답 ③ 자료의 연설은 닉슨 독트린으로, 미국이 아시아에 대한 군사적 개입을 축소하겠다고 발표한 것이다. 닉슨 독트린을 계기로 냉전이 완화되기 시작하였다. 이후 미국과 중국 사이의 관계가 개선되어 두 나라가 공식 외교 관계를 체결하는 결과를 낳았다. 당시 미국 탁구 선수들이 최초로 중국을 방문하여 스포츠 외교가 전개되었기 때문에, 이를 핑퐁 외교라고 불렀다.

오답 피하기

ㄱ, ㄹ. 독일의 분단과 6·25 전쟁은 모두 냉전이 시작되는 시점에 일어난 일로, 냉전을 보다 격화시키는 결과로 이어졌다.

자료 분석

앞으로 베트남 전쟁과 같은 직접적인 군사 개입은 자제하고자 합니다. 따라서 아시아 각 나라는 내란이나 침략에 대해 각국이 스스로 대처해야 할 것입니다.

– 미국 대통령 닉슨의 연설

→ 미국 대통령이 발표한 위와 같은 외교 원칙을 닉슨 독트린이라 하며, 연설 이후 냉전이 완화되기 시작하였다.

05 정답 ② 1955년 인도네시아 반둥에서 열린 아시아·아프리카 회의를 반둥 회의라고도 부른다. 반둥 회의에서는 냉전을 비판하였고, 이어 1961년 열린 제1차 비동맹 정상 회담에서는 미소 군사 동맹 불참과 외국군의 군사 기지 제공 불가 방침 등을 분명히 하였다.

06 정답 ⑤ 공산주의 진영과 자본주의 진영 각각에서 소련과 미국의 영향에서 벗어나려는 독자 노선이 등장하면서 미국과 소련 중심의 양극화 체제가 다극화 체제로 변화하는 움직임이 나타났다.

오답 피하기

ㄱ. 독일이 미국 진영의 서독과 소련 진영에 속하는 동독으로 분단되면서 냉전은 격화되었다.

ㄴ. 소련이 미국의 코 앞에 위치한 국가인 쿠바에 미사일 기지를 건설하려다 미국과 심각한 마찰을 빚은 것으로, 냉전이 심화되는 과정에 일어난 대표적인 사건이다.

07 정답 ⑤ 서독의 수상 빌리 브란트는 동쪽의 공산권 국가들과의 관계를 개선시킨 동방 정책을 시행하고, 폴란드를 방문할 당시 나치의 유대인 학살에 대해 사죄한 인물이다.

오답 피하기

① 냉전이 완화되는 계기를 제공한 미국 대통령이다.

② 제2차 세계 대전 당시 독일의 침공에 맞서 30만 명의 해방군을 이끈 지도자로, 해방 후 대통령이 되어 유고슬라비아 연방을 이끌어 나갔다. 그는 소련의 일방적인 지시를 거부하고 독자 노선을 걸으며 비동맹주의 국가들을 이끄는 상징적인 인물이 되었다.

③ 제2차 세계 대전이 끝난 이후에 이집트를 이끈 대통령으로 수에즈 운하 국유화를 선언하였다.

④ 냉전이 시작되는 시기에 미국의 대통령을 역임하였으며 트루먼 독트린으로 유명하다.

08 예시 답안 남베트남 정부 측으로 군대를 파견하였다.

채점 기준

상	'베트남의 내전에 군사를 보내 개입하였다.'는 내용을 제대로 서술한 경우
중	'냉전을 격화시켰다.' 등의 서술을 한 경우
하	'공산주의의 확산을 막으려 하였다.'는 서술을 한 경우

09 예시 답안 식민지 경험의 모순과 냉전의 영향이었다.

채점 기준

상	식민 지배 경험의 모순과 냉전의 영향을 모두 포함하여 서술한 경우
중	식민 지배의 경험만을 근본적 원인으로 서술한 경우
하	종교, 인종, 영토 분쟁 등을 원인으로 서술한 경우

2 세계화와 경제 통합

본문 p.192~193

기초튼튼 기본문제

01 브레턴우즈 협정 02 ③ 03 라인강의 기적 04 ⑤ 05 ④ 06 석유 파동 07 ③ 08 유럽 연합(EU) 09 ④ 10 ③ 11 ③

01 **정답 브레턴우즈 협정** 제2차 세계 대전이 끝날 무렵 미국을 비롯한 44개국 연합국 대표가 브레턴우즈에 모여 미국의 달러화를 국제 통화로 정하는 협정을 체결하였다. 이 협정에 근거하여 '재건과 개발을 위한 국제 은행'이라고 불렸던 세계 은행이 설립되었고, 국제 통화 기금(IMF)도 만들어졌다.

02 **정답** ③ 전후 미국은 달러화를 국제 통화로 정하는 등 세계 경제를 통합해 나가려 하였으며, 이 과정에서 세계은행과 국제 통화 기금이 설립되었다. 또 세계 각국의 관세 장벽을 무너뜨리고 전 세계로 무역을 확대하려 하였다.

③ 미국은 블록 경제 체제가 경제 위기를 장기화하고 제2차 세계 대전을 초래했다고 보았기에 블록 경제의 부활을 막으려 노력하였다.

03 **정답 라인강의 기적** 라인강은 독일을 가로지르는 강으로, 라인강의 기적은 전후 서독 경제의 놀라운 성장을 표현한 용어이다. 제2차 세계 대전으로 폐허가 되었던 서독은 복지 확대, 산업 국유화, 국가의 시장 개입을 통한 실질 임금 증가 등의 정책을 펼쳐 거대한 경제 성장을 이룰 수 있었다.

04 **정답** ⑤ 자유 무역이 확대되고 세계 경제가 통합되면서 1950년대와 1960년대 서방 경제는 급격히 성장하며 대호황을 누렸다. 서방의 여러 국가들은 시장에 대한 국가의 적극적인 개입을 추구하는 케인스주의를 경제 정책의 근간으로 삼아 복지 예산을 확대하고 국가의 시장 규제를 강화하는 등의 정책을 펼쳐 나갔다.

05 **정답** ④ 자료에 적힌 서방 선진 7개국 정상 회담(G7)의 정례화, 한국·타이완 등 동아시아 국가들의 수출 증가, 중남미 국가들의 금융 시장 개방, 이민과 이주민의 급증 등의 내용은 모두 세계 경제 통합이 가속화되는 사례들이다.

오답 피하기

① '비동맹주의가 등장하다'의 주제에서는 반둥 회의 등이 주요 내용이다.

② '과거 식민지들이 독립하다'의 주제에서는 알제리 독립, 아프리카의 해 등이 주요 내용이다.

③ '인권에 대한 관심이 커지다'의 주제에서는 여성 인권, 흑인 민권 향상 등이 주요 내용이다.

⑤ '냉전 시대 속 열전이 발생하다'의 주제에서는 6·25 전쟁, 베트남 전쟁 등이 주요 내용이다.

06 **정답 석유 파동** 석유 파동은 1973년 아랍 산유국의 석유 무기화 정책이 시행된 시기와 1978년 이란 혁명 이후 두 차례에 걸쳐 일어났다. 석유 공급의 급감으로 석유 가격이 폭등하면서 전 세계 여러 나라가 경제적 타격을 입었다.

07 **정답** ③ 국가의 역할을 강조하였던 케인스주의를 비판하며 떠오른 (가)는 신자유주의이다. 신자유주의는 시장의 기능을 신뢰하고 기업과 민간에 경제 활동의 자유를 보장해 주어야 경제 위기를 극복할 수 있다고 보았다. 따라서 기업에 대한 과세를 줄이고 국·공영 기업을 민영화하려 하였다.

오답 피하기

ㄱ. 복지 예산을 확대하려 한 것은 케인스주의로, 신자유주의는 복지 예산의 축소를 주장하였다.

ㄹ. 공공 부문에 대한 투자를 늘리는 것은 케인스주의에서 지향한 것이며, 신자유주의는 국가의 경제 개입을 최소화하려 하였다.

08 **정답 유럽 연합(EU)** 유럽 연합은 유럽 국가들 간의 정치적·경제적 통합을 모색하는 과정에서 탄생하였다. 1993년 유럽 내 단일 시장 구축을 목표로 출범하였으며, '유로'라는 단일 화폐를 사용하여 경제적 통합을 추구하였다.

09 **정답** ④ 1985년에 소련 공산당 서기장이 된 고르바초프는 소련의 위기를 돌파하고자 과감한 개혁 정책을 추진하였다. 그는 시장 경제 체제를 도입하고 동유럽 국가에 대한 불간섭을 선언하였다.

오답 피하기

ㄱ. 고르바초프의 개혁 이후 공산주의 국가들의 개혁이 가속화되면서 냉전은 결국 끝이 났다.

ㄷ. '프라하의 봄'은 1968년에 일어난 체코의 민주화 운동으로 소련에 의해 진압되었다.

10 **정답** ③ 중국의 개혁·개방을 이끈 인물은 덩샤오핑이다.

오답 피하기

① 쑨원은 신해혁명의 지도자로 중국 국민당 설립을 주도한 인물이다.

② 장제스는 쑨원을 이어 중국 국민당을 이끈 인물로 중국 공산당과 대결하였다.

④ 마오쩌둥은 중국 공산당 지도자로 중화 인민 공화국을 수립하고 주석이 되었다.

⑤ 저우언라이는 중국 공산당 지도자로 중화 인민 공화국의 총리가 되어 마오쩌둥과 함께 중국을 이끌었다.

자료 분석

그는 '검은 고양이든 흰 고양이든 쥐만 잘 잡으면 된다.'라는 뜻의 '흑묘백묘론'을 바탕으로 시장 경제 체제를 일부 도입하고, 외국의 자본 및 기술을 받아들였다. 이로 인해 중국 경제가 빠르게 성장하고 사람들의 생활 수준이 향상되었다.

→ 덩샤오핑은 흑묘백묘론을 내세우며 중국의 개혁·개방을 이끌었다. 그는 공산주의 국가인 중국에 자본주의 경제 체제를 일부 도입하였다.

11 **정답** ③ 미국의 대중문화와 레게, 살사, 축구 등이 세계적으로 유행하면서 글로벌 문화가 형성되었다.

실력쑥쑥 실전문제

본문 p.194~195

01 ⑤　02 ④　03 ④　04 ②　05 ⑤　06 ⑤
07~09 해설 참조

01 **정답** ⑤ 제2차 세계 대전이 막바지로 접어들고 있던 1944년 미국의 브레턴우즈에서 연합국 44개국의 대표들이 모여 브레턴우즈 협정을 체결하였다. 이 협정에서는 달러화를 국제 무역의 주거래 통화로 정하였다.

02 **정답** ④ 자료의 내용은 신자유주의에 입각한 주장으로, 시장의 기능을 최대한 신뢰하고 국가의 개입을 최소화할 것을 지향한다.

오답 피하기

ㄱ. 케인스주의는 국가가 경제에 적극 개입할 것을 주장하였다.

ㄷ. 1930년대 대공황의 해결책으로 제시된 것은 케인스주의이며, 신자유주의는 1970년대 석유 파동 이후 급격히 확산되었다.

자료 분석

국가가 생산과 거래에 끼어들면, 경제가 효율적으로 움직일 수 없다. 시장에서는 모두 자기 이익에 따라 잘 움직이므로 그대로 두어야 최적의 결과가 나온다.

→ 국가의 경제 개입을 부정적으로 보며 시장의 자율성을 최대한 존중할 것을 주장하는 자료로, 신자유주의적 입장을 분명하게 드러내고 있다.

03 **정답** ④ 밑줄 친 '그'는 소련의 개혁과 개방을 이끈 고르바초프이다. 고르바초프는 소련의 경제 위기를 극복하고자 서방 자본을 유치하고 시장 경제를 도입하였으며, 동유럽에서 바르샤바 조약군을 철수하였다.

오답 피하기

① 사회주의 혁명인 10월 혁명을 이끌었으며, 소련 수립을 주도하였다.

② 소련의 급속한 공업화를 이룩하였으나, 장기간 독재 정치를 행하였다.

③ 스탈린 숭배를 비판하였으며, 미국을 방문하기도 하였다.

⑤ 데탕트를 추진하였지만, 체코슬로바키아의 민주화 운동을 저지하는 등의 모습을 보이기도 하였다.

04 **정답** ② ㄱ. 헝가리는 1950년대에 반소 봉기를 일으켰으나 소련에 의해 저지당하였다.

ㄷ. 체코슬로바키아에서는 1960년대 후반에 반소 민주화 운동(프라하의 봄)이 일어났으나, 역시 소련군의 개입으로 진압되며 실패하였다.

오답 피하기

ㄴ. 덩샤오핑의 흑묘백묘론은 중국의 개혁·개방과 관련된 내용이다.

ㄹ. 북미 자유 무역 협정(NAFTA)은 미국, 캐나다, 멕시코 등이 자유 무역과 경제적 협력을 목적으로 설립한 기구이다. 미국의 자본과 기술, 캐나다의 자원, 멕시코의 노동력을 바탕으로 경제 통합을 이루어 거대한 단일 통합 시장을 구축하려 하였다.

05 **정답** ⑤ 석유 파동으로 초래된 경제 위기 속에서 세계 경제는 더 통합되었고, 세계 각국은 대공황 때처럼 국제 무역이 사라지는 사태를 막으려 노력하였다.

자료 분석

석유 수출국 기구(OPEC)는 1973~1974년 원유가를 배럴당 3달러에서 12달러로, 1979~1980년에는 이란 혁명을 계기로 16달러에서 40달러까지 갑자기 끌어올리며 세계에 에너지 대란을 일으켰다.

→ 자료는 1970년대에 두 차례 석유 가격이 폭등하면서 세계 경제가 위기에 빠진 석유 파동 상황을 보여 주고 있다.

06 **정답** ⑤ 유럽 연합, 북미 자유 무역 협정 등은 세계 경제가 확장되는 가운데 지역 단위의 경제 통합이 강화된 대표적인 예이다.

07 **예시 답안** 블록 경제 체제가 경제 위기를 장기화하고 나아가 제2차 세계 대전을 초래하였다는 믿음 때문이었다.

채점 기준

상	'블록 경제가 경제 위기를 장기화하기 때문' 또는 '블록 경제가 제2차 세계 대전을 일으켰다고 볼 수 있기 때문'이라고 서술한 경우
중	'블록 경제가 형성되면 국제 무역이 축소되고 미국이 진출할 수 있는 시장이 줄어들기 때문'이라고 서술한 경우
하	'블록 경제가 위험하기 때문'이라고 서술한 경우

08 **예시 답안** (가): 신자유주의, 신자유주의를 채택한 국가들은 복지 예산을 축소하고 정부의 규제를 최소화하였다. 공공 부문에 대한 투자를 축소하였으며, 기업에 대한 과세를 줄였다. 또한 국·공영 기업을 대거 민영화하였다.

채점 기준

상	신자유주의를 명시한 뒤, 위의 내용 중 한 가지를 제대로 서술한 경우
중	신자유주의를 명시한 뒤, '시장을 최대한 신뢰하는 정책을 펼쳤다.' 등 자료에 서술된 내용만 반복적으로 확인하는 식의 서술을 한 경우
하	신자유주의만 명시한 경우

09 예시 답안 자메이카에서 생겨난 음악 장르 레게는 전 세계 젊은이들의 인기를 끌었다. 또 영국 노동자 계급의 오락이었던 축구는 지구촌에서 가장 인기 있는 스포츠가 되었다. 중남미 출신인들에 의해 만들어진 춤인 살사는 전 세계적으로 유행하였다.

채점 기준

상	레게, 축구, 실사 중 한 가지를 제대로 서술하거나 또는 레게, 축구, 살사 외에도 글로벌 문화의 예를 들어 그 기원과 확산을 제대로 서술한 경우
중	지구촌 여러 문화가 녹아든 글로벌 문화의 종류만 나열한 경우
하	글로벌 문화의 종류만 나열하되, 할리우드 영화, 팝, 콜라 등 미국의 대중문화만을 나열한 경우

3 탈권위주의 운동과 대중문화의 발달 ~ 4 현대 세계의 문제 해결을 위한 노력

기초튼튼 기본문제 본문 p.200~201

01 민권 02 ④ 03 마틴 루서 킹 04 ④ 05 ④ 06 ⑤ 07 68 운동 08 ④ 09 ③ 10 ⑤ 11 시리아

01 정답 민권 민권은 시민이 가져야 할 마땅한 권리, 특히 평등권을 가리키는 용어이다. 제2차 세계 대전이 끝난 뒤 민권 의식이 높아지고 민권 운동이 전개되었다.

02 정답 ④ 로자 파크스는 버스에서 백인에게 자리를 양보하지 않아 「흑백 분리법」 위반으로 체포되었다. 그녀의 재판을 앞두고 몽고메리의 흑인들 사이에 버스 보이콧 운동이 일어났다.

오답 피하기

① 밥 딜런은 포크 음악을 통해 당시 청년 문화 운동을 대표하는 상징이 되었다.

② 존 레논은 세계적인 대중음악 밴드인 비틀스의 멤버로, 베트남 전쟁이 한창이던 시기에 반전 메시지가 담긴 곡을 발표하며 청년 문화 운동에 커다란 영향을 주었다.

③ 맬컴 엑스는 급진적이고 과격한 방식의 흑인 민권 운동을 전개한 인물이다.

⑤ 마틴 루서 킹은 비폭력적인 방식으로 흑인 민권 운동을 지도하였다.

03 정답 마틴 루서 킹 마틴 루서 킹은 로자 파크스로부터 촉발된 몽고메리 버스 보이콧 운동을 전개하였으며, 흑인 투표권 획득을 위해 비폭력적인 저항 운동을 이끌었다. 그는 워싱턴 평화 행진에서 "나에게는 꿈이 있습니다. …… 나의 자녀들이 피부색이 아니라 인격에 따라 평가받는 그런 나라에 살게 되는 날이 오리라는 꿈입니다."라는 유명한 연설을 남겼다.

04 정답 ④ 전후 여성의 사회 진출이 늘어났으나 여성은 직장 내 차별을 겪어야 했다. 이에 여성에 대한 각종 차별에 저항하면서 여성주의(페미니즘) 조직이 결성되어 성차별 금지를 위해 노력하였다.

05 정답 ④ 지식인이나 엘리트뿐만 아니라 대중도 지식과 정보를 쉽게 접하고 소화할 수 있게 되면서 대중이 사회의 주인공으로 떠올랐고, 그들이 누리는 대중문화의 중요성도 자연히 커졌다. 그러자 팝 음악, 영화, 스포츠 등의 인기를 바탕으로 대중문화 산업이 출현하였다.

오답 피하기

ㄱ. 대중문화의 중요성은 증가하였다.

ㄷ. 대중도 문화와 정보를 폭넓게 누리게 되면서 지식인이나 엘리트의 정보 독점은 깨지게 되었다.

자료 분석

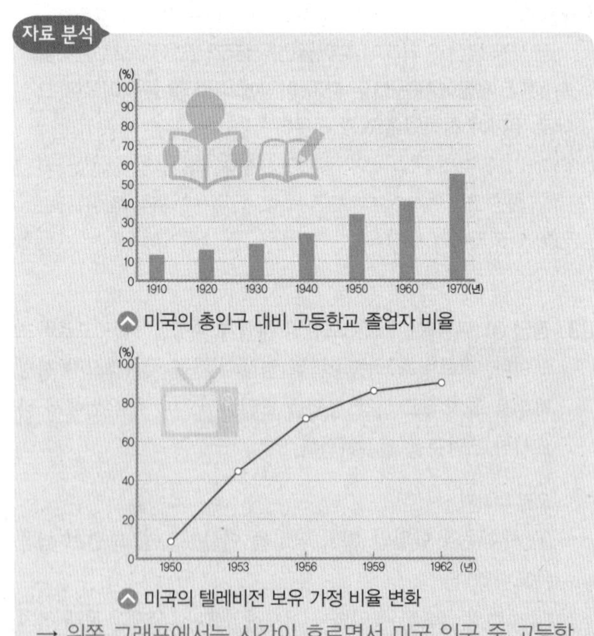

미국의 총인구 대비 고등학교 졸업자 비율

미국의 텔레비전 보유 가정 비율 변화

→ 위쪽 그래프에서는 시간이 흐르면서 미국 인구 중 고등학교 졸업자가 늘어나고 있음을 알 수 있고, 아래쪽 그래프에서는 1950년대 이후 미국에서 텔레비전을 보유한 가정이 점차 늘어나고 있음을 볼 수 있다. 지식인이나 엘리트뿐만 아니라 대중도 지식과 정보를 쉽게 접하고 소화할 수 있게 된 것이다.

06 정답 ⑤ 제2차 세계 대전 이후에 성장한 이른바 전후 세대는 대공황과 전쟁을 경험한 그들의 부모 세대와는 다른 가치관을 가지고 있었다. 이들은 사회주의와 동양 문화에 대한 관심이 높았고, 개인의 자유와 해방을 가장 중요하게 여겼다.

오답 피하기

ㄱ, ㄴ. 반공주의와 출세 지향은 전후 세대와 구분되는 부모 세대의 일반적인 특징이다.

07 정답 68 운동 1968년 5월 프랑스에서는 파리의 노동자들과 시민들이 청년들의 저항에 가담하면서 대규모 반권위주의 및 반자본주의 운동이 발생하였고, 곧 전 세계로 확대되었다. 이를 68 운동이라고 하는데, 이 운동을 통해 탈권위주의가 확산되었다.

08 정답 ④ 전후 세대는 반자본주의와 반물질주의적 세계관을 지니고 개인의 자유와 해방을 중시하였다. 이들은 대도시를 중심으로 문화 운동을 전개하였다.
④ 조직, 규율, 위계를 중시하는 것은 청년 문화 운동을 전개한 세대의 부모 세대들이 가진 특징으로, 청년들은 이런 경향에서 벗어나 탈권위주의를 지향하였다.

09 정답 ③ 제2차 세계 대전 이후에도 알제리 전쟁과 베트남 전쟁 등 명분 없는 전쟁이 지속되자, 많은 사람이 반전 평화 운동에 뛰어들었다.

오답 피하기

ㄱ. 중일 전쟁은 제2차 세계 대전이 일어나기 전인 1937년에 발발하여 제2차 세계 대전 때까지 이어졌다.
ㄹ. 태평양 전쟁은 1941년 일본이 하와이의 진주만을 기습 공격하면서 시작되었다.

10 정답 ⑤ 리우 선언, 교토 의정서, 파리 기후 협약은 모두 환경 문제를 해결하기 위한 국제적 노력의 결과물이다.

11 정답 시리아 시리아 내전은 테러 조직인 IS가 개입하면서 국제적인 문제로 대두되었고, 수많은 난민을 발생시켰다.

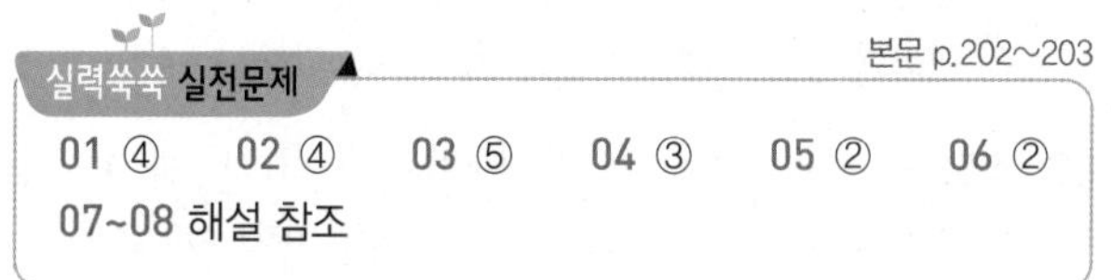
실력쑥쑥 실전문제 본문 p.202~203

01 ④ 02 ④ 03 ⑤ 04 ③ 05 ② 06 ②
07~08 해설 참조

01 정답 ④ (가)는 마틴 루서 킹, (나)는 맬컴 엑스의 연설이다. 두 사람은 흑인에 대한 차별에 맞서 차별 철폐 운동을 전개하였다.

오답 피하기

ㄱ. 마틴 루서 킹의 연설이다.
ㄷ. 맬컴 엑스는 비폭력 운동을 지향한 마틴 루서 킹과는 달리 보다 과격한 흑인 민권 운동을 주장하였다.

자료 분석

(가) 나에게는 꿈이 있습니다. …… 나의 자녀들이 피부색이 아니라 인격에 따라 평가받는 그런 나라에 살게 되는 날이 오리라는 꿈입니다.
(나) 우리에게는 공동의 적이 있습니다. 우리 모두에게는 공동의 억압자, 착취자, 차별자가 있습니다. 그 적은 바로 백인입니다.

→ 1960년대 흑인 민권 운동의 지도적 인물은 마틴 루서 킹 목사였다. 로자 파크스 사건 때 흑인들의 버스 보이콧 운동을 주도하면서 이름을 날린 그는 간디의 비폭력주의에 바탕을 둔 평화적 운동을 전국에 확산시켰다. 링컨의 노예 해방 선언 100주년을 기념해 수도 워싱턴에서는 전국에서 수십만 명의 흑인이 모여 건국 이래 최대 규모의 흑인 시위를 벌였는데, (가)는 킹 목사가 여기에서 남긴 명연설이다. 한편 맬컴 엑스는 (나)와 같이 "백인을 흑인의 적"으로 규정하면서 보다 과격하고 급진적인 흑인 민권 운동을 전개하였는데, 백인 우월주의에 대항하여 흑인 우월주의를 주장하기도 하였다.

02 정답 ④ 자료는 직장 내 차별과 여성 교육 차별을 보여 준다. 여성들은 직장 내 평등 운동을 전개하여 이러한 차별에 저항하였다. 또 보다 조직적인 운동을 전개하기 위해 전미 여성 기구(NOW)와 같은 거대한 페미니즘 조직을 결성하기도 하였다.

오답 피하기

ㄱ. 군비 축소 운동은 반전 평화를 위해 전개된 것이다.
ㄷ. 몽고메리 버스 보이콧 운동은 흑인 차별 철폐를 위해 전개된 것이다.

03 정답 ⑤ 히피 운동은 청년 문화 운동의 일환으로 전개되었으며, 둘 다 탈권위주의를 지향하였다.

오답 피하기

ㄱ. 청년 문화 운동은 반자본주의와 반권위주의를 지향하며 기성 세대의 반공주의와 자본주의 신봉에 저항하였다.
ㄴ. 히피 운동은 공동체 생활과 재산 공유를 중시하였다.

04 정답 ③ 체 게바라는 쿠바 사회주의 혁명의 주역으로 반자본주의의 상징이었으며, 밥 딜런은 포크 음악을 통해 당시 청년 문화 운동을 대표하는 상징이 되었다.

05 정답 ② 자료의 작품은 모두 반전의 메시지를 강하게 담은 것들이다.

자료 분석

- 존 레논은 "모든 사람이 …… 이런 -주의, 저런 -주의 떠들어 대지만, 우리가 말하고 싶은 전부는 평화를 이루자는 것"이라고 쓰인 후렴구의 노래를 만들었다.
- 「미래 소년 코난」은 미야자키 하야오 감독이 연출한 26부작 애니메이션으로, 핵무기를 능가하는 초자력 무기 전쟁으로 모든 것이 파괴된 지구를 배경으로 한 소년과 소녀의 모험 이야기를 그린다.

→ 첫 번째 자료는 존 레논과 아내 오노 요코가 발표한 「평화를 이루자」는 노래에 대한 설명으로, 베트남 전쟁이 한창이던 시기에 발표된 대표적인 반전 노래이다. 두 번째 자료의 「미래 소년 코난」은 반전·반핵 애니메이션의 기념비적 작품으로 평가받는다.

06 정답 ② (가)의 교토 의정서는 1997년 교토에서 체결한 협약으로, 온실가스 배출의 상당량을 차지하는 선진국들이 2020년까지 단계적으로 온실가스 배출을 감축할 것을 약속하였다. (나)의 파리 기후 협약은 2015년 파리에서 열린 회의에서 체결되었는데, 선진국과 개발 도상국 구분 없이 모든 국가가 의무적으로 온실가스를 감축할 것을 결정하였고, 이 결정은 교토 의정서 적용이 끝나는 2020년 이후부터 적용하는 것으로 하였다.

ㄱ. 교토 의정서를 대체하기 위해 파리 기후 협약이 체결되었다.

ㄷ. 두 협약 모두 온실가스 배출량을 단계적으로 감축하는 내용을 담고 있다.

오답 피하기

ㄴ. 선진국과 개발 도상국 구분 없이 의무 감축 대상을 확대한 것은 파리 기후 협약이다.

ㄹ. 최초로 전 세계 온실가스 감축을 협약한 것은 교토 의정서이다.

07 예시 답안 여성의 사회 진출은 늘어났으나 직장 내 심각한 차별이 존재하였으며, 전통적인 여성의 역할을 강조하는 사회 분위기 속에서 가정 내의 양육과 가사 등을 여전히 전담하며 이중고를 겪었다.

채점 기준

상	여성의 사회 진출은 늘어났으나, 직장과 가정 내에서 모두 불평등한 대우를 받았다는 점을 서술한 경우
중	여성의 사회 진출 후 겪는 불평등이나 가정 내에 잔존하는 불평등 중 한 가지만 제대로 서술한 경우
하	차별을 받아 힘들었다는 식의 서술만 한 경우

08 예시 답안 전쟁을 겪은 부모 세대는 반공주의를 신봉하였고, 물질적 풍요를 중시하였다. 또 사회적 출세를 지상 과제로 내세웠고, 조직, 규율, 위계를 존중하였으며, 권위를 중시하였다.

채점 기준

상	예시 답안 중 한 가지를 제대로 서술한 경우
중	가사의 내용을 참고하여 '고리타분하였다.' 등의 서술을 한 경우
하	질문을 참고하여 '청년 세대와 충돌하였다.' 등의 서술을 한 경우

대단원 정리하기

본문 p.204~205

① 미국 ② 공산주의 ③ 동유럽 ④ 독일 ⑤ 쿠바 ⑥ 제2차 세계 대전 ⑦ 아프리카의 해 ⑧ 알제리 ⑨ 이집트 ⑩ 비동맹주의 ⑪ 반둥 회의 ⑫ 중국 ⑬ 데탕트 ⑭ 동방 정책 ⑮ 미국 ⑯ 달러화 ⑰ 케인스주의 ⑱ 라인강의 기적 ⑲ 석유 파동 ⑳ 스태그플레이션 ㉑ G7 ㉒ 신자유주의 ㉓ 시장 ㉔ 고르바초프 ㉕ 독립 국가 연합 ㉖ 덩샤오핑 ㉗ 유럽 연합 ㉘ 버스 보이콧 ㉙ 마틴 루서 킹 ㉚ 임금 차별 ㉛ 청년 문화 운동 ㉜ 히피 운동 ㉝ 68 운동 ㉞ 이라크 전쟁 ㉟ 파리 기후 협약

자신만만 적중문제

본문 p.206~208

01 ③ 02 ④ 03 ③ 04 ③ 05 ⑤ 06 ④ 07 ② 08 ④ 09 ⑤ 10 ④ 11 ③ 12~14 해설 참조

01 정답 ③ 제2차 세계 대전 이후 폴란드, 헝가리, 루마니아, 불가리아 등의 동유럽 국가들은 공산주의 체제를 수립하고 소련과 동맹을 맺었다. 반면 프랑스, 벨기에, 서독 등 서유럽 국가들은 미국의 전폭적인 경제 지원 속에 자유주의 진영의 동맹국이 되었다. 제시된 지도는 미국 진영과 소련 진영의 대립인 냉전 체제의 형성을 보여 주고 있다.

02 정답 ④ 냉전 시기에 미국은 북대서양 조약 기구를 조직하여 소련을 포위하였다. 소련은 이에 맞서 바르샤바 조약 기구를 결성하였고, 이후 혁명으로 탄생한 중화 인민 공화국을 동맹국으로 받아들였다.

오답 피하기

ㄱ. 서독을 군사 동맹에 가입시킨 것은 미국이다.

ㄷ. 서유럽에 전폭적인 경제 지원을 한 것은 미국으로, 이러한 경제 지원 계획을 마셜 플랜이라고 한다.

03 정답 ③ 이집트 대통령 나세르는 수에즈 운하의 국유화를 선언하고 수에즈 운하를 되찾았다.

오답 피하기

① 인도의 독립운동 지도자 중 한 명으로, 인도의 초대 총리가 되었으며, 비동맹주의 국가의 지도자 역할을 하였다.

② 제2차 세계 대전 당시 독일의 침공에 맞서 30만 명의 해방군을 이끈 지도자로, 해방 후 대통령이 되어 유고슬라비아 연방을 이끌어 나갔다. 그는 소련의 일방적인 지시를 거부하고 독자 노선을 걸으며 비동맹주의 국가들을 이끄는 상징적인 인물이 되었다.

④ 인도네시아의 대통령으로 독재를 하다 반정부 시위로 몰락하였다.

⑤ 중국 공산당 지도자로 중화 인민 공화국의 총리가 되어 마오쩌둥과 함께 중국을 이끌었다.

04 정답 ③ 비동맹주의 국가들이 모여 평화 10원칙을 제시한 '이 회의'는 아시아·아프리카 회의(반둥 회의)이다. 여기에 모인 국가들은 미소 간의 격렬한 대립과 냉전을 비판하였고, 제3세계의 결속을 강화하여 냉전의 확산을 저지하려 하였다.

05 정답 ⑤ 서독 수상 빌리 브란트의 동방 정책과 미국 대통령 닉슨의 중국 방문은 모두 냉전의 다극화와 데탕트의 시작을 알리는 대표적인 사건이다.

오답 피하기

ㄱ. 6·25 전쟁은 냉전이 격화되는 가운데 일어난 일로 열전의 대표적인 예이다.

ㄴ. 베트남 전쟁은 6·25 전쟁과 함께 냉전 속 열전의 대표적인 예이다. 미국의 닉슨 대통령이 아시아에 대한 군사 개입을 축소하겠다는 외교 원칙을 밝히고(닉슨 독트린), 베트남에서 미군을 철수하면서 냉전이 완화되기 시작하였다.

06 정답 ④ 그림은 달러화를 기축 통화로 사용하게 되면서 나타난 변화를 보여 주고 있다. 달러화를 국제 통화로 사용하게 된 것은 브레턴우즈 협정의 결과이다.

오답 피하기

① 유럽 연합은 유럽 회원국들의 정치적·경제적 통합을 지향하며 1993년 출범하였다.

② 국제 연합은 제2차 세계 대전이 끝나면서 지구촌 평화와 안전 유지를 목표로 창설되었다.

③ 독립 국가 연합은 1991년 소련(소비에트 사회주의 공화국 연방)이 해체되면서 구성 공화국 중 11개국이 결성한 정치 공동체를 가리킨다.

⑤ 북대서양 조약 기구는 제2차 세계 대전이 끝난 뒤 미소 간의 냉전이 심해지는 가운데 결성된 미국 진영의 군사 동맹이다.

07 정답 ② (가)는 케인스주의, (나)는 신자유주의의 주장이다. 케인스주의는 대공황 이후 확산되었으며, 신자유주의는 공기업의 민영화를 지향하였다.

오답 피하기

ㄴ. 복지 예산의 축소를 추구한 것은 신자유주의이다.

ㄹ. (나)는 신자유주의에 해당하는 입장이다.

자료 분석

(가) 물건을 마구 만들고, 그 물건을 마음대로 사고 팔면 큰 혼란이 올 수 있다. 국가는 적당한 수준으로 생산과 거래를 조정할 필요가 있다.

(나) 국가가 생산과 거래에 끼어들면, 경제가 효율적으로 움직일 수 없다. 시장에서는 모두 자기 이익에 따라 잘 움직이므로 그대로 둬야 최적의 결과가 나온다.

→ (가)는 국가가 수요와 공급을 어느 정도는 조절하여 경제에 적극적으로 개입할 것을 주장하는 케인스주의의 입장이다. (나)는 국가의 시장 개입을 비판하며 시장의 자율성을 확대하자는 신자유주의에 입각한 주장이다.

08 정답 ④ 1980년대 고르바초프가 소련의 개혁과 개방을 이끈 이후 소련은 결국 연방 정부가 해체되었고 독립 국가 연합이 결성되었다.

오답 피하기

ㄱ. 석유 파동은 1970년대에 전개되었다.

ㄷ. 쿠바 미사일 위기는 1960년대 초에 일어난 사건이다.

09 정답 ⑤ 마틴 루서 킹, 맬컴 엑스, 로자 파크스는 모두 대표적인 흑인 민권 운동가로, 이들의 활동은 큰 틀에서는 기존 권위에 도전한 탈권위주의 운동에 속한다고 볼 수 있다.

10 정답 ④ 베티 프리단은 미국의 페미니스트이자 사회 심리학자로, 전미 여성 기구(NOW) 창설을 주도하였다. 이 시기 미국의 여성 운동가들은 직장 내 평등 운동 등을 전개하였다.

오답 피하기

① 밥 딜런은 포크 음악을 통해 당시 청년 문화 운동을 대표하는 상징이 되었다.

② 체 게바라는 쿠바 사회주의 혁명의 주역으로 반자본주의의 상징이며, 당시 청년들의 우상이었다.

③ 맬컴 엑스는 급진적이고 과격한 방식의 흑인 민권 운동을 전개한 인물이다.

⑤ 마틴 루서 킹은 비폭력적인 방식으로 흑인 민권 운동을 지도하였다.

11 정답 ③ 전 세계 많은 시민이 베트남 전쟁의 정당성에 의문을 제기하면서 반전 평화 시위가 격화되었다. 사진은 당시 반전 평화 운동을 담은 가장 상징적인 사진 중 하나이다.

12 예시 답안 미국과 소련 어느 진영에도 속하지 않고 독자적 노선을 추구하였다.

채점 기준

상	미소 어느 진영에도 속하지 않았다는 내용을 서술한 경우, 또는 미소 군사 동맹 불참 등의 내용을 서술한 경우
중	냉전을 비판하였다고만 서술한 경우
하	자기들끼리 동맹을 맺었다는 식으로 서술한 경우

13 예시 답안

(가): 덩샤오핑, 공산주의 계획 경제든 시장 경제든 중국의 경제 발전을 가져온다면 그것이 가장 유용한 것이라는 실용주의적인 의미를 담고 있다.

채점 기준

상	(가)의 이름을 쓰고, 실용주의적인 의미에 대해 구체적으로 서술한 경우
중	(가)의 이름을 쓰고, '실용주의적 의미를 담고 있다.'라고만 서술한 경우
하	(가)의 이름을 쓰고, '중국 경제만 발전시키면 좋은 것이다.'라고 서술한 경우

14 예시 답안 소련이 흑인 차별 문제를 미국을 공격하는 데 활용하면서 아프리카 국가를 비롯한 세계 여러 나라가 미국의 민권 상황에 주목하게 되었기 때문이다.

채점 기준

상	소련이 미국 공격에 흑인 차별 문제를 활용하면서 전 세계가 미국 민권 상황에 주목했다고 서술한 경우
중	미국 진영을 확장시키는 데에 미국 내 흑인 차별이 방해가 되었기 때문이라고 서술한 경우
하	민주주의 국가인 미국에서 흑인 차별이 존재한다는 것이 모순적이기 때문이라는 등 냉전과 무관한 내용을 서술한 경우

최고난도 문제 본문 p.209

01 ③ 02 ①

01 정답 ③ 제시된 자료는 냉전이 시작될 무렵 당시 영국 수상이었던 처칠이 발표한 연설이다. 미국 진영에 속한 영국의 수상 처칠은 소련의 팽창을 우려하며, 공산주의의 확산을 막아야 한다는 연설을 발표함으로써 냉전의 시작에 일조하였다.

오답 피하기

① 제3 세계 국가들은 미국 진영과 소련 진영 어디에도 속하지 않으려 하였으며 냉전을 비판하였다.

② 처칠의 연설은 냉전의 시작과 확산에 기여하였다.

④ 반식민주의와 비동맹주의를 지향한 것은 아시아, 아프리카의 제3 세계 국가들이다.

⑤ 국제 연합 결성의 결정적인 계기가 된 것은 제2차 세계 대전이 한창이던 때 미국의 루스벨트 대통령과 영국의 처칠 수상이 대서양 함선 위에서 만난 회담이었다.

02 정답 ① 자료는 유럽을 단일 시장과 단일 경제 공동체로 만들자는 주장을 펼치고 있다. 이러한 노력의 결과 1990년대 유럽은 유럽 연합이라는 결속력이 강한 경제적·정치적 공동체를 형성하였다. 유럽 연합은 단일 화폐인 유로화를 사용하며, 유럽 공동 의회도 갖추고 있다.

오답 피하기

② 전 세계의 자유 무역 확대를 위해 1995년 출범하였다.

③ 제2차 세계 대전이 끝날 무렵 체결된 것으로 달러를 국제 통화로 정하는 등의 결과를 낳았다.

④ 미국, 캐나다, 멕시코 등이 자유 무역과 경제적 협력을 목적으로 1994년 설립한 북미 지역 경제 협력 기구이다.

⑤ 1948년 미국의 주도로 국제 무역의 확대와 자유 무역 질서를 마련하기 위해 만든 국제 협정이다.